생활지도 및 상담

권형자 · 정정애 · 김미란 · 정선영 · 김숙자

태영출판사

머리말

사람은 누구나 어디에 소속해 있기를 바라며 서로 도움을 주고받기를 원합니다. 학습자들은 가정에 속해 있으면서 많은 시간을 학교에서 보냅니다. 생활지도와 상담은 가정교육과 더불어 학습자의 원만한 인격형성을 위해 중요한 과목입니다. 학습자의 인격형성을 위해서 무엇보다도 우선되어야 할 것은 학습자에 대한 올바른 이해와 배려일 것입니다. 그래서 교육자라면 누구나 현대사회에서 성장과 적응을 하고 있는 학습자의 독특한 문화와 정서를 이해하고 학습자들이 긍정적인 생활태도를 갖출 수 있도록 지도해야 할 것입니다.

이 책은 학교현장에서 활동하는 많은 교사들과 예비교사들에게 생활지도자로서의 역할과 자질 향상을 위한 내용으로 교재를 구성하였습니다. 제1부는 생활지도의 이해로 생활지도의 기초, 생활지도의 과정을 다루었고, 제2부 상담의 이해부분에서는 상담의 기초, 상담 이론, 개인상담과 집단상담, 대상별 상담 유형에 대하여 서술하였으며 제3부에서는 학교폭력의 이해에 관하여 학교폭력의 기초, 학교폭력의 예방에 대한 기초적인 내용을 서술하였습니다. 본 교재는 기존의 생활지도와 상담의 내용들을 바탕으로 보완하였으며, 최근에 사회적인 문제가 되고 있는 학교폭력과 관련된 기초적인 내용을 추가하였다.

이상의 구성을 통해서 생활지도와 상담 및 학교폭력에 대한 중요성을 강조하였습니다. 더불어 학교현장에서 학생들을 지도하고 안전한 학교를 가꾸어 나가는데 필요로 하는 영역과 영역별 수행을 위한 실제적인 부분으로 상담의 중요성을 더욱 고려하였습니다. 또한 상담의 이해를 돕기 위한 이론과 실제적인 지도에 필요한 정보를 담아 두었습니다. 이 책의 내용이 학생을 바람직하게 지도하기 위한 전부가 아닐지라도 생활지도와 상담의 중요한 부분임을 밝혀둡니다. 바람직한 상담자가 되기 위해 공부하는 예비교사와 학교현장에서 학습자들을 교육하고 지도하는 데 이 책을 기본서로 참고할 수 있도록 하였습니다. 하지만 아직 미흡한 점이 많아 부족한 점을 지속적으로 연구하여 보완하도록 노력하겠습니다. 그리고 일일이 거론할 수는 없지만 각자 나름대로의 자리에서 항상 함께 해 주시는 많은 지인분들과 학문의 길을 함께 걸어가는 많은 분들께 사랑과 존경과 감사의 마음을 전하고 싶습니다.

끝으로 이 책이 나오기까지 많은 도움을 주신 태영출판사 김현태 사장님과 관련 직원 여러분들에게 깊은 감사를 드립니다. 또한 원고의 전체적인 방향을 제시해 주시고 함께 하여 주신 권형자 교수님의 사랑과 가르침에 진심으로 감사드립니다.

2016. 12.

제자 일동

차례

제1부 생활지도의 이해

제2부 상담의 이해

제3부 학교폭력의 이해

제1부

생활지도의 이해

제 1 장

생활지도의 기초

1. 생활지도의 필요성
2. 생활지도의 개념
3. 생활지도의 목표
4. 생활지도의 원리
5. 생활지도의 영역
6. 생활지도의 발달

교육의 목표는 한 개인의 인지 · 정서 · 행동의 균형적인 발달과 조화로운 적응이라고 말할 수 있다. 교육은 교과지도 및 생활지도를 통해서 이루어지는데 생활지도는 개인으로 하여금 현실적인 적응능력과 문제를 해결할 수 있도록 도움을 주는 중요한 영역이다. 따라서 생활지도는 한 개인의 인지 · 정서 · 행동이 균형적으로 발달하여 생산적으로 기능할 수 있도록 조력하는 것이라고 할 수 있다. 따라서 본 장에서는 생활지도의 필요성, 생활지도의 개념, 생활지도의 목표, 생활지도의 원리, 생활지도의 영역에 대하여 살펴봄으로써 생활지도의 이해를 돕고자 한다.

1. 생활지도의 필요성

생활지도는 교육에 있어서 가장 기본적인 활동이다. 사람은 태어나면서부터 죽을 때까지 성장과 성숙과 학습을 통하여 끊임없이 변화하는 존재이다. 이러한 변화는 개인이 속해 있는 사회 환경과 개인의 내면적 특성에 따라서 다르게 나타나며 개인에 따라 교육과 발달의 결과에 차이가 생길 수도 있다. 따라서 생활지도는 개인에 따라 다른 접근이 필요한 경우에 놓이게 될 수 도 있으므로 이러한 각도에서 생활지도의 필요성을 사회적 측면, 개인 · 심리적 측면, 교육적 측면, 대중매체와 사이버문화를 중심으로 설명하고자 한다.

1) 사회적 측면

현대사회는 매우 빠르게 변화해 가고 있다. 특히 한국사회는 1960년대 이후 농경사회에서 1970년대 산업사회로 산업사회에서 1980년대 지식기반사회로 그리고 2000년대 정보화시대로 접어드는데 불과 백년이 채 걸리지 않은 초고속 성장을 가져온 사회이다. 이러한 빠른 변화과정에서 가족제도는 대가족에서 핵가족으로, 다세대에서 1인세대로 변화하는 등 가족구도에도 큰 영향을 주었다. 가족 내 역할에 있어서도 여성의 사회경제적 지위가 향상되면서 남녀 양성평등의 사회를 맞이하게 되었다. 이러한 빠른 변화는 물질적으로 풍요롭고 편안한 생활을 하는데 기여하였지만 생활지도의 측면에서는 오히려 생활지도의 필요성을 더욱 가중시키는 요인이 되기도 한다.

가정과 지역사회에서 보고 배우며 일원화되었던 생활지도는 학교와 같은 특정한 곳에서 책임 있는 사람들만이 해야만 하는 실정이다. 그리고 지식기반 사회와 정보화 사회에서는 더욱 유능한 인재를 필요로 하게 됨으로써 생활지도보다는 교과위주, 학력위주, 자격위주의 교육이 이루어지면서 기본적 개인의 가치는 점점 존중받기 어려운 현실이 되어 가고 있으므로 사회적 측면에서 개인이 존중받고 충분히 기능할 수 있도록 돕는 생활지도가 필요하고, 변화에 적응할 수 있는 민주시민적 자질을 함양하는데 가장 효과적인 방법 가운데 하나가 생활지도라고 할 수 있겠다.

이재창(2005)은 생활지도의 필요성을 다음과 같이 정리하고 있다.

생활지도의 필요성은 청소년기의 발달 · 심리적 특성과 우리나라 학교교육의 문제점 이외에 사회적인 측면에서도 찾아볼 수 있다. 청소년기의 특성을 변화라고 표현한다면 우리 사회의 특징도 변화라는 한 마디로 말할 수 있다.

우리 한국사회는 특히 1960년대 이후 정부의 경제성장 정책에 힘입어 1970년대를 거치면서 괄목할 만한 경제성장을 이룩하였다. 이러한 과정에서 산업구조와 고용구조의 변화는 우리사회에 많은 파급효과를 가져왔고 특히 최근 경제불황으로 인한 퇴출과 정리해고 등은 여러 가지 사회 문제를 야기하고 있다.

대표적인 현상을 들어보면 다음과 같다.

첫째, 도시화 현상을 들 수 있다. 우리사회가 산업화하면서 도시에 있는 공장에서 노동력이 필요하게 되어 농촌의 노동력이 도시로 이동하는 결과를 초래하였다. 따라서 이농 현상이 일어나면서 도시로 인구가 집중하게 되었고, 이는 또한 여러 가지 도시 문제를 야기시키는 결과를 초래하였다. 도시화는 우선 많은 사람들로 하여금 농촌을 떠나게 함으로써 농촌의 노동력 부족과 지역사회를 붕괴시키는 결과를 가져왔으며 아울러 공동체의식이나 협동의식을 약화시키는 결과를 초래하였다.

이와 아울러 도시는 도시대로 인구팽창, 교통, 실업, 범죄 등의 문제를 야기시켰고, 도시로 이주해 온 사람들은 새로운 도시 환경에 적응하는데 어려움을 겪었다. 특히 도시에서는 빈부의 격차가 심하고 인간관계가 표피적이기 때문에 상대적 박탈감이나 소외감을 느끼게 되고, 이로 인해 많은 정신건강 문제가 발생하게 되었다.

둘째, 우리나라의 사회구조가 산업화하면서 이농 현상과 도시화 현상이 두드러지게 나타났고, 가정이 소인수화되는 핵가족화 현상이 가속되고 있다. 우리나라 가정의 변화 추세를 보면 가구증가율이 인구증가율을 앞지르고 있고, 가구당 평균 가족 수도 점차로 감소추세를 보이고 있다. 아울러 3세대 이상 대가족 구성비율도 급격히 감소하여 전형적인 핵가족 형태가 정착되어 가고 있다. 이러한 핵가족화 현상은 종래에 가정이 가지고 있던 가정의 교육적 기능을 약화시키는 현상을 초래하고 있다.

셋째, 새로운 가치관을 형성하고 있다. 사회구조가 급속하게 변화하면서 전통사회가 현대사회로 이동하는 과정에서 전통적인 가치관이 사라지고 새로운 가치관이 출현하는 경향을 보이고 있다. 특히 우리나라의 경우 전통적인 유교사상에 깊이 뿌리박혀 있던 집합주의, 인정주의, 권위주의, 도의적 의례주의 등이 지배적이었으나 근대화 과정에서 개인주의, 평등주의, 물질주의, 실리주의 및 업적주의 등의 근대적 가치가 강조됨에 따라 전통적 가치와 근대적 가치 사이에 심한 갈등 현상을 초래하였다. 특히 1970년대 이후 급속한 경제성장으로 인해서 발생하게 된 물질주의, 한탕주의, 금전만능주의, 요령 및 편법주의 등 물질과 출세지향적인 불건전한 가치관은 특히 청소년들에게 부정적인 영향을 미치고 있다.

넷째, 현대사회는 산업과 정보통신의 발달로 인해서 직업세계의 변화가 그 어느 때보다도 급속히 이루어지고 있다. 직업이 세분화되고 전문화되어 이러한 직업에 종사하기 위해서는 전문적 지식과 기술이 필요하게 되었다. 더구나 최근의 정보와 통신의 발달은 산업구조와 직업세계, 또 우리의 생활양식을 변화시키고 있다. 그리고 이러한 변화는 아무도 예측할 수 없을 정도로 빠른 속도로 진행되고 있다. 따라서 이전보다 선택할 직업의 종류도 훨씬 다양하게 되었고, 준비 과정도 더 전문화를 요구하게 되었다. 따라서 체계적이고 전문적으로 대처할 필요성이 대두되었다.

다섯째, 현대사회는 대량화의 사회이다. 현대사회에서는 모든 것이 대량화된다. 대량화는 규격화를 의미하고 규격화는 개성 상실을 의미한다. 따라서 많은 사람들이 자신의 개성과 특성을 상실한 채 존재의의를 잃고 살아가게 된다. 현대사회는 또한 많은 경쟁을 요구하고 있다. 이런 상황에서 오는 인간성의 상실과 의미상실, 고독, 스트레스나 압박감 등은 많은 정신질환을 야기하며 이상행동을 유발시키고 있다.

여섯째, 오늘의 지식정보화사회는 개인의 개성과 창의성이 요구되는 사회이다. 현대사회는 어떻게 보면 대량화와 규격화 그리고 개성과 창의성이라는 양면성이 공존하는 사회라고 할 수 있다. 대량화를 지향하다 보면 개인의 개성이 억제되면서 상대적으로 개인의 개성 추구가 더 요구된다. 그러나 우리의 학교교육은 개인의 개성이나 창의력 개발에 별로 기여하지 못했다고 할 수 있다. 오히려 평준화와 획일화 그리고 입시위주의 주입식 교육 등으로 개인의 개성발달을 저해해 왔다고 할 수 있다. 따라서 그 동안 학교교육에서 등한시해 왔던 개인의 잠재력 계발을 위해 생활지도 활동의 강화가 필요한 것이다.

2) 발달 · 심리적 측면

개인의 발달 과정에서 청소년기(adolescence) 자체가 가지는 여러 가지 발달 · 심리적 특성이 생활지도를 필요로 한다고 할 수 있다.

청소년기의 가장 대표적인 특징은 변화라고 할 수 있다. 청소년기는 변화의 시기이다. 이러한 청소년기는 보는 입장에 따라 그 연령 시기가 다르다. 민법 · 소년법 · 미성년자보호법 등에서는 20세 미만을 미성년이라 보고, 아동복지법과 근로기준법에서는 18세 미만을 보호대상으로 보고 있으며, 소년법에서는 14세에서 19세까지를 범죄소년으로 보고 있고, 청소년기본법에 의하면 9세에서 24세에 이르는 모든 사람을 청소년으로 보고 있다. 발달심리학에서는 사춘기에서 시작하여 그 이후의 10년 간을 일컫고 있고, 사회통념상으로는 일반적으로 중 · 고등학교 학생 연령층을 일컫기도 한다.

청소년기는 아동기와 성인기 사이라고 볼 수 있고 청소년기의 시작은 일반적으로 사춘기라고 볼 수 있다. 이러한 청소년기가 시작되는 사춘기의 가장 대표적인 현상은 신체적 · 생리적인 변화이다. 우선 신장과 체중의 증가가 가속화되는 성장급등(growth spurt)의 현상이 일어난다. 이 때에 남아나 여아나 다 같이 신장과 체중이 급격하게 증가한다. 이 성장급등의 시기는 여아가 남아보다 빠른 경향을 보인다.

사춘기의 성숙 과정에서 결정적으로 중요한 역할을 하는 것은 뇌하수체에 이르러 이제까지 제지되었던 내분비들이 분비되기 시작함으로써 이에 자극을 받아 다른 여러 내분비선이 활동하게 된다. 갑상선, 부신선, 고환, 난소 등이 활동하는데, 이들은 모두 성장과 성활동에 관련된 내분비물을 유출하게 된다. 성에 관한 내분비물은 안드로겐(남성화호르몬, 에스트로겐(여성화호르몬), 프로게스테론(임신호르몬) 등이 있는데 이들은 다른 내분비물들과 서로 복잡한 상호관계를 지니며, 신체적 · 생리적 발달의 순차적 진행을 자극하게 된다. 이 시기는 또한 Freud의 발달단계에 의하면 잠복기(latent period), 다음의 생식기(genital stage)에 해당하는 시기로서 여러 가지 제2의 성 특징이 나타나고 이성을 통해서 성의 만족을 얻으려는 시기이기도 하다.

이와 같은 신체적 · 생리적 변화에 적응하지 못하면 여러 가지 정신적인 장애를 가져올 수도 있다. 특히 성장속도가 빠를수록, 급격한 성격 발달이 있을수록, 또 준비된 지식이나 태도가 없을수록 심리적인 영향이 크다. 또 자기 자신은 물론 가족이나 사회가 기대했던 성장수준과 실제 이룩한 자신의 성장수준에 차이가 클 때도 심리적인 압력을 받아 여러 행동 장애를 가져올 수 있다.

이 시기의 또 하나의 특징적인 현상은 인지능력의 발달이다. 청소년기에는 지적 능력이 최대로 발달하고 효력이 발생하게 된다. 특히 수리능력과 유추능력이 청소년기 후반에는 최고조에 달하게 된다. 지적인 변화는 질적인 면에서도 커다란 변화를 가져오는데, Piaget의 이른바 구체적 조작(concrete operation)의 사고방식에서 형식적 조작(formal operation)의 사고가 가능해진다.

따라서 추상적 · 형식적 개념을 구사하게 되고 실제 경험과 유리된 사고를 할 수 있게 된다. 추상적 사고를 통해서 실물과는 관련이 없는 이론적 명제, 즉 가설을 다루는 능력을 갖게 된다. 사물의 직접적인 경험으로 얻는 것 뿐만 아니라 그 사물의 가능성 있는 어떤 가상적 상태까지도 파악할 수 있게 되는 것이다. 이렇게 실제적인 것과 가능한 것, 즉 가설적인 것 사이의 차이를 지각하는 것이 이들로 하여금 현실에 반항하게 하기도 한다. 이들은 항상 가능성과 실제의 현실을 비교하여 현실의 가능성보다는 부족함을 알게 되고, 이를 기초로 하여 현실에 반기를 들고, 가능성의 세계, 즉 이상으로 치닫게 되기도 한다. 이들의 이상추구는 이러한 특성에 기인한다고 할 수 있다.

청소년기는 또한 도덕성의 발달을 경험하는 시기이다. 이들은 아동기의 절대적 · 자기중심적(ego centric) 도덕관에서 벗어나서 상대적 · 타인 중심적(ethro centric) 도덕관을 갖게 되며, 도덕 판단의 기준도 주로 또래집단에 의존하게 되므로 또래집단의 영향력이 가장 큰 시기라고 할 수 있다.

청소년기(adolescence)는 아동기(childhood)와 성인기(adulthood) 사이에 있다. 청소년은 이미 아동이 아니다. 그렇다고 성인이 된 것도 아니다. 다만 성인의 역할을 수행할 때를 기다리고 있는 대기상태에 있는 것이다. 이들은 아직 역할이 뚜렷하지 못하기 때문에 아동에도 끼지 못하고, 성인에도 낄 수 없는 아동과 성인의 주위를 맴도는 주변인(marginal person)이라고 할 수 있다.

따라서 이들은 항상 자신들의 존재 의의와 역할에 대해서 의문을 갖게 된다. 즉 "나라는 존재는 무엇인가?", "나는 왜 존재하는가?", "나는 존재할 만한 가치가 있는가?", "내가 가정, 학교, 사회에서 설 곳은 어디인가?" 등의 질문을 통해서 자아정체감(ego identity)을 확립하려 노력하고 있다. Erikson(1953)은 자아정체감의 확립을 청소년기의 가장 중요한 발달과업으로 보았고, 많은 청소년들이 자아정체감을 확립하지 못하면 정체감의 위기(identity crisis)를 경험하게 된다고 하였다.

Havighurst(1972)는 일찍이 청소년기의 발달과업(developmental task)으로 다음과 같은 사항들을 지적하였다. 첫째로, 급격한 신체적 발달에 적응하고 성적 기능과 역할을 인식하는 것, 둘째로, 이성에 대한 새로운 교류관계를 성립하는 것, 셋째로, 부모나 성인들로부터 정신적 독립을 요구하는 것, 넷째로, 경제적 독립의 필요성을 인정하는 것, 다섯째로, 직업 선택과 그 준비에 몰두하는 것, 여섯째로, 시민으로서 필요한 지식, 기능 및 태도를 습득하는 것, 일곱째로, 사회적으로 책임 있는 행동을 원하며 이를 실천하는 것, 여덟째로, 결혼 및 가정생활에 대해 준비하는 것, 아홉째로, 추상적 · 논리적인 사고력을 배양하고 현실을 객관적으로 파악하는 태도의 확립 등이다.

이렇게 심리적인 갈등을 경험하고 인생에 있어서 중요한 많은 과업을 수행해야 할 청소년기가 현대사회로 오면서 점차 연장되어 가고 있는 실정이다. 즉 청소년들이 성인들이 수행하는 사회적 · 경제적 · 가정적 역할을 이행하는 시기는 사회구조의 변화로 인해서 늦어지고, 반면에 아동들의 신체적 발달은 빨라져서 전보다 일찍 사춘기로 접어드는 경향을 보여 청소년기가 이전보다 일찍 시작해서 늦게 끝나는 현상이 일어나고 있는 것이다. 우리나라에서도 경제체제의 변화, 학교교육의 보편화와 형식교육 기간의 연장, 또 청소년들의 복지와 인권을 보장하기 위한 현대적 법률제도에 의해서 청소년들에 대한 성인의 역할이나 책임이 유보되는 시기가 길어지고 있다.

이상과 같이 청소년기 자체가 가지는 발달 과정상의 특성들이 생활지도를 본질적으로 필요로 하고 있다.

3) 교육적 측면

현대 청소년들이 당면하고 있는 문제 중의 하나가 청소년기가 과거에 비해 연장된 점이다. 이렇게 청소년기가 연장된 주된 원인은 형식교육 기간이 길어졌기 때문이다. 청소년들은 성인이 되기 위해서 사회가 요구하는 여러 가지 준비 과정을 거치게 되는데 그 대표적인 것이 취학이라고 할 수 있다. 즉 학교에 다니면서 사회인이 될 기초를 닦고 하나의 전문인으로서의 역할을 담당하는 데 필요한 지식과 기술을 학습한다. 또한 학교는 한 개인의 능력과 잠재력을 최대한으로 개발시키는 전인교육의 장이 되어야 한다. 그런데 학교가 제 기능을 다하지 못하는 경우가 많다.

우리나라의 학교교육도 많은 문제점을 가지고 있으며, 이러한 문제들로 인해서 학교에서의 생활지도가 더욱 절실히 필요하게 되었다.

교육적 측면에서 대표적인 문제점을 들어 보면 다음과 같다.

첫째, 학교교육에 대한 그릇된 인식이다. "교육은 사회적 선별기능에서 유리한 입장을 지니기 위해서도 아니고, 일부 사람들이 가치 있다고 여기는 것을 피교육자에게 전수하는 것만도 아니다. 교육은 각 개인의 타고난 성장 가능성을 그의 내적 성장력을 원동력으로 하여 가치 있는 방향에서 최대한 실현시키도록 돕는 일을 본질로 하는 것으로 받아들여져야 한다. 그럼에도 불구하고 우리나라의 학교교육은 상급학교에 진학을 위한 좋은 성적을 얻어야 하는 과정으로 잘못 인식되어 왔다. 이러한 그릇된 인식으로 인해 학생들의 창의성을 개발해 주고, 자율성 및 협동심을 기르는 전인교육 보다도 지식주입위주, 입시위주, 교사 중심의 교육을 중시하게 되었다. 또한 과거 한국교육의 특징은 가치추구 교육이라기보다는 지위추구 교육이었다고 할 수 있다. 즉 외부지향적인 출세주의 교육이었다. 이는 교육의 도구화 및 상품화 풍조로 비판받고 있다(한국교육개발원, 1998). 교육은 그 자체가 목적이 아니고 교육을 받아서 더 좋은 지위를 획득하기 위한, 즉 사회계층 상승이동 수단으로 여겨져 왔기 때문에 부단한 학력경쟁을 낳게 되었다.

따라서 개인의 능력과 학교의 우열은 학교에서 높은 점수를 받고, 일류학교에 얼마나 많이 합격하느냐에 따라서 평가된다. 이러한 교육풍토는 학생들의 정의적인 발달보다는 지적인 발달에 치우치게 되어 메마른 인간이 되게 하고, 학생들의 창의성을 개발하기보다는 치열한 경쟁을 유발하게 되어 이기적 인간이 되게 한다. 또 일의 과정에서 흥미와 만족을 찾기보다는 성급하게 결과만을 원하게 되어 요령과 편법만을 추구하는 약삭빠른 인간을 양산하는 결과를 초래하고 있다.

둘째, 우리나라 학교의 교육환경이 매우 비인간적이라는 점과 학교에서의 교수 방법이 획일적이라는 점이다. 학생에게 교수-학습 과정에서 적극적으로 참여할 기회를 주어서 학생들의 창의력을 개발하기보다는 강의위주의 전근대적인 교수 방법이 아직도 지배적이라고 할 수 있다. 이러한 강의위주의 전근대적인 교수 방법은 학습동기 유발이나 흥미를 일으키지 못하고 학습에 대한 흥미를 상실하게 한다. 더구나 평준화로 다양한 수준의 학생이 한 학급에 섞여 있게 되어 교사는 학생의 수준을 맞추기 어렵게 되고 대부분의 학생들은 학교 수업에 흥미를 잃게 되어 학습장으로서의 학교의 기능을 제대로 수행하지 못하고 있는 실정이다. 공부는 학원에서 하고 잠은 학교에서 자는 비정상적인 모습이 현재 우리 교육의 현실이다.

셋째, 학생들의 비행이 날로 심각해지고 있다. 학교에서 학생들의 폭력, 집단 따돌림(School Bullying), 흡연, 음주 등은 매우 심각한 수준이며 학생들의 흡연율과 음주율은 날로 증가하고 있다. 결국 학교가 공교육기관으로서의 역할을 제대로 수행하지 못하고 있다고 볼 수 있다.

참고로 OECD의 과제의 하나인 PISA(Programme for International Student Assessment: 국제학생 평가프로그램)는 15세의 학생들의 기술과 지식의 정책지향적 국제 지표를 제공하도록 설립되었다. 평가 영역은 읽기, 수학, 과학 세 분야이다.

여기에서 한국학생들의 읽기 능력은 세계 최상위급이지만 사회활동이나 직업수행을 위한 실용적 정보를 습득하는 독해능력은 떨어지는 것으로 나타났다.

한국교육과정평가원 연구팀(박혜영 · 구자옥 연구위원)은 11일 교육부 · 경제협력개발기구(OECD) 공동 주최로 서울에서 열린 국제컨퍼런스에서 이 같은 내용의 2012년 국제학업성취도평가(PISA) 분석 결과를 발표했다.

PISA는 OECD가 세계 각국 만 15세 학생의 읽기(언어), 과학, 수학, 문제해결력을 측정하는 시험으로 최근 시험은 2012년에 치러졌다. 연구팀은 한국, 일본, 싱가포르 등 3개국을 대상으로 각국 읽기 시험의 문제유형별 정답률을 비교했다. 싱가포르와 일본은 2012년 PISA 응시 65개국 중 읽기 부문에서 나란히 3, 4위를 차지했다. 한국은 5위였다.

연구팀은 PISA 읽기 문항을 읽는 목적에 따라 개인적(지적 관심 만족), 교육적(학습), 공적(사회활동 · 공적업무 수행), 직업적(직업의 성공적 수행) 읽기 문항으로 분류하는 OECD 기준에 따라 3국의 읽기 성적을 비교했다. 분석 결과 한국은 '개인적', '교육적' 읽기 문항에서 3개국 중 정답률이 가장 높았지만, '공적', '직업적' 읽기 문항의 정답률은 꼴찌였다. 싱가포르와 비교하면 공적 문항 정답률은 11%, 직업적 문항은 7%가량 낮았다. 우리나라 학생들이 이론 학습을 위한 읽기에는 강하지만, 실제 생활에 필요한 정보를 읽어 내는 능력은 떨어지는 것으로 해석

할 수 있는 대목이다. 연구팀은 “읽기 교육의 궁극적 목적은 인생 전반에 필요한 독해 능력을 길러 주는 것인 만큼 현행 교육 체제를 재검토할 필요가 있다”고 지적했다.

이렇게 우리의 교육적 여건이 전인교육의 목표를 달성하는 결과는 거리가 멀기 때문에 상대적으로 학교에서의 생활지도 활동을 강화할 필요성이 더 대두된다.

4) 대중매체와 사이버문화

현대사회의 가장 대표적인 특징은 바로 대중매체의 발달이라고 할 수 있다. 특히 오늘날 대중매체가 청소년에게 미치는 영향력은 상상을 초월한다. 대중매체가 청소년의 생활을 지배하고 있다고 해도 과언이 아니다. 아울러 청소년들이 대중매체의 주고객이기 때문에 역으로 대중매체의 내용에 영향을 미치고 있는 실정이다. 다양한 대중매체 중에서도 특히 TV나 인터넷과 같은 정보통신 분야는 청소년들이 주고객이라고 할 수 있다. 지식정보화사회의 주인공이 될 청소년들이 이 분야에 익숙해지고 이를 생활화하는 것은 바람직한 현상이라고 할 수 있다. 그러나 다음과 같은 문제점이 지적된다.

첫째, 대중매체에서 다루고 있는 내용이 청소년들에게 적합하지 않은 비교육적인 것들이 주류를 이루고 있는 점이다. 시청률만 의식하고 청소년들의 교육적 측면은 전혀 고려하지 않은 많은 TV프로그램들, 특히 연예오락 프로그램들은 청소년들의 말초신경만 자극하여 올바른 정서함양에 기여하지 못하는 현실이다. 요즈음 청소년들에게 인기 있는 PC게임 등의 내용도 청소년들의 건전한 가치관을 길러 주지 못하고 정서함양에 부정적인 역할을 하는 경우가 많이 있다. 특히 인터넷상의 가상세계와 현실세계를 구분하지 못함으로써 현실세계에 적응하는 데 어려움을 초래하고 있고 이와 관련된 비행도 범하게 된다.

둘째, PC게임과 같은 컴퓨터에 너무 많은 시간을 할애하다 보니 실제적인 대인관계를 위한 시간이 부족하게 된다. 또한 자기 본위로 기계를 조작하는 것에 익숙해 있기 때문에 타인에 대한 배려보다는 자기 본위로 생각을 하고 행동을 하게 된다. 따라서 점점 주위로부터 고립되고 소외된 생활을 하게 되어 서로 이해하고 수용하며 같이 어울리는 대인관계 및 공동체생활을 체험하기 어렵다.

이상과 같은 부정적인 사회적 여건은 오늘날 학교에서의 생활지도를 더욱더 필요로 하는 요인들이 되고 있다.

특히 현대사회는 다양한 가치와 생활양식이 복합적으로 이루어진 다중 문화 사회이며, 직업적인 특성에 있어서도 한 직장을 오랫동안 다니는 것이 안정적이고 바람직한 형태라고 하던 시대는 가고 두 개의 인접분야의 전문성을 지니고 있어야 적어도 그 직업을 수행하는데 보다 효율적이고, 안정적인 생활을 할 수 있는 형태로 요구되어지고 있다. 그래서 아동기와 청소년기의 학생들에게 있어서는 더욱더 가치관의 혼란을 경험하게 되며 자신의 삶의 목표와 정체의식을 발전시키는데 어려움이 가중되고 있다.

그럼에도 불구하고 현대사회에서는 생활지도의 비중이 커지며 교사에게 생활지도의 역할이 가중되어지고 있으나 실제적으로 생활지도를 수행하기는 매우 어려운 애매모호한 상황 속에 있다. 입시위주의 교육풍토는 교사와 학생 모두 학과목을 통한 교과교육에 지나치게 치중되게 하기 때문에 상대적으로 생활지도는 소홀하게 되는 것이다. 이러한 원인은 학생들의 학습동기의 저하 및 흥미의 상실로 이어지며, 자율적이고 자발적인 생활습관을 형성하는 것이 매우 어렵게 되었다. 특히 전인적인 성장과 발달을 기대할 수 없게 되었다. 이와 같은 학교교육의 현시점을 고려할 때 시급하게 요구되는 것은 생활지도를 어떻게 원활하게 수행할 수 있도록 하는가에 있다.

이와 같은 결과는 학생들의 진로와 관련된 문제를 적절하게 준비하고 선택하고 해결해 나가는 과정을 돕게 될 것이다. 그러나 우리나라의 현실은 적절한 균형과 조화가 어려운 것이 현실임을 말하고 있는데 한 대학의 학생생활연구소(2003)에서 신입생들에게 가장 상담을 받고 싶은 부분에 대한 질문을 했더니 전체 응답자의 73.7%가 진로 및 학습과 관련된 상담을 받고 싶은 것으로 나타났으며, 그 다음이 대인관계의 순으로 나타났다고 밝혔다.

한편 다른 사람들과 원활한 관계형성에 있어서 매우 미성숙한 태도를 형성하고 있다는 것이다. 한 개인이 지적 능력을 갖추었다고 하더라도 다른 사람들의 이야기를 경청하기 어렵고 다른 사람들을 알고 이해하는 것의 어려움은 자신을 이해하는 것과 더불어 원활한 사회적인 관계를 형성하고 유지하고 질적인 경험을 하는데 매우 커다란 장애가 된다. 사이버시대가 도래하였다고 하더라도 우리의 삶은 관계를 통해서 이루어지게 된다. 무엇보다도 가족구조의 변화와 가정문화의 변화로 인한 인간관계의 체험은 정서적인 교류의 어려움을 가중시키고 있다. 따라서 원만한 인간관계를 맺는 방법을 익히는 것을 학교교육에서 생활지도를 통해서 가꾸어져야만 하는 요구가 극대화되어지고 있다.

따라서 학생들은 자신의 개인적인 특성을 이해하고 자기 자신을 발견하고 건전한 자아개념을 형성하도록 도와주고 그 욕구에 부합되는 기회와 환경 및 경험을 제공하여 학생 스스로 문제를 해결하고 환경에 잘 적응하여 자아실현을 이루도록 돕는 생활지도가 절실히 요청된다.

2. 생활지도의 개념

생활지도의 의미는 교육을 보는 관점 또는 교육 실천을 지배하고 있는 교육적 원리와 불가분의 관계에 있으며 그에 따라 각기 다른 모습을 띠게 된다. 학교교육은 교과지도와 생활지도를 토대로 구성되어지며, 이 두 영역은 균형을 이루어 원활한 역할수행을 이루어 가야 할 것이다. 교과지도가 학생들의 지적 발달과 지식습득에 의한 지적 가치를 추구하는데 중점을 두는 것이라면, 생활지도는 학생들의 정서적이며 인성발달을 근간으로 의미 있고 올바른 삶을 살도록 도우며 지도하는 교육활동이다.

Guidance란 guide에서 유래하며, 인도하다, 지도하다, 조언하다 등의 뜻을 지닌다. Guidance란 의미는 미국에서는 대부분 초등학교나 중 · 고등학교에서 사용되며, 전문학교나 대학에 있어서는 학생지도라고 한다. 생활지도의 시작은 청소년들에게 직업을 구해 주는 것으로 시작하였으나 현재에 와서는 학습자를 대상으로 교육, 사회, 직업, 진로, 성격 등의 관계에서 개인의 잠재능력을 발견하고 당면하는 여러 가지 문제를 스스로의 힘으로 해결하도록 지도하기 위한 조직적인 봉사활동이다. 생활지도란 광의의 교육과 같은 의미를 가지며, 학교의 모든 프로그램은 생활지도의 목표를 실천하기 위해서 조직되어야 한다고 생각한다.

반면에 생활지도 영역을 좁혀서 직업지도 또는 도덕지도에만 국한시키기도 하고 부적응행동이나 문제아의 발견, 예방, 치료에서 생활지도에 주안점을 두기도 한다.

생활지도의 대부라고 할 수 있는 Jones는 생활지도는 개인으로 하여금 현명한 선택과 적응을 하도록 주어지는 조력이라고 하고, 이러한 선택은 민주주의의 원칙에 입각한 것이라고 하고 있다. 그리고 선택할 수 있는 능력은 타고나는 것이 아니고 다른 능력과 마찬가지로 개발되어야 한다고 주장한다. Jones는 교육의 기능 중의 하나는 개인에게 이러한 능력을 개발할 기회를 제공해 주는 것이고 따라서 생활지도는 교육의 필수적인 부분이라고 주장한다. 생활지도는 개인을 위해서 결정을 해 주는 것이 아니고 다른 사람의 도움이 없이 독립적으로 결정을 내릴 수 있는 능력을 개발하도록 조력하는 것이라고 보았다(Jones, Stefflre & Stewart, 1970).

Miller(1971)는 생활지도를 학교와 가정 그리고 지역사회에 가장 잘 적응하기 위해서 학생들이 자기 자신을 이해하고 자기신뢰와 목적을 가지고 스스로 결정을 내리는 능력을 함양하도록 돕는 과정으로 정의하였다.

Hill(1974)은 생활지도란 아동 · 학생들의 선택기술과 과정에서 성숙 및 발달을 돕고, 특히 교육적이고 직업적인 계획에 대하여 아동 · 학생을 돕는 것이라고 정의하고 있다.

또한 Shertzer와 Stone(1981)은 자기 자신과 자신을 둘러싸고 있는 세계를 이해할 수 있도록 도와주는 과정이라고 아주 광범위하게 정의하고 있다.

생활지도에 대한 국내의 학자들의 정의를 살펴보면 최근에는 생활지도라는 용어가 학생들의 학업, 진로, 인성 등의 영역에서 발달, 의사결정, 문제해결 등의 과정을 돕는 활동으로서 생활지도와 학생의 생활 및 행동지도 등을 총칭하는 의미로 사용되고 있다(김계현 외, 2000).

윤운성과 김홍운(2003)은 생활지도는 청소년들이 생활하고 있는 학교와 가정과 지역사회에 적응할 수 있도록 하기 위해서 자기이해와 적응력을 육성시켜 주는 과정이 된다. 또한 비행 등과 같은 특수한 상황에 직면하였을 때 바람직한 방향으로 문제를 해결하고 새로운 생활을 할 수 있도록 도와주는 과정이라고 하였다.

지금까지는 학교교육을 교과지도와 생활지도로 양분해서 생각하는 관점이 우세하다. 이 관점에 따르면 생활지도는 행동습관, 청결과 위생, 예절 등 생활 속에서 이루어지는 다양한 활동의 지도뿐 아니라 인성교육, 각종 태도와 가치관 등을 모두 포함하는 개념이다. 이러한 관점은 '교과지도는 곧 지식교육'이라는 것을 전제로 하고 있으며, 생활지도는 지식 교육과는 다른 활동임을 강조하는 것이라고 볼 수 있다(조화태 외, 2013).

장선철과 이진안(2013)에 따르면 생활지도는 교육의 목적을 달성하기 위한 방법으로 학생들이 일상생활에서 해결해야 할 문제(사회적 · 직업적 · 신체적 · 정서적 · 도덕적 문제 등)를 자력으로 해결할 수 있도록 돕는 것이며, 개인마다 가지고 있는 인성적 특성(흥미 · 적성 · 능력)과 잠재력을 이해하고 발견하여 이를 최대한 발전시키며, 현명한 선택을 통해 자기지도 및 자아실현을 돕기 위한 활동이라 할 수 있다.

이상에서 살펴본 바와 같이 생활지도는 개인의 발달 및 사회적응을 돕기 위한 것으로서 학교의 모든 영역과 밀접히 관련되어 있다. 예컨대, 교육과정, 교수방법, 장학, 훈육, 출 · 결석, 시간표, 과외활동, 건강, 가정과 지역사회와 밀접히 관련되어 있다. 이것은 생활지도 담당자와 기타의 모든 학교 교직원과의 밀접한 협조를 전제로 하는 것이다. 생활지도가 비록 학교의 모든 기능과 영역에 밀접한 관계가 있다고 하더라도 생활지도 담당자가 이 모든 것에 있어서 전문가일 수는 없다. 그의 주요한 역할은 학생에 관하여 정확한 자료를 수집 · 체계화하고 집단지도와 개인상담을 실시하며 나아가서는 동료 교직원과 학부모들에게 생활지도 이념을 적극적으로 이해케 하여 그들로 하여금 이미 수집한 여러 가지 자료를 현명하게 사용하도록 권장하는 것이다.

생활지도는 지도하는 사람과 지도받는 사람이 적극적으로 참가하여 개인의 전 생활을 통하여 다른 사람과의 모든 상호관계에 있어서도 개인의 전 인격에 관여하려고 하는 것이다. 생활지도는 한 가지 상황에만 국한되는 것이 아니라 생활의 모든 면을 다 포함할 수 있다. 생활지도의 주요한 책임은 가정과 학교로 나뉘어진다. 학교에서 교직원 각자는 자기에게 맡겨진 학생이 생활지도와 관련된다.

요약하면, 생활지도란 개인이 일상생활에서 해결해야 할 여러 가지 문제를 스스로의 힘으로 해결할 수 있도록 지도하기 위한 조직적인 봉사활동이다. 이 정의에는 세 가지 중요한 요소가 포함되어 있는데, 구체적으로 살펴보면 다음과 같다. 첫째, 생활지도는 학습자의 각종 문제해결력을 증대시킴을 목적으로 하며, 둘째, 이 목적을 위해서 여러 방법, 예컨대, 심리검사, 면접, 직업자료 등을 활용한다. 셋째, 학급, 학년, 학교 내에서 생활지도를 위한 효과적인 조직체가 있어야 한다는 것이다.

그러므로 생활지도는 자기발견(탐구)을 통한 자기지도(self-direction)의 과정으로서 자기지도력을 배양하는 데 그 의의가 있다.

3. 생활지도의 목표

우리나라의 교육목적은 교육법에 명시된 바와 같이 "교육은 홍익인간의 이념 아래 모든 국민으로 하여금 인격을 완성하고 자주적인 생활능력과 공민(公民)으로서의 자질을 구유(具有)하게 하여 민주국가 발전에 봉사하며, 인류 공영의 이상실현에 기여하게 함을 목적으로 한다"라고 규정하고 있다. 이와 같은 교육의 목표를 통해서 생활지도는 경제적인 측면, 심리적인 측면, 정치적인 측면에 대한 이해를 돕는 것이 우선되는 과제일 것이다. 한편 생활지도는 인간의 동기적인 측면에서 살펴보는 것도 매우 필요하다.

왜냐하면 생활지도는 학생의 에너지를 개인적으로는 만족하게 하고 사회적으로 용납되게 하는 활동으로 어떻게 방향지워 주느냐 하는 것이기 때문이다. Maslow는 인간의 동기를 욕구위계설에 의해서 설명하였다. 욕구위계설은 하위의 욕구에서 상위의 욕구를 충족시켜 가는 과정으로 발달하는 것이다. 즉 성장동기(growth motivation)에 의한다면 상위의 욕구를 충족시키기 위해서는 하위의 욕구를 충족시켜야 한다는 것이다.

또한 교육은 각 개인이 개인적으로 만족스럽고 사회적으로 효과적인 생활을 달성할 수 있도록 각 개인의 신체적 · 정신적 · 도덕적 · 정서적 성장을 지도하기 위한 하나의 의식적 노력이다. 교육은 인간발달의 전영역을 다룬다. 교육이 인간성장의 전체적인 면에서 취급된다면 모든 생활지도는 곧 교육이 될 수 있는 것이다. 그러나 교육의 모든 면이 곧 생활지도와 일치한다고는 할 수 없다. 교육과 생활지도의 목적은 개인의 성장 · 발달이라는 면에서는 동일하나 교육에서 사용하는 방법과 생활지도에서 사용하는 방법과는 차이가 있다. 생활지도의 목표는 각 개인에 대하여 초점을 맞추어야 한다. 각 개인이 자기의 요구나 계획에 대해서 주위 환경을 이해하는 데 있어서 각 개인에게 조력을 주는 것이다. 잠재가능성을 실현할 수 있도록 문제 수행을 위한 조력과 이해를 제공한다.

생활지도와 훈육과의 관계를 혹자는 훈육이 생활지도의 기능을 수행하는데 장애가 된다고 생각한다. 그것은 학교의 모든 교직원에 의해서 주어지는 조력과정이다.

생활지도는 교수, 장학, 훈육에 있어서 해결될 수 있는 장소면 어디서나 찾아볼 수 있다. 사실상 훈육은 가장 유용하고 값진 생활지도 영역 중의 한 분야이다. 훈육은 두 가지 다른 의미를 지니는데, 좀더 구체적으로 살펴보면 다음과 같다.

훈육(discipline)은 어떤 목표의 달성을 위해서 필요하다고 생각되는 계획된 일련의 활동과 훈련이다. 예를 들면, 운동경기의 훈련, 식사, 수면습관 등이며 다른 예는 학위를 얻고자 이수하는 대학의 교육과정(curriculum)이다. 이러한 첫 의미에 있어서 훈육은 법, 의학의 훈련과 같은 행동에 영향을 주는 일련의 규칙이나 법칙을 의미한다. 이것은 적극적인 훈육(positive discipline)이다.

훈육은 바람직하지 않은 행위에 대한 처벌을 의미한다. 예를 들며, 학교에서는 필요로 한 기준이 있는데 실패하게 되면 처벌이나 훈육의 결과를 낳게 된다. 이 때 훈육의 의미는 소극적인 훈육(negative discipline)이다. 훈육의 목적은 바람직하지 않은 행위를 예방하려는 것이다.

Erikson과 Happ에 의하면 생활지도의 목표를 다음과 같이 규정한다(권형자, 2005. 재인용).

첫째, 각 개인으로 하여금 자기의 지적 · 사회적 · 도덕적 · 경제적 관계를 이해하도록 돕는다.

둘째, 학생들로 하여금 교육과 직업과의 관계를 이해하도록 도우며 학교의 기회를 가장 잘 활용하도록 돕는다.

셋째, 학생들로 하여금 직업계와 직업적 관계를 얻도록 돕는다.

넷째, 학생들로 하여금 생활에 있어서 바람직한 성격과 성공과의 사이의 관계를 인식하도록 돕는다.

다섯째, 학생들로 하여금 성공적인 직업과 교육적 적응에 비추어서 자기의 잠재 가능성을 고려하도록 돕는다.

여섯째, 학생들로 하여금 교과목과 과외활동의 선택을 통하여 최대한의 행복감을 발견하도록 돕는다.

생활지도의 목표는 무엇보다도 각 개인이 자기의 문제를 자기 스스로 해결할 수 있는 능력과 새로운 사태의 적응능력을 길러 주는데 있다. 생활지도의 초점은 문제 자체가 아니라 각 개인이며 각 개인의 자율적인 성장을 촉진시키는 것이라고 할 수 있으며, 자기 자신의 이해, 적응능력의 발전, 과학적 · 비판적 사고력의 함양을 통한 문제해결의 증대라고 할 수 있다. 즉 생활지도의 목표는 지 · 덕 · 체를 겸비한 자신감과 자율적인 능력을 가진 인간을 창조하는 데 있다.

생활지도는 각 개인이 민주적 현상에 있어서 자기의 능력을 최대한 발달시킬 수 있는 전문적 봉사와 개인적 기회를 제공하는 것을 돕는 전체 교육계획의 총괄적인 분야이기 때문에 각 개인이 어떤 권리뿐만 아니라 민주사회 내에 책임을 가지고 있다는 것을 의미한다.

보다 넓은 의미에서 생활지도의 목표는 학생, 부모, 교사, 생활지도 전문가, 학교 행정가, 지역사회 인사들이 한 팀으로서 함께 협력하여야 할 필요를 내포하고 있다. 흔히 생각할 때 교육과정, 학습지도, 생활지도는 각각 독립된 영역과 기능을 가진 것으로 알고 있다. 그러나 이 세 가지는 서로 떼어 놓을 수 없는 밀접한 관계를 가지고 있으며 중첩적인 과정을 가진다. 우선 교육과정은 우리가 바라는 교육목표를 달성하기 위해서 마련되는 교사의 지도 아래서 학생들이 가지게 되는 모든 경험을 포함한다. 학습지도를 통하여 학생들이 가지게 되는 경험, 생활지도를 통하여 학생들이 가지는 경험은 모든 교육과정의 개념 속에 들어오는 것이다.

넓은 의미의 교육과정 계획은 좁은 의미의 학습지도와 생활지도를 위한 동일한 기반을 제공하는 것이다. 그리고 넓은 의미의 학습지도와 생활지도는 동일한 과정이다. 그런데 교육과정, 학습지도, 생활지도는 분리할 수 있는 것으로 생각하는가? 이에 대한 몇 가지 논의가 있다.

첫째, 교육과정을 학교에서 가르치는 교육내용으로 생각하고 학습지도를 그 계획된 교과 내용을 효과적으로 가르치는 과정이라고 생각하는 전통적인 학습개념이다.

둘째, 생활지도는 학교의 특별한 교육적 기능이며, 특별한 훈련을 받는 전문가만이 할 수 있고 또 그렇게 해야 한다는 생각 등이 지배적인 개념이다.

그러나 이론상으로 학습지도와 생활지도는 불가분의 관계이다. Dewey가 사회는 모든 인간이 상호간에 이해관계를 맺고 있는 곳이며, 개개인이 모두 행복하게 살기를 바라며 바람직한 인간관계를 유지하며, 생활해 가는 곳이라고 했듯이 이러한 사회에서 생활하기 위한 방법을 지도하는 것이 생활지도의 근본적인 목표라고 할 수 있다.

4. 생활지도의 원리

생활지도의 원리는 간단히 정의 내리기는 어렵다. 왜냐하면 생활지도는 발달의 과정에 있는 개인을 돕는 것이며, 개인과 환경은 상호작용을 하기 때문에 각 개인을 돕는 것은 복합성(complexity)을 동반하는 것이다. 그럼에도 불구하고 생활지도는 일반적으로 다음과 같은 원리로 정의 내려 보고자 한다.

1) 생활지도는 각 개인의 가치와 존엄성을 믿는데 기초

생활지도의 원리 중 어느 정도 합의에 이른 점은 각 개인의 존엄성과 가치의 민주적 개념에 기초를 두고 있다는 점이다. 생활지도는 민주적 이상에 의해서 인도(guide)된 사회에 있어서의 발달된 미국 학교제도의 산물이다. 각 개인가치의 민주적 이상에서 잉태된 것은 개인 자유의 가치이다.

2) 각 개인의 전체적 발달은 생활지도의 중요한 목표

생활지도는 각 개인의 전체적 발달을 돕는데, 전체적 발달이란 지적, 신체적, 사회적, 정서적 발달의 균형잡힌 상태의 발달을 의미한다. 즉 생활지도는 지 · 덕 · 체의 균형잡힌 발달을 목표한다.

3) 생활지도는 전체적 교육프로그램 중 하나로 통합적 부분을 형성

넓은 의미에 있어서의 교육은 세 가지 기능, 즉 교수적 기능, 행정적 기능, 생활지도의 기능 등으로 생각할 수 있다. 교수적 기능은 교과목 학습만이 아니라 태도나 교수적 기술을 발달시키는 기능이다. 행정적 기능은 교육적 프로그램을 계획하고 수행함으로써 교수적 과정을 촉진하는 기능이다. 생활지도 기능은 학생에 관계된 서비스 기능이다.

이러한 입장에서 볼 때 현대교육은 지적 발달만이 아니라 학생의 전인적 발달을 강조하고 있으므로 조직적인 생활지도 프로그램은 필요한 교육활동인 것이다. 이는 전교직원 간의 협력관계이며, 교육계획에 있어서 생활지도의 책임은 정서적 안정과 성격 성숙의 발달을 촉진하는 것이다.

4) 생활지도는 전체 학생이 대상

생활지도의 대상은 일부 부적응아에 한정된 것이 아니라, 정상아를 포함한 모든 아동과 학생이어야 한다. 부적응아 혹은 문제학생의 행동을 이해하고 분석하고 치료하는 것은 전문적 지식과 경험이 필요할 뿐만 아니라 많은 시간과 노력이 소요된다. 교사나 상담자(counselor)는 정상적이고 건강한 학생들을 지도하게 된다. 상담실 혹은 지도연구소는 신경과민의 학생이나 문제성을 지닌 학생만이 출입하는 곳이 아니므로 문제를 갖지 않은 정상적인 학생들도 더욱더 건전하게 성장 · 발달할 수 있도록 지도하는 것이다.

5) 생활지도 활동의 중심은 상담

생활지도 활동은 대체로 학생이해활동, 정보활동, 상담활동, 정치활동, 추후활동 등으로 이루어진다. 이러한 활동 중 가장 중핵적인 활동이 되는 것은 상담활동이다.

6) 생활지도는 치료나 교정 효과보다는 예방을 원칙으로

현대의학이 치료에서 예방의학으로 발전하듯이 생활지도는 어떤 문제가 일어났을 때 그 해결을 지도하는 것도 중요하지만 문제가 발생하지 않도록 사전에 지도하는 것이 더 중요하다.

7) 생활지도는 하나의 학습과정

학업부진에 대한 여러 가지 원인을 진단하고 조건이 정리되어 학업에 대한 동기가 생기게 된다.

8) 생활지도는 처벌보다 선도 또는 지도가 선행

생활지도의 대상자는 일반적으로 발달상의 어려움을 겪는 부분에 대한 조력과정이라고 할 수 있기 때문에 경험의 부족으로 인한 문제는 처벌보다는 모델링이나 구체적인 방법에 대한 이해를 돕는 지도가 요구되기 때문이다.

9) 생활지도는 과학적인 근거를 기초로

생활지도는 학생의 올바른 이해와 행동의 객관적이고 구체적인 자료에 기초를 두고 시작하여야 한다. 우리에게 생활지도상의 문제해결 과정에 이용되는 자료는 각종 표준화 검사 자료, 현대 심리학적 원리의 적절한 이용과 해석 등으로 어느 정도 평가에 객관화시킬 수 있는 방법이 있다. 그러나 반드시 객관화된 표준화 검사에만 전적으로 의존하는 것만이 완전한 문제해결에 도움이 된다고는 볼 수 없다. 다만 생활지도상 문제해결에 있어서 경험을 통한 지도에 뒷받침될 수 있는 객관적 자료가 있을 때 적응할 수 있고 또한 학생들이 믿을 만한 물적 증거를 얻기 위해서도 객관적 · 과학적인 자료에 기초를 삼는 데에도 관심을 가져야 하기 때문이다(윤운성 · 김홍운, 2003).

5. 생활지도의 영역

학교교육에 있어서 생활지도는 그 동안에 개인의 학업성적이나 품행에 보다 더 주안점을 두어 왔다. 그러나 학교교육의 대상자들이 발달과정상에 있는 것을 고려한다면, 아동의 생활경험은 어떤 한두 가지의 영역에만 국한된 것이 아니라 오히려, 아동생활 전반에 걸친 지도가 필요하다는 것이다.

생활지도 운동은 직업지도의 필요에 의해서 출발했기 때문에 처음에는 직업지도를 의미하여 왔다. 생활지도의 영역을 분류하기 전에 인간이 가진 문제는 복잡 다양하기 때문에 문제의 영역을 바로 말하기는 어렵다. 문제는 개인적인 요인에 의한 문제와 발달과정상의 문제가 서로 상호관련이 되어 있으며 문제행동에는 그 원인이 있다는 가정도 필요하다. Allport는 인생은 보는 측면에 따라서 그 의미가 달라질 수 있다고 한다. 어떤 가치체계로 인생을 보며 행동하느냐에 따라서 태도가 달라질 수 있으며 문제의식도 달라질 수 있다.

그래서 생활지도의 영역은 학자에 따라서 견해를 달리하고 있지만 크게 문제 영역별, 기능 영역별로 구분해서 살펴보고자 한다.

1) 문제 영역별

일반적으로 생활지도는 그 영역을 분류함에 있어서 학급별에 따라 성별, 지역별, 인문계 실업계에 따라 생활지도의 영역은 달라질 수 있으나 이런 요인들을 초월해서 공통적으로 포함되는 대표적인 영역들이 있다. 김충기(1983)는 교육지도, 직업지도, 성격지도, 건강지도, 사회성지도, 여가선용지도, 도덕지도, 종교지도 등을 생활지도의 문제 영역별로 분류하고 있다.

생활지도의 활동영역을 확실히 구분짓기는 어려우나 대체로 다음과 같이 분류하여 볼 수 있다(공석영 · 권형자 2005).

(1) 신입생 오리엔테이션

신입생 오리엔테이션이란 신입생에 대해서 행하여지는 특별한 지도로서 신입생들로 하여금 보다 빠른 시간 안에 효과적인 적응을 할 수 있도록 지도하기 위한 일련의 교육활동이며, 학교의 연혁, 교수진, 시설, 학생복지, 도서관 이용 등에 관해서 지도하는 것이다.

(2) 학업지도

학업지도란 학교 생활 중 학력 향상을 위한 지도로서 교과목 선택, 효과적인 학습방법, 과외활동의 선택지도, 독서지도 등이다. 즉 학업지도는 학교활동의 중핵적인 영역으로 학생들의 학습을 돕는 활동이다. 학업지도 대상의 문제는 새로운 학교에의 적응문제, 교육과정 선택의 문제, 학업성적 부진의 문제, 특수아동의 문제, 진급이나 진학에 관련된 문제, 학습방법 및 학습습관의 문제 등이다. 구체적인 학업지도의 인식은 오리엔테이션, 학업 부진아 및 특수아지도, 학습습관 및 방법지도, 진학지도, 각종 검사에 의한 학습행동과 학업성취도의 평가 등이 포함된다.

(3) 진학 및 진로지도

복잡 다양해진 직업세계는 점차적으로 발달을 하고 있어서 학생들에게 그들의 진로를 보다 적극적으로 지도해 주어야 할 필요성이 요청된다. 따라서 학생의 적성과 능력에 알맞은 학과를 선택할 수 있도록 진학에 대한 조력이 필요하며, 기관에 대한 포괄적인 자료를 수집하여 정보를 제공하는 활동을 포함해야 한다.

진학 및 진로지도는 각 학생들이 자신의 진로에 대한 의식을 고취하고 자신의 적성에 맞는 진로의 결정과 그 목표달성에 필요한 활동들을 실행할 수 있도록 돕는 영역이다. 진로지도는 개인으로 하여금 중요한 미래의 방향을 선택 · 준비하도록 돕는 의사결정의 과정으로서, 여기에는 크게 진학지도와 직업지도가 포함된다.

올바른 직업관을 가지도록 지도하고 직업선택을 위한 도움을 주려는 교육활동으로서 대상이 되는 문제는 직업적 준비과정에 관한 문제, 직업의 선택과 결정에 관한 문제, 직업의 세계에 대한 정보와 자료의 수집 · 보관 · 제공에 관한 문제, 학생 자신의 직업적 적합성을 이해하는 것에 관련된 문제, 직업적 능력을 발달시키는 것에 관한 문제 등이다.

직업지도가 성공하기 위해서는 학생 개개인의 능력에 대한 올바른 이해, 직업 자체에 대한 정확한 이해, 개인의 적성과 직업간의 상호 관련성에 대한 합리적이고 현실적인 판단이 이루어져야 한다. 직업지도는 각 학생의 직업선택, 직업준비, 취업알선 등 장래 직업에 관련된 영역에 대해서 지도하는 영역으로 이러한 목적을 달성하기 위해서 학생에게 직업에 관한 정보를 제공하며, 취업희망 조사와 각종 직업세계에 대한 자료들을 수집하여 학생들로 하여금 직업준비에 대한 탐색적 경험을 제공하도록 노력해야 하는데 크게 두 관점으로 나뉘어진다. 하나는 개인의 원만한 직업적인 적응을 고려해야 한다. 예를 들면, 개인의 이해, 직업의 분석, 개인과 직업과의 관계성이다. 직업적인 문제와 관련된 고전적 접근은 인간과 직업과의 관련을 맺는 문제라고 할 수 있는데, 이 사고의 태도에 따르면 처음 단계는 각 개인의 적성, 흥미, 학력, 목표에 대한 평가이다. 그런데 이러한 평가의 어려운 점은 각 개인의 능력이 변하고 직업세계도 변하고 있다는 점이다. 또 하나는 직업선택이 기본적으로 지적인 면이라는 것이다. 한편, 직업적 발달은 아동초기부터 시작한다. 명확한 직업적 의의를 가지는 최초의 학습 중의 하나는 직업에 있어서 남녀 구별학습이다.

직업적 자아개념의 형성은 아동기에 시작해서 그 후 경험에 의해서 수정된다. 아동기, 청소년기를 통해서 학습된 직업적인 틀은 직업적인 발달에 있어서 기초적인 요소가 된다. 여러 학자들이 제시하는 진로발달 단계는 다음과 같이 정리되어진다. 직업적 발달은 학생이 학교를 떠난 후 오래 계속되며, 각 개인의 발달형태는 개인에게 매우 독특하고, 각 개인의 전체적인 발달의 한 측면이라는 것이다.

(4) 건강지도

학교에서의 건강지도는 학교생활 측면(급식, 급수, 채광, 휴식 공간, 학교건물, 정신 위생적 건강, 신체적 건강 등), 건강 서비스 측면(건강진단, 신체검사, 질환이나 영양 결함자에 대한 치료 등), 건강교수 측면(건강교육에 필요한 기초적인 원리와 지식을 이해시키고 스스로의 건강을 관리할 수 있도록 하는 것)의 세 영역으로 나누어진다. 그럼에도 불구하고 건강지도의 문제는 신체적 결함, 운동의 부족, 영양실조, 위생관념 등의 주로 신체적인 면의 지도를 의미한다. 건강지도는 학생의 건강이나 신체적 발달에 관해서 적절한 조언과 조력을 해 줌으로써 아동이 신체적으로 건전하게 발달할 수 있도록 지도하는 것이다. 한편 건강지도에는 신체적 건강지도와 정신위생에 관한지도, 공중위생지도, 안전지도 등이 포함된다.

(5) 인성지도

인성지도는 성격지도 또는 인격지도라고 하는데 개인의 정서적 안정 및 바람직한 품성을 형성하도록 도움을 주는 교육활동으로서 자기 성격의 긍정적인 특성을 발달시키고 촉진시킨다. 문제가 되는 요인은 정서적 문제, 사회적 행동문제, 가족관계의 문제, 종교나 가치관 등에 관련된 문제 등으로 지나친 내·외향성이나 우월감·열등감, 정서적 불안, 욕구불만, 신경과민, 정신 불건강, 불건전한 습관과 태도 등이다. 모든 개인적·심리적 부적응문제에는 이에 관한 전문적인 지도가 포함되어야 하며, 이런 문제들은 개인을 대상으로 생활지도를 하는 것이 바람직하기 때문에 개별적인 생활지도 활동이 요구된다.

인성지도는 아동 개개인이 자기의 인격을 올바르게 인식하고 원만한 인격의 소질을 육성하도록 조언하여 한 개인이 인간으로서 조화로운 발달을 이루고, 한 인격체로서 완성될 수 있도록 지도해 나가는 과정이다. 즉 원만한 인격형성에 장애가 되는 인간이 기본적인 욕구불만, 우월감, 열등감, 공격적 태도, 정서적 불안감 등을 제거하여 줌으로써 올바른 성격형성을 지도하는 것을 말한다. 성격이라는 말을 한 마디로 개념을 정의하기는 어렵다. 그러나 성격이란 선천적인 면이 있음과 동시에 환경과의 상호작용으로 발전된다는 데는 이론의 여지가 없다. 그러나 인격이 형성되는 데 있어서 주요한 자극은 사회적 환경이다. 청소년기에 들어서 생활에 큰 변동을 가져오게 되어 성격발달에 큰 영향을 미치게 되는 것이다. 친구를 찾아서 그들의 문제를 나누고 가치관을 토의하며, 같이 즐기고 같이 슬퍼하는 일을 찾아 가정을 떠나고 학교 안에서 보다 밖에서 무리를 지어 행동하기를 좋아한다. 이러한 성격을 통해서 그들의 성격은 급변하고 행동은 극단적인 것, 모험적인 것, 상도를 벗어나는 일이 많기 때문에 부모나 교사들의 특별한 지도가 요청되는 것이다.

(6) 사회성지도

인간은 사회적인 존재이기 때문에 언제나 집단 역동성, 즉 가정, 학교, 사회

집단 등 일정한 사회적 망(social web) 속에서 생활하고 있다. social이란 말은 라틴어의 socials로부터 유래하여 기원은 언어학적 역사가 있을 때부터라고 볼 수 있다. 오늘날 인간이 직면하고 있는 대부분의 문제는 생물학적 생존에 관련된 문제만이 아니라 사회적인 문제이다. 인간의 생활은 집단에서 비롯되므로 사회적 상호작용과 각 개인의 행동 사이의 관계와 관련된 심리학의 영역을 사회심리학적 측면에서 연구하게 되었다. 하나의 사회적-심리학적 집단은 각개 회원으로 구성되어 있는 사회적 단위이다. 집단은 하나의 구조, 지도성, 힘, 사회측정, 의사소통 등을 가지고 있다. 즉 그것은 회원 사이에 심리적인 망(psychological metirc)과 개인차이다.

사회성지도는 각 개인 혹은 학생의 교양, 도덕적인 윤리관, 인간존중의 습관 형성, 의사전달의 합리적인 방법, 관용과 불관용, 이성의 선택, 이성과의 교제, 집단에서의 대인관계 등 원만한 인간관계를 유지하며 협동과 봉사의 정신으로 생활할 수 있도록 하는 사회성 개발에 대한 지도를 뜻하는데 이는 집단활동을 통해서만이 가능하다. 따라서 사회성지도는 반사회적이거나 비사회적인 행동을 예방 치료하고 협동, 관용과 같은 건전한 사회적 행동을 발달 촉진하기 위한 생활지도의 한 영역이다. 공격적이거나 반항적인 행동, 파괴적 행동이나 퇴행적 · 도피적 행동 등과 같은 사회성 문제에 관련된 행동을 들 수 있다.

지도상의 유의점은 다음과 같다.

① 정서적 안정감이 건전한 사회적 행동의 기초가 된다.
② 안정감 · 소속감 등 기초적인 사회적 욕구를 만족시켜 주도록 유념한다.
③ 집단의 분위기를 우호적이고 자유롭게 조성한다.
④ 많은 사회적 경험의 기회를 갖게 한다.
⑤ 교우관계에 관심을 가지고 지도한다.

(7) 여가 선용지도

현대인들에게는 이미 여가를 위한 정보 및 활동에 대한 관심이 건강과 행복을 위해서 매우 필수불가결한 요소로 대두되었다. 여가 선용지도는 학교나 사회에서는 개인이 자유로운 시간을 유용하게 이용할 수 있도록 하는 것으로서 취미활동이나 창작활동, 감상활동 등으로 개인이 활용할 수 있는 시간을 뜻있고 생산적으로 보낼 수 있도록 하기위한 영역이다.

인간의 복잡한 사회적 · 경제적 · 산업적 조건으로부터 일어나고 있는 중요한 문제 중의 하나는 여가시간의 효과적인 사용이다. 증가된 생활기대, 노동시간의 단축, 체계적인 은퇴계획은 여가의 위치를 중요하게 하였다. 많은 사람들이 다른 기관과 마찬가지로 학교는 학생들에게 여가를 준비하고 여가의 만족스러운 사용을 하는데 있어서 생활지도자들이 커다란 책임을 가질 필요가 있다고 느낀다. 여가 개념은 때때로 자유시간 또는 여가시간으로 생각하여 왔다. 여가는 인간의 신체를 유지하기 위한, 즉 먹고, 잠자며 신체의 보호를 이루는 활동에 시간을 소비하는 것이 아니다. leisure는 안일(idleness)과 동의어로 생각할 수 있으나 leisure의 보통 정의는 직접적인 만족을 가져오는, 보수없이 자유로이 추구되는 활동을 말한다. 또한 여가의 세 가지 주요 기능은 오락, 연회, 그리고 개인적 발달을 말한다.

여가의 활용은 정신건강의 증진뿐 아니라 공부의 능률 향상을 위해서도 필요한 것이므로 그 중요성이 점진적으로 인식되고 있다. 최근에는 각종 오락시설의 종류가 다양하게 보급됨에 따라 여가시간을 유효적절하게 이용하도록 하는 지도가 더욱 필요하게 되었다. 여가시간을 선용함으로써 개인의 인간성을 높이고, 교양을 풍부하게 할 뿐만 아니라 신체적으로나 정신적으로 새로운 활력을 얻도록 지도해야 한다.

여가를 위한 시간의 양은 대체로 신체적 · 사회적 욕구를 공급하는데 의존한다. 사람은 먹고 자고 배설하는 데 시간을 줄임으로써 여가를 증가시킬 수 있다. 여가가 특권계급의 특권이 된다고 생각하던 때가 있었다. 노예시대, 고대 아테네, 로마 그리고 미국 등이다. 부와 권력의 전통을 가진 이 계급은 생계를 유지할 필요와 여가생활을 하기 위해서 수많은 사람들에게 봉사하도록 명령을 할 수 있었다. 그러나 오늘날은 신념이 생기게 되었다. 즉 퇴직을 위한 준비와 생산이 증대되므로 하루에 8-9시간의 노동을 하고 그 이상의 시간은 자유로이 활용할 수 있게 된 것이다.

여가시간의 활동을 위한 학교의 책임으로는 학교의 교육과정 아래에서 교육적 경험을 구성하고 있는 것이기 때문에 그러한 교육적 경험은 규칙적으로 정규수업의 형태를 취할 수도 있으며 과외활동으로 구성될 수도 있다.

교육과정을 통해서 읽기, 쓰기, 미술, 음악, 가정, 경제 등 여가시간에 효과적인 참여의 기초가 되는 기본적인 기술을 습득시킬 수 있다. 다시 말하면 여가선용지도는 학교나 사회에서 각 개인이 여가를 가치있게 활용할 수 있도록 레크리에이션 활동을 선택하고 이러한 활동을 통해서 고상한 취미와 심신의 건전한 발달을 도모하게 하는 지도이다. 가치있는 여가선용 활동으로는 스포츠, 독서, 미술, 오락, 사회 활동 등을 들 수 있다. 이러한 활동 중에서 각 개인의 흥미, 요구, 능력, 성격 등에 가장 적합한 것을 선택하여 여가를 선용하도록 하는 것이다.

(8) 가정생활지도

가정생활지도란 학생들이 가족 구성원으로서 원만한 가정생활을 영위해 나갈 수 있도록 지도하는 것을 말한다. 여기에서는 모든 학생으로 하여금 가정에서 자신의 중요성을 인식하게 하고 부모와의 관계에 있어서 원만성을 유지하도록 지도한다. 가정적인 문제로 고민하거나, 가정생활에서의 갈등으로 인하여 부적응 상태에 있는 학생을 대상으로는 가정생활에 적응할 수 있도록 전문적인 상담과 지도를 해야 한다.

가족은 인류사회에서 가장 원초적인 사회집단으로서 가족원의 행동과 사고에 지대한 영향을 미쳐왔다. 가정은 인간의 인격형성과정에 있어서 가장 중요한 역할을 담당하는 곳이다. 언어와 지식은 물론 행동양식이나 가치관 등도 모두 가정에서 어릴 때부터 배우게 된다. 우리나라의 전통적 가족구조에 부모와 자녀 간의 윤리적인 효 개념이 지배적으로 내려오고 있다. 부모에 대한 순종과 권위에 대한 복종만을 배워 온 전통적인 가정보다는 민주적이고 합리적인 인간관계의 모색을 활발히 하고 있다.

예로부터 우리는 '효'의 개념을 개인의 가치기준으로 여길 만큼 중요한 덕목으로 여겨 왔다. 현대사회가 급속한 변화와 첨단기술의 발전으로 빠르게 변화하면서 경제적, 물질적인 풍요는 가시적인 발전을 이룬 반면에 정신적인 문화는 동반 성장을 하지 못하고 '효' 개념의 질적 수준도 낮아지고 있는 실정이다. 최근 우리사회에 만연되어 있는 총체적인 윤리의식의 결여는 우리사회가 극도의 이기주의와 물질만능위주의 가치관이 팽배해지면서 여러 가지 부작용을 낳고 있다. 이러한 현실에서 가정으로부터 형성된 부모와의 관계와 부모님의 존재에 대하여 감사하는 마음(효의식)을 간직하는 것은 학교생활과 사회생활에서 오는 어려움을 극복하고 자신을 건강하게 보호할 수 있는 에너지를 얻는데 큰 도움이 된다(정정애 외, 2014).

(9) 창조성지도

창조성지도란 한 개인이 자신의 경험을 토대로 외부의 가치로운 정보를 받아들여서 현실생활에서 보다 유용하고 독창적인 원리나 방법을 터득하도록 안내하는 것을 말한다. 교사는 교과서 내용을 설명할 때 창조력 증진을 위한 분위기를 마련해야 하며, 나아가서 학습지도안을 작성할 때도 창조적 학습지도안이 되도록 그 내용을 반영하여야 할 것이다. 생활지도를 통해서 창조력을 신장하는데 유의할 점은 다음과 같다(권형자, 2005. 재인용).

① 상상력을 발휘할 수 있는 자료나 기회를 많이 제공하고, 그것을 풍부하게 하는데 도움이 되는 물리적 · 심리적 환경을 제공한다.

② 스스로 생각해 보고 꿈꾸어 볼 수 있는 시간을 확보하고 격려해 주어야 한다.

③ 떠오르는 생각을 기록하거나 다른 방법으로 표현하도록 격려해 준다.

④ 학생의 글, 그림, 작품, 아이디어를 살려 주거나 구현시켜 준다.

⑤ 자연스럽게 개성을 살리는 경향으로 기회 있을 때마다 칭찬해 준다.

⑥ 어휘나 역할놀이를 많이 시키되 규칙이나 역할을 자주 바꾸도록 한다.

⑦ 언어나 수 또는 우리가 사는 사회의 조직 원리로 바꾸어 새로운 것을 고안해 내도 록 자극한다.

⑧ 기존의 문화 요소에 건설적인 불만이나 의문을 가져 보고, 대안을 고안하도록 격려한다.

⑨ 시, 소설, 극본 같은 것을 자주 써 보도록 하며 목재, 함석, 종이 등을 주어서 무엇인가 자기 스스로 만들어 보도록 한다.

⑩ 주위에서 흔히 보는 물건의 다른 용도를 다양하게 찾아보도록 격려한다.

⑪ 두 개 이상의 어휘, 물건, 개념, 인물을 아무렇게나 선정해서 그들 간의 의미 있는 관계를 찾아보거나 의미가 있도록 그것들의 어떤 면을 변화시켜 보는 경험을 격려 한다.

⑫ 항상 학생을 사랑하고 그들로 하여금 그것을 알도록 행동한다.

⑬ 창조적 사고도 학습을 통해서 배워지는 것임을 명심한다.

2) 기능적인 영역

학교에서의 생활지도 활동은 기능적인 영역에서 크게 학생이해(조사)활동, 정보활동, 상담활동, 정치활동, 추수(추후)활동 등으로 나뉘어진다. 이와 같은 모든 생활지도의 중심활동은 상담활동이며, 이 상담활동은 모든 학생지도 활동의 중핵이 된다. 생활지도를 효과적으로 이끌기 위해 필요한 제반활동은 다섯 가지 활동으로 나눌 수 있다.

① 학생을 이해하기 위한 조사활동

② 학생에게 필요한 정보를 제공하는 활동

③ 학생의 부적응의 문제를 해결하기 위한 상담활동

④ 수집된 정보에 의해 학생 자신이 어느 한 단계에서 다음 단계로 옮겨갈 때 적절한 도움을 주는 정치활동

⑤ 생활지도 프로그램에 의해 도움을 받는 학생을 대상으로 하는 추후활동이 있다.

(1) 학생이해(조사)활동

학생이해 활동은 좁은 의미로 학생조사활동(student inventory service)이라고 말할 수 있다. 학생조사활동은 일정한 생활환경 속에서 자라나는 아동, 학생에 관한 자료를 수집하는 활동을 의미한다. 학생들을 올바르게 이해하기 위해서는 우선 그들의 필요, 흥미문제, 성장가능성과 생활환경을 바르고 정확하게 이해하는 것은 조직적인 생활지도의 가장 기초적인 단계라고 할 수 있다.

학생조사활동의 대상으로는 가정환경, 학교성적, 특별활동, 교외활동, 교우관계, 지능, 적성 · 흥미, 성격, 건강, 장래의 희망 등은 물론이고, 현재의 적응 또는 부적응에 관련되는 모든 상황 및 조건이다. 학생조사활동에서 수집된 자료는 객관적인 신뢰도가 높아야 하며, 수집된 자료는 문제해결에 필요한 사실과 요인이 포함되어야 할 뿐만 아니라 다양한 방법과 기술에 의하여 정보를 수집하고, 수집된 자료는 잘 기록 · 보관되어야 한다.

학생을 이해하기 위한 방법으로 가정환경, 개인의 지적 능력, 학업성취도, 적성 및 인성 또는 장래 희망 등의 자료를 수집하여 분석하기 위한 방법과 기술로는 ① 관찰법, ② 질문지법, ③ 면접법, ④ 검사법, ⑤ 사례연구법 등의 방법을 쓸 수도 있으며 각종 개인정보를 제시한 생활기록부 또는 각종 누가기록을 적용하여 파악할 수 있는데 구체적으로 살펴보면 다음과 같다.

1 관찰법

관찰은 다른 과학에서와 마찬가지로 행동이나 특성을 이해하는 가장 기본적

인 방법이다. 학생들을 관찰 할 때에는 어떤 특정한 문제를 해결하기 위해서 의도적으로 행하는 관찰이 있고 특별한 목적이 없이 학생들의 행동이나 태도를 무의도적으로 관찰하는 경우가 있다. 관찰법은 내관법(내성법)과 외관법으로 구분할 수 있는데, 내관법이란 자기의 의식적 과정과 상태를 자기 자신이 관찰하여 보고하는 방법이다. 일기나 작문의 형식인데 의식(슬픔, 분노 등)은 시냇물이 흘러가듯이 부단히 유동하는데 이것을 정지시켜 관찰한다는 것은 물을 막아버리는 것과 같다. 슬픔이 지난 다음 기억을 더듬어 슬프다는 의식과정을 관찰할 따름이다. 지나간 과거의 경험들을 추상적 내성으로 연구할 수 있다. 외관법은 아동, 학생의 행동(언어, 태도, 표정 등)을 자연상태 그대로 관찰하는 방법이다. 관찰이란 우리 주위에서 일어나는 일들에 대한 지식을 얻는 가장 기본적인 방법으로서, 인간의 감각기관을 매개로 외계의 현상을 인식하는 기초적인 방법인 것이다.

2 질문지법

질문사항이 열거된 용지에 대답하게 하는 방법이다. 질문지의 용도는 크게 나누어 사실(fact)을 위한 것과 의견(opinion)을 위한 것으로 볼 수 있다. 사실에 대한 질문은 가정현황, 부모의 교육정도, 건강, 출신학교 등이며 의견이나 태도에 대한 질문은 신앙, 정치, 경제, 민주주의 등의 내용이다. 질문지법은 부모나 교사에게 질문지를 던져서 그들로 하여금 학생의 여러 가지 상태에 대한 객관적인 의견을 진술하도록 하는 방법과 한 학급집단의 학생들이 상호평가해서 보고하는 방법이다. 질문지법의 형식으로는 자유반응형, 선택형, 체크리스트형, 평정척도형 등이 있다.

3 면접법

면접법이란 면접인의 훈련된 수법으로 피험자의 모든 면을 조사하는 방법으로 주로 언어적 수단을 매개로 이루어지는 과정이다. 면접이란 어떤 정보나 자료를 얻기 위해서 두 사람이 직접 대면하여 이르는 대화로 최근에는 치료적 가치를 인정하고 있다. 면접은 선발을 위한 조사면접과 상담면접으로 구분할 수 있다. 조사면접이란 자료수집을 말하며, 상담면접이란 장래계획이나 부적응의 증상을 조사하거나 치료할 목적으로 면접하는 방법을 말한다.

4 검사법

검사법이란 피험자에게서 구체적인 정보를 측정하기 위한 방법으로 학생이해를 위한 측정 및 검사활동이다. 그 검사영역으로 지능 혹은 학생능력을 측정하기 위한 검사, 학생의 각 교과에 있어서의 성적을 측정하기 위한 검사, 학생의 흥미와 적성을 측정하기 위한 검사, 학생의 인성 혹은 적응상태를 측정하기 위한 검사 등으로 구별하여 생각할 수 있다.

5 사례연구법

사례연구는 한 개인의 과거와 현재의 사실을 가능한 한 상세히 조사하여 개인문제의 원인과 조건을 명시하는 방법이다.

(2) 정보제공 활동

정보제공 활동의 일반적인 목표는 우연적인 환경적 요소를 이해하고 평가하도록 학생들을 돕는 것이다. 정보활동이란 학생의 생활환경과 그의 문제에 관련된 여러 가지 정보를 수집 제공하는 모든 활동을 뜻한다.

학생이 자기의 문제를 해결하거나 장래계획을 세우기 위해서는 자기를 둘러싸고 있는 환경조건을 이해하고 정확히 파악할 수 있어야 한다. 따라서 필요한 정보를 수집하고 제공해 주는 일은 생활지도 프로그램에서 중요한 자리를 차지하게 된다. Miller는 정보활동의 목적을 다음과 같이 제시하였다.

첫째, 학생이 현재 직면한 환경을 이해하고 이에 적응하는 것을 돕기 위한 것이다. 둘째, 학생이 미래의 직업이나 장래를 탐색하는데 소용되는 보다 넓은 정보를 마련하는 일이다.

셋째, 장차 특정한 계획과 직업계획에 필요한 정보를 얻고 해석하는 것을 돕는 것이다.

이러한 목적에 대해 생활지도에서 필요로 하는 정보는 교육적 정보, 직업적 정보, 개인적 · 사회적 정보 등의 세 영역으로 구분할 수 있다.

1 교육적 정보

교육적 정보란 학생들이 학습활동을 해 나가는데 관계되는 정보를 말한다. 다시 말해서 학생들이 자기의 교육계획을 합리적으로 세우고 교육과 학습의 기회를 최대한으로 활용하기 위하여 알아두어야 할 정보자료를 말한다. 예를 들면 상급학교 진학을 위한 교육프로그램에 관한 안내, 장학제도 및 기타 학비 조달에 관한 사항, 학교 내외의 도서관 이용법과 자료 수집법, 학습 습관과 기술에 관한 사항, 특정한 과정의 학습 요령 등이다.

2 직업적 정보

직업적 정보란 직업에 관련된 사항을 합리적으로 계획하고 타당한 직업 선택을 할 수 있도록 도움을 줄 수 있는 유용한 자료를 말한다. 예를 들면 직업의 분류와 종류, 각종 직업에 취업하기 위한 자격, 취직과 승진에 필요한 지식과 방법, 각종 직업에서의 작업조건, 기술고시 및 기술자 등록에 관한 사항 등을 말한다.

3 개인적 · 사회적 정보

개인적 · 사회적 정보는 자기 자신과 남을 이해하는데 필요한 정보로서 자신을 보다 잘 이해하고 발전시키는 것을 돕는 인간에 관한 자료를 말한다. 예를 들면, 자기 이해와 자기 통찰에 유용한 자료, 건전한 인성의 발달을 도울 수 있는 자료 등을 말한다.

이상의 정보들은 한데 묶어서 통합적으로 수집하고 제공하는 과정으로 이루어져야 한다. 정보의 수집은 여러 분야에 있어서 전문적인 이해가 있는 교사에 의해서 그 원천을 찾아 여러 정보를 수집, 적절히 분류하고 조직하여 언제나 필요한 정보를 용이하게 사용할 수 있도록 하여야 한다. 또한 수집된 정보를 제공할 때는 학생의 성숙 수준과 필요와 흥미에 맞추어 교육적으로 제공되어야 한다.

(3) 상담활동

상담은 전체 생활지도 활동 가운데 가장 핵심적인 영역을 차지하는 활동으로 간주되고 있다. 학생들은 상담을 통해서 그들이 당면하고 있는 부적응의 문제해결을 위하여 직접 도움을 받을 뿐만 아니라 그들의 장래 계획을 설계하고 자신의 힘으로 건전한 발달을 이룩하는데 도움을 주게 된다.

상담은 모든 학생을 대상으로 그들의 건전한 성장 · 발달을 도와주기 위한 활동이다. 특히 적응상의 문제를 가지고 있는 학생을 대상으로 그가 당면하고 있는 부적응의 문제를 바르게 이해하고 자신의 힘으로 해결할 수 있도록 도와주는 활동으로 내담자와 상담자와의 일대일의 관계인 대화를 통해서 문제를 해결하는 계획적이고 전문적인 임상적 봉사활동이다. 상담은 인간에 대한 이해와 온정 및 인도주의적 태도를 갖춘 상담자에 의해서만 성공을 거둘 수 있다. 그러므로 성공적인 상담을 위해서는 과학적인 지식이나 기술만이 아니라 인간에 대한 성숙한 태도와 내면세계에 관한 민감한 이해가 필요하다.

(4) 정치(定置)활동

정치활동이란 학생 자신이 적재적소에 적응할 수 있는 능력을 지니도록

도와주는 활동이다. 개인의 성장과 발달은 삶의 장기적인 전망 속에서 선택과 결정을 통하여 이루어지고 있다. 그러므로 인간은 어느 한 가지를 결정짓고 다음 단계로 넘어가 새로운 결정을 내리지 않으면 안 되며 이 때에 자기 선택과 자기 결정을 위해서는 보다 많은 객관적인 정보와 제삼자의 도움을 필요로 하게 된다.

정치활동은 크게 교육적 정치활동(학업적 정치활동)과 직업적 정치활동으로 대별된다. 교육적 정치활동은 교과활동의 선택에 대한 지도, 교과 이외 활동에 대한 선택지도, 진학 · 전과 · 전학 · 중퇴 · 월반에 대한 지도, 실습 · 훈련과정에 대한 지도 등이 포함된다. 직업적 정치활동은 졸업생이나 중도 퇴학자를 대상으로 실시되기도 하지만 경제적으로 어려움을 겪는 학생에게 적절한 직업이나 부직을 알선해 주는 활동도 포함될 수 있다(오만록, 2002).

학생 자신이 건전하고 보다 잘 적응된 생활을 영위하도록 하기 위해서는 학생으로 하여금 일정한 계획을 세우고 그의 능력에 맞게 다음 단계에서 취해야 할 행동과 위치와 자리를 성공적으로 정하도록 도와주어야 하며 이러한 도움을 주는 활동을 일컬어 정치활동(Placement service)이라고 부른다. 정치활동은 취업, 진학, 진급, 선택과목의 선정, 특별활동 부서의 결정 등과 같이 개인 또는 집단이 어떤 선택적인 결정을 내려야 할 때에 합리적이고 현실적인 의사결정을 하도록 돕고 의사결정에 필요한 정보를 제공하고 조정하고 협조하는 일련의 활동을 말한다. 그러므로 정치활동이란 학생들이 자기의 욕구를 충족시키기 위하여 다음 단계의 계획을 세우고 새로운 위치를 정하고 전진하도록 도와주는 일체의 활동이라고 할 수 있다.

(5) 추후(追後) 활동

추후지도 활동은 생활지도 프로그램에 의해 도움을 받은 학생을 대상으로 하여 계속적이며 진보적인 발전을 위해 도움을 주고 동시에 학교의 생활지도 프로그램의 평가와 개선을 위해서 필요한 활동이다.

추후활동의 내용에는 학교를 떠났거나 과거에 지도를 받았던 학생에게 계속해서 그가 당면한 상황에 대하여 필요한 정보를 제공하는 일, 자기를 평가하고 이해할 수 있는 정보를 제공하는 일, 새로운 생활에 적응하고 있는지를 확인하는 일, 졸업생이나 중퇴생들과 계속해서 접촉하여 친화감을 유지하면서 교육적인 영향력을 발휘하는 일이다, 또한 학생 및 학교와 지역사회간의 유대를 긴밀하게 하는 일, 과거에 지도했던 학생들로부터 학교교육 활동에 도움이 될 만한 정보를 자료 제공하는 일, 학교 교육 활동에 도움이 되는 건설적인 의견을 청취하는 일, 과거에 지도를 받았던 학생들을 위해 계속적으로 상담활동을 하는 일 등이 포함된다. 추후지도의 대상은 재학생, 중도 퇴학자, 졸업생을 포함한다. 추후지도를 하는 목적은 지도를 받았던 학생의 지속적인 성장·발달을 돕고 학교 생활지도 프로그램의 개선점을 찾아 효율적인 생활지도 활동이 되도록 하려는 것이다.

학생에게 상담이나 지도를 해 주고 학생들이 좋은 결과를 얻었다는 일회적인 것으로 모든 지도가 끝나는 것이 아니라 그 학생이 얼마나 계속적이고 향상적인 발전을 해 나가고 있는가를 알아보고 보살펴 주는 것은 지도의 마지막 완성을 위하여 꼭 필요한 것이다.

6. 생활지도의 발달

1) 외국

(1) 직업지도 운동으로서의 생활지도

생활지도의 역사적 발달은 직업지도 운동에서 비롯되었다. 1908년에 Parsons가 보스턴시에 직업지도국(The Vocation Bureau of the Civic Service House in Boston)을 설치하여 청소년들의 직업지도를 실시하고 직업상담을 할 수 있도록 교사들을 훈련시켰다. 그것이 효시가 되어 생활지도는 각 개인의 능력에 맞는 직업선택과 취업준비를 조력하는 데서 비롯하였다. Parsons는 1909년에 "직업선택(Choosing a Vocation)"이라는 책을 출간하여 직업지도의 과정을 개인분석, 직업분석, 개인 및 직업의 결합 등 세 단계로 나누어 생각하였다.

이 직업지도 운동이 학교교육과 관계를 맺기 시작한 것은 1915년에 보스톤시 위원회에 직업과를 설치하면서부터이고, 그 후 하버드 대학에 직업지도국을 설치하게 되어 학교교육과 밀접한 관련을 맺게 되었다. Parsons가 사회사업기관에서 일을 할 때 처음으로 과학적이고 조직적인 시스템 아래 직업지도를 시작하였다. 상담에 있어서도 여러 가지 검사도구를 사용하였다.

Parsons의 직업지도관은 오늘날의 생활지도의 관점을 이해하는데 매우 커다란 도움을 주고 있으며, 그의 신념은 "현명한 직업선택을 위해서 개인은 자기 자신에 대한 이해와 여러 가지 직업에 대한 성공조건 및 자격에 대한 이해, 그리고 자기 자신에 관한 사실과의 관계를 유추할 수 있는 능력을 가져야 한다"는 것이다. 그에 의해서 시작된 보스톤시의 직업지도 운동을 계기로 시카고 및 기타의 지역으로 확산되었다. 미국의 직업지도 운동의 영향을 받은 캐나다에서도 거의 같은 때에 직업지도 운동이 일어났으며, 점차 학교교육의 영역으로 합류되었다.

Australia에서는 1920년에 직업지도에 관심을 갖기 시작하였으며, 프랑스에서는 1928년에 파리 국립직업지도소가 개설되었고, 독일에서는 1918년에 직업지도소의 설치를 법제화한 후부터 일어났다. 영국, 일본 등은 1922년경에 직업지도라는 강좌를 개설하였으며, 세계 각국에서 때를 같이 하는 직업지도 운동에 중요한 역할을 한 것은 1차 세계대전(1914-1919)으로, 전쟁의 효율적인 수행을 위해서 특정한 업무를 위해 선발 및 훈련 그리고 직책의 분류를 보다 과학적인 방법으로 실시하기 위하여 인간의 지능 및 적성을 측정하는 검사도구를 개발하여 사용한 것이 생활지도 운동의 발전에 큰 기여를 하였다.

이 직업지도 운동은 점차적으로 직업적 · 교육적인 영역은 물론 개인적 · 사회적인 문제에 관심을 가지고 상담심리학(Counseling Psychology)으로 발달하게 되었다. 모든 생활지도 활동은 이와 같은 직업지도 운동에서 비롯되어 세계적인 운동으로 확산되었다.

(2) 교육측정 운동으로서의 생활지도

또한 생활지도는 학습이 가능한지의 여부를 가리기 위한 교육측정 운동으로 나타났다. 심리학이 과학으로 발달하기 시작한 것은 1879년 독일의 Wundt가 Leibzig대학에서 심리학 실험실을 창설하여 인간의 의식내용(감각, 정서, 표상, 기억, 의지 등)을 연구하기 시작한 이래로 인간에 대한 심리학적인 연구가 급격히 발전하게 되었다.

프랑스의 Binet와 Simon의 공동 제작으로 1905년에 지능검사가 완성된 후에 미국의 스탠포드대학의 Terman 교수가 1916년에 이 지능검사를 미국의 문화에 알맞게 수정하였다. 이 무렵 Thorndike는 기존의 학업능력으로서의 지능의 개념에 더해서 사회적 지능과 기능적 지능 등에 관한 개념을 제시함으로써 인간의 제반 능력에 대한 보다 분화된 측정의 가능성을 제시하였다. 사람의 지능, 인성 그리고 제반 직업 · 적성에 대한 활발한 측정운동은 1920년대에 보다 강력하고 조직적인 직업지도 운동을 낳았으며, 이를 바탕으로 하여 개인에게 주어진 적성 및 기타 특성에 알맞은 직업지도는 본격적으로 발달했던 것이다.

Thorndike는 콜롬비아대학에서 1898년에 동물실험을 하여 시행착오설이라는 학습이론을 발전시켜 교육심리학의 체계를 수립하였다. 1차 세계대전 중에 단체 지능검사의 발달이 이루어져 군에 입대하는 수많은 신병을 짧은 시간 내에 적절히 분류해서 병과 배치에 사용하게 되었다. 산업심리학이 점차로 발달함에 따라 직업세계에 들어가기 전에 적성검사를 실시하여 학생들의 상담에 사용하게 되었다.

그 후에 상담의 전문성은 세계 제1차 대전을 치루는 동안에 급격히 증가하여 각 개인의 적성, 능력, 흥미 등 각종 심리검사가 군대에서 장병 선발과 병과 배치에 사용되었다.

전쟁이 끝났을 때 전쟁으로 인한 정신적 · 심리적 혼란으로 인하여 곤란을 느끼고 있는 사람들을 돕기 위해서 각종 심리검사와 진보된 기술이 군대사회로부터 시민 생활로 전환되어 전문 상담자를 양성하게 되었다. 이와 같은 측정 운동의 영향을 받아 상담의 목적인 개인의 직업지도와 교육문제를 돕는다는 생각으로 발전하여 각종 검사가 학생이 보다 더 바람직한 개인적인 적응을 할 수 있도록 돕는 도구로서 사용되었다. 이러한 심리측정 운동의 발달은 인간의 제반 속성을 보다 객관적이며 공평한 방법으로 학생들의 지능, 인성, 직업, 적성에 대해서 측정하려는 시도를 하게 되었다. 인간의 지능, 적성, 인성 그리고 제반 직업적성에 대한 활발한 측정운동은 조직적인 직업지도적 운동을 촉진하게 되었다.

(3) 정신위생 운동으로서의 생활지도

미국의 Beers가 1908년에 「A mind that found itself」란 책을 발간하여 현대인 중에 많은 수의 사람들이 정신적으로 불건전한 생활 속에서 생활하고 있다는 것을 강조하였다(권형자, 2005). 이를 계기로 1909년 전국정신위생협회(National Committee for Mental Health) 가 창립되었다(Jones, 1970). 그 후 정신분석학자인 Freud의 이론의 영향을 받아서 직업과 인간에 대한 분석, 직업배치, 직업훈련 등의 문제로 인성의 구조, 정서적인 요인, 정신건강의 문제 등에 관심을 가지게 되었다.

정신위생 운동은 1940년대에 들어와서 교육학, 심리학의 분야에서 중요시되었으며, 그 이외의 생활지도 발달에 영향을 준 운동은 아동지도 운동이다. 아동지도 운동은 시카고에서 William Healy 박사와 그의 부인으로부터 시작되었다. 아동들의 신체적 · 사회적 문제를 상담할 수 있는 진료소가 필요함을 인식하게 되었으며, 또 다른 운동은 산업체 내의 인사업무의 공헌이다. 산업체에서 직무분석기술을 소개하는 운동이었다. 1950년경에는 미국 주요 대학에 있어서 상담심리학에 관한 전문적 훈련을 위한 과정이 생기게 되었다.

이와 같은 운동은 전 미국에 확산되었고, 학교에 있어서 생활지도 운동을 발달시켰으며, 1930년경 이후로는 임상적인 상담의 발달이 이루어져서 각 개인의 문제해결에 조력을 주기 위한 방법이 발전하였다. 이러한 방법에 가장 촉진적인 역할을 한 사람은 Williamson이다. 그가 「학생상담의 방법(How To Counseling Students, 1939)」이라는 책을 출간함으로써 상담은 학교의 관리에 예속하는 분야가 아니고 학교와 협력하는 하나의 전문적인 분야라는 입장을 강조하였다. Williamson은 상담을 하나의 학습과정이라고 강조하였기 때문에 Williamson의 상담학설은 교육적 과정으로 생각되어 발전되었다. 학교 행정으로부터 상담이 전문적인 입장을 강조하게 한 것이 정신위생 운동을 싹트게 하였다. 따라서 직업지도자들의 관심의 초점은 개인과 직업훈련으로부터 성격구조와 발달, 정서적 요소, 그리고 심리요법(psychotherapy)으로 옮겨졌다. 또한 직업지도자들은 널리 신경증학, 정신병리학, 정신분석학 등의 연구에 박차를 가하게 되었으며, 임상심리, 의학, 사회사업 분야에 종사하는 전문가들과 교류가 이루어졌다.

그 후에 Rogers가 「상담과 심리요법」이란 책을 통해서 상담심리학의 면모를 새롭게 해 주는 계기가 되었으며, 상담의 이론과 실제에 중요한 공헌을 하였다. Rogers 이전의 상담은 지시적이고 비민주적이라고 비난했으며 1951년에 「내담자 중심 상담(Client-Centered Therapy)」을 발간함으로써 비시지적 상담방법의 체계를 수립하였다. 상담심리학은 학교 안에서의 임상상담에 머물지 않고 세계 제2차 대전의 종식과 더불어 학교 밖의 여러 분야와의 상호 관련 속에서 발달되어 왔다.

1953년에는 미국에서의 임상심리학회(APA: American Psychological Association)의 생활지도 상담부가 상담심리학부로 명칭이 바뀌었고, 그 산하에 각 위원회를 두고 상담심리학의 성격을 분명히 하는 노력을 펴나감으로써 실질적으로 상담심리학이 한 전문과학으로서의 기초가 처음으로 선언되었다고 할 수 있다. 또한 종래의 guidance와 counseling이 혼용되어 오던 것이 이로써 guidance의 일반 기능으로부터 상담심리가 분리해 나온 것도 의미있는 일이었다. A.P.A의 상담심리학부의 계간지인 「The Journal of Counseling Psychology」가 1954년부터 간행되었으며, 미국생활지도협회(APGA: Aamerican Personnel and Guidance Association)의 기관지인 「Personnel and Guidance」지와 더불어 상담심리학은 더욱 발달을 하게 되었다.

1961년 미국생활지도협회(APG)에서 상담자의 논리강령을 발표함으로써 생활지도의 전문성을 더욱 강조하게 되었다. APGA는 1983년에 AACD(The American Association for Counseling and Developments)로 명칭이 개칭되었고 현재는 ACA(American Counseling Association)로 쓰여지고 있다.

2) 한국

우리나라의 생활지도의 발달은 학교교육의 관심이 지식의 전달이나 지적 발달에만 국한할 수 없는 시대적, 사회적 요청과 1950년 한국전쟁의 여파로 이질문화의 혼합과 사회적 혼란 속에서 젊은이들이 가치인식을 고취시켜야겠다는 전인간적인 교육 사조에 따라서 미국에서 유학한 학자들이 생활지도 이론을 연구하고 돌아와서 정신과 의사와 협동으로 1957년 교육부 후원 아래 서울특별시 교육위원회에서 중·고교 교도교사 강습회 등을 개최하므로 미국적 상담이 도입되기 시작하였다.

해방 이후 1960년대까지 서양의 교육철학과 교육관에 영향을 받은 우리교육의 과제는 민주주의 국가를 건설하는데 기여하는 인격을 완성하고 자주적 생활능력과 민주시민으로서의 자질을 함양하여 민주국가 발전에 봉사하며 인류공영의 이상실현에 기여하는 인간을 육성하는 것이었다.

1950년대 생활지도의 방향은 6.25에 의한 반공교육과 도의 정서교육으로서 구체적으로 도의교육(인격교육)과 정조교육(심미교육)의 정책을 수립하고 각급 학교에서 이것을 실천하도록 한 것이었다. 이러한 목표를 달성하기 위해 어린이회와 학생자치회를 운영하였다. 이것은 1950년대 중반부터는 교육과정의 특별활동 영역으로 정립되어 그 지도목표와 지도내용 및 지도의 유의점으로 밝힌 각급 학교의 교육과정에 의해서 운영되게 되었다. 이 당시에는 생활지도에서 사제동행, 개성존중, 자율적 활동 등을 강조하였다.

1961년 군사혁명으로 초등학교와 중등학교는 반공, 도덕생활, 특별활동을 강조하는 가운데 반공, 도덕을 교과활동 영역에서 분리하여 별도의 활동영역으로 설정하였다. 1960년대 후반에는 각급 학교에서 반공사상을 고취시키며 국민으로서 갖추어야 할 기본적인 예절 기준을 습득시키기 위해서 고운말 쓰기, 웃어른께 인사하기, 가고 오는 차에 손 흔들기, 문패달기에 힘썼다. 그리고 협동생활을 익히기 위해서 이웃알기, 생일축하회, 신체부자유자 돕기, 자리양보하기에 힘썼으며 어린이 경찰대와 녹색어머니회를 운영하고 문화재 애호운동 및 봉사활동, 청소미화, 교통정리 등을 강조하였다. 또한 유년, 유녀대를 조직하여 차례지키기, 공공규칙지키기, 학생사고 미연방지, 위험방지를 위한 교외생활 지도에 힘쓰기도 하였다(한규원, 1999).

1968년에 공포한 국민교육헌장의 구현을 위하여 국민교육헌장을 생활화하는 교육을 강화하였다. 1970년대 이후에는 우리의 학교생활지도는 해방과 더불어 일제의 교육방식에서 벗어나지 못한 채 한편으로는 서구식의 학교교육의 형태로 전환하였으며, 미국 등 외국에 유학한 교육학자들의 활약으로 미국 학교 생활지도의 영향을 지속적으로 받게 되었다. 그 당시 미국의 학교 생활지도는 직업교육과 정신위생, 심리측정에 관한 내용을 포함하고 있었지만, 이러한 업무보다는 학생들의 정신치료와 상담교사 교육을 강화하는데 중점을 두고 있었던 때였으므로 우리의 학교생활지도도 상담과 심리치료를 위한 상담교사 교육을 시작하게 되었다.

상담활동은 민주주의 사상과 생활방식에 철저히 바탕을 두고 이루어지는 교육활동임을 고려하면 우리의 사회문화적 분위기로 볼 때 얼마나 부적합한 점이 많았는지 쉽게 짐작할 수 있다. 이처럼 우리문화에 맞지 않은 상담교사 교육이 학교생활지도를 상담교사의 전문활동으로 정착시키는데 기여하지 못한 채 교과지도에 밀려서 교육의 불균형 현상이 지속되어 오는 동안 전인교육의 중요성을 부단히 인식하게 되었다.

1996년 교육개혁위원회의 초·중등학교 교육과정개혁안에 따르면 초등학교의 바른생활 교과와 중·고등학교의 도덕 교과는 과거 교육에서 이루어졌던 지식중심의 교육내용 및 방법에서 탈피하여 실천중심의 체험교육과 토론학습이 이루어질 수 있도록 새로운 교육내용 및 방법으로 전환하며, 각 교과를 지도할 때 가능한 한 도덕교육이 포함될 수 있도록 하고, 학교를 도덕교육장화하여 학교의 모든 잠재적 교육과정 운영에서도 도덕교육이 강조될 수 있도록 계획한 바 있다.

2002년부터 무시험 전형으로 대학입시가 이루어지게 되었다. 일부이기는 하지만 학교에서 시험에만 의존한 평가를 지양하고 있으며, 성적 올리기보다는 창의력 신장과 도덕성 함양과 진로지도와 같은 정의적 교육에 치중하려고 한다. 학교마다 컴퓨터 학습이 가능할 만큼 시설이 확보되는 등 정보화시대에 대비한 교육투자도 이루어지고 있다. 교사의 의식변화, 즉 학생중심의 교육으로의 의식전환이 이루어지고 있다(김태호, 2004).

학교에서 시작된 우리나라의 상담활동은 최근에 이르러 학교 이외의 분야로 확산되는 경향을 보이고 있다. 청소년 복지기관, 교정기관, 산업현장과 군대에서 상담의 이론과 실제를 도입하기 시작하고 좀더 체계적이고 전문적인 상담활동을 위한 노력이 활발하게 이루어지고 있다.

이 밖에도 우리나라의 학교상담 발달에 대한 역사를 신효정 외(2016)에 따르면 다음과 같다.

한국에서의 학교상담의 시작은 1950년대 미국교육 사절단이 활동하면서부터라고 보고하고 있다. 1952년부터 1962년까지 3차에 걸쳐 미국에서 온 사절단은 기존의 훈육과는 다른 상담과 생활지도라는 새로운 이론적 관점과 각종 심리검사에 대한 지원활동을 하였다. 이러한 노력의 일환으로 1957년 서울시 교육위원회 교육정책 요강에 "중학교, 고등학교에 카운슬러(counselor) 제도를 둔다."는 규정이 생기면서 1964년에 본격적으로 교도교사 자격제도가 시행되었다. 교도교사 제도는 학교 전체의 교도활동을 조직 · 조정하고 특히 전문적 자질을 가지고 임해야 하는 활동을 담당할 생활지도 담당 전문교사를 배치하는 제도로서, 교도교사는 상담조언, 개인기록 관리, 정보제공의 세 가지 역할을 담당하였다.

각급 학교 단위의 교도교사 제도와는 별개로 교육청 단위의 상담제도 역시 1990년 시 · 도교육청 단위의 상담제도 역시1990년 시 · 도교육청 단위의 조례에 의해 신설되었다. 이에 15개 시 · 도교육청의 교육연구원에 교육상담부와 진로상담부가 생겨서 각종 상담에 필요한 연구와 프로그램을 제작하는 동시에 학생상담 자원봉사자들을 양성하고 일선 학교에 배치하였다. 그러나 실제로 단위 학교의 상담활동을 감독하는 기관인 교육청의 중등장학과나 교육부의 중등장학실의 교육전문직은 장학관과 장학사들이 학교상담과 생활지도에 관한 전문가로 배치되는 것도 아니고 이들의 보직 역시 순환적이라, 단위 학교 상담실에 문제가 생겼을 경우, 상부기관의 지원을 거의 받지 못하는 실정이었다.

1990년 초, 교육청의 진로상담부 신설과 함께, 교도교사라는 명칭은 진로상담교사라는 이름으로 바뀌었다. 그 후, 1999년도에 학교상담과 생활지도를 담당하는 교사의 명칭에 다시 변화가 생겼다. 초 · 중등교육법 제 21조에 의거하여, 진로상담교사라는 명칭을 버리고 '전문상담교사'라는 명칭이 새로 만들어졌다. 전문상담교사는 종전의 교도교사나 진로상담교사 양성과정과는 다르게 각 대학의 교육대학원 혹은 대학원에서 1년 동안 18학점(9개 과목)을 이수하고 40시간의 실습을 포함한 연수를 실시하여 자격을 부여하였다. 2006년도 통계를 보면, 전국적으로 약 25,000명의 교사들이 이 자격증을 취득하였다.

전문상담교사 제도는 교육의 주체가 대학원이 되었다는 점, 이수 과목이 표준화되었다는 점, 그리고 종전의 연수교육 시간을 증가시킨 9개 과목(18학점) 및 실습시간이 포함되었다는 점에서 기존의 학교상담제도와는 차이가 있었다. 그러나 이러한 새로운 전문상담교사 양성제도 역시 전문상담교사들의 역할에 대한 구체적인 규정이 마련되어 있지 않아서 자격증 취득 이후 지속적인 학교 상담활동의 기회를 얻지 못한 채, 이 자격증이 교감승진을 위한 점수누적으로 이용되는 폐단이 나타나기도 하였다(이상민 · 안성희, 2003).

이러한 문제점이 지적되면서, 2004년 초 · 중등교육법 개정 시, 전문상담교사 1급과 2급을 구분하고, 전문상담교사 배치 등에 대한 조문을 신설하였다. 같은 해 9월 개정한 초 · 중등교육법 시행령 제40조 2항에 전문상담 순회교사의 배치기준을 신설하였고, 교육부는 2009년까지 한 학교마다 한 명의 전문상담교사를 배치하는 것을 목표로, 2006~2007년 동안은 별도의 전문상담교사 양성과정을 통해 2,530명을 양성할 계획을 세웠다.

이러한 계획에 발맞추어, 2005년 말에 2급 자격기준에 별표의 2항, 즉 교사 자격증 소지자는 전공과 관계없이 양성강습을 받아 자격취득을 할 수 있도록 하는 근거를 신설하여 1,500명 이상의 인원이 이 과정을 이수하였다. 2005년에 처음으로 기존의 교사들 중 전문상담교사가 되기를 희망하는 사람들을 선발하였다. 총 308명의 교사가 전문상담 순회교사라는 타이틀로 지역교육청에 배치되었고, 각급 학교로 가서 순회상담을 진행하였다. 그 후 2007년에 처음으로 각급 학교에 전문상담교사를 본격적으로 선발하여 지역교육청 외에 학교 내의 상담실을 구축하고 전문상담교사들이 활동하기 시작하였다.

2007년도 학교상담망 구축을 위한 정책연구가 시작되면서 학교 및 학교 내 대안교실로 친한 친구교실이 시범운영되었다. 이 시범운영의 성과를 바탕으로 2008년도 본격적으로 전국 31개 지역교육청과 504개 학교에 한국형

학교상담모형이라고 할 수 있는 WEE(WE+EMOTION+EDUCATION)사업이 시작되었다.

2008년엔 추가로 지역 교육청에 48개의 Wee센터(지역교육청 상담센터)가 생겼으며, 1,000개 이상의 학교에 Wee클라스라는 이름의 학교상담실이 생겼다. 2009년도엔 지역교육청 상담센터에서 해결이 되지 않으며 장기적인 치유가 필요한 학생을 위한 지역공립형 대안학교(Wee스쿨)를 설립하였다. 현재 전국적으로 5,659개의 Wee클라스, 188개의 Wee센터, 그리고 8개의 Wee스쿨이 운영 중이다. 전문상담교사들이 임용되는 숫자에 비해 Wee클라스, Wee센터, Wee스쿨의 설립 숫자가 더 크게 급증함에 따라 전문상담교사 외에 교사의 타이틀이 아닌 전문상담사라는 명칭으로 지역교육청의 Wee센터와 학교의 Wee클라스에서 학교상담자를 고용하고 있는 현실이다.

이렇듯 전문상담교사 제도의 변화와 함께, 2010년 교육개혁점검회의를 통해 초·중등 진로교육 활성화 방안으로 진로진학 상담교사 확충을 통한 입학사정관제 정착 지원 등이 논의되었다. 그 다음 해인 2011년 학교에서의 진로와 진학에 관한 상담을 전담하는 진로진학 상담교사 제도가 법제화되고, 기존 교사 중 진로진학 상담교사를 희망한 교사들을 대상으로 한 부전공 자격연수를 통해 진로진학 상담교사가 양성·배치되었다.

이러한 진로진학상담 제도의 배경은 2009년 개정 교육과정에 따른 진로 관련 과목 개설 및 대학입학사정관제의 올바른 운영 때문이다. 2010년 새롭게 제안된 입시정책인 입학사정관 제도가 자리잡기 위해서는 중등학교 단계에서부터 다양한 입시전형에 따른 체계적인 진로지도가 필요하다는 판단 때문이었다. 현재 거의 모든 중·고등학교(5,383개)에 진로진학 상담교사가 배치된 상태이다. 미국학교상담학회에서 학교상담 효과연구를 기초로 하여 1997년에 학교상담의 전국표준모델을 제정하였을 때, 학교상담자의 역할은 모든 학생 개개인의 성장과 발달단계를 고려하여 학업(academic), 진로(career), 그리고 개인적·사회적(personal/social) 성장을 도모하는 것이라고 하였다(ASCA, 1999). 우리나라의 경우, 학생들의 학업발달은 교과교사가, 진로발달은 진로진학 상담교사가, 그리고 개인적·사회적 발달은 전문상담교사와 전문상담사가 맡아서 상담해 주는 양식이다.

제 2 장

생활지도의 과정

1. 학생기초 이해
2. 정보활동
3. 상담활동
4. 정치활동
5. 추후활동

1. 학생기초 이해

교육은 적응하는 인간상을 정립하고 교사는 적응하는 인간이 되도록 교육하는 것이다. 교육은 교과지도 및 생활지도를 통해서 이루어지는데 생활지도는 개인으로 하여금 현실적인 적응능력과 적응문제를 해결할 수 있도록 돕는 것이라고 할 수 있다. 따라서 본 장에서는 학생기초 이해, 정보활동, 상담활동, 정치활동, 추후활동에 대해서 살펴보고자 한다(이재창, 2006).

1) 학생기초 이해

학생이해(student appraisal services) 활동은 학생조사(student assessment) 혹은 학생평가(student evaluation) 활동이라고도 하고, 영어의 appraisal을 그대로 직역해서 학생사정활동이라고도 한다. 근본적인 의미는 다 같지만 학생이해라는 용어가 좀 더 포괄적이고 긍정적인 의미를 내포하고 있기 때문에 이 용어를 사용하기로 한다.

학생이해 활동은 생활지도 프로그램의 대표적인 영역 중의 하나이다. 우리가 학생들에게 조력활동을 하기 위해서는 조력의 대상자인 학생들에 대해서 여러 가지 정보가 필요하게 된다. 즉 피조력자에 대한 올바른 조사 · 평가 · 이해를 통해서 바르게 조력할 수 있는 방법을 모색할 수 있는 것이다. 따라서 학생이해활동은 상담이나 생활지도에 있어서 절대로 거쳐야 할 과정인 것이다. 첫째로, 도움을 필요로 하는 학생에 대한 좀 더 깊은 이해를 위해서, 둘째로, 도움을 필요로 하는 학생들을 발견하기 위해서 학생이해 활동이 필요하게 된다.

학생이해 활동 혹은 개인조사 활동의 기본적인 전제는, 각 개인은 유사성이 있는 반면에 상이성이 있다는 것이다. 따라서 학생이해 활동은 각 학생의 개별성(individuality)을 밝혀 주는 자료제공에 관심을 갖게 된다. 즉 다른 학생과 비교해서 개인의 뚜렷한 특징을 형성하도록 하는 것이다. 따라서 조사 자료는 한 학생이 얼마나 다른 학생과 비슷하고 또 다른가를 설명해 준다.

학생이해 활동은 교육적 결정을 내리는 사람에게 정보를 제공하기 위해서 사용되는 과정이다. 이러한 조사활동을 통해서 얻어진 정보는 학생의 인지적, 정의적 발달을 촉진시키기 위한 교육적 경험을 형성하는 기초자료가 된다. Shertzer와 Linden(1970), Schmidt(1996) 등은 "사정(appraisal)은 평가(evaluation)와 동의어"라고 하였다. Schmidt(1996)는 평가에는 학생들의 속성, 능력, 관심사를 측정하는 과정과 그러한 측정결과에 근거한 전문적인 판단을 내린 과정이 포함되어 있다고 정의하고 있다. 학생이해 활동은 학생의 현재나 미래 활동에 대한 판단을 목적으로 학생에 관한 정보를 수집하는 과정이라고 조작적인 정의를 할 수 있다.

학생이해 활동의 주요 목적은 학생이 자신을 이해하고 의미 있는 의사결정을 내릴 수 있도록 하기 위해서 학생에 관한 정보를 수집하는 것이다. 사실, 학생들은 자신의 능력이나 자질, 자신의 장·단점 등을 알지 못하고 있는 경우가 허다하다. 학생 자신에 관한 바른 정보를 제공함으로써 학생이 자신을 이해하고, 자신을 위한 결정을 스스로 내리고, 이에 따라 행동을 하게 하는 것은 바람직한 일이다.

2) 학생이해의 원리

학생의 특성을 알아보기 위해서 실시하는 사정활동에 있어서 상담자나 교사가 알아두어야 할 몇 가지 원리가 있다. 이러한 원리 혹은 지침은 때로는 기기묘묘한 개인 사정을 효과적이고 전문적으로 수행할 수 있도록 하는 기준을 제공하게 된다. 여기에서는 Gibson과 Mitchell(1999), 그리고 Shertzer와 Stone(1981) 등이 개발한 원리들을 종합해서 제시하고자 한다.

첫째, 사정은 학생 개인의 궁극적인 이익을 위해서 수행되어야 한다. 학생에 관한 조사나 평가활동은 교사나 학교당국을 위해서 실시하는 것이 아니고 학생 자신을 위해서 실시하는 것이다 조사활동은 학생이 우선되어야 한다.

둘째, 각 개인의 독특성이 인정되어야 한다. 상담자가 학생에 관한 정보를 수집하는 것은 학생들의 공통점을 찾기보다는 학생을 다른 사람과 구별하게 하는 고유성을 찾는 데 있다. 모든 인간은 자신만의 개성이 있다. 이러한 개성을 찾아내서 이를 개발시키도록 조력하는 것이 상담자의 임무라고 할 수 있다.

셋째, 모든 학생들에게 같은 시기에 같은 양이나 정도의 조사를 할 필요는 없다. 학생마다 능력과 특성이 다르기 때문에 조사를 필요로 하는 유형과 정도가 다르게 된다. 따라서 조사활동은 모든 학생을 대상으로 일괄적으로 시행하는 것보다는 학생의 필요에 따라 실시하는 것이 바람직하다.

넷째, 모든 상황에 다 적합한 하나의 조사 방법이나 절차는 없다. 조사대상 학생이나 조사내용의 성격에 따라서 질문지법이 더 효과적일 수도 있고, 또 면접법이 더 효과적일 수도 있다. 조사를 실시하기 전에 조사대상과 대상이 처해 있는 상황을 철저히 파악해서 가장 적절한 방법과 절차를 사용해야 한다. 부적합한 조사 방법을 사용하게 되면 조사 자체에 대한 남용이 되고 학생 자신에게는 피해를 가져올 수도 있다.

다섯째, 정확한 인간사정은 도구와 인력에 의해서 제한을 받고 있다. 이는 검사의 한계를 말한다. 여기에는 두 가지 이유가 있다. ① 우리 인간은 기계와 달리 복잡하고 변화무쌍하다. 인간의 특성은 워낙 다양하고 복잡하기 때문에 이를 정확하게 밝혀 내는 데는 한계가 있다. ② 지금까지 개발된 도구들은 인간의 속성이나 특성을 정확하게 밝혀 낼 수 있을 정도로 완벽하지 못하다. 따라서 상담자는 이러한 한계를 염두에 두고 조사에 임해야 하고 결과를 해석해야 한다. 또한 검사를 제대로 실시하도록 교육과 수련을 받은 전문가의 부족도 이러한 한계를 가중시키고 있다.

여섯째, 학생이해 활동은 개인의 잠재력을 발견해 내는 데 있다. 따라서 상담은 부정적인 결과를 두려워하는 것이 아니고 긍정적인 것을 인지하는 낙관적인 과정이라고 할 수 있다.

일곱째, 학생이해 활동의 근본적인 목적은 학생의 자기이해(self-understanding)와 현명한 의사결정을 증진하는 것이다. 체계적인 조사와 분석을 통해서 학생들은 자신을 더 잘 이해하게 되고, 자신에 관한 정확한 사실에 기초해서 결정을 내리기 때문에 현명한 의사결정을 내릴 수 있다. 상담자는 수집된 정보의 해석에 신중을 기해서 학생이 각 자료가 의미하는 것이 무엇인가를 정확하게 이해할 수 있도록 해야 한다.

여덟째, 학생이해 활동은 학생 자신과 학생이 속해 있는 환경을 다 같이 고려해야 한다. 예를 들면, '능력'과 같은 학생으로부터 추출된 자료, 즉 결과만을 가지고 판단하거나 사용되어서는 안 된다. 그의 능력에 관한 환경의 영향도 함께 고려해야 한다. 따라서 조사의 범위가 학생이 속한 환경적 배경까지 확대되어야 한다는 것이다.

아홉째, 인간사정은 전문적인 윤리적 지침을 준수해야 한다. 상담자를 비롯한 학생조사활동에 참여하는 모든 사람들은 자신들이 다루고 있는 대상이 인간이라는 사실을 인식해야 한다. 따라서 인간의 존엄성을 유지하기 위한 여러 가지 윤리강령들을 준수해야 한다. 이에는 적절한 조사 방법과 절차를 따를 것이 요구되며, 아울러 내담자의 권익을 보호하기 위한 사생활과 비밀보장에 대해서도 각별히 유의해야 함을 의미한다.

3) 학생이해 활동의 단계

학생이해 활동은 몇 가지 단계를 거쳐서 수행되는 것이 일반적이다. Pietrofesa, Bernstein, Minor와 Stanford(1980) 등은 학생이해 활동의 과정을 다음과 같은 8단계 모형으로 설명하고 있다. 즉 사정의 필요성 인식, 필요한 결정과 판단의 확인, 결정의 구체화, 정보수집, 정보의 분석과 해석, 사정결과의 보고,

평가와 피드백 제공 등의 8단계이다. 이들 각 단계들은 좀 더 자세히 살펴보기로 한다.

(1) 제1단계: 사정의 필요성 인식

개인이나 조직체는 흔히 성장, 변화 또는 행동을 취하거나 미래를 예측하거나 현재를 평가할 필요를 느낄 때가 있다. 이러한 경우에는 전문가의 자문을 통해서 행동을 취하는 데 필요한 정보를 얻게 된다. 이러한 도움을 필요로 하는 때가 사정과정이 시작되는 시기이다. 즉 개인이 특정한 대학에 합격할 수 있을 것인가를 판단하도록 압력을 받거나 또는 상담자가 특정학생에 대해서 어떤 형태의 강화 방법을 사용할 것인가를 결정하도록 압력을 받게 된다. 필요한 것이 판단이든 의사결정이든 중요한 사실은 이러한 압박감을 제거하기 위해서는 정보가 필요하다는 것이다.

학교에서는 상담자가 교사나 교장 또는 학부모의 의뢰에 의해서 내담자가 사정을 필요로 한다는 것을 알게 된다. 때로는 내담자 자신이 사정을 요청하기도 한다. 또 다른 경우에는 내담자가 사정을 받으면 크게 도움이 될 것이라고 믿고 의미 있는 타자에 의해서 의뢰되기도 한다. 이러한 사정과정을 통해서 내담자는 자신에 관한 중요한 정보를 체계적으로 얻을 수 있다. 사정 필요의 인식은 내담자의 문제, 상담자나 조력자의 지향성, 기관의 목적, 지역사회의 이해와 기대에 의해서 영향을 받는다. 먼저 상담자의 사정에 대한 지향성이 조사과정이나 조사자료의 활용에 중요하게 영향을 미친다. 예를 들면 특성, 요인(trait and factor) 상담이론을 따르는 상담자는 인간중심(person-centered) 상담자보다 검사를 더 활용하게 될 것이다.

학교나 다른 기관의 목적이나 목표는 이들 기관이 사정과정을 어떻게 보고 있으며, 언제 사정이 필요한가를 지각하는 데 영향을 미치고 있다. 예를 들면, 일류 대학에 많이 입학시키는 것을 최선으로 하고 있는 학교에서는, 상담자는 학생들의 학력수준을 평가하고 대학입시와 관련된 정보를 수집할 수 있는 사정 방법을 사용하는 데 대부분의 시간을 보낼 것이다 반면에 직업훈련에 중점을 둔 학교에서는 학생들의 직업적 행동을 평가하는 데 상담자가 시간을 더 보내게 된다. 즉 기관의 목표에 따라서 상담자가 수행하는 사정의 내용과 시간의 양이 정해진다.

지역사회의 정보사정에 대한 필요성의 지각은 사정과정의 이익에 대한 인식과 지역사회 구성원들의 기대와 직적접인 관련이 있다. 일반적으로 사회적 지위가 높을수록 지역사회에서는 사정과정을 조직해서 자신들의 요구와 이익을 반영하도록 하는 반면에, 하류층은 이러한 사정과정의 패해자가 되는 경우가 많다.

(2) 제2단계: 필요한 결정과 판단의 확인

일반적으로 정보의 필요성이 인정되면 즉시 자료를 수집하는 경향이 있다. 이렇게 되면 사정의 원래 목적과는 상관 없는 정보를 수집하게 되는 경우가 많이 있다.

제2단계에서는 사정 필요성의 인식을 내려야 할 결정과 판단의 구체적인 진술로 변형시켜야 한다. 때로는 결정이나 판단의 필요가 사정과정을 시작하는 계기가 되는지 확실치 않은 경우가 있다. 때로는 내담자가 행동을 취하기를 원하기 때문에 결정에 대한 필요가 분명하게 된다. 또한 내담자가 미래의 결과를 예측할 필요가 생겨서 판단의 필요성이 명백해질 때도 있다. 장기적으로 볼 때는 판단이 결정을 인도하게 되고 이 양자는 서로 연관이 있다는 것을 알 수 있다. 이러한 밀접한 관계 때문에 결정과 판단은 따로 논의되기 어렵다.

결정과 판단은 "내가 무엇을 성취하기 위해서 사정이 필요한가?"하는 질문에 대한 답으로써 밝혀 낼 수 있다. 대답이 행동을 의미하면 결정이 필요하게 된다. 즉 앞의 질문에 대해서 "철이의 산수능력에 적합한 학급에 배치하기 위해서 사정이 필요하다"라고 대답하게 되면 요구되는 행동은 철이를 수준에 맞는 학급에 배치하는 것이다. 반면에 만일 대답이 미래 행동에 대한 예측이나 현재 행동의 평가를 의미하게 되면 판단이 필요하게 된다. 위와 같은 질문에 대해서 "학급에서 철이가 성공할지 실패할지를 예측하기 위해서 사정이 필요하다"고 대답을 하게 되면 사정의 목적은 판단에 있게 된다.

(3) 제3단계: 결정의 구체화

결정은 활동(action)을 의미한다. 학교에서 사정을 특징짓는 두 가지 활동은 선발(selection)과 분류(classification)이다. 선발은 합격, 불합격을 결정하는 것이다. 예를 들면, 입학시험에서는 정원만큼 합격되고 나머지는 불합격된다. 선발에는 수용과 거부(reject)가 있게 된다. 반면에 분류는 거부가 포함되지 않는다. 분류하도록 결정이 내려지면 모든 사정 대상자가 적절한 학급이나 집단에 배치되는지 적절한 조치를 받게 된다. 따라서 학교에서는 학생을 위해서 취해지는 사정활동은 학생을 선별해서 수용하거나 거부하는 선발보다는 모든 학생을 적절하게 조치할 수 있는 분류의 결정을 내리는 것이 바람직하다.

Hoover와 Fleetwood(1997)는 교육체제 내에서 요구되는 활동수준의 위계를 제시하고 있다. 즉 가장 낮은 수준에서는 사정이 학생이나 내담자의 활동을 돕는다. 즉 사정을 통해서 얻어진 정보는 학생의 목표를 달성하기 위해서 행동을 취하는 데 도움을 준다. 두 번째 수준에서는 사정이 교사나 상담자의 활동을 돕는다. 즉 사정에서 얻어진 정보를 가지고 수업의 형태나 치료 방법에 대한 결정을 내릴 수 있다. 세 번째 수준에서는 사정이 교장이나 교육과정 전문가의 활동에 도움을 준다. 즉 사정이 설정된 목표와 관련된 프로그램의 효과를 밝혀 주고, 이를 근거로 적절한 조치를 취하도록 한다. 끝으로 교육구 수준에서 사정은 재원을 확보하고 국민들에 대한 교육의 책무성을 제공하는 데 사용된다.

일반적으로 사정의 목적에는 두 가지 철학이 있다. 하나는 상관관계를 밝혀내는 것이다. 개인의 속성과 특성을 사정해서 이를 환경 내에 존재하는 기회나 선택과 연결을 짓는 것이다. 개인의 속성과 환경에서의 기회가 밀접하게 관련이 있을수록 상관관계(correlation)는 높아지고 성패를 잘 예측할 수 있다. 예를 들면, 지능지수와 학업성취와는 밀접한 상관관계가 있다. 두 번째 사정의 철학은 실험에 목적을 두고 있다. 이 경우에 사정은 학생 사이의 차이에는 별로 관심이 없고 학생에게 가능한 치료 방법과 선택에 더 관심을 갖게 된다. 이러한 사정은 최다수의 학생들에게 최선의 조건을 창조하는 데 목적을 두고 있다(Cronbach, 1984). 상담자는 이상의 두 원리를 적절히 통합해서 사정을 해야 한다.

상담에 있어서 사정은 상담 전, 상담진행 중, 상담 후의 세 단계 절차를 밟게 된다.(Goldman, 1971).

1 상담 전 사정(aopraisal before counseling)

상담 전의 사정결정은 두 가지 목적이 있다. 하나는 내담자의 문제를 진단하는 것이고 다음은 내담자의 요구가 기관의 목표, 가치관, 인력, 재정 등과 부합하는가 하는 것이다. 만일 내담자의 문제가 기관에서 다룰 성질의 것이 아니거나 다루기에 너무 벅찬 것이면 내담자는 적절한 기관으로 의뢰되어야 한다.

2 상담진행 중 사정(appraisal during counseling)

상담진행 중 사정의 목적은 상담진행 중에 사용할 방법, 기법, 전략을 확인하는 것이다. 사정결과를 통해 상담자는 많은 방법과 기법을 내담자의 요구에 적합하게 변형함으로써 상담의 융통성을 유지하도록 한다. 이러한 결정은 상담이 변화하는 내담자의 필요에 반응하는 융통성 있고 역동적인 과정이라는 것을 확신시키는 데 목적이 있는 것이다.

3 상담 후 사정(appraisal after counseling)

상담 후의 사정에 대한 결정은 내담자와 상담자에게 상담의 효과를 알리기 위해서 계획된 것이다.

사정의 목적은 내담자의 입장에서 볼 수도 있다. Gottman과 Leiblum(1974)은 내담자의 견해에 의한 사정 모형을 다음과 같이 제시하고 있다.

① 적응 모형(adjustment model)

내담자가 사정을 자신의 감정, 문제, 제한점을 수용하도록 조력하는 것으로 기대한다.

② 인성 모형(personality model)

내담자가 사정을 자신의 성격을 개조하는 데 필요한 정보를 획득하도록 조력하는 것으로 기대한다.

③ 의학 모형(medical model)

내담자는 상담자가 사정결과를 해석해서 어떻게 하라고 내담자에게 지시해 주기를 기대한다.

④ 마술 모형(witchcraft model)

사정을 내담자가 악한 사고, 감정, 행동을 제거하고 선한 것으로 대체하도록 정보를 제공할 것을 기대한다.

⑤ 도덕 모형(moral model)

사정을 내담자가 올바른 길을 가르쳐 주는 것으로 기대한다.

⑥ 대체 모형(replacement model)

내담자가 사정을 자신의 생활에서 부족한 것을 대체하도록 조력하는 것으로 기대한다.

(4) 제4단계: 판단의 구체화

사정과정에서는 평가(estimation)와 예측(prediction) 두 가지 형태의 판단을 한다. 평가는 현재의 수행능력을 판단하기 위해서 사정정보에 부여한 값어치이다. 예를 들면, 학생의 현재 흥미와 일치하는 직업을 알아보기 위해서 상담자가 흥미검사를 실시하는 것이다. 예측은 미래의 수행능력을 예견하기 위해서 사정정보를 사용하는 것이다. 흥미검사를 사용해서 학생이 선택한 직업에서 장차 성공할 것인가를 점치는 것이 예측 판단의 한 예이다.

예측을 사용할 것인가 혹은 평가를 사용할 것인가 하는 결정은 어떻게 문제를 정의하느냐에 달려 있다. 그러나 사정정보와 현재나 미래의 업무수행 사이에 어떠한 형태의 비교를 하느냐에 따라서 판단의 방법이 형성된다. 여기에는 규준평가(norm-referenced evaluation), 목표평가(criterion-referenced evaluation), 기대평가(expectancy- referenced evaluation), 자기평가(self-referenced evaluation) 등의 네 가지 비교 방법이 있다.

1 규준평가

규준평가에 의한 판단은 내담자의 수행결과를 집단의 수행결과와 비교하는 것이다. 이러한 집단을 규준집단(norm group)이라고 하고 이 집단이 비교대상이 된다. 내담자의 성패여부는 다른 집단성원의 성취결과와 비교해서 판단하게 된다.

2 목표평가

목표평가에 의한 판단은 내담자의 사정결과를 미리 정해진 기준이나 성공이라고 알려진 성취수준과 비교함으로써 이루어진다. 내담자의 성취가 기준수준이나 그 이상에 도달하면 성공이라고 보고 미달하면 실패로 본다.

3 기대평가

기대평가에 의한 판단은 내담자의 사정결과를 미리 정해진 기준이나 성공이라고 알려진 성취수준과 비교함으로써 이루어진다. 내담자의 성취가 기준수준이나 그 이상에 도달하면 성공이라고 보고 미달하면 실패로 본다.

기대평가에 의한 판단은 내담자의 사정결과를, 상담자가 사정을 통해서 특정 내담자들에 대해서 가지고 있는 과거 경험과 연관시키는 것이다. 상담자는 과거에 내담자에게 사정 방법을 사용해서 기대표(expectancy table)를 만들어서 내담자의 성공과 실패를 기록한다. 이 기대표에 의해서 내담자가 성공할 확률이 어느 정도인지를 판단하게 된다.

4 자기평가

자기평가는 내담자의 사정결과를 다른 상황에서의 성취결과와 비교하는 것이다. 즉 자신과 비교하는 것이다. 주어진 과업을 완수하는 데 얼마나 걸릴 것인가 하는 것은 내담자가 과거에 유사한 과업을 성취하는 데 얼마나 걸렸는가에 기준을 두게 된다.

(5) 제5단계: 정보수집

결정과 판단이 내려졌으면 상담자는 어떠한 정보를 수집해야 하고, 어떠한 도구를 사용해야 할 것인가를 정해야 한다. 예를 들면, 어떤 형태의 학급이 철이에게 가장 적합한 학습환경을 제공하는가를 결정해야 한다고 할 때 다음과 같은 세 가지 대안을 가정할 수 있다. 정신지체아를 위한 학급, 정서장애아를 위한 학급 또는 개별 상담을 제공하는 정규학급 등을 들 수 있다.

이러한 결정에 의해서 취해진 활동은 철이를 분류하는 것이다. 왜냐하면 결정의 목적은 철이를 최선의 학습상황에 배치하는 것이기 때문이다. 이 경우에 철이의 학업성취나 정서적 반응에 대한 예측이나 평가를 통해서 판단을 하게 된다. 결정과 판단이 확인되고 구체화된 다음 상담자는 사정과정에서 어떠한 정보가 필요한가를 결정할 단계에 이르는 것이다.

(6) 제6단계: 정보의 분석과 해석

사정을 통한 정보는 결정이나 판단의 필요에 의해서 수집된다. 정보의 양이나 유형은 앞의 단계들에서 명시한 것과 같이 사정의 목적에 의해서 결정된다. 제6단계에서는 수집된 자료를 해석하게 된다. 즉 개별적인 자료단위를 분석하고, 자료단위를 포괄적인 진단형태로 조직하고 해석해서, 요약하고 판단과 결정이 필요로 하는 것을 만족시킬 수 있는 제언을 하게 된다.

수집된 정보를 가지고 상담자는 내담자의 행동과 문제에 관해서 잠정적인 가정을 내릴 수 있다. 이러한 가정은 내담자의 조사된 행동을 적절한 기준과 비교함으로써 얻어지는 가능성의 진술이라고 할 수 있다. 따라서 자료를 수집하고 분석하는 데 사용되는 방법들에 관해서 타당도와 신뢰도를 고려하는 것이 매우 중요하다. 수집된 정보를 잘 분석함으로써 행동의 방향이나 대안을 찾아낼 수 있다.

(7) 제7단계: 사정결과의 보고

내담자를 조사한 사정결과는 적절한 방법을 통해서 내담자에게 전달되어야 한다. 전달하는 방법은 여러 가지가 있을 수 있으나, 주로 상담자가 상담의 방법을 통해서 의사소통하는 것이 바람직하다.

내담자는 흔히 자신에 대한 조사결과에 대해서 불안해하는 경우가 많다. 지금까지 자신이 인식하지 못했던 자신의 모습을 대하기가 두려운 경우도 있다. 상담자는 검사결과를 내담자에게 알릴 때에는 일반 상담의 경우와는 달리 합리적이고 객관적이며, 사실에 기초해서 의사소통을 하게 된다.

이러한 합리적 · 객관적 결과 보고 방법은 내담자의 공포와 불안을 더욱

고조시키는 결과를 가져온다. 따라서 상담자가 사정과정을 통해서 내담자로 하여금 자아인식을 하게 되고 책임감을 갖게 하고, 위협에 직면하게 하고, 자신의 잠재력을 실현하도록 조력하려면 내담자로 하여금 검사결과를 최대한으로 활용할 수 있도록 해야 한다.

효과적인 상담을 촉진하기 위한 상담자의 행동으로는 공감적 이해, 진실성 및 일치성, 긍정적 관심, 구체성 등이 요구되는데, 이러한 행동이 검사 결과를 의사소통하는 데도 필요하게 된다. Goldman(1971)은 상담자가 사정결과를 의사소통하는 방법을 제시하고 있다. 첫째로, 상담자는 검사결과의 사실을 의사소통한다. 둘째로, 상담자는 내담자의 견해를 수용할 준비가 되어 있다는 것을 의사소통해야 한다.

상담자는 또한 검사결과를 내담자에게 뿐만 아니라 부모, 교사, 학교행정가와 같은 내담자에게 중요한 영향을 미치는 사람들에게도 전달해야 하는 경우가 있다. 내담자와 의사소통할 때 요구되는 촉진적인 행동이 이들과 의사소통할 때에도 똑같이 적용된다. Lien(1971)은 검사결과를 학생이나 부모 또 다른 사람들에게 전달할 때 상담자가 취해야 할 일곱 가지 사항을 다음과 같이 들고 있다.

① 검사자나 검사의 결과를 전달받는 자나 다 같이 명확한 목표를 가지고 있을 것
② 가능하면 구체적인 점수를 사용하는 것을 피할 것
③ 점수의 의미를 절대적인 해답으로 제시하는 방법을 사용하지 말 것
④ 전문가인 체하기보다는 이해증진에 전념할 것
⑤ 이해(understanding)와 수용(acceptance)은 동의어가 아닌 것을 명심할 것
⑥ 학생과 학생을 직접 비교하지 말 것
⑦ 검사결과를 해석한 다음에도 학생이나 필요에 따라서는 부모와 계속 논의할 것

(8) 제8단계: 평가와 피드백

사정은 학생과 상담자를 비롯한 다른 사람들로 하여금 판단을 하고 의사결정을 하도록 돕는다. 일단 행동이 취해졌으면 그 결과를 평가하는 것이 중요하다. 검사결과의 효과를 평가하기 위해서 상담자는 "검사의 필요가 어느 정도 충족이 되었는가?", "현 사례에 사용된 검사의 방법, 절차, 결과가 유사한 형태의 사례에서 어느 정도 일반화될 수 있는가?" 하는 질문에 답변할 수 있어야 한다.

첫 번째 질문에 대한 평가를 위해서 상담자는 다음 여섯 가지 사항에 대한 피드백이 필요하다.

① 내담자가 필요로 하는 정보가 수집되었는가?
② 정보를 제공하기 위해서 사용된 방법을 내담자는 어떻게 생각하고 있는가?
③ 내담자가 행동을 취하는 데 정보를 사용할 수 있었는가?
④ 행동이 취해졌는가?
⑤ 행동을 취한 다음에 내담자가 느낀 감정은 어떠했는가?
⑥ 새로 요구되는 사항은 무엇인가?

이상의 질문에 응답하는 것은 검사 방법의 내적 타당도 측정을 의미한다. 이들 질문에 대한 답변으로 얻어진 정보는 상담자의 검사 방법뿐만 아니라 내담자의 행동계획을 변형하는 데 사용될 수 있다.

두 번째 질문은 검사 방법의 일반화에 관한 것이다. 이는 상이한 내담자의 요구에 대해서 정보를 제공하기 위한 상이한 검사 방법의 외적 타당도를 결정하는 것이다. 평가를 통해서 상담자는 다양한 평가 방법의 신빙성을 구축하여 미래에 사용할 수 있게 되는 것이다.

2. 정보활동

현대사회는 정보사회라고 할 수 있다. 이는 현대사회에서 정보가 차지하는 비중의 중요성을 단적으로 말해 주고 있는 것이다. 개인, 조직, 사회, 나아가 국가가 존립하기 위해서는 폭증하는 정보를 지체 없이 수집해서 적절히 활용해야 한다.

학생이 자기의 문제를 해결하거나 장래의 계획을 세우는데 있어서 우선되는 사항은 자신이 처한 환경 조건을 이해하고, 정확한 파악을 하는 것이다. 즉, 필요한 정보를 수집하고 제공해 주는 일일 것이다. 생활지도에서 필요로 하는 정보활동의 내용에는 교육적 정보, 직업적 정보, 개인적 · 사회적인 정보 등이 있다. 이 같은 정보활동의 내용을 구체적이고 정확하게 파악해서 적절한 정보 제공을 하는 것이 교사의 중요한 임무이다. 따라서 본 장에서는 정보활동의 필요성, 의미와 목적, 정보활동의 영역, 정보활동의 수집형태 등을 살펴보고자 한다.

1) 정보활동의 필요성

현대사회의 급격한 변화와 함께 정보화시대가 대두되었다. 그야말로 정보화시대 또는 사이버시대라고 일컬어지고 있는 요즈음 정보를 소홀히 한 우리의 생활은 더 이상 상상할 수조차 없는 자리에 있다. 한편 Stone(1981)과 Turkle(1995) 등은 개인 자신의 정체성을 들어내지 않는 상태에서 자신에게 억압되었던 생각이나 사상 등을 자유스럽게 표현할 수 있는 공간을 갖게 되었다고 한다. 이처럼 정보화시대는 자기만의 공간 속에서 매우 빠른 속도로 변화되어 가는 정보를 얼마나 빨리 잡아내느냐가 성공의 중요한 관건이 된다.

무엇보다도 정보화사회에서 지녀야 할 필수적인 사항은 정보이다. 왜냐하면 현대사회에서는 정보가 어둡다는 것은 상상하기도 어려운 일이다. 즉 정보가 없는 개인의 삶이란 존재하기가 어렵다. 정보가 갖는 의미는 그만큼 개인의 발달 및 능력을 갖추는데 매우 긍정적인 영향을 미치게 된다. 그래서 요즘을 사는 학생이나 직장인을 가릴 것 없이 현대인들이라면 정보를 구축하기 위해서 혈안이 되었다고 해도 과언이 아니다. 그만큼 최신 정보를 어느 만큼 누가 가졌는지에 따라서 적응의 정도를 가늠하기도 한다.

따라서 생활지도 활동 중에서 정보제공의 활동은 더욱더 강화되어져야만 한다. 학생들이 자신을 알고 이해하는 데 필요한 발달상의 특성이나 심리적인 특성에 대한 정보를 제공하는 일은 일상생활의 적응뿐만 아니라 자신의 진로를 선택하고 준비하는데 있어서도 필수적인 요소라고 할 수 있다. 또한 학생을 이해하고 연구하는 활동을 통해서 더욱더 많은 정보를 얻게 되며, 그 정보가 상담활동을 원활하게 하는데 정보제공 활동은 매우 중요한 비중을 차지하게 된다. 무엇보다도 정보제공 활동은 학생들이 현재 생활에서 부딪히게 되는 다양한 문제를 해결해 나가며 앞으로 경험되어야 할 부분들에 대한 이해를 돕고, 대처방식을 획득하는데 필요하다.

이와 같은 정보제공 활동을 원활하게 이룩하기 위해서는 무엇보다도 적정한 정보를 제공하는 일이 중요한 과제일 것이다. 시대적인 요구에 의한 정보를 제공하는 일, 구체적인 정보를 제공하는 일 등을 필요로 하며, 정보가 어떤 목적을 위해서 어떻게 쓰여지는가에 따라서 정보활동의 실제적인 성격이 규정된다.

특히 중·고등학교에서 강조해야 할 정보활동의 목표에 해당되는 사항들을 인식하는 것이 우선되는데 그 내용은 다음과 같다(황응연 외, 1983).

① 첫째는 직업에 관련된 넓은 분야의 이해를 돕는다.

② 학생들이 몇 개의 선정된 직업이나 교육시설을 중심으로 연구할 수 있는 수단을 발전시킨다.

③ 지역사회에서 직업 및 교육계획을 세우도록 한다.

④ 자기연구를 통해서 잠정적인 직업 및 교육계획을 세우도록 한다.

⑤ 학교를 중퇴하거나 떠난 학생들, 즉 취직을 하거나 진학을 하거나 가정을 갖는 사람 들이 당면한 욕구를 충족시킬 수 있는 특정한 기술을 제시하는 것을 말한다.

이 같은 목표달성을 위해서는 무엇보다도 교사가 학생들에게 필요로 하는 적절한 정보 제공을 위한 준비를 끊임없이 노력해야 한다. 원활한 정보제공 활동을 위해서 교사가 최근의 정보, 구체적인 정보, 정확한 정보, 필요한 정보, 학습자의 수준에 맞는 정보, 학습자에게 필요로 하는 정보를 지니고 적절한 정보를 적절한 때에 제공하기 위한 부단한 노력은 결코 간과될 수가 없다.

생활지도에서의 정보제공 활동을 위해서는 우선 학생 자신에 관한 정보를 알고, 학생 이해활동, 즉 학생조사 활동을 통해서 얻어야 하고 학생을 위한 학생주위의 환경에 대한 정보도 필요하게 된다. 이와 같은 정보활동에 대해서 Shertzer와 Stone(1981)은 생활지도 활동에서 정보활동이 차지하는 절대적인 역할을 3가지로 들었으며 이러한 역할은 생활지도의 필요성에 대한 지지를 아끼지 않는다.

① 정보활동은 학생들이 진학문제, 직업선택, 성격문제 등과 같은 당면하는 중요한 문제를 생각하는데 필요한 지식을 제공하는 역할을 한다. 오늘날의 청소년들은 복잡하고 경쟁이 심한 사회에서 성장해야 하는 것, 상급학교에 진학하는 것, 자율적인 책임성을 감수하는 것 등 무거운 부담이 되는 것이다. 정보활동의 목표는 정보를 제공하는 것뿐만 아니라 현재와 미래에 대한 개인적인 의미를 찾기 위해서 학생들로 하여금 생각과 조건, 경향 등을 비판적으로 평가할 수 있도록 자극시키는 것이다. 사회의 유능한 구성원이 되기 위해서는 각 개인은 자신의 발달에 필요한 모든 적절한 정보를 탐색하고, 인지하고, 사용하는 것이 필요하다. 잘 계획된 정보활동은 전문가가 다루게 되면 개인으로 하여금 그들의 기회를 더 인식하게 함으로써 개인의 잠재력을 실현하는데

도움을 줄 수 있다.

② 정보활동은 학생들의 자율성을 신장시키는데 중요한 역할을 한다. 오늘날의 청소년들은 이전의 청소년들보다 더 자율성이 요구되고 있다. 자율의 기본조건으로 알려진 자료에 의거해서 계획을 세우고 행동하는 것이다. 즉 성숙된 행동은 정확한 정보에 기초한다고 할 수 있다. 주위환경에 관한 정보의 수집과 활용은 합리적인 의사결정을 할 수 있도록 한다.

③ 정보활동은 학생들이 발달과 관련된 문제를 탐색해서 인식하도록 하는데 필수적이다. 학생들은 자신들이 가지고 싶은 지위를 탐색하게 되고, 그들의 선택에 대한 결과를 이해해야 한다. 자신의 발달에 대한 지식이 없으면 실패, 거부, 패배를 맛보게 된다. 자기발달에 대한 지식은 자신에 대한 긍정적인 인상을 갖도록 하고 개성을 촉진시킨다.

2) 정보활동의 의미

초기의 생활지도는 직업적인 정보에 의존하였으나 점차로 교육적 · 직업적인 정보의 영역을 넘어서는 인성적인 적응의 문제에 관심을 가지게 되었다. 우선 사전적 의미의 정보(information)란 개인을 둘러싸고 있는 환경에 관한 구체적인 내용으로서 자기 자신을 비롯한 가정, 학교, 사회, 국가 또는 세계에 관한 사항을 말한다. 생활지도 영역 안에서의 정보란 학생들이 신체적, 사회적, 지적, 심리적 발달과 적응에 필요한 구체적인 정보를 말한다. 즉 발달과 적응에 필요한 구체적인 정보는 의사결정에 관한 정보, 주변 환경에 대한 이해, 자신의 장래에 대한 준비와 설계 및 실행에 따른 정보 등을 말한다.

따라서 정보활동(information service)이란 학생들이 발달과 적응과정에서 의사결정이나 장래의 준비 및 계획을 돕는 환경에서 요구되는 사실 및 자료를 수집하여 제공하는 것이라고 정의할 수 있다. 이 같은 정보활동이 원활하게 이루어지기 위해서 차지하게 되는 역할에 대해서 Shertzer와 Stone(1981)이 제시한 내용은 ① 학생들이 진학문제, 직업선택, 성격문제 등의 당면한 중요한 문제를 생각하는데 필요한 지식을 제공한다. ② 학생들의 자율성을 신장시킨다. ③ 정보활동은 학생들의 발달과 관련된 문제를 탐색해서 인식하도록 하는데 필수적이라고 하는 것이다.

3) 정보활동의 목적

Norris, Hatch, Engclkcs와 Winborn(1979) 등이 정보활동의 목적을 공통목적, 초등학교와 중등학교 수준에 있어서의 목적으로 나누어 제시하고 있는데 이를 간략히 소개하기로 한다(이재창, 2005, 재인용).

(1) 공통적인 목적

① 모든 훈련단계에서 인생의 기회와 문제에 대한 광범위하고 사실적인 견해를 발전시키는 것

② 직업적, 교육적, 개인 · 사회적 정보에 대한 정확한 욕구의 인식과 적극적인 욕망을 갖도록 하는 것

③ 연관이 있는 광범위한 활동에 비추어서 교육적 · 직업적 · 사회적 활동에 대해서 넓게 이해하도록 하는 것

④ 진보적인 자기지향을 위한 정보를 얻고 설명할 수 있는 기술을 터득하도록 조력하는 것

⑤ 개인적인 만족과 효과를 증진하기 위하여 생산적인 선택과 적응을 하도록 하는 태도와 습관을 길러 주는 것

⑥ 적성, 능력, 흥미에 적합하고 점진적으로 명확한 의사결정에 타당한 선택을 하도록 도와주는 것

(2) 초등학교의 정보활동의 목적

① 아동들로 하여금 직업세계를 탐색하고 그들의 능력을 발전시킬 수 있는

장점과 흥미를 평가하도록 돕는 것

② 여러 유형의 직업인들, 특히 자기 지역에서 일하고 있는 사람들을 알 수 있도록 풍부한 경험을 마련하는 것

③ 아동들로 하여금 여러 분야의 일(work)의 상호관계를 알도록 돕는 것

④ 아동들로 하여금 여러 유형의 사람들과 일하는 방법을 배우게 하고 바람직한 작업습관을 기르도록 돕는 것

⑤ 아동들로 하여금 사회적으로 유용한 모든 종류의 직업에 적합한 적성을 발전시키도록 돕는 것

⑥ 아동들에게 직업선택에 관계되는 문제를 알게 하는 것

⑦ 아동들이 이용할 수 있는 교육시설과 계획에 관련되는 문제들을 알려주어 장차 보다 훌륭한 교육을 받을 수 있는 계획, 즉 상급학교의 선택, 교육과정 계획 등을 할 수 있도록 돕는 것

(3) 중등학교의 정보활동의 목적

① 직업에 관련된 넓은 분야의 이해를 돕는 것

② 학생들이 몇 개의 선정된 직업이나 교육시설을 중점적으로 연구할 수 있는 수단을 발전시키는 것

③ 지역사회에서의 직업 및 교육기회를 충분히 알게 하는 것

④ 충분한 자기연구(self- study)를 통해서 잠정적인 직업적 · 교육적 계획을 세우도록 하는 것

⑤ 학교를 휴학하거나 떠난 학생들, 즉 취직하거나 진학하는 학생들이 당면하는 욕구를 충족시킬 수 있는 특정한 기술을 제시하는 것

이상과 같이 어느 교육수준에나 공통적인 정보활동이 있고, 또 학교급별에 따라서 특히 더 중점을 두어야 할 정보활동이 있다. 현재 우리나라는 중학교 의무교육이 실시되고 있으므로 부적응 학생들의 중학교 졸업을 위하여 학교

장과 교사들이 많은 관심을 기울이고 있는 실정이다. 이런 기회에 부적응 학생들에게 다양한 정보제공은 생활지도에서 매우 필요한 활동으로 판단되는 바이다.

한편 Miller는 정보활동의 목적을 다음과 같이 제시하였다.

① 학생이 현재 직면하고 있는 환경을 이해하고 이에 적응하는 것을 돕는다.

② 학생이 미래의 직업이나 장래를 탐색하는데 소용되는 보다 넓은 정보를 마련한다.

③ 장차 특정한 계획과 직업계획에 필요한 정보를 얻고 해석하는 것을 돕는다. 이와 같은 정보활동의 목적을 원활하게 하기 위해서는 교육정보, 직업정보, 개인적 · 사회적 정보 등이 필요하다.

4) 정보활동의 영역

(1) 교육정보

교육정보란 교육적 기회에 관한 모든 정보를 말한다. 교육정보는 이수해야 할 교육과정, 특별과정, 입학요건과 학생 생활에 관한 조건과 문제들을 포함하는 관계와 미래에 있을 수 있는 교육과 훈련기회에 관한 타당하고 유용한 자료를 의미한다(Norris, 등, 1979; 이재창, 2005, 재인용). 학생들에게 교육정보를 제공해 주는 이유는 교육정보를 토대로 하여 자신의 교육계획을 수립하여 학습의 기회를 최대한 활용하기 위한 계획을 세우게 하기 위해서이다.

정보통신의 발달과 관련해서 인터넷을 비롯한 통신매체로 수록되는 정보에 대한 안내, 메스컴과 방송매체에 등장하는 교육정보안내 등 교육정보는 현대사회에서 홍수처럼 쏟아지고 있으므로 이에 대한 효과적인 안내가 필요하다(김계현 등, 2000).

이러한 교육정보에 관해서 학생, 교사, 상담교사, 학부모들이 알아두어야 할 자료들을 제시하면 다음과 같다.

① 학교생활의 시간과 규칙
② 교육과정 및 교과
③ 학교의 클럽활동과 사회적 활동
④ 학교의 교육 가치관
⑤ 고등학교의 단위, 성적, 전공, 부전공
⑥ 현존하는 고등학교 졸업 후의 교육 프로그램
⑦ 대학이나 다른 고등교육기관에 진학하는 데 필요한 과목
⑧ 고등교육기관에 진학하는 데 필요한 요건
⑨ 대학이나 다른 고등교육기관 진학에 필요한 비용
⑩ 다른 직업에 요구되는 교육 및 훈련
⑪ 대학 및 기타 교육 프로그램의 특성
⑫ 학습 습관과 기술
⑬ 대학교육에 대한 장학제도, 학비융자 및 다른 재정 지원
⑭ 교육프로그램의 자격인준
⑮ 통신교육
⑯ 현직 훈련 기회와 프로그램
⑰ 대학 교육 프로그램에서의 학생의 사회생활과 문화 행사

이상에서와 같은 교육정보들은 일반교사를 비롯해서 상담교사와 학부모들도 알아야 할 사항이다.

(2) 직업정보

직업정보는 직무, 직위, 취업에 필요한 자격요건, 작업조건, 보수, 승진유형, 현재와 미래에 있어서의 인력의 수요와 공급, 그리고 더 필요한 정보의 원천 등을 포함하는 직위(positions), 직무(jobs), 직업(occupations)에 관한 타당하고 유용

한 자료를 의미한다. Shertzer와 Stone(1981)은 직업정보에 필요한 구체적인 자료를 다음과 같이 들었다.

① 노동력에 관한 자료: 인원, 구성, 지리적 요인, 인종·연령의 분포, 주요 산업체
② 직업구조와 주요 직업집단
③ 인력수급, 인구 변화, 상품에 대한 일반대중의 요구, 기술 변화 등을 포함하는 직업변화
④ 노동에 대한 법규
⑤ 직업 연구에 필요한 정보원
⑥ 직업과 직업정보의 분류
⑦ 필수불가결한 직업
⑧ 특정 직업의 직무와 작업의 성격
⑨ 각종 직업의 취업에 필요한 자격 요건
⑩ 각종 직업에 필요한 준비 과정
⑪ 취업 및 승진방법
⑫ 각종 직업의 임금과 사례금
⑬ 각종 직업의 작업 조건
⑭ 직업정보 자료의 평가기준
⑮ 취업을 담당하는 기관
⑯ 일의 의미

(3) 개인 및 사회정보

자기 자신과 타인의 이해를 위해서 다루는 정보가 개인, 사회적 정보이다. "개인 및 사회적 정보란 개인과 대인관계에 작용하는 인간적, 물리적 환경의 기회와 영향에 관한 타당하고 유용한 자료이다. 이는 학생들로 하여금 자기이

해와 타인과의 관계를 증진시키는 인간에 관한 정보를 의미한다. 자기 자신의 이해와 남과 잘 어울리는 것뿐만 아니라 남녀 간의 이성관계, 예의범절, 여가활동, 개인의 용모, 사교술, 가족관계, 재정적 계획, 건강한 생활 등과 같은 광범위한 영역의 정보를 포함한다. 이러한 정보는 모든 개인이 사회에 속하고 사회는 개인의 집합에 의해 생긴 것이므로 개인과 사회는 분리될 수 없기에 개인·사회적 정보라고 부른다(김계현 등, 2000).

이재창(2005)에 따르면 개인 및 사회적 정보가 갖는 정보의 사용과 수집내용은 다음과 같이 요약·정리할 수 있다.

① 자기통찰과 자기이해의 성취
② 동성과 이성과의 성숙된 관계 확립
③ 남성적, 여성적 역할의 이해
④ 건강한 성격의 발달
⑤ 개인의 행동과 특성의 이해
⑥ 개인과 타인과의 이질성과 동질성의 이해
⑦ 타인의 행동과 욕구의 이해
⑧ 가정의 조건, 가족, 부모의 기대에 대한 적응, 수용, 이해
⑨ 데이트, 성에 관한 정보, 결혼에 대한 책임에 관한 지식
⑩ 신체적, 정신적 건강의 발달
⑪ 외모, 예의, 에티켓
⑫ 사교술, 금전에 관한 계획, 여가활동

5) 정보활용의 형태와 실제

(1) 정보의 수집

현대사회는 정보화 사회이다. 따라서 정보를 수집하는 일은 매우 빠른 속도

를 요구하게 되며, 필요한 정보를 효과적으로 수집하기 위해서는 다양한 정보시스템을 활용하여야 한다. 특히 생활지도에 필요한 정보는 교육정보, 직업정보, 개인 및 사회적 정보를 수집하는 일일 것이다. 교육정보는 학교교육의 전반과정에 걸쳐서 필요로 하는 정보를 수집하는 일이다.

윤운성과 김홍운(2003) 등에 의해서 제시된 내용에는 ① 정부에서 발간한 각종 간행물, ② 각급 학교의 교육 계획서 학교 경영안, ③ 각 대학에서 발간한 안내서 대학 요람 및 교육과정 해설서, ④ 각급 학교에서 발간한 교지 및 학보, ⑤ 대학 및 전문기관에서 발간한 연구지 논문집, ⑥ 교육 전문가 및 교육심리학자들이 저술한 전문 지침서, ⑦ 일반 사회의 정기 간행물, 신문 및 잡지 등이 있다.

그리고 직업정보에 관한 자료들은 노동부에 준비된 직업정보사전 등을 통해서 접근해 볼 수 있을 것인데, 그 이유는 보다 전문적이고 직접적으로 직업세계에서 자료를 수집하는 것이 바람직하기 때문이다. 구체적인 내용들로는 앞서 이야기한 노동부에서 발행한 직업정보사전들을 활용하거나 각종 전문기관이나 단체에서 발행한 간행물, 지역사회 조사물 및 연구보고서, 직업관련 단행본, 연감류 등을 활용할 수 있고, 생활지도에 필요한 자료를 준비해 놓은 자료집 등을 참고할 수 있다.

개인 및 사회적 정보를 수집하는 것은 앞에서 이야기되어지는 객관적인 증빙자료들을 통해서 할 수도 있지만, 개인이나 집단간의 인간관계에 대한 보다 깊은 이해를 돕기 위해서 준비되어진 자료들을 활용하는 것이 필요시 된다. 왜냐하면 인간에 대한 이해를 우선시하게 되며 이러한 이해는 심리학적인 배경을 통해서 얻을 수밖에 없다. 따라서 인간의 심리를 이해할 수 있는 발달 특성, 신체 및 정신건강, 정신위생, 성교육, 사이버매체를 활용하는 심리적 특성과 행동이해 등을 활용하는 것이 매우 중요할 것이다. 한편으로는 집단역학이나 집단관청의 기술에 관한 서적 등을 참고하는 것, 위인전 및 자서전,

성공사례집 등을 활용하는 것도 필요하다.

(2) 교육정보의 제공

교육정보는 학생들에게 보다 알찬 교육내용을 적절한 교육계획에 의해 학습의 효과를 효율화하기 위해서 매우 필요하다. 여기에서는 교육정보에 대한 구체적인 내용과 방법에 대해서 살펴볼 것이다.

1 교육정보에 대한 내용

① 교과학습을 돕기 위한 교육정보

가장 우선되는 정보로는 해당학교의 교육과정의 종류와 교과의 성격과 중요성을 인식하고 학기별로 연계되어지는 교과목을 아는 것이다. 그리고 해당학교의 핵심교육과정 및 해당학교가 특별히 마련하고 있는 교육적, 직업적 특색있는 경험 등과 같은 교육과정의 정보와 더불어 해당과정을 이수하는데 필요한 학습방법, 기초기능과 기술 등에 관한 정보도 필요하다. 이와 같은 교육과정과 학습방법에 관한 정보를 제공하는데 있어서 사용되는 일반적인 방법으로는 학교안내 요람을 제공하고, 오리엔테이션의 실시, 개인상담이나 정규수업 시간, 학교신문, 교육과정과 관계되는 직접적인 경험 등을 들 수가 있다.

② 상급학교의 진학을 위한 정보

상급학교로 진학하고 있는 많은 학생들이 실질적으로 진학에 대한 학부모들의 관심도 매우 높다. 따라서 실업계 고등학교에서까지 진학지도 노력을 아끼지 않고 있는 것이 현실이다. 이 같은 진학지도는 생활지도의 중요한 과업으로 대두되고 있음에도 불구하고 합리적인 대책은 이렇다 할 내용이 없다. 더욱이 최근에는 각 대학에서 조사한 바, 많은 대학에서의 학생들이 전공학과를 잘못 선택하여 진학한 학과에 부적응적인 태도를 보이고 있으며, 전과를 희망하는 방식으로 대처하고 있다. 이 같은 문제 예방을 위해서는 진학정보에 대한 주요한 항목들을 익히고 있어야 한다.

첫째, 진학할 대학과 학과의 성질을 이해한다.
둘째, 학과에서 배우게 될 학문의 성질을 이해한다.
셋째, 개인의 적성과 능력을 이해한다.
넷째, 진학할 학과에 소요되는 학비를 안다.
다섯째, 졸업 후의 전망을 안다.
여섯째, 진학할 학과에서 요구하는 입학 조건과 그에 따른 의무를 안다.
일곱째, 개인의 경제사정과 가정형편을 안다.

③ 오리엔테이션

오리엔테이션은 전적으로 교육정보 제공활동이라고 할 수는 없으며, 교육정보 제공활동이 오리엔테이션에만 국한된 것은 아니지만, 학교의 경우 오리엔테이션이 대표적인 교육정보 제공활동이라고 할 수 있기 때문에 여기에서는 교육정보 제공활동의 하나로 다루고자 한다(이재창, 2005).

오리엔테이션은 영어의 orientation을 우리말로 옮긴 것이며, orientation의 어원은 영어의 orient, 즉 동쪽에서 시작되었다. 동쪽은 인류가 시작되면서 방향을 식별하고 정하는 기준이 되었던 것이다. 이러한 의미에서 오리엔테이션을 방향지도 혹은 출발지도라고도 번역해서 사용하기도 하나 오리엔테이션이라는 용어가 더 일반화되어 사용되고 있다.

오리엔테이션이란 어떤 일을 새로 시작하거나, 새로운 환경에서 생활을 하기 시작할 때, 그 환경과 일에 익숙해지고 올바른 방향을 출발하여 나가도록 도와주는 활동이다. 예컨대 새학년이 되어서 새로 출발하는 학생들에게 방향을 정하여 새로운 환경에 적응하여 나가도록 도와주는 일이다(황응연 · 윤희준, 1983). 즉 오리엔테이션은 새로운 과업이나 환경에 대해서 자세한 정보를 제공해서 그 환경에 익숙하게 하는 측면과 자기 스스로를 변화시켜 환경에 적합하도록 도와주는 측면의 두 가지가 포함된다. 첫째는 새로운 환경이나 과업에 대해서 익숙하게 하는 것이며, 둘째는 자기태도를 변화시키는 일이다.

오리엔테이션의 내용은 오리엔테이션 프로그램이 특정교과나 교육과정 혹은 학교생활전반을 대상으로 한 것이냐에 따라 달라진다. 학교의 오리엔테이션은 주로 신입생에 대한 것이 대표적이며, 그 내용은 다음과 같다.

첫째, 학교의 역사와 전통
둘째, 학교의 건물과 시설
셋째, 학교에서 마련한 교육과정과 교과활동
넷째, 학생들의 생활준칙
다섯째, 학생 실태에 관한 자료
여섯째, 학교의 행정조직과 운영방침
일곱째, 학생들의 일과 생활 계획 등이다.

이 밖에도 오리엔테이션에 활용되는 정보는 다양하다. 프로그램의 목적과 내용, 대상에 따라서 정보의 특성은 매우 달라지며, 더불어 그 질도 달라진다. 이와 같은 역할은 주로 상담교사나 생활지도 담당자들에 의해서 이루어지게 된다.

2 교육정보 제공의 방법

① 개별적인 정보제공

학생들은 일반적으로 교육의 기회, 일의 세계, 개인 및 사회적 관계에 관해서 매우 모호하고 제한된 생각을 가지고 있다. 따라서 가능한 자료를 활용하도록 독촉하지 않으면 방향, 목표, 문제들의 명료화를 우연한 기회에 맡겨 버리게 된다. 따라서 개인의 필요에 의해서 정보제공을 필요로 하는 경우가 흔하다. 이러한 정보는 특히 상담자가 상담면접 도중에 직업, 교육기회, 개인 및 사회적인 관계에 관한 정보를 제공해 줄 필요가 있다. 이와 같은 정보는 학생들로 하여금 자기탐색을 할 수 있는 기회를 마련해 주며, 자기탐색을 통해서 자신의 문제에 대한 해결이 즉각적으로 이루어지는 경우도 많기 때문이다. 한편 Shertzer와 Stone(1981)은 직업, 교육, 개인, 사회적 상황에 관한 정보는 청소년들로 하여금 현실적인 계획을 세우거나 자신들이 수용할 만한 결정을 내릴 수 있도록 하는데 도움을 준다고 하였다.

② 집단을 통한 정보제공

학교에서의 정보제공은 개별적으로 이루어지는 경우보다는 집단을 통해서 이루어지는 경우가 많다. 일단은 교육의 대상이 많고, 특히 아동, 청소년들에게는 발달상에 따른 정보가 요구되는 경우가 흔하다. 그렇기 때문에 집단을 대상으로 한 정보제공이 더 효율적인 내용들이 많다. Shertzer와 Stone(1981)은 집단을 통한 정보제공의 이점을 다음과 같이 들고 있다.

첫째, 시간, 인적자원, 시설 면에서 경제적이다.

둘째, 특정한 종류의 정보는 동료들과의 토론을 통해서 정보를 더 의미 있게 함으로 다른 방법보다 더 효과적이다.

셋째, 학생에 따라서는 자신들의 문제를 동료들과 논의하는 것이 더 편하게 느껴짐으로 학생 간에 긍정적인 관계를 형성하도록 한다.

넷째, 학생과 상담자 간의 관계개선과 앞으로의 생활지도 활동의 활용에 초석이 된다.

한편 집단을 통해서 정보자료를 제공하는 방법은 첫째, 하나의 독립된 교과목으로, 둘째, 교과목이나 홈룸의 특별단원으로, 셋째, 특별 회의나 행사 등이 있다(Shertzer & Stone, 1981).

(3) 직업정보 제공

1957년 생활지도의 도입이 이루어졌던 때만 해도 불과 2,300여 종의 직업이 1963년의 한국직업사전에는 3,600여 종의 직업이 등록되어 있었으며, 1980년대에는 약 1만여 종의 직업이 있다고 나타났다. 미국의 경우에는 고도의 산업화, 기계화, 자동화 시대에 따라서 직업의 수는 우리나라 보다 많은 4만여 직종의 직업으로 분류할 수 있는데, 미국의 직업분류사전(The Dictionary of Occupational Titles Classification)에 의하면 분류방법에 따라 2만 2천 종에서 4만여 직종에 이른다고 한다(김충기, 1994).

1999년 노동부 중앙고용정보관리소의 발표에 따르면 우리나라의 직종이 13,000여 종에 이르고 있다고 했다. 그리고 1999년에 「1999 한국직업전망서」, 2001년에는 「직업기술직업전망」, 2002년에는 「2003 한국직업전망」, 2003년에는 「이공계학과 및 직업전망」 등의 한국직업전망의 연혁집이 한국산업인력관리공단의 중앙고용정보원에서 출간되었다.

「2005 한국직업전망」에서는 우리나라를 대표하는 14개분야의 218개 직업에 대한 상세정보를 수록하고 있으며 진로와 직업을 결정해야 하는 사람들이 자신의 능력, 적성에 맞는 직업을 선택하여 원하는 직업에 대한 다양하고 풍부한 정보를 얻을 수 있도록 기획되었다. 또한 진로를 고민하고 있는 청소년, 적성에 맞는 일자리를 찾고자 하는 구직자, 경력개발을 원하는 직장인 뿐만 아니라 학부모, 교사, 취업알선기관 담당자, 그 외 직업과 고용에 관심 있는 연구자들에게도 유용한 직업정보 자료로서의 역할을 할 것이다(한국산업인력공단 중앙고용정보원, 2004). 최근 진로 및 취업과 관련된 정보에는 고용노동부에서 주관하여 연구하고 있는 NCS(국가직무능력표준)가 있다.

국가직무능력표준(National Competency Standards)이란 산업현장에서 직무를 수행하기 위하여 요구되는 지식 · 기술 · 소양 등의 내용을 국가가 산업부문별 · 수준별로 체계화한 것으로 직업교육 · 훈련 및 자격제도를 현장(일)에 맞도록 체계적으로 개편하고 기업의 능력중심 인사관리(채용 · 승진 · 임금 등)를 유도하는 기준에 대한 다양한 정보를 제공하고 있다. 청년 취업난이 심각한 우리나라의 현실을 반영하여 직업교육기관 조차도 직무분석을 거치지 않고 전문가의 개인적 경험, 국내 · 외 사례 등에 의존하여 교육과정이 개발되는 실정이었다. 이로 인한 현장과 동떨어진 교육과정의 운영으로 직무분석 전문가가 부족할 뿐 아니라 많은 비용이 소요되어 기존의 학문 · 지식중심 교육과정을 답습하였다. 일부 학교에서 맞춤식, 주문식 교육이 있었다고 하지만 기존 교과목 중 주로 가르쳐야 할 과목을 지정해 준 것에 불과한 경우가 많았으므로 NCS가 구축되면 별도 직무분석 없이도 특정 일자리 종사자에 대한 핵심능력을 추출하여 일자리 중심 교육과정 운영 가능하고 산업계가 요구하는 역량을 누구나 NCS에 따라 정확히 교육과정으로 전환할 수 있기 때문에 학교교육과 일자리가 직접 연계됨으로써 입직 후 추가 재교육이 필요없는 높은 생산성을 가진 실전형 인재 육성하는데 목표를 두는 것이 NCS의 발달 배경이다.

이와 같이 다양하고 구체적인 정보를 어떻게 제공하는지는 학습자의 능력을 갖추도록 돕는 과정만큼이나 중요하게 다루어져야 할 것이다. 그렇다면 직업정보의 제공을 원활하게 하기 위해서 사용되어지고 있는 유형을 간단하게 살펴보고자 한다.

1 인쇄물: 직업정보

직업정보와 관련된 우선되는 정보로는 단일직업정보, 특정한 사업 혹은 산업분야에서의 직업, 직업가족 정보, 모집관련 문헌 등이 있다. 예를 들어 직업상담사에 대한 정보를 안내하거나 어떤 한 직업 혹은 경력분야로 청소년을 모집하는 데 목적을 두고 기술하는 경우 등을 말한다. 다음으로는 홍보용 정보 등도 있다. 홍보용 정보는 일의 세계에 대한 예비교육이나 특수집단을 대상으로 하여 특정한 집단과 직업세계에 대한 관계 등을 안내하는 것을 말한다. 그리고 참고자료의 배부 등을 통해서 전달하는 것을 말한다.

직업관련 자료 유형에는 어떤 자료는 한쪽에 불과할 만큼 간단하고 어떤 것은 책 한권에 이르는 것도 있다. 학생들은 나름대로의 독특한 요구사항을 가지고 있기 때문에 상담자와 학생은 많은 직업분야의 광범위한 자료에 대한 지식을 갖고 있어야 할 것이다.

[2] 시청각 자료와 프로그램화된 자료

시청각 자료는 최근까지 전적으로 영화와 슬라이드에 의존했었는데, 최근에는 비디오 테이프와 오디오 테이프 등이 이전의 자료를 보완해 주거나 많은 경우에 대체되었다. 더불어 마이크로 필림 혹은 카드, 차트 등의 시각자료의 체계를 활용하는 기계화된 혹은 프로그램화된 자료로 흔히 불리우는 자료들을 말한다.

시청각 자료는 근래에 와서 학교 혹은 관련기관에서 활발히 도입하고 있는 멀티미디어 접근방식의 핵심역할을 할 수 있다. 이러한 현상은 시청각 자료의 양이 방대해지고 자료의 효율적인 사용을 위해서 미디어전문가가 반드시 필요하게 되며, 상담교사나 전문상담자들에게도 도움을 제공하게 된다.

[3] 전문가와의 면담

전문상담자나 교사들은 교육계 밖의 직업을 설명할 때는 자연히 신뢰성에 대한 문제를 경험하게 된다. 특히 학생들이나 직업문제 상담을 요할 때는 어떤 분야에 종사하고 있어서 자동적으로 전문가 대접을 받는 사람의 도움을 받는 것이다. 전문가와의 면담은 관련된 개인의 발달수준에 맞게 조정되어서 이루어져야 한다.

[4] 모의활동(simulation)과 합성작업환경(synthetic work environment)

작업상황의 의사결정과정과 본질을 이해하는데 도움을 제공할 수 있는 것으로 인공적인 수단을 논의한다. 이러한 경험은 흔히 교실이나 학습상황에서 접할 수 있는 경우가 많지만 학교장면에 국한된 것은 아니다.

모의활동은 간단한 기능과 복잡한 기능 모두를 가르치는 효과적인 수단이라는 인식이 오랫동안 교사들 사이에 이루어졌다. 모의활동은 근로자에 부과된 요구사항들, 작업환경의 성격, 특정한 작업을 성공적으로 완수하기 위해서 근로자가 필요로 하는 기술 등에 대한 통찰을 전달하거나 개발하는데 유용하게 활용될 수 있음은 분명하다. 흔히 볼 수 있는 모의활동은 초등학교 학생들에 의한 소방훈련이다.

5 직업경험: 관찰 및 탐색

일의 세계가 점점 복잡해질수록 많은 직업들이 일반인들이 잘 볼 수 없게 되어서 어떤 형태의 작업이 언제, 어디서, 어떻게 이루어지는지를 관찰할 기회가 매우 드물다. 이러한 직업에 대한 정보는 제한되기 때문에 결과적으로 직업에 대한 지각이 비현실적이 될 수 있다.

현장방문 혹은 산업체 견학은 일의 세계에 대한 이러한 감추어진 면을 직접 접촉할 수 있는 기회를 제공해 준다. 이러한 견학은 학생 혹은 내담자에게 매우 동기유발적인 것이 되어 일의 세계와 자신의 계획을 깊이 있게 탐구할 수 있게 한다.

개인적으로 특정한 산업체와 사업체를 방문하는 것은 내담자가 대단히 관심을 갖는 분야에 대한 식견을 높이는 최선의 기회가 될 것이다. 개인적인 방문은 직업의 다양한 면을 관찰하고 작업자에게 하고 있는 일의 내용과 작업 이유, 작업 방법 등을 직접 물어 볼 수 있는 기회가 된다. 초·중등학생에게는 부모, 친척, 친지를 밀착취재하는 것이 좋을 것이다. 고등학생과 대학생 및 일반인은 개인적 친분관계에 의한 취재가 필요없는 경우다.

종종 청소년들의 경우에 자신의 정서적인 문제를 통해서 자신의 바램을 갖게 되고 원하는 직업을 가꾸고자 하는데 자신의 흥미에만 초점을 두고 현실적인 상황에 대한 고려가 이루어지지 않는 경우들이 있다. 흔히 상담에서 사용하는 방법이기도 한데, 상급학교나 학과선택, 직업선택에 있어서 현장방문을 통한 현실검증과 자신의 객관적인 이해와 요구되어지는 자신의 능력을 갖출 수 있는 중요한 계기가 된다.

어떤 여학생은 자신이 동물사육사가 되고자 하는 바램을 가지고 있었다. 상담에서 파악된 내담자의 정보 중 학교성적을 보았을 때는 정규 고등학교를 진학하기가 어려운 상황이었고, 단지 동물을 예뻐한다는 이유만으로 동물사육사가 되는 것은 당시로서는 엄청난 무리가 된다고 파악되었다. 그래서 상담전략에 현장방문을 하는 것으로 그러나 단계적인 접근을 통해서 외부에서 보여지는 동물사육사에 대한 인식과 함께 실제로 경험하는 자로서의 동물사육사에 대한 인식을 가져오는 절차를 밟았다. 현장에서 동물사육사가 하는 일들을 사진에 담아서 자신이 소망하는 직업에 대한 자료집을 가꾸어 갔다. 그러는 과정에서 내담자는 단지 자신이 감정적으로 동물사육사를 동경해 왔다는 것을 깨닫고 자격증을 취득해서 기능적인 업무에 능한 자신의 적성과 환경적인 여건을 고려한 직업을 갖기 위해서 대학에 진학하는 것을 고려하고 고등학교에 진학하게 되었다.

이상에서와 같이 우리는 일상적인 직업탐색에 있어서 뿐만 아니라 학생들에게는 단순한 언어적인 정보제공 뿐만 아니라 구체적이고 다양한 그리고 합리적인 접근이 가능한 자료집을 준비하고 현장방문을 통한 전문가들과의 면담을 병행하게 되면 좀더 원활하고 효율적으로 수집된 정보를 사용하게 될 것이다.

(4) 개인 및 사회적인 정보제공

개인 및 사회적인 정보의 제공에는 전반적인 적응문제와 관련된 내용들이라고 할 수 있다. 학업능력, 학습방법, 대인관계, 정서문제, 환경변화를 필요로 할 때 등 문제와 대상과 상황에 따라서 제공되는 정보는 다를 수 있다. 이러한 정보제공은 적응능력을 향상시키기 위함에서 이루어지는 것이다. 구체적인 정보의 내용은 다음과 같다.

첫째, 신체발달에 관한 정보활동

둘째, 기본적 욕구 및 행동에 관한 정보활동
셋째, 개인 정서에 관한 정보활동
넷째, 인성 및 정신위생에 관한 정보활동
다섯째, 사회관계에 관한 정보활동
여섯째, 남녀의 역할 및 성에 관한 정보활동
일곱째, 교과활동에 관한 정보활동

이상에서의 내용을 좀더 유용하게 활용하기 위해서는 각종 검사를 실시하고 해석해 주는 과정에서 필요로 하는 정보 제공해 주는 것도 용이하다. 물론 정보제공을 위해서는 개인 및 집단지도를 통한 정보 제공하는 방법을 활용할 수 있을 것이다.

그러나 필요로 하는 정보가 개인 및 사회에 대한 이해없이 이루어지는 제공이라면 제대로 정보를 활용하기가 어려울 것이다. 따라서 앞서의 정보활동을 통해서는 개인에 대한 탐색과 이해를 토대로 하는 정보활동을 펼쳐가야 할 것이다. 그렇게 하기 위해서 생활지도자는 상담에 대한 기초적인 이해와 활용방법 등에 대해서 익히 알고 있어야 할 것이다.

3. 상담활동

일상생활에서 사람들이 개인적 문제를 가지고 있을 때 대화로 해결하는 것을 가리켜 상담이라고 한다. 상담의 상식적 의미는 '개인적 문제'를 '대화로' 풀어 가는 것이다. 지시나 강요가 아니라 민주적 대화를 통해서 '해결'하는 것이다. 개인적 문제는 공개된 업무상의 문제나 토론 혹은 연구를 통해서 해결할 지적 문제가 아니라 특정한 개인의 사적 관심이 되고 있는 문제를 가리킨다.

인간이 살아가는 과정에서는 경험해야 하는 것들과 인식해야 하는 것들이 자신으로부터, 타인 및 사회적인 관계로 연결고리를 갖게 된다. 다양한 경험을 풍부하게 돕는 것을 학교에서 생활지도를 통하여 더욱더 활발하게 이루어질 수 있다. 생활지도의 핵심활동은 상담이다. 상담을 통해서 개인의 인지적, 정서적, 행동적인 발달을 돕고, 잠재능력을 향상시키므로 개인의 지속적인 성장과 발달을 가져올 수 있도록 돕는 과정을 말한다. 본 장에서는 상담을 원활하게 수행하기 위해서 필요로 하는 상담에 대한 기초적인 이해를 위한 상담의 필요성, 상담의 의미, 생활지도 · 상담 · 심리치료, 상담의 진행과정, 상담자의 태도와 기술 등에 대해서 살펴보고자 한다.

1) 상담활동의 필요성

학교현장에서는 종종 정보의 필요에 의해서 야기되어지는 문제들을 접하게 되는 경우가 있다. 이러한 문제는 개인의 발달과정에서 아직 경험하지 못한 부분에서 파생되는 경우라고 할 수 있다. 중학교에서 고등학교로의 이행이 중학생에게는 객관적인 측면으로 발생되는 현상에 대해서는 이해를 할 수 있지만, 주관적인 측면에서 또는 내면적 측면에서는 이해하기가 어려울 것이다. 경험을 통한 통찰과 통찰에 의한 인식의 변화는 태도의 변화를 가져오기 때문이다. 따라서 행동의 변화는 적응을 가져올 수 있으므로 개인의 외부적인 요소들 뿐만 아니라 개인의 내면적인 접촉을 가능할 수 있도록 돕는 것은 현실불안 및 예기불안에 동반되는 불확실성을 견딜 수 있는 기회를 제공하는 것이기도 하다. 그러나 무엇보다도 우선되어지는 것은 적절한 시기에 필요로 하는 정보를 제공하는 것이다. 이는 발달과정상에 나타날 수 있는 어려움을 축소시켜 줄 것이다.

또 한편으로는 개인의 성격적인 변화를 돕는 것이 요구된다. 개인이 가진 재능과 능력은 손상이 없음에도 불구하고 성격적인 문제를 지니고 있다면 적절하게 또래들과의 어울림이나 사회의 한 구성원으로 원활하게 살아가는데 많은 방해요소를 지니고 산다고 해도 과언이 아닐 것이다. 한 개인이 원만한 성격을 형성하는데 있어서 자신의 경험을 이해하는 것이다. 자신이 하고 있는 행동에 대한 이해와 그 행동이 자신의 욕구충족을 위한 것인가, 다른 사람들과 어울릴 수 있는 방법을 배워서 익히 실행하고 있는 부분은 어떤 부분인지, 아니면 어떤 부분에서 어려움을 경험하고 있는지에 대해 이해하고 받아들이는 것은 개인의 성격형성과 원할한 수행능력을 향상시킬 수 있게 될 것이다.

학교생활을 통해서 학생들은 자신의 잠재능력의 개발 및 향상을 가져오며 원만한 대인관계를 학습함으로써 적응하는 행동을 지닐 수 있게 된다. 이러한 결과를 이끌어 내기 위해서 정보활동 이상으로 중요한 것이 상담활동일 것이다. 상담활동은 생활지도의 핵심활동이기도 하다. 이상에서와 같이 상담활동은 학교에서 개인 및 집단을 대상으로 교육대상들에게 즉각적으로 또는 예방적으로 이루어져야 하는 매우 중요한 활동이다.

2) 상담활동의 의미

교육자에게 있어서 상담은 생활지도 활동의 한 영역으로 어떤 정보를 제공하거나 지식을 제공하는 것으로 생각하지만 상담심리학자들에게 있어서 상담이란 말은 매우 특별한 의미를 갖는다. 상담이란 성격발달의 강조와 내담자(도움을 요청하는 자)의 환경적 이해를 촉진시키기 위해서 계획된 하나의 과정이라고 생각한다.

상담이란 말은 원래 라틴어의 counsulere에서 유래하였으며, 이 말은 고려한다, 반성한다, 숙고한다, 조언을 청한다, 상담을 한다는 뜻이다. 불어의 counseil, consel의 형으로 쓰여지던 것이 영어에 counsel이란 형으로 바뀌어 쓰여 왔으나 그 뜻은 법률, 경제, 종교 등의 영역에 있어서 변호사, 고문, 조언자란 뜻으로 사용되었다.

이상에서와 같이 상담의 정의는 학자들마다 다양하게 내려지고 있으나 그 의미는 비슷하다. 상담이란 충고, 정보의 제공, 위로나 격려, 정신분석, 심리치료 등의 광범위한 활동을 가리키는 개념으로 일상생활에서 쓰이고 있다. Patterson(1971)에 의하면 상담이 어떤 것인가를 규명하기 위해서는 상담이란 무엇이 아닌가를 먼저 규명하는 것이 도움이 될 것이라고 하였다. 그 내용을 살펴보면 다음과 같다.

첫째, 상담의 과정에서 정보를 제공하기는 하나 정보의 제공 자체가 상담은 아니다.

둘째, 상담에서 충고, 제안, 권장 등이 이루어질 수는 있으나 충고, 제안, 권장이 곧 상담은 아니다.

셋째, 상담이 아무리 세련되고 고통이 없으며 간접적인 방법에 의해 이루어지는 것이라 하더라도 설득, 유도, 권고에 의해서 태도, 신념, 행동을 변화시키는 것이 아니다.

넷째, 상담은 체벌이나 강요가 없다고 하더라도 결코 훈육이 아니며 협박이나 경고 또는 위협 등에 의해서 행동을 변화시키는 것이 아니다.

다섯째, 상담은 어떠한 일이나 활동을 개인에게 선택하고 할당하는 것이 아니다.

여섯째, 상담은 면담이 중요한 부분을 차지하나 직접적인 대화나 면담을 곧 상담이라고 할 수는 없다.

그러므로 상담은 적응상의 문제에 직면하여 조력을 필요로 하는 개인과 심리학적 훈련이나 지식과 풍부한 경험으로 타인을 조력할 수 있는 자질을 가진 전문가와 면 대 면(face to face)의 관계에서 면접을 통해서 행해지는 적절한 원조의 과정이라고 할 수 있다. 이 과정은 주로 언어적 수단을 매개로 하여 환자가 자기의 문제를 스스로가 명료하게 인식할 수 있도록 함으로써 감정, 태도, 인격의 변화, 즉 심리적인 변화를 일으키게 한다. 상담은 각 개인이 자기 자신, 자기의 능력과 성격, 자기의 환경을 이해하고, 만족스럽고 성공적인 생활을 달성하기 위한 기회와 전망을 하도록 돕는 지도 및 안내의 한 기술이라고 볼 수 있다. 따라서 상담은 각 개인이 자발적이고 자기 지도적 자기훈련과 의사결정을 하도록 돕는 과정이기 때문에 교육의 목표와 상담의 목표는 같다.

3) 생활지도 · 상담 · 심리치료

상담의 의미는 그 자체의 특징을 밝힘으로써 드러나는 것도 있지만 관련된 다른 개념과 비교할 때 더욱더 분명하게 드러난다. 상담은 교육의 맥락에서 생활지도와 밀접하게 연결되어 있다. 심지어 생활지도와 상담을 동의어로 이해하거나 정신치료와 같은 뜻으로 활용하는 사람들도 있다. 그렇기 때문에 상담과 관련되어 있는 여러 개념 가운데 특히 생활지도와 정신치료를 집중적으로 비교해 보면 상담의 의미가 더욱 확연하게 드러날 것이다. 이에 생활지도와 정신치료를 각각 상담과 대비해, 이들 개념의 본질적 특성이 무엇인지 살펴보고자 한다(박성수 외, 2007).

(1) 상담과 생활지도

생활지도는 교과지도 · 학교행정과 함께 학교교육을 구성하는 3대 요소라고 하겠다. 학교행정이 교과지도와 생활지도를 지원하는 활동이기 때문에 생활지도는 교과지도와 함께 교육실천의 양대지주 가운데 하나이다. 교과지도가 여러 분야별로 분화된 내용을 다루고 있으며 특히 지식 · 기능 · 활동 등과 같이 객관적 사실의 세계를 주로 다루고 있다면 생활지도는 객관적 세계보다 자아에 초점을 두고 인지 · 정서 · 행동 등 자아의 주관적 세계와 객관적 현실을 생활 속에 통합시키는 활동에 중점을 두고 있다. 여기서는 생활지도가 무엇인지를 먼저 밝히고 상담과 비교해 보려고 한다.

(2) 생활지도의 의미

생활지도의 의미는 영어의 가이던스(guidance)라는 말에 잘 나타나 있다. 이 말은 어떤 곳의 지형이나 길 따위의 형편을 잘 알지 못하는 사람에게 길을 안내하는 것을 뜻한다. 또한 'guidance'는 'guide'의 명사형으로 안내, 지도, 감독, 관리 등의 의미를 갖는다. 그러므로 생활지도는 청소년들을 바람직한 방향으로 안내, 지도, 훈육 및 통제를 하는 것을 의미한다.

삶의 의미와 가치를 선택하고 결정하는 것도 생활지도의 주요 관심사이다. 한 인간의 운명은 어떤 가치를 선택하고 선택한 가치에 얼마나 헌신하느냐에 따라서 크게 달라지는데 생활지도는 삶의 의미나 가치를 선택하고 결정하며 또한 그것에 헌신하도록 인도하는 것을 가리킨다. 이와 같이 생활지도는 주로 안내하고 이끌어 주고 밀어 주어 인생의 길을 바르고 지혜롭게 결정하고 헌신할 수 있게 하는 것을 의미한다.

생활지도는 또 단순하게 안내하는 차원을 넘어 교육의 본질과 통합시키려는 의도를 포함한다는 관점도 있다. 생활 속에서 이루어지는 모든 활동과 경험을 교육적으로 의미 있게 다루어서 자아의 성숙과 발달에 통합될 수 있도록 하는 것을 가리켜 생활지도라고 할 수 있다. 간략하게 표현하면 생활을 의미 있게 다루어서 교육적 성과를 거둘 수 있게 하는 것이 생활지도이다. 따라서 생활지도의 관심은 생활 전체에 있으며 인간이 살아가면서 맞닥뜨리는 모든 현상이 지도대상이 된다. 가정 · 학교 · 직장 · 지역사회 · 자연 등 모든 삶의 공간에서 이루어지는 생활과 활동이 바로 생활지도의 대상이다. 교과지도의 교육자료가 교과서라면 생활지도의 그것은 생활 그 자체라고 할 수 있다.

지도라는 말이 학생 입장을 지나치게 소홀히 하는 것 같은 느낌을 줄 수도 있기 때문에 인간이 지도되거나 유도될 수 있는 존재인가 하는 비판이 이런 맥락에서 자주 제기되었다. 그래서 생활지도라는 표현 대신 학생발달봉사 또는 인간발달봉사라는 말로 생활지도를 나타내려는 노력도 있다.

(3) 생활지도와 상담

생활지도는 개념형성 배경이 학교에 있다고 할 수 있다. 학교에서는 전인교육을 해야 하기 때문에 교과지도만으로는 교육을 할 수가 없다. 인성교육·훈육·인간상의 조형 등과 같이 사람을 사람답게 기르는 과정은 교과공부와 함께 성숙한 인간으로 살아가게 하는 전인교육의 필수요소이다. 물론 학교 이외에 가정·직장·지역사회에서도 생활지도를 통한 교육이 어느 정도 필요하다. 그러나 생활지도의 본거지는 역시 학교라고 할 수 있다.

전통적으로 생활지도는 상담·검사·정보봉사·배치·자문·조정·추수지도 등을 주요기능으로 포함하고 있다. 따라서 상담은 생활지도를 구성하는 하나의 하위활동으로 생각할 수 있다. 생활지도에서도 상담을 하는 것은 사실이다. 사회사업가도 상담을 하고 정신과의사도 상담을 한다. 그러나 그들이 하는 것은 실제로 광범한 상담의 한 영역에 불과하다.

그러면 생활지도와 상담을 어떻게 비교할 수 있는지 살펴보겠다.

첫째, 학문적 기초가 다르다. 생활지도는 교육학적 배경에서 발달했고 상담은 인간에 대한 광범한 학문의 통합적인 집합이라고 볼 수 있는 행동과학이나 인간과학에 기초하고 있다. 상담은 교육학 이외에도 심리학·사회학·문화인류학·철학·종교학 등이 통합적으로 융합반응을 하면서 생성된 것이다.

둘째, 활동의 궁극적 목적에 차이가 있다. 생활지도는 현실에 적응하고 자기 방향을 정립해 가는 것이 궁극적 목적이라고 할 수 있다. 물론 추상적으로 자아실현이나 다른 목적을 예시할 수는 있어도 생활 그 자체를 원만하게 해 나가는 것에 초점을 맞추게 된다. 상담은 능력을 함양하는 것이 목적이기 때문에 생활에 적응하는 측면을 넘어 개인의 고유한 특성을 최대한 발달시키려 한다.

셋째, 관심의 초점이 다르다. 생활지도는 생활 전반에 초점을 맞추지만 상담은 개인의 내면세계에 더 초점을 맞추게 된다. 객관적 현실을 무시하지는 않으면서도 중핵적 관심은 자아나 자아의 내면세계에 둔다. 상담에서는 느낌·마음·생각 등과 같이 주관적 세계가 중요하게 다루어지지만 생활지도에서는 현실 · 사실 · 사건 · 현상 등과 같이 드러난 행동과 현실을 중점적으로 다루는 경향이 있다.

넷째, 방법이 다르다. 생활지도는 정보제공, 가르치기, 훈련, 교정과 같은 방법을 사용하지만 상담은 관계 맺고 발전시키기, 마음이 소통되는 커뮤니케이션하기, 힘을 북돋워 주기 같은 방법을 주로 사용한다. 따라서, 상담은 마음속 깊은 곳에 있는 내용까지도 드러내 놓고 다루지만 생활지도는 객관적 현실에 초점을 둔다.

다섯째, 담당하는 사람이 다르다. 생활지도는 학급담임 · 교과 지도교사 등 교육자라면 누구나 한다. 부모나 지역사회 인사도 한다. 물론 생활지도 전담교사가 있을 수도 있다. 그러나 생활지도는 일반화하고 보편화할수록 효과적이다. 상담은 상담자만 한다. 상담은 전문교육을 고도로 받은 전문가가 할수록 성과가 크다. 상담은 전문화할수록, 생활지도는 보편화될수록 성과를 더 거둘 수 있다.

생활지도, 상담, 심리치료의 기본철학, 주요관심, 기본목적, 주요방법, 책임자, 학문적 기초를 정리하면 다음과 같다(박성수 외, 2007).

〈생활지도, 상담, 심리치료〉

	기본철학	주요관심	기본목적	주요방법	책임자	학문적 기초
생활지도	사회적응	생활환경	삶의 방향 정립	정보제공 가르치기 배치활동	교사	교육학
상담	자아발달	자아세계	힘 북돋움 상황적 문제해결	촉진적 관계 촉진적 면접	상담자	인간과학
정신치료	정신건강	정신병리	정신질병 치료 심층 강조	진단 처방 치료면접	치료사	정신의학

〈생활지도 · 상담 · 심리치료의 영역〉

약물치료 및 입원기타	정신치료	상담	생활지도	가정교육	영역
				가정교육	가정 내 훈육문제
					일상생활의 가벼운 문제
			생활지도		학교생활 적응문제
					친구와의 관계문제
					학습 · 학업문제
		상담			진로문제
					발달이행기의 문제
					일시적 적응장애
	정신치료				청소년기 격동
					성문제
					부모님과의 갈등
					심리적 갈등
					불안증 · 우울증
					등교거부
					품행장애 · 비행
약물치료 및 입원기타					약물남용
					불안 · 우울 · 강박장애
					신경성 거식증
					경계선 성격장애
					일시적 정신증
					조울장애
					정신분열

홍강의(1993)

4) 상담의 과정

(1) 상담의 계기 및 진행과정

상담의 관계 성립은 다음과 같이 세 가지로 생각할 수 있는데 첫째는 내담자 자신이 자발적으로 찾아오는 경우, 둘째는 상담자가 문제를 가진 학생을 발견해서 상담에 응하도록 하는 경우, 셋째는 제삼자, 즉 학급교사, 학부모, 이웃, 친지 등이 위촉하는 경우를 말한다.

상담에 있어서 면담(interview)은 조사면담과 상담면담으로 구분할 수 있다.

조사면담은 개인과 개인이 일정한 환경하에서 직접 일정한 목적을 가지고 대화를 나누거나 정보를 교환하거나 의지와 감정을 전달하는 방법을 통해서 문제를 해결하는 방법을 뜻한다. 상담면접이란 단순히 상대방으로부터 어떤 정보나 자료를 얻기 위해서 뿐만 아니라 면접과정 중에서 상담적인 가치를 발견하고자 하는 방법을 뜻한다.

1 상담의 진행 과정

① 준비단계(상담 전 활동)

상담을 할 내담자에 관한 포괄적인 정보를 수집하여 각종 기록물을 연구함으로써 학생을 예비적으로 이해할 필요가 있다.

② 실행단계(면접 중 활동)

상담자가 내담자를 관찰하고 대화를 나누고 개인의 문제를 분석하고 실제로 내담자를 돕고 필요한 문제를 다루고, 비밀의 약속을 하고, 다음 상담시간을 정하고 문제의 중요성을 기록하여 정리하거나 녹음을 하는 활동이다.

③ 사후단계(면접 후 활동)

상담을 받은 내담자가 건전한 적응을 하고 있는지에 관해서 알아보고 평가하는 단계이다. 기본상담의 기록, 면담기록의 연구, 추후계획의 설정 등이다.

2 상담 절차

① 면담을 위한 준비

상담은 상담자가 학생에 관한 자료를 준비하지 않는 한 효과를 거두기 어렵다. 상담자는 학생에 대한 환경적 자료를 검토할 필요가 있다. 학생은 상담의 목표를 인식하고 있다면 시간을 유용하게 사용하는 방법을 생각해야만 한다.

② 상담의 구조화

내담자는 상담자가 누구이고 어떤 일을 할 수 있고 자기에게 어떤 기대를 할 수 있는가를 알 필요가 있다. 이것은 짧은 시간에 행해질 수 있다. 경험 있는 상담자는 민첩하게 그리고 효과적으로 의사소통하는 방법을 안다.

③ 목표설정

훈련과 경험의 산물로서 상담자는 상담의 목표를 인식하게 될 것이다. 이러한 목표는 자기의 전문적 가치체계와 인간발달을 개념짓는 방법으로부터 온다.

④ 관계형성

상담자는 면담을 진행함으로써 설정해 놓은 관계를 계속적으로 형성해야 한다. 정직성, 관심의 표현, 인간성, 지각성은 내담자에게 허용되어야 한다. 때로는 상담자가 부드러운 미소, 손의 접촉, 이해의 표시로 고개를 끄덕임과 같은 태도를 지녀야 한다.

⑤ 내담자의 말을 듣기

상담자는 자발성과 감수성에 의존하면서 학생들이 자기의 감정을 표현하도록 돕고, 학생이 경험하고 있는 곤란성을 이해하고, 인식하지 못하고 있는 감정과 수락된 곤란성을 가진 감정을 돕는데 자발성과 감수성을 활용하여야 한다.

⑥ 면담의 종료

다음 상담을 위한 계획을 세운다. 언제, 어디서, 다른 전문가에게 위촉할 것인가, 검사가 필요한가, 다른 정보가 부가되어야 하는가 등에 대한 검토를 한다.

⑦ 사후지도 계획

상담자는 상담의 내용을 기록하고 상담 후에 대한 지도를 계획한다. 상담이란 내담자가 특수한 목적을 설정하는 데 있어서 전문적으로 훈련을 받은 사람과 협동하는 과정이다. 상담자는 지적인 우수성, 융통성, 수락성, 이해성, 학생의 욕구에 민감하기 때문에 내담자를 도울 수 있다.

그러나 내담자가 상담과정에 충실히 참여하지 않는 한, 관계를 발전시키는 데 있어서 성공하기는 어렵다. 내담자는 두려움, 꿈, 실망, 희망에 관련이 있다. 내담자는 자기 마음 속에 투쟁하고 있는 사고와 감정을 견뎌내기 위해서 상담자에게 온다.

3 상담과정의 기본가정

상담의 과정은 다음의 세 가지 가정이 수락되어야 성공할 수 있다.

첫째, 내담자는 상담과정에 있어서 자발적이어야 한다.

내담자는 근심, 주위환경에 대한 경이, 현재 경험하고 있는 것에 대한 호기심 등을 가지고 있다. 상담과정이 내담자에게 있어서 서먹서먹한 분위기와 때때로 저항을 보이고 있는 동안은 상담하기가 어렵다.

둘째, 상담자는 기능을 효과적으로 수행할 수 있는 적절한 훈련, 경험, 인성적 태도를 소유하여야 한다.

상담자는 학생과의 인간관계가 용이하여야 하며 학생의 목표설정을 돕고 학생들로 하여금 자기의 환경을 극복하는 데 필요한 행동을 바꾸거나 배우는 것을 돕고, 상호 설정한 목표에 대해서 활동할 수 있는 어떤 윤리적인 수단을 사용하여야 한다.

셋째, 적절한 환경이 필요하다.

면담에 의존하면서 비밀보장, 심사숙고의 기분, 혹은 적당한 정보자료 원천을 제공해야 한다. 상담자는 내담자가 특수한 조력을 필요로 할 때 도움을 줄 수 있어야 한다. 또한 상담자는 장기간의 목표를 추구하는데 있어서 행동을 발견하거나 바꾸는데 협동적으로 작업을 해야 하며, 오랫동안 학생과의 관계를 유지해야 한다. 또한 학생과 마찬가지로 상담자는 자기의 가치체계와 인간행동에 대한 목표를 가져야 한다. 이러한 목표 중에서 첫째는 조력과정의 명료화이다. 상담자는 자기와 자기의 역할 그리고 내담자의 기대에 대해서도 설명할 수 있어야 한다. 둘째의 목표는 내담자가 무엇을 생각하고 말하는지에 대한 심리적인 차원을 시험하도록 돕는 것이다. 마지막으로 내담자와의 건전한 관계를 발전시키려고 노력해야 한다. 내담자가 상담실에 찾아왔을 때는 상담자가 그를 반가이 맞으며 화제를 공동 관심사로 이끌어 간다. 그러나 그 관계는 너무 짧은 대화에 기초를 두어서는 안 된다. 왜냐하면 전문적인 조력을 받기 위해서 상담자에게 오기 때문에 그 관계는 상호이해와 존경 위에 기초를 두어야 하기 때문이다. 이 세 가지 목표는 협력하여 사용되어야 한다. 상담관계는 내담자를 개방하게 조력하는 과정없이는 발달할 수 없다.

상담을 실제 행하는 동안에 상담자는 다음의 네 가지 차원에 따라서 여러 가지를 발견한다.

① 진단적–발달면

문제해결의 성질은 때때로 의사의 방법과 같이 진단과 처방을 하게 된다. 상담자의 통찰은 직접적으로 내담자에게 유익할 수 있다. 상담자는 내담자를 명백하게 관찰하기 위해서 특수한 관찰을 할 수 있다. 하나의 문제해결보다도 많은 것이 상담에 관련되어 있을 수 있는데 때로는 관련된 문제는 발달적인 성질이 포함되어 있다. 내담자는 자기 환경의 미묘성을 탐구하기 원하며 동료들과 어떻게 효과적으로 관계를 맺는가 하는 방법을 원할 수도 있다. 내담자는 말을 듣는 것보다 경험을 통해서 효과적으로 더 많이 배울 수 있을 것이다.

② 인지적–정의적

지적 내용과 개인적 감정은 상담의 실체이며 그 관계는 밀접하다. 또한 상담자의 책임은 학생들로 하여금 사실과 기술적 내용에 초점을 두도록 도우며, 또 한편으로는 정의적인 의미에 초점을 두도록 조력하는 것이다. 상담자는 때때로 내담자의 반응을 모두 결합할 수 있다.

③ 관찰자–참가자

상담자는 두 가지 방법으로 활동해야 한다. 하나는 학생행동을 설명하는 밀착된 과학적 관찰자이며 다른 하나는 상담과정의 관계가 관여와 운동에 의해서 현저히 이루어진다면 정적인 관찰자로서만 머무를 수는 없다.

④ 모호성–구조성

내담자들이 상담의 목적을 이해하는데 일반적으로 내담자에게 기대된 것이 논의되지 않는 것에 대해서 어떤 조력을 필요로 할 수 있다. 동시에 내담자는 자기가 느끼는 것이 중요하며, 내담자는 진행을 원하는 방법으로 할 수 있는 자유를 필요로 한다. 그러나 상담자는 일반적으로 모호한 지도를 자극할 수 있으며 내담자의 사고가 방황할 때는 구조성을 제공함으로써 반응을 자극할 수 있다. 학교에서의 상담은 교정(correction)보다는 각 개인의 발달 혹은 예방이 고려되는 1 : 1의 관계이다.

상담활동은 각 개인으로 하여금 자기의 지식을 증가시키고 직접적으로 문제를 해결하도록 돕고, 욕구불만이나 불안으로부터 나타나는 긴장을 해소하도록 돕고, 자기 문제해결에 필요한 지식과 기술을 증진시키도록 돕는 것이다. 상담은 적응(adjustment)을 돕는 것이기 때문에 하나의 역동적 과정(dynamic process)으로 생각된다.

생활의 모든 단계에는 특별한 문제가 있는데, 여기 이 부분에서 상담이 계속되어야 할 필요를 느낀다. 이러한 문제에 직면하기 위해서 계속적으로 각 개인을 돕는 것이 상담의 기능이다.

철학자인 William James는 인간의 사고를 의식의 흐름(stream of consciousness)

이라고 하였다. 상담의 목표는 일종의 형식으로서 봉사하는 것이 아니라 학생이 욕구불만이 있는 사태를 사회적 적응을 증진하는 하나의 수단으로서 개인의 욕구와 지역사회의 욕구의 기초가 되도록 하는 것이다.

상담의 목적은 자기이해(self-understanding), 자기지도(self-direction), 최대한 발달을 촉진한다. 상담실을 찾는 내담자들의 문제를 편의상 교육적 문제, 직업적 문제, 그리고 인성적 · 정서적 문제 및 행정적 문제로 나누어 볼 수 있다. 상담실의 기능은 내담자가 가지는 가장 개인적인 문제를 해결하는데 가능한 한 도움을 제공하는데 있다고 한다. 개인적인 문제가 반드시 일 대 일의 상황에서만 그 해결의 길을 찾을 수 있다는 것은 아니지만 이러한 일 대 일의 관계에서 일어나는 가장 개별적인 고려, 즉 개인의 제반특성이 분명히 파악, 이해되는 일이 없이는 바라는 바 역동적인 변화에의 통찰력을 기대할 수는 없다. 집단상담에서도 이러한 원리는 마찬가지로 적용되어야 한다.

4 상담에 있어서 기록 및 검사의 활용

① 상담에 있어서 기록의 활용

상담의 계기가 형성되어 내담자를 상담하기에 앞서 대개 그 내담자에 대한 환경을 알아보기 위해서 각종 개인 기록물을 살펴보는 일이 많다. 내담자의 능력, 흥미, 학력, 가정환경, 인성적 특징, 성장 · 발달 등에 관한 것이다. 이는 특히 누적된 자료 누가기록부나 학생 카드를 애용하고 있다. 사례 기록의 참고 및 그 사용은 활용방법에 따라 독특한 가치를 가지고 있다.

첫째, 우선 제1회 면담을 하게 될 때이며 그 내담자에 대한 이해의 정도가 높기 때문에 그 내담자의 문제, 태도, 감정 등을 보다 쉽사리 이해할 수 있다. 내담자에 대해서 예비적으로 연구한다는 것은 어떤 예비진단이나 치료방안을 세우려는 것이 아니라 내담자에 대한, 수용적이며 우정적인 태도를 가지게 되는데 도움이 된다.

둘째, 누가기록의 사용가치는 내담자의 환경적 이해를 하는데 면담시간의 유용성과 절약성을 제공한다. 상담자가 사례 기록을 지나치게 상세히 읽을 필요는 없다. 상담자는 내담자의 현재 상태와 밀접한 관련이 있는 사항과 정신적, 신체적, 정서적, 사회적 발달의 경향을 이해하도록 한다. 특별히 주의해야 할 문제는 기록상에 나타난 개인의 적응에 있어서의 갈등과 모순을 이해하는 일이다. 예를 들면 다음의 사실을 파악하는 것이다. 지능과 학업성적 사이의 모순, 행동평가상에 나타난 갈등, 활동분야의 차이 등의 예로서 지능은 130인데 학업성적은 저조하고 국어 성적은 언제나 90점 정도인데 국문법은 60점 정도의 수준에 머무르고 있다거나 학교에서는 말썽꾸러기이나 동료 사회에서는 언제나 스타의 위치를 차지하고 있다.

② 상담에 있어서 검사의 활용

학교 생활지도 활동에서 심리검사 활동이 차지하는 비중은 크다. 학교에서 지능검사, 적성검사, 흥미검사, 학습습관 검사 등을 전반적으로 실시하여 학생카드에 기록하여 상담에 이용하는 경우가 많다. 상담자는 이러한 검사의 결과를 활용할 뿐만 아니라 내담자 개인에게 필요하다고 느껴지는 검사를 상담과정에 도입해야 할 경우도 있다. 이런 경우는 상담의 주 내용을 명확히 파악하여 요인별로 검사를 실시하여 내담자를 객관적으로 이해할 필요가 있다. 내담자 자신이 검사를 요청할 경우 흔히 지능검사와 적성검사를 혼용하고 있는 경우가 많다. 자기의 능력과 성취도와의 관계에서 갈등을 지니고 있는 내담자나 현재 학교 부적응의 경향을 보이고 있는 내담자는 지능검사를 곧 적성검사로 오인하고 있는 경향이 있다. 상담자는 검사를 실기하기 전에 각종 검사에 대한 간단한 오리엔테이션을 한 후 내담자에게 가장 필요한 검사를 실시하여야 할 것이다. 일단 실시된 검사는 결과를 체계적으로 종합하여야 한다.

각종 검사는 상담과정에서 내담자에 대한 유익한 정보를 제공하고 있음은 분명하나 그 결과를 자칫 잘못 사용하면 오히려 내담자에게 커다란 심리적 타격을 주게 될 것이다. 검사의 해석은 특히 전문적인 입장에서 신중성을 기해야 할 것이다.

5) 상담자의 태도와 기술

(1) 윤리적 행동

상담자의 기본태도는 윤리적 행동이다. 그 이유는 사람을 돕는 것과 관계가 있으며 때로는 고도의 신뢰적인 성질의 정보를 줌으로써 상담자는 자기의 일에 대해서 전문적인 태도를 보여야 하며, 모든 면에서 윤리적이어야 한다. 내담자가 상담자를 신뢰하지 않는 한 내담자는 대화를 주저할 것이며 관계에 있어서 충실히 참여하지 않을 것이다. 상담자는 비밀의 보장을 약속한다.

(2) 융통성

상담관계의 유동적 성질 때문에 상담자는 너무 엄격해서는 안 된다. 상담자는 내담자의 태도와 상담자에 대한 내담자의 기대를 바꾸는 데 민첩하여야 한다. 어떤 때 내담자는 상담자를 한 동료로서 보며 또 어떤 때는 권위적인 존재로 생각한다. 융통성 있는 상담자는 학생의 문제에 따라 다양한 방법을 사용한다.

(3) 지적 우수성

상담자는 인간행동의 지식, 지각적 마음, 논리적인 태도에 있어서 우월성을 지니고 있어야 한다.

(4) 수락성

내담자는 상담자에게 조력을 필요로 해서 찾아오기 때문에 충고, 설득, 지시를 통한 상담은 효과가 적다고 본다. 상담자는 내담자의 희망, 걱정, 회의 불안 등을 지도한다.

(5) 이해성

상담자는 두 가지 수준에서 학생을 이해해야 한다. 관찰, 회의, 검사결과는 내담자를 위한 예비 이해를 제공한다. 상담자와 내담자 간의 의사소통은 언어적임은 물론 비언어적일 수도 있다. 이해가 빠른 상담자는 내담자가 고개를 끄덕이며 몸짓으로 나타내는 말을 통합할 수 있을 것이다. 상담자의 의사교환의 기술은 첫째로 목표설정을 돕고, 둘째로 사고와 대상을 자유롭게 하고, 셋째로 취사선택을 하고, 넷째로 행동을 바꾸게 하고, 다섯째로 가능한 결과를 평가하는 데 있어서 내담자를 돕는 것이다.

(6) 감수성

상담자는 무엇보다도 자기의 태도가 성실해야 한다. 또한 사회적 게임에 있어서도 내담자는 가볍게 타인을 속이는 경우가 있는데, 상담자는 적절한 관용성을 보여야 한다. 그리고 상담을 성공적으로 이끌기 위한 학교상담자의 특성은 다음과 같다.

① 생활지도의 철학과 생활지도와 교육과의 관계에의 지적인 견해
② 인간에 대한 신념, 관심, 호의적인 태도
③ 학생을 지도하기 전에 각 개인을 이해하려는 능력
④ 유머를 할 줄 알며 성실하고 사무적인 태도
⑤ 사람을 만나서 말하는 것이 용이하며 진정한 태도
⑥ 토론에 있어서 무뚝뚝한 태도나 주저없이 주요문제에 접근하는 태도
⑦ 인터뷰를 조절할 수 있고 경우에 따라서는 자기의 존재를 약화시킬 수 있는 능력

⑧ 인터뷰를 진행하는 동안 적당한 질문을 하고 적당한 시간에 침묵을 할 수 있는 기술

⑨ 상담자로서의 장 · 단점을 인식

⑩ 여러 가지 표현행동이 적응에 있어서 무엇을 의미하는지를 이해하기 위해서 성격이론의 충분한 지식을 가지고 있어야 한다.

능률적인 상담자는 내담자의 문제의 조력을 위해서 다양한 방법을 적용해야 한다. 어느 한 가지 학파 또는 한 가지 이론 및 기술에만 맹목적으로 의존하게 된다면 문제해결에 혼란을 가져올 수도 있다. 상담과정에서 단순한 대화만이 치료적 효과를 올리는 것은 아니다.

4. 정치활동

생활지도의 영역은 크게 다섯 가지로 나뉜다. 학생이해활동, 정보활동, 상담활동, 정치활동, 추후활동이 그것이다. 본 장에서는 전반적인 생활지도를 원활하게 진행하고 그 성과에 대한 부분으로 정치활동 및 추후활동은 어떤 의의가 있으며 어떤 효과를 나타내는지를 평가하는 부분은 생활지도를 어떻게 진행하는가 만큼이나 중요하다고 여겨지므로 그 내용을 좀더 구체적으로 파악해보고자 한다.

1) 정치활동의 성질

정치활동(placement service)은 학생으로 하여금 개인적 발달과 적응과정에 있어서 적절한 다음 단계를 취하도록 도우려고 계획된 교직원의 모든 활동과 관련이 있다. 정치활동이란 용어의 해석을 고려해서 다음과 같이 말하고 있다. 생활지도 프로그램은 오리엔테이션 활동과 정치활동을 통해서 학생으로 하여금 교육적 활동이나 적당한 취업에 적응하도록 돕는 책임을 가지고 있다.

정치활동이란 교육적 진보의 여러 단계와 학교로부터 시간제 혹은 전시간 (part-time of full time) 취업 사이에 효과적인 변천을 하도록 학생을 돕는 것이다. 이러한 생활지도 운동을 제공하는데 있어서 학교의 책임은 학생으로 하여금 현사태에 적응을 돕고 더 나아가서는 직업세계에 있어서 위치를 차지하도록 돕는 것이다.

정치활동은 학생으로 하여금 직장으로의 진출지도, 어떤 선택과목의 등록에 대한 지도, 어떤 종별의 특별활동에 대한 참여지도, 어떤 훈련과정에 대한 지도, 어떤 상급학교에 그리고 특정한 학과에 대한 진학지도 등과 같이 어떤 단계에서 옮겨가는 데 필요한 조력을 하는 활동을 말한다.

정치활동은 종류에 따라서 교직원 개개인의 책임 아래 이루어지는 분권적인 조직에 의해서 행하여질 수도 있고, 생활지도 주임 혹은 상담자 혹은 교감이나 교장의 직접적인 책임 아래 중앙집권적 계획과 조직에 의해서 행하여질 수도 있다. 중앙집권적이라고 한 것은 학교에 일정한 정치센터를 두고 거기서 모든 교직원과 지역사회 인사의 협조를 얻어 전체적인 계획 아래 학생들의 직업 알선이나 기타 정치활동을 하는 사무실을 뜻한다.

정치활동의 성질은 학생이 졸업 후에 직업을 구하는 데 있어서 조력해 주는 것 이상이다. 정치활동의 필요성은 직업기회의 요청에 관련해서 증가한다. 학급교사는 구직자의 장 · 단점을 잘 알고 있기 때문에 정치활동은 학교생활 뿐만 아니라 졸업 후에도 제공되어야 한다.

정치활동이 현대 교육에서 무엇 때문에 필요한가를 Shertzer와 Stone(1976)은 생애계획과 배치라는 점에 초점을 두고 필요성을 제시하였는 바, 구체적으로 살펴보고자 한다(윤운성 · 김홍운, 2001)

① 지식의 가속적인 증가는 생애계획과 배치와 같은 정치활동을 더욱 필요하게 하고 있다.

비록 정확한 사실을 말해 줄 수 있는 것은 아니라고 하더라도 지식의 증가를 추정해 보면 1세기에서 1750년 사이에 지식이 두 배가 되었고 다시 1900년에는 앞서보다 두 배가 되었으며, 또 다시 1950년에는 바로 앞서보다 두 배가 되었는데 1960년에는 또 다시 앞의 연도보다 두 배가 되었다. 이러한 지식의 증가는 일의 분야가 끊임없이 변화되는 지식과 기술, 그리고 일의 세계에 대해서 능동적으로 대처할 수 있는 계획이 필요하다.

② 아동과 청소년에게 주어지는 교육의 기회가 부족하다.

극도의 빈곤, 범죄, 비행 등은 대체로 적절한 교육을 받지 못하였거나 아니면 교육 기회를 충분하게 갖지 못한 것에서 비롯된다. 직업과 생애 발달에 필요한 태도, 가치, 그리고 실천적 기능을 학습하지 못하기 때문에 직업의 세계에서는 물론 가정생활에서까지도 어려움을 겪는 사람이 늘어나고 있다.

③ 문화적으로나 사회적으로 소외된 청소년들이 있다.

경제적으로나 사회적으로 또는 문화적으로 불리한 입장에 있는 청소년은 여러 가지 장애로 인하여 개인의 자아실현에 많은 불이익을 안고 있다. 또한 적지 않은 청소년들이 앞에서 언급한 것처럼 사회적 기회로부터 소외되었을 뿐만 아니라 교육기회로부터도 소외되어 있다. 여러 유형의 불이익을 안고 있으며 사회의 주류에서 벗어난 소외된 청소년들이 개인의 잠재능력을 발견하고, 의미가 있고 목적이 있는 생활을 할 수 있도록 원조하는 것은 현재 교육에서 해야 할 중요한 일이다.

④ 여성의 사회적 역할이 급격하게 달라지고 있다.

여성들의 교육적 욕구와 사회적 역할이 20세기 후반에 들어와서 엄청나게 달라지고 있다. 여성의 직업, 결혼, 출산, 육아, 가정생활 등이 크게 달라짐에 따라서 체계적이고 슬기있는 생애계획, 배치, 생애교육 등과 같은 정치활동이 필요하게 되었다. 또한 여학생의 진학률이 점차로 증가되기 때문에 이에 따른 진학지도와 전반적인 생애교육이 종전과 달라져야 할 필요가 생기게 된 것이다.

⑤ 노동력의 양적 변화와 구조적 변혁이 이루어지고 있다.

인간의 발달이 어떻게 교육되고 유용화되어지고 있느냐 하는 것은 한 국가의 성취를 결정하는 중요한 변인이다. 우리나라는 인구가 계속 감소하고 있고 사회가 점차로 고학력 사회로 변모됨에 따라서 직업과 산업의 구조가 변화되고 있다. 학교에서 요청되는 일의 세계에 대한 계획과 준비는 사회의 변화에 따라서 계속 새로워질 것을 요청받고 있다.

⑥ 기계 문명의 발달로 자동화가 이루어짐에 따라서 일의 성격을 상당히 변모시키고 있다.

단순노동 내지 사무적 일을 기계화하고 자동화함으로써 사람들은 단순한 노동을 별로 요구하지 않게 됨으로써 미숙련 노동직은 줄어들게 마련이다. 기계화 내지 자동화는 새로운 직업적 기능과 태도를 요구하게 된다. 이런 추세는 자동화가 증가될수록 더욱 강하게 나타나게 된다.

⑦ 사회가 불확실성 내지 불안정성을 지니고 있다.

현대사회는 확실성을 상실하고 있다. 불안의 시대나 종말의 시대라는 불길한 소리를 하는 사람도 있다. 이런 이유는 통제하기 어려운 경제적 불황, 기아, 전쟁, 정치적 변혁 등에서 찾을 수 있다. 개인들의 무관심, 염세주의, 맹목적성, 의미 상실 등과 같은 부정적 마음을 완화 내지 극복하도록 해야 한다.

⑧ 개인의 수월성 탐구가 점차로 존중되고 있다.

수월성(excellence)이란 개념은 근래에 활발하게 논의되고 있다. 실제로 수월성의 문제는 오래 전부터 상당히 중요하게 다루어지던 것이다. 모든 개인들이 삶의 여러 분야에서 타고난 잠재능력을 가능성의 최고 수준까지 발달시키는 일이란 개인에게만이 아니라 사회적으로도 무척 중요한 과제이다. 사회의 발달은 개인의 발달 수준을 넘어설 수 없는 것이다. 탁월한 성취를 이룩하도록 도우려면 인생의 계획과 생애의 결정, 그리고 건전한 정책이나 학교의 방침을 통해서 지원을 받을 수 있으나, 그것으로 개인의 수월성 문제를 모두 해결할 수는 없다. 교사와 상담자가 학생과 함께 개인의 자아발견, 자아결정, 자아실현의 과정에서 정밀화되고 정성스러운 심리적 조력을 요청하고 있다.

정치와 적응으로서의 생활지도는 학생들이 자신의 능력, 흥미, 목적 등에 맞추어서 학교의 교과목, 과외활동, 대학, 기술학교, 직업 등을 선택하도록 도와주는 것을 강조하고 있다. 생활지도의 정치와 적응기능이 잘 수행되면 교육자와 학부모가 학생들의 능력과 흥미, 그리고 교육적인 요구를 더 잘 인식할 수 있도록 돕게 된다. 이렇게 되면 학생들의 다양한 욕구를 충족시키기 위해서 교육 프로그램을 수정해야 하고 학생들이 기대하는 다양한 활동의 중요성을 해석함으로써 학생들의 동기유발을 자극할 수 있게 되는 것이다(이재창, 2005).

2) 정치활동의 조직 및 유형

정치활동의 조직은 학교의 규모에 따라 다양하다. 정치활동은 실제적으로 교과목 선택, 출석, 훈련경험, 선택과목, 부업, 생활지도, 과외활동, 지역사회운동 등과 같은 교육적 프로그램의 영역과 관련이 있다. 학생들은 학년, 학급, 활동 등에 정치 되어져야 한다. 직업정치 하에서는 학생의 관심에 적합한 직업적 기회의 요구에 대한 정보를 제공할 책임을 가지고 있다.

Erikson과 Smith에 의하면 교육적 훈련경험은 학교나 지역사회에서 생긴다. 직업경험 프로그램을 계획하는데 있어서 특별한 지도원리는 다음과 같다.

첫째, 훈련경험은 학생의 전체 교육계획에 가능한 한 밀접히 관련되어야 한다.

둘째, 학교와 경험자에 의한 진보적 학습과 건전한 지도를 위해서 잘 계획되어야 한다.

셋째, 적절한 훈련경험의 기록이 학생, 경영자 그리고 학교에 의해서 유지되어야 한다.

넷째, 급여 없는 학교와 지역사회 봉사는 지역사회 복지를 위한 책임을 발달시키기 위한 훈련의 한 부분으로서 격려되어야 한다.

황응연과 윤희준(1983)은 이러한 정치활동에 포함되는 구체적인 내용을 다음과 같이 들고 있다.

첫째, 학생들을 일정한 수준의 능력에 도달하게 하기 위해서 능력별로 배치하는 일이다.

둘째, 학생들을 진학, 전과, 전학, 중퇴, 월반하도록 돕는 일이다.

셋째, 교육과정이나 교과목을 학생 개개인의 수준에 맞게 선택하도록 돕는 일이다.

넷째, 교과외의 활동도 선택하도록 돕는 일이다.

다섯째, 자기능력과 사정에 맞는 부직을 구하도록 돕는 일이다.

여섯째, 상급학교와 직업선택을 현명하게 하도록 돕는 일이다.

일곱째, 졸업생이 항구적인 직업을 정하도록 돕는 일이다.

정치활동은 관점에 따라서 다른 형태로 구분되는 데 Shertzer와 Strone(1981)에 의하면 학교 내의 정치와 학교 외의 정치가 있다(이재창, 1994).

(1) 학교 내 정치활동

학교 내 정치활동은 학생들로 하여금 적합한 교육과정, 교육과정에 있어서 교과, 특별활동, 특별집단이나 특별학급 등을 선택하도록 도와주는 활동 등으로 구성되어 있다. 여기에는 Gibson과 Mitchell(1999)의 교육적 정치와 개인의 발달을 위한 정치, 그리고 황응연과 윤희준(1983)이 교과활동에 대한 정치와 교과 외 활동에 대한 정치 등이 포함된다.

일반적으로 교육적 정치는 학생의 특성과 자질을 진학할 학교나 특정한 프로그램의 자격요건과 연결을 시키는 조직된 노력을 의미한다. 즉 상급학교의 입시요강, 경비, 학교의 특징, 프로그램 내용 등에 관한 정보를 제공함으로써 학생으로 하여금 합리적인 의사결정을 하도록 하는 것이다.

학교 내의 정치는 학생들의 개인적인 발달을 촉진시킬 수 있는 교과 외 생활에 배치시키는 일도 포함한다. 이러한 교과 외의 생활에 대한 정치는 학생의 사회적 발달, 사회참여, 그리고 개인의 성장과 발달에 대한 욕구를 충족시키기 위한 활동을 포함한다.

즉 각급 학교에서 정규과정으로 행하는 특별활동과 학생들이 자유롭게 참가하는 과외활동과 집단활동이 포함된다.

(2) 학교 외 정치활동

학교 외 정치활동(out-of-school placement)은 주말이나 방학 기간을 이용한 아르바이트, 졸업 후의 취업, 또는 상급 학교로의 진학이나 훈련 등에 학생들을 적절히 배치하는 것을 의미한다. 학교 내 정치활동이 주로 학교 안에서의 교과활동이나 특별활동에 학생들을 적절히 배치하는 데 비해, 학교 외 정치활동은 주로 학교 장면 밖으로 학생들을 배치하는 활동이다. 황응연과 윤희준(1983)의 직업에 대한 정치와 훈련에 대한 정치, 그리고 Gibson과 Mitchell(1981)의 환경적 정치와 진로정치가 학교 외 정치에 속한다고 할 수 있다.

환경적 정치(enviromental placement)는 개인 발달의 한 활동이라고 할 수 있다. 이는 학생으로 하여금 자신이 속한 환경과 다른 환경을 경험할 기회를 제공하기 위해서 배치한 것이다. 예를 들면, 도시의 학생들로 하여금 얼마 동안 농촌에서 지내보도록 하고, 반대로 농촌 학생들로 하여금 도시환경에 접할 기회를 만들어 주는 것이다. 학생들의 역할 배치는 학급이나 학교 안에서 다른 역할을 경험함으로써 개인의 발달을 촉진하는 것인데 비해, 환경적 정치는 학교 밖의 새로운 환경에 접함으로써 학생의 개인적 발달을 증진시키도록 하는 것이다.

훈련에 대한 정치는 실습과 같은 특정한 훈련 경험에 학생을 배치하는 것이다. 다시 말해서, 공업학교에서는 공장에 가서 실습을 하게 하거나 교사를 희망하는 학생들에게는 교생실습을 할 적절한 학교에 배치하는 것 등이 이에 속한다. 경우에 따라서는 방학 동안 현장에 나가서 교과에서 배운 이론의 실제를 경험하게 되는데 이러한 것들이 모두 훈련에 대한 정치라고 할 수 있다(이재창, 1995). 결국, 정치활동이란 모든 학년에 걸쳐서 학생들이 그들 나름의 특이한 필요를 충족시키기 위하여 다음 단계의 계획을 세우고, 새로운 위치를 정하여 전진하도록 돕는 일체의 활동이라고 할 수 있다.

5. 추후활동

1) 추후활동의 의미

Erikson은 추후활동(follow-up service)을 학생들에 대한 정보를 수집하는 것과 학생들이 학교를 떠난 후에 계속하는 봉사라고 한다. 추후지도는 재학 중 생활지도의 효과에 대한 재검토이다. Strang은 상담을 받았던 학생의 추후연구는 상담 과정의 평가에 기본이 된다고 하였다.

추후활동 혹은 추수활동은 상담활동을 통하여 지도를 받은 학생이 어느 정도로 건전하게 적응하는가를 알아볼 수 있는 것으로, 생활지도에 있어서의 추후활동은 의료기관에서의 경과의 검진과 마찬가지로 중요하다. 추후활동은 졸업자와 중도퇴학자를 돕기 위해서, 학생의 과거경험에 대하여 정보를 얻기 위해서, 전체 학교 프로그램을 증진하는 데 있어서 유용한 정보를 얻기 위한 경우다. 효과적인 추후활동을 위해서 사용되는 도구는 학생 조사 활동의 방법과 비슷한 면접법, 질문지법, 관찰법, 검사법, 서신, 전화, 이메일 등을 들 수 있다.

교육이 졸업과 동시에 끝나는 것이 아닌 것처럼 참다운 지도 역시 진학이나 졸업으로 끝나는 것이 아니다. 추후활동은 바로 이러한 지도의 계속성을 살리는 활동이다. 일반적으로 추후지도는 한 대상을 지도한 다음에 계속해서 그 성과를 확인하고 지도하는 것을 의미한다. 그런데 추후지도는 두 가지 경우, 즉 협의의 입장과 광의의 입장으로 생각해 볼 수 있다.

(1) 협의의 입장

상담이나 사례연구를 끝낸 다음에도 계속해서 피상담자가 적응을 잘 하고 있는지를 지도하는 것이다.

(2) 광의의 입장

교육의 전체적인 성과나 생활지도의 성과를 계속해서 체계적으로 확인해 보는 것이다. 그 범위를 넓게 보든 좁게 보든 간에 한 대상을 지도하고 난 다음에 그 성과를 확인하면서 계속 체계적으로 지도하는 활동을 추후지도라고 한다. 마치 의사가 한 환자를 진찰 · 치료하고 난 다음에 그 치료의 효과를 확인하여 보는 것과 마찬가지이다. 이 점에서 볼 때 이미 지도를 받은 모든 사람이 다 추후지도의 대상이 될 수 있다. 그러나 현실적으로 모든 학생을 다 추후지도의 대상으로 삼을 수 없기 때문에 재학생, 중퇴생, 졸업생 가운데서 특히 계속 지도를 필요로 하는 사람을 대상으로 하는 것이 상례이다.

2) 추후지도의 목적

추후지도의 목적은 한 마디로 말해서 이미 지도를 받았던 사람의 계속적인 성장 · 발달을 도우려는 것이다. 추후지도의 내용을 열거해 보면 다음과 같은 일들이 포함된다(황응연 · 윤희준, 1983).

(1) 학교를 떠났거나 과거에 지도를 받았던 학생에게 계속해서 그가 당면한 상황에 대한 정보를 주는 일

(2) 이전에 지도를 받았던 학생에게 계속해서 자기를 평가하고 이해할 수 있는 정보를 제공하는 일

(3) 이전에 지도를 받았던 학생이 그 이후에 어떻게 생활을 하고 있는지를 확인해 보는 일

(4) 졸업생이나 중퇴생들과 계속 접촉하여 친화감을 유지하면서 교육적인 영향력을 발휘하는 일

(5) 학생과 학교와 지역사회 간의 유대를 긴밀하게 하는 일

(6) 현재 지도하고 있는 학생들에게 도움이 될 만한 정보를 제공하는 일

(7) 과거에 지도했던 사람들로부터 현재의 대상이나 학교교육 활동에 도움이 되는 건설적인 의견을 듣는 일

(8) 과거에 지도했던 학생들을 위하여 계속적인 상담활동을 하는 일

3) 추후지도의 단계와 형태

추후지도는 세심한 계획을 세워서 조사가 실시되어야 한다. 추후지도 조사를 하기전의 조사의 목적, 수집할 자료, 자료의 사용, 자료 수집을 위해서 사용될 조사도구, 자료처리, 결과의 보고방법 등에 관해서 세심한 주의를 기울여야 한다. 일반적으로 추후지도 조사를 할 때 다음과 같은 작업이 이루어진다 (윤운성 · 김홍운, 2001).

(1) 예비계획(preliminary planing)

조사의 목적이나 방법은 구체적으로 미리 계획을 세우는 것이 필요하다.

(2) 범위와 기술의 결정(determining scope and technique)

이 정보는 어떻게, 누구에 의해서 얻어지는가의 범위와 기술을 결정한다.

(3) 작업의 스케줄과 예산의 결정(determining the work schedule and estimating)

추후 지도를 언제, 어떻게 실시할 것인가와 실시에 따른 제 반 비용에 대한 예산을 결정한다.

(4) 양식의 준비(preparing forms)

조사 도구는 기구 목적에 맞도록 특별한 준비가 필요하다. 항목은 본인이 실시하려고 하는 연구와 비슷한 연구에 관한 절차에 따라 준비되고 확인되어야 한다.

(5) 연구요원의 지시(directing study personel)

대상자의 면담, 보고서 작성, 도표 및 설명, 출판 및 면담방법 등을 재확인하고 수정 · 정리하는 영역 등에 필요한 기술이 있는 요인을 선택해야 한다.

(6) 연구의 소개(introducing the study)

추후지도 조사연구는 조사 영역에서 가장 중요한 조사 중의 하나이므로 연구사례의 발표 및 소개가 필요하다.

(7) 자료의 수집(collecting the data)

조사되어야 할 개인들에 관련된 정확한 정보는 긴요한 것이다. 자료의 수집은 세심한 주의를 요한다.

(8) 자료의 분석(analyzing the data)

자료의 분석은 정확하게 이해되어야 한다.

(9) 자료의 해석과 보고서 작성(interpreting data and preparing the report)

수집된 자료는 적당한 설명이 이루어지지 않으면 쓸모없는 것이다. 그러므로 정확한 해설과 보고서 작성이 필요하다.

(10) 조사 결과의 활용(using the finding of the study)

조사의 결과를 이용하는 활동 프로그램은 예비계획에서 이미 이루어져야 한다.

위에서 추후지도의 연구단계를 열 가지로 열거하였다. 한 마디로 추후지도는 상담 봉사활동이며, 따라서 이 활동은 학생에 대해 계속적으로 향상된 지도를 할 수 있으며 동시에 학교 생활지도 프로그램의 효과를 측정하는 계기가 된다. 대상은 재학생, 휴학생, 졸업생을 포함하여 교육행정가나 교육위원회 행정가들의 철학이나 지도성에 영향을 받으므로 이와 같은 인사들이나 지역사회의 협조와 더불어 이루어져야 한다.

추후지도의 형태는 졸업반 학생과 졸업생을 대상으로 하는 것으로 구분할 수 있다. 먼저 졸업반 학생들에 대한 추후지도가 필요한 이유는 다음의 두 가지로 생각할 수 있다.

첫째, 학생들의 장래 계획 수립에 도움을 주는 것이며, 둘째, 학교 자체의 생활지도 계획을 위하여 필요하다는 것이다. 그러므로 상담자는 졸업을 앞둔 졸업 예정자들에게 베풀 추후지도 계획을 확고하게 세우지 않으면 안 될 것이다. 졸업 예정자들은 졸업시기를 앞두고 진학 계획을 세우거나 직업계획을 세우는 문제 때문에 상담자의 도움을 필요로 하고 있을 것이다.

학교를 졸업한 후에 상급학교 진학이나 또는 취직을 하였을 때 졸업생이 새로운 환경에서 어떻게 적응하고 있는가를 알아보기 위해 추후지도가 필요하다. 졸업생에 대해서 추후지도를 해야 하는 이유는 다음과 같다.

첫째, 졸업생들이 보다 더 나은 취직, 승진 등 진로의 성취도를 달성하도록 하기 위해 직업에 관련된 많은 정보를 수집하여 제공해 주므로 추후지도에 도움을 줄 수 있다.

둘째, 얻어진 정보를 통하여 각급 학교에서 졸업생들이 받았던 교육과 그의 이용관계를 알게 되어 교육계획의 평가를 할 수 있게 된다.

셋째, 졸업생들의 정보를 통하여 카운슬러는 생활지도 위원회에서 그들의 현재 일을 추진할 수 있다. 일반적으로 상담자는 졸업생들에 대한 경험이 현재 학생의 문제를 해결하는 데 도움을 준다는 사실을 알고 있다.

참고문헌

공석영, 권형자(2005). 생활지도와 상담. 서울: 동문사.

권이종(1992). 청소년과 교육병리. 경기: 양서원.

권형자(2005). 생활지도와 상담. 서울: 태영출판사.

김계현, 김동일, 김봉환, 김창대, 김혜숙, 남상인, 조한익(2000). 학교상담과 생활지도. 서울: 학지사.

김충기(1993). 새로운 교육혁신과 진로. 서울: 성원사.

김충기(1994). 생활지도와 상담. 서울: 교육과학사.

김충기, 이재창(1996). 상담과 심리치료. 서울: 교육과학사.

김태호(2004). 학생생활지도와 상담. 서울: 학지사.

박성수(1993). 생활지도. 경기: 정민사.

박성수 외(2007). 상담심리학. 서울: 한국방송대학출판부.

신효정(2016). 생활지도와 상담, 서울: 박영사(주)피와이메이드.

오만록(2002). 학교교육의 이론과 실제. 서울: 형설출판사.

유기섭, 김태호(2003). 교육심리학, 서울: 동문사.

유네스코(1970). 학생문제 연구. 서울: 유네스코한국위원회.

윤운성, 김홍운(2003). 생활지도와 상담. 경기: 양서원.

이관용, 이장호 역, C.H Patterson(1972). 카운슬링과 심리치료의 이론과 실제. 서울 : 대한교과서.

이장호(1999). 상담심리학의 기초. 서울: 학문사.

이재창(1995). 자기성장과 인간관계. 서울: 한국가이던스.

이재창(2005). 생활지도와 상담. 서울: 문음사.

이형득 편저(1996). 상담이론. 서울: 교육과학사.

장선철, 이진안(2013). 신교육학개론. 서울: 태영출판사.

정원식, 박성수(1994). 카운슬링의 원리. 서울: 교육과학사.

정정애, 강태윤, 최애련, 박경자(2014). 효의식과 군생활적응과의 관계 연구. 효학연구 제19호, 115-138.

정진선(2003). 청소년을 위한 효교육의 대안 모색-현실요법을 중심으로-. 학생생 활연구, 제17호, 홍익대학교 학생상담센터.

정진선, 문미란(2005). 인간관계 심리의 이론과 실제. 서울: 시그마프레스.

조화태, 김계현, 전용오(2013). 인간과 교육. 서울: 한국방송통신대학교출판문화원.

한기태 역(1985). Gerald Corey. 상담과 심리요법의 이론과 실제. 서울: 성광문화사.

한국산업인력관리공단(2004). 2004한국직업사전. 서울: 중앙고용정보원.

한국산업인력공단 중앙고용정보원(2004). NCS(국가직무능력표준).

한규원(1999). 해방후 전라북도 교육의 발전. 교육학연구, 제4권 제1호. 우석대학교 교육과학연구소.

홍광의(1993). 청소년 상담의 이론적 경향고찰: 치료적 관점. 청소년상담학연구. 1(1), 서울: 청소년대화의 광장.

홍경자(1991). Naomi Glass편. 카운슬링사례집. 서울: 형설출판사.

Bandura, A.(1977). Social learning theory. Englewood Cliffs, NJ: Prentice-Hall.

Corey, G., & M. S.(1994). Group: Process and practice. Monterey, CA: Books/Cole.

Cronbach, L. J.(1984). Essentials of psychological testing(4th ed). New York: Hanper & Row.

Fieldman, R. S(1985). Social Psychology, N.Y: McGraw-Hill Book Co.

Gibson, R. L., & Mitchell, M. H.(1981). Introduction to guidance. New York: Macmillan.

Gibson & Mitchell(1999). Introduction to Counseling and Guidance, New Jersey: Prentice-Hall.

Goldman, L.(1971). *Using tests in counseling*(2nd ed.). New Work: Appleton-Century-Crofts.

Gottman, J., & Leibllum M. S.(1974). How to do psychotherapy and how to evaluate it. New Work: Holt, Rinehart & Winston.

Hill, G. E.(1974). *guidance for chidren in elementary schools* New York: Appleton-Century-Crofts.

Hoover, G. J., & Fleetwood, G.(1997). A model for increasng decision, *School. 14,* 67-71.

Jones, A. J. Stefflre, B. & Stewart, N.(1970). *Principles of guidance*(6th ed.). New York: McGraw-Hill.

Lien, A.(1971). Measurement and evaluation of learning(2nd ed). Dubuque, LA: W. C. Brown.

Miller, C. H.(1971). *Guidance service: An Introduction.* New York: Harper & Row.

Norris, W., Hatch, R., Engclkcs, J. R., & Winborn, B. B.(1979). The career information service(4th ed.). Chicago: Rand McNally.

Pietrofesa, Bernstein, Minor & Stanford, S.(1980). Guidance: An Introduction. Chicago: Rand McNally.

Shertzer & Stone(1981). *Fundamantals of guidance*(4th ed.). Boston: Houghton Mifflin

Turkle, S.(1995). Life on the screen : Identity in the age of the internet. New York: Simon & Schuste.

제 2 부

상담의 이해

제 3 장

상담의 기초

1. 상담의 개념
2. 상담의 목표
3. 상담의 구조
4. 상담의 과정

학교에서 많은 시간을 보내면서 경험하게 되는 문제들은 학업 성취와 관련된 것만은 아니다. 진로, 이성, 가정 문제 외에도 인생을 살아가는데 필요한 다양한 덕목과 기술들을 습득해야 하는데, 이 과정에서 만나게 되는 다양한 갈등을 건강하게 해결하여 적응적인 학교생활을 유지하도록 상담이 도움이 될 수 있다. 이 장에서는 상담이 무엇인지 그 의미를 알아보고 상담의 목표와 구조 및 과정에 대해 알아보고자 한다.

1. 상담의 개념

상담이란 삶의 과정에서 만나는 여러 문제들을 잘 다루고 현실에 기능적으로 적응할 수 있도록 도와서 개인의 심리적 성장 및 폭넓은 인간관계를 유지하도록 조력하는 과정이라고 할 수 있다. 이때 어려움을 가지고 있으면서 문제를 해결하기를 원하는 내담자와 그 문제를 해결하는 과정에 함께 조력할 수 있는 상담자의 면 대 면의 개별적인 관계를 통한 만남이 있게 된다. 여기서는 상담의 의미와 상담과 유사한 개념들의 차이를 알아볼 것이다.

1) 상담의 의미

상담이 무엇인가에 대해서는 다양한 관점이 있다. Rogers는 상담이란 상담자와의 안전한 관계에서 내담자가 과거에 부정했던 경험을 다시 통합하여 새로운 자기로 변화하는 과정(Rogers, 1952)이라고 보았으며, 이장호(1995)는 도움을 필요로 하는 내담자와 전문적 훈련을 받은 상담자 사이의 대면관계에서 생활과제의 해결과 사고, 행동 및 감정 측면의 인간적 성장을 위해 노력하는 과정이라고 정의한다. 상담자와 내담자 사이의 개별적인 관계를 통한 새로운 학습이 이루어지는 과정을 중시하는 견해(정원식, 1988)도 있다. Patterson 등(Patterson & Welfel, 1994)에 의하면 상담은 상담자와 내담자 간의 고유한 관계성을 특징으로 하여 행동, 신념, 생활 장면에 대처하는 능력, 의사결정에 관한 지식과 기술, 정서적 염려의 수준 중 하나 이상에서 변화로 인도하는 상호작용 과정이며, 내담자는 상담의 결과로서 자신의 부정적 정서를 이해하고 다루는 능력이 신장되어야 한다고 주장한다.

상담의 정의와 상담에 대한 여러 입장들을 통해 상담의 주요 특징들을 살펴보면 다음과 같다.

첫째, 상담은 상담자와 내담자의 관계를 기초로 하고 있다.

상담은 도움을 필요로 하는 내담자와 도움을 줄 수 있는 상담자의 관계로부터 출발한다. 상담자는 내담자를 심리적으로 만나고 수용하며 공감적으로 만날 수 있어야 하며, 이때 내담자는 진실된 만남을 경험할 수 있게 되며, 개인의 존중에 기초한 상호협력활동으로서의 상담이 시작될 수 있다.

둘째, 상담은 전문적 조력활동이다.

상담은 인간과 인간관계에 대한 심리적 이해를 기초로 하는 이론적 및 임상적 측면에서의 전문적 지식과 기술을 갖춘 상담자가 어려움을 겪고 있는 내담자를 기능적으로 변화시킬 책임을 가지고 수행하는 전문적 조력 활동이다. 이를 위해 상담자는 일정 기간 이상의 교육 및 훈련과정을 통해 부단히 전문적 소양을 쌓아야 한다.

셋째, 상담은 새로운 학습의 과정이다.

상담은 내담자가 현재 자신의 삶에서 반복되고 있는 역기능적 행동패턴이나 태도가 자신과 주위환경에 미친 영향에 대한 이해를 촉진시킴으로써, 적응과 발달을 할 수 있도록 행동의 변화를 가져오게 하는 상호작용의 학습 과정일 뿐만 아니라 의사결정 및 문제해결과 관련된 합리적이고 기능적인 방법을 학습하는 과정이기도 하다.

넷째, 상담은 내담자의 성장과 발전을 도모해 가는 과정이다.

상담은 내담자가 이미 가지고 있는 잠재적이며 고유한 특성을 최대한 발달시켜 궁극적으로 내담자가 자신의 능력을 바탕으로 성장하고 발전할 수 있도록 안내하고 촉진하는 활동이다.

2) 상담과 관련된 다양한 개념의 차이

상담의 개념은 생활지도, 심리치료 또는 정신치료의 개념과 몇 가지 부분에서 구분되는데, 학문적 근거, 활동의 목적, 관심의 초점, 방법 및 전문가라는 차원에서 이 개념들의 차이를 알아보면 다음과 같다.(박성수 외, 2007).

(1) 상담과 생활지도

생활지도는 개념형성 배경이 학교에 있다고 할 수 있다. 학교에서는 전인교육을 해야 하기 때문에 교과지도만으로는 교육을 할 수가 없다. 인성교육 · 훈육 · 인간상의 조형 등과 같이 사람을 사람답게 기르는 과정은 교과공부와 함께 성숙한 인간으로 살아가게 하는 전인교육의 필수요소이다. 전통적으로 생활지도는 상담 · 검사 · 정보봉사 · 배치 · 자문 · 조정 · 추수지도 등을 주요 기능으로 포함하는 것으로 간주되어 왔으나, 생활지도와 상담은 다음과 같이 비교해 볼 수 있다.

첫째, 학문적 기초가 다르다. 생활지도는 교육학적 배경에서 발달했고 상담은 인간에 대한 광범한 학문의 통합적인 집합이라고 볼 수 있는 행동과학이나 인간과학에 기초하고 있다. 상담은 교육학 이외에도 심리학 · 사회학 · 문화인류학 · 철학 · 종교학 등이 통합적으로 융합반응을 하면서 생성된 것이다.

둘째, 활동의 궁극적 목적에 차이가 있다. 생활지도는 현실에 적응하고 자기 방향을 정립해 가는 것이 궁극적 목적이라고 할 수 있다. 물론 추상적으로 자아실현이나 다른 목적을 예시할 수는 있어도 생활 그 자체를 원만하게 해

나가는 것에 초점을 맞추게 된다. 상담은 능력을 함양하는 것이 목적이기 때문에 생활에 적응하는 측면을 넘어 개인의 고유한 특성을 최대한 발달시키려 한다.

셋째, 관심의 초점이 다르다. 생활지도는 생활 전반에 초점을 맞추지만 상담은 개인의 내면세계에 더 초점을 맞추게 된다. 객관적 현실을 무시하지는 않으면서도 중핵적 관심은 자아나 자아의 내면세계에 둔다. 상담에서는 느낌 · 마음 · 생각 등과 같이 주관적 세계가 중요하게 다루어지지만 생활지도에서는 현실 · 사실 · 사건 · 현상 등과 같이 드러난 행동과 현실을 중점적으로 다루는 경향이 있다.

넷째, 방법이 다르다. 생활지도는 정보제공, 가르치기, 훈련, 교정과 같은 방법을 사용하지만 상담은 관계 맺고 발전시키기, 마음이 소통되는 커뮤니케이션하기, 힘을 북돋워 주기 같은 방법을 주로 사용한다. 따라서 상담은 마음 속 깊은 곳에 있는 내용까지도 드러내 놓고 다루지만 생활지도는 객관적 현실에 초점을 둔다.

다섯째, 담당하는 사람이 다르다. 생활지도는 학급담임 · 교과 지도교사 등 교육자라면 누구나 한다. 물론 생활지도 전담교사가 있을 수도 있지만, 생활지도는 일반화하고 보편화할수록 효과적이다. 상담은 상담자만 하며, 고도로 전문교육을 받은 전문가가 할수록 성과가 크다. 상담은 전문화할수록, 생활지도는 보편화될수록 성과를 더 거둘 수 있다.

(2) 상담과 정신치료

정신치료는 질병 모형에 근거하고 있다. 상담과 정신치료의 특징이 무엇인가를 알아보면 다음과 같다.

첫째, 정신치료는 기본적으로 의학에 근거를 둔 접근이다. 의학에 근거하고 있기 때문에 증상 · 원인 · 치료방법 · 진단방법 등을 정교하게 발달시킬 필요를 느끼는 경우가 많다. 반면에 상담은 여러 분야의 학문이 통합적으로 지원하고 있으면서도 하나의 독자적 학문으로 독립된 형태를 갖추고 있는 분야이다.

둘째, 정신치료의 목적은 정신건강 회복에 있다. 상담과 달리 정신치료는 질병을 퇴치하고 정신적으로 건강해지면 그 목적이 달성된다. 상담은 질병 퇴치보다 개인의 능력을 배양함으로써 환경에 적응하고 나아가 잠재적 능력을 최대한 발휘할 수 있는 힘을 북돋우는 것이 목적이다.

셋째, 정신치료는 관심의 초점을 이상심리 또는 정신 병리에 맞추며 때에 따라서는 개인의 정신적 병리뿐만 아니라 가정에서의 가족병리, 사회적 구조와 역동에서의 사회적 병리로 확대하려고 시도하기도 한다. 상담에서는 정상적 일상생활 속에서 일어나는 보통사람들의 마음 상태에 대해 폭넓은 관심을 가지고 있다.

넷째, 정신치료는 원인발견 · 진단 · 처방 · 처치 등의 과정과 다양한 치료기법을 주로 활용한다. 정신치료는 질병 요소의 제거에 치중하기 때문에 심층적이고 중핵적 원인을 찾아 근본적인 원인 제거에 초점을 두는 경향이 있다. 그래서 정신치료는 대개 장기간이 소요된다. 상담은 이와 달리 관계를 형성하고 의사소통을 하고 힘을 북돋우는 방법을 활용한다.

다섯째, 정신치료는 대개 일정한 전문교육을 수료하고 정신치료사 자격을 가진 사람이 주로 담당한다. 정신치료사 자격규정은 나라에 따라 커다란 차이가 있으며, 법적으로 규정한 자격증 같은 것을 가지고 정신치료에 대한 비용을 받는 경향이 있다. 그러나 상담자는 그렇게 엄격한 자격규정이 없는 경우도 많다.

표 3-1 생활지도, 상담, 정신치료의 차이(정원식 외, 1999)

	생활지도	상담	정신치료
학문적 근거	교육학	행동과학 및 인간과학 –교육학/심리학/사회학/문화인류학/철학/종교 등	의학 –증상, 원인, 치료방법, 진단방법 등의 정교한 발달

활동의 목적	현실 적응 자기방향 정립	개인의 고유한 특성 발달 -구체적 생활과제 해결을 위한 감정, 사고, 행동양식의 변화	정신건강의 회복
관심의 초점	생활전반	개인의 내면세계 -긴장, 불안, 비능률적 행동습관, 비성취적 관념	이상심리 및 정신병리
방법	정보제공, 교육, 훈련, 교정	관계 맺고 발전시키기, 공감적 의사소통, 힘을 북돋아 주기 등	근본적 원인의 제거를 위한 원인발견, 진단, 처방, 처치
담당하는 사람	학급담임 및 일반교사	전문훈련을 받은 상담자	정신과 의사

2. 상담의 목표

상담의 목표는 개인의 잠재력을 최대한 발휘할 수 있도록 조력해서 일상의 생활에서 보다 건강하고 행복한 삶을 누릴 수 있도록 하는 것이다. 상담의 목표는 내용이나 방법, 이론이나 상담 분야에 따라 차이가 있다. 여기서는 상담의 목표를 일반적 차원과 청소년 상담의 차원에서 알아보고, 그러한 상담의 목표를 이루기 위한 상담의 원리는 어떤 것인지 Biesteks의 상담 원리를 통해 알아볼 것이다.

1) 상담의 목표

상담의 목표를 정원식 등(정원식 · 박성수 · 김창대, 1999)은 소극적 목표와 적극적 목표로 구분한다. 소극적 목표는 당면한 문제 상황의 해결과 관련되는 목표에 해당되는데, 내담자 스스로 문제라고 생각하는 것을 해결할 수 있도록 돕는 것, 내담자가 가지고 있는 다양한 욕구를 적절하게 다루어 잘 적응할 수 있도록 돕는 것, 내담자가 겪고 있는 불안, 갈등, 좌절, 분노, 스트레스 등과 관련된 심리적 상처를 치료해 주는 것, 인간이 가질 수 있는 여러 문제를 사전에 예방할 수 있도록 돕는 것 그리고 내담자가 심리적 및 대인 간 갈등을 극복하고 해소하도록 돕는 것들이 해당된다. 적극적 목표는 인간의 긍정적 특성을 형성하고 강화시키는 것과 관련되는데 내담자가 소속되어 있는 사회적 상황에서 생산적이고 만족스러운 삶을 누릴 수 있는 적극적이고 긍정적인 행동의 변화를 가져오게 하는 것이 상담의 목표가 된다. 이것은 내담자의 바른 통찰력, 긍정적 사고 및 바람직한 가치관 형성, 부정적 정서의 극복 및 긍정적 정서의 발달이 선행되어야 한다. 인생의 수많은 선택과 결정에서 합리적이고 현실적이며 논리적인 의사결정을 할 수 있도록 지원하는 것과 잠재적 능력의 개발 및 다양한 인간 특성의 조화로운 발달, 긍정적 자아개념의 발달 그리고 신체적, 심리적 및 사회적으로 건강하고 편안한 삶을 영위하도록 돕는 것이 적극적 목표에 속한다.

이와 같은 일반적인 목표에 비해 청소년들을 대상으로 상담을 할 때에는 좀 더 발달과정을 고려한 구체적 상담목표가 필요하다. 학교 상담을 통해 보편적으로 제시할 수 있는 상담의 목표를 살펴보면 다음과 같다(이혜성 외, 1996; 김계현 외, 2014).

첫째, 행동변화를 촉진한다.

내담자의 사고, 감정, 행동의 변화를 가져오도록 촉진하여 좀 더 생산적이고 만족스러운 삶을 살 수 있도록 내담자의 행동변화를 가져오는 것이 상담의 목표이다.

둘째, 적응기술을 증진시킨다.

아직 성장과정에 있는 청소년 내담자들은 신체적, 정서적 및 인지능력에서 여러 가지 변화를 겪으면서 적응의 어려움을 겪게 된다. 상담은 이러한 어려움을 경험하고 있는 내담자로 하여금 적응기술을 증진시키도록 돕는다.

셋째, 의사결정기술을 함양시킨다.

우리의 삶은 선택과 결정의 연속이지만 대부분의 청소년들은 합리적 의사결정에 익숙하지 않기 때문에 즉각적이고 충동적인 결정을 내리는 경우가 많다. 상담을 통해 합리적인 의사결정 과정을 경험하게 함으로써 이후에 발생될 수 있는 문제를 예방할 수 있게 된다.

넷째, 인간관계의 개선을 도모한다.

청소년기는 어떤 시기보다 친구들과의 인간관계가 중요한 시기이다. 또래들과 어울리고 또래들의 가치와 규범을 따르며 또래들로부터 인정받기를 원하는 청소년들에게 인간관계를 원만히 할 수 있도록 돕는 것은 이 시기의 내담자들을 돕는 중요한 목표가 된다.

다섯째, 잠재능력의 개발을 촉진한다.

상담은 내담자로 하여금 자기탐색의 기회를 갖도록 함으로써 자신의 능력과 특성을 발견할 수 있도록 돕는 활동이다. 청소년들은 아직 미숙하기 때문에 자신에 대해서 탐색할 기회가 부족하고 자신을 왜곡해서 지각하는 경우가 많다. 따라서 청소년들로 하여금 자신의 능력을 새롭게 발견하도록 돕고 자신에 대한 왜곡된 지각을 교정하도록 도와 타고난 잠재능력을 개발하고 궁극적으로 자기를 실현하는 사람이 되도록 돕는 것이다.

여섯째, 자아정체감을 확립한다.

청소년들은 신체적인 발달과 함께 자신들의 존재 의의와 역할에 대해서 의문을 갖게 되는 시기에 있다. 정체성 위기는 문제 상황으로 쉽게 빠지게 되는 원인이 되기도 하므로 자아정체감 확립은 청소년기의 가장 중요한 발달 과업이다.

일곱째, 긍정적 자아개념을 형성한다.

문제행동을 보이는 많은 청소년들은 일반적으로 부정적 자아개념을 가지고 있으며 자신감이 부족한 편이다. 내담자의 긍정적 자아상과 자아개념을 형성하도록 돕는 것은 중요한 상담의 목표가 된다. 긍정적 자아개념을 갖게 되면 매사에 자신감을 갖고 행동할 수 있으며 타인과도 원만한 관계를 유지할 수 있다. 또한 긍정적 자아개념은 삶을 보다 긍정적으로 바라보게 만든다.

여덟째, 건전한 가치관을 확립한다.

가치관은 개인의 사고와 행동의 기준이 된다. 개인이 올바른 가치관을 가지고 있으면 바람직한 행동을 할 가능성이 높지만, 부정적인 가치관을 가지고 있으면 그럴 가능성은 낮아질 것이다. 청소년들은 특히 가치관의 혼란과 갈등을 많이 경험하기 때문에 바른 가치관을 정립할 수 있도록 조력하는 것은 청소년들 대상으로 하는 상담에서 매우 중요하다.

2) 상담의 원리

상담의 목표를 달성하기 위해서는 일정한 원리에 근거해서 상담을 시작하는 것이 바람직하다. 상담 진행시 중요한 기본원리를 Biesteks의 상담 원리를 중심으로 알아보면 다음과 같다.

(1) 무비판적 태도의 원리(nonjudgemental attitude)

죄책감, 열등감, 고독감 등을 갖고 있는 내담자는 타인의 비판에 예민하여 자신의 잘못이나 문제에 대하여 결과를 나무라거나 책임을 추궁하거나 잘못을 질책하는 것을 두려워한다. 그러므로 상담자는 내담자의 태도, 행동, 가치관 등에 대해 객관적으로 평가하여야 하며, 어떤 문제에 대해 유죄 혹은 무죄임을 심판하는 태도를 갖지 않아야 한다. 이러한 태도를 유지하기 위해서 요구되는 상담자의 자세를 살펴보면 다음과 같다.

첫째, 개인적 선입견의 지배를 받아서는 안 된다. 상담자의 선입견은 의식적 및 무의식적으로 또는 언어적 및 비언어적으로 내담자에게 전달될 수 있다.

둘째, 내담자의 보조에 맞추어 상담을 해야 한다. 내담자의 발언을 중단시키거나 성급하게 결론으로 이끌어 가는 상담자의 태도는 자칫 심판적이고 비판적인 사람으로 내담자에게 인식되기 쉽다.

셋째, 상담자가 지니고 있는 특정한 틀에 내담자를 집어넣으려는 인상을 주지 말아야 한다. 내담자의 저항 및 방어적 행동을 불러일으켜 상담의 실패를 가져올 수 있다.

넷째, 상담자에 대한 내담자의 부정적 감정표현에도 유연하게 대처할 수 있는 능력이 있어야 한다. 그러한 내담자의 감정표현도 내담자를 이해하고 문제를 해결하는데 도움이 된다는 자세로 상담에 임할 수 있어야 한다.

(2) 개별화의 원리(individualization)

모든 인간은 개인차가 있으므로 내담자의 독특한 특성을 이해하며 개성을 인정하는 것은 매우 중요하다. 내담자가 자신의 욕구 충족 방식에 따라 행동할 수 있는 권리를 가지고 있음을 인정하고 존중해야 하며 그러한 개인차를 인정하는 범위 내에서 상담을 전개해야 한다. 인간행동의 유형과 원리에 대한 전문적 이해를 바탕으로 편견이나 선입관에 좌우되지 않는 상담을 전개해야 하며 내담자와 견해 차이가 있을 때 융통성을 발휘하며 내담자에 보조를 맞출 수 있어야 하는 것이다.

(3) 의도적 감정표현의 원리(purposeful expression of feelings)

상담자는 내담자가 자신의 감정을 자유롭게 표현할 수 있도록 수용적이고 온화한 분위기를 조성해야 한다. 이는 긍정적 감정뿐만 아니라 부정적 감정의 표현에 대해서도 마찬가지이다. 의도적 감정표현의 원리를 지키기 위해서는 내담자의 감정표현을 적극적으로 자극하고 격려하며 압력이나 긴장으로부터 내담자를 완화시켜 주고, 심리사회적 지지를 보임으로써 내담자가 자기표현을 할 수 있도록 도와야 한다. 내담자의 부정적 감정표현을 비난하거나 낙심시키지 않고 인내로써 경청하는 태도가 필요하다.

(4) 통제된 정서관여의 원리(controlled emotional involvement)

상담자는 내담자의 정서에 민감성을 가지며, 그것의 의미에 대해 이해하고 내담자의 감정에 대한 의도적이고 적절한 반응을 할 수 있어야 한다. 상담에서 정서적 측면을 다루는 것은 매우 중요한데, 이를 위해서는 내담자가 표현한 정서의 변화를 이해하고 적절한 피드백을 줄 수 있는 상담자의 능력이 요구된다.

(5) 수용의 원리(acceptance)

상담자는 내담자를 하나의 인격체로 존중하고 수용해야 한다. 내담자의 욕구와 권리, 감정이나 태도를 적극적으로 이해하며 존중하는 것에는 내담자의 장 · 단점, 바람직한 성격과 그렇지 못한 성격, 긍정적 및 부정적 감정, 건설적 또는 파괴적 태도나 행동을 있는 그대로 이해하는 것이 포함되어 있다. 수용 자체가 치료적 목적에 기여하는 것이기 때문에 상담자의 수용은 말이나 행동뿐만 아니라 비언어적 단서들을 통해서도 잘 전달되어야 한다. 이러한 원리를 충족시키기 위해서 상담자는 기꺼이 자기의 행동을 관찰하며 직업적인 이해와 책임에 비추어 평가할 수 있어야 한다. 내담자에게 정서적으로 반응할 수 있기 위해서는 상담자가 먼저 자기의 감정이나 태도를 이해할 수 있어야 하기 때문이다.

(6) 자기결정의 원리(self determination)

상담자는 내담자가 스스로 결정하고 선택하려는 자기결정 능력을 키울 수 있도록 도와야 한다. 자기결정은 내담자의 선택의 자유, 권리, 욕구를 존중하는 태도이지만 그것이 내담자의 능력이나 법률, 도덕규범 등의 범위를 벗어나도 된다는 것은 아니다. 그러므로 내담자의 자기결정 능력을 존중하기 위해서는 내담자가 자기를 수용할 수 있도록 도와주어야 하며 자신의 잠재능력을 발견하고 활용함으로써 인격적 발전을 이룰수 있도록 자극을 주어야 한다. 법률, 제도, 사회, 시설 등의 광범한 사회적 지원에 대한 정보를 제공하는 것은 내담자의 자기 선택 및 결정의 참고자료가 될 수 있을 것이다.

(7) 비밀보장의 원리(confidentiality)

상담은 본질적으로 신뢰를 기본으로 하는 활동이다. 그런 까닭에 내담자의 비밀을 지켜 주는 것은 상담자의 가장 중요한 윤리적 태도가 된다.

3. 상담의 구조

상담에 공통적으로 존재하는 주요 구성 요소 세 가지는 도움을 받는 내담자와 도움을 주는 상담자 그리고 내담자와 상담자 간의 관계이다. 상담이론이나 상담대상 또는 상담상황의 차이에도 불구하고 이 세 가지 요소들은 거의 모든 상담들에 공통적으로 존재한다. 다음에서는 전문적인 상담의 진행을 위해 상담자가 갖추어야 할 것은 무엇인지 그리고 상담을 받는 내담자들의 특성 및 상담자와 내담자의 관계의 특징들은 무엇인지 살펴볼 것이다.

1) 상담자

(1) 상담자의 인간적 자질

상담의 주체로서 상담자가 갖추어야 할 인간적 자질로서는 자기와 타인 그리고 삶에 대한 이해와 긍정적인 태도라고 할 수 있다. 이장호 등(2005)은 상담자의 자기에 대한 이해와 수용, 타인에 대한 열린 마음, 삶에 대한 진지함과 용기 등이 상담자에게 필요한 인간적 자질이라고 보았는데, 다음과 같다.

첫째, 상담자의 자기에 대한 이해와 수용은 상담자가 자기 자신이 어떤 사람인지를 잘 알고 있어야 한다는 것이다. 뿐만 아니라 자신의 장점뿐만 아니라 단점까지도 솔직히 인정할 수 있어야 하며, 불필요한 자기 부정이나 왜곡 없이 있는 그대로의 자신을 존중하는 자기 수용적 태도를 가질 필요가 있다.

둘째, 상담자는 타인에 대한 열린 마음과 타인에 대한 진정한 관심을 가질 수 있어야 한다. 타인의 삶과 행동을 인정하고 존중하려는 자세를 지닌 상담자는 타인과 불필요한 경쟁을 하려 하지 않고, 타인과의 관계 속에서 불화와 갈등을 경험하게 되더라도 그것을 슬기롭게 극복하여 화해를 이루려 노력할 수 있는 사람이다. 그럴 때 타인의 불행과 아픔을 깊이 공감할 수 있으며 배려할 수 있는 인간적 태도를 보일 수 있게 될 것이다.

셋째, 삶에 대한 진지함과 용기를 가진 상담자는 삶을 살아감에 있어서 진실하고 성실하고 정직할 수 있다. 이러한 상담자는 삶의 여러 도전들에서 실수나 실패를 하게 되더라도 가면과 방어 속에 숨지 않고 있는 그대로의 모습으로 삶을 바라볼 수 있으며, 좌절로부터 교훈과 지혜를 얻을 수 있다. 자신은 이미 형성된 그 무엇이 아니라 끊임없이 성장하고 형성되는 과정 중에 있음을 이해할 수 있기 때문에, 고통과 절망을 경험하고 있을 때조차도 자신의 삶을 자신이 선택하여 살아가려는 의지와 노력을 기울일 수 있게 된다.

(2) 상담자의 전문적 자질

상담은 내담자가 내면적인 자유를 회복하고 자신이 가지고 있는 수많은 가능성과 잠재력을 드러낼 수 있도록 성격을 재구조화하여 인간적 발달과 인격적 성숙을 이루도록 하는 것과 관련된다. 상담이론에 관한 이해, 상담을 효율적으로 진행하는 방법과 절차에 관한 이해, 이 두 가지를 바탕으로 실제 상담 장면에서의 실습훈련 경험은 상담자가 이와 같은 상담 목표들을 충실히 달성하기 위해서 필요한 전문적 자질이라고 할 수 있다.

1 상담 이론에 관한 이해

효율적인 상담진행은 상담자가 상담이론에 대해 깊고 해박한 지식을 갖출 때 가능하다. 상담이론은 인간의 적응과정에 문제를 가져오게 된 이유나 과정에 대해 체계적으로 기술하고 있으며, 이를 토대로 앞으로 일어날 일들을 예측하여 궁극적으로 인간의 삶을 더 적응적이고 기능적인 방향으로 변화시키도록 돕기 위해 무엇을 어떻게 해야 하는지에 대한 지식들이 축적되어 있는 체계인 것이다. 인간에 대한 기본적 관점과 정신 병리의 발달과정에 대한 설명을 통해, 사람들이 겪는 심리적 문제들의 원인과 발생과정에 대한 이해를 담고 있기 때문에, 상담의 이론에 능통한 상담자는 내담자의 심리적 장애를 해소할 수 있는 방법을 자신 있게 찾아낼 수 있을 것이다. 상담이론은 변화를 일으키는 구체적 방법들에 관한 내용을 담고 있다. 내담자가 호소하는 심리적 증상이나 부적응행동을 완화시키는데 필요한 상담의 기법들과 상담 진행 전략, 내담자와 신뢰에 근거한 상담관계를 맺는 방법, 상담에서 부딪치는 여러 가지 난관들을 극복하는 방법들이 담겨 있기 때문에 상담이론이 없이 상담을 진행한다는 것은 나침반 없이 항해를 하는 것과 같은 혼란을 겪게 될 수 있다.

2 상담의 방법에 관한 이해

상담이 나아가야 할 전반적인 방향을 설정해 주는 역할을 상담이론이라 한다고 해서 내담자의 문제를 해결하는 실제적인 방법, 즉 구체적인 상담진행 방법을 저절로 알게 되는 것은 아니다. 내담자에게 바람직한 변화가 일어나도록 상담을 진행시켜 나갈 수 있기 위해서는 상담자가 상담의 방법에 대한 숙련된 지식과 경험을 가지고 있어야 한다. 이를 위해 상담자는 상담의 진행과정에 대한 이해, 상담 면접의 진행 방법에 대한 이해, 문제유형별 상담방법에 대한 이해 등에 대해 잘 숙지하고 있어야 한다. 이를 위해 상담자는 상담의 초기, 중기, 종결의 시기에 맞도록 내담자의 문제와 관련된 정보를 구체적으로 파악하고 내담자가 호소하는 여러 가지 어려움에 대한 체계적 이해와 평가를 통해 신뢰롭고 안정된 상담관계를 형성하며, 적절한 상담방법들을 적용하여 내담자의 문제를 효과적으로 해결하고, 상담 후 내담자가 만날 수 있는 여러 문제들에 적절히 대처해 나갈 수 있도록 미리 준비시키는 과정에 대해 잘 이해하고 있어야 한다. 뿐만 아니라 내담자와 대화를 어떤 식으로 진행해야 보다 중요하고 의미 있는 정보를 내담자로부터 이끌어 낼 수 있는지, 문제를 해결하고 내담자가 자기에 대해 보다 나은 이해와 통찰을 얻도록 하기 위해서는 대화를 어떻게 구성해야 하는지 등 상담 면접의 진행 방법에 대한 숙련된 지식과 경험을 갖추어야 한다. 그리고 내담자가 호소하는 문제가 어떤 성질을 지녔는지를 세밀하게 평가하고 문제의 종류나 성질에 따라 알맞은 상담 방법을 적용할 수 있도록 상담자가 문제해결 방법들을 다양하게 잘 구비하고 있어야 한다.

3 상담 실습 경험과 훈련지도

전문적 상담자로 활동하기 위해서는 폭넓고 다양한 실습 경험과 수퍼비전 과정을 거쳐야 한다. 스스로 행한 상담에서 무엇이 잘되었고 잘못되었는지를 상담자 스스로가 제대로 평가하기란 대단히 힘들다. 따라서 체계적이고 폭넓은 실습 및 훈련지도 경험을 통해 상담자로서의 전문적 역량을 키워 나가는 노력을 기울여야 한다.

(3) 상담자의 윤리

상담자는 내담자를 치료하는 과정에서 다양한 윤리적 문제에 빠져들 수 있기 때문에 상담 전문가 자격을 관리하는 단체나 학회는 엄격한 자격심사과정을 통해서 내담자에게 실질적인 도움을 줄 수 있는 능력의 소유자에게만 자격증을 부여할 뿐만 아니라 전문가 활동에 대한 윤리적 감독을 하게 된다. 무엇보다도 상담자는 내담자의 안녕과 복지를 최우선 가치로 두어야 하며,

전문가로서의 윤리적 지침을 준수하기 위한 자기관리에 철저해야 한다. 상담자의 윤리적 책임과 관련된 핵심적 문제들을 살펴보면 다음과 같다(권석만, 2012).

① 상담자는 사생활과 비밀 유지에 대한 내담자의 권리를 최대한 존중해야 한다.

상담자는 내담자의 허가 없이는 내담자에 관한 어떤 정보도 제3자에게 노출해서는 안 된다. 다만 내담자가 자기의 생명을 위협할 가능성이 있다고 판단되는 경우, 내담자가 타인의 생명을 위협할 가능성이 있다고 판단되는 경우, 연소자가 어떤 형태로든 학대를 받고 있다는 사실을 알게 되었을 경우는 불가피하게 비밀보장 원칙을 준수할 수 없음을 미리 내담자에게 알려줄 책임이 있다. 그래서 내담자가 자신의 생각, 감정, 경험들에 관한 정보 가운데 어떤 것을 노출하고 어떤 것을 노출하지 말 것인가에 대한 자율적 통제를 할 수 있도록 해줘야 한다.

② 상담자는 내담자와 어떠한 종류의 성적인 관계도 피해야 한다.

이 경우 내담자에 미칠 수 있는 치명적인 피해는 양가적인 감정경험, 죄책감, 공허감과 소외감, 성적인 혼돈, 신뢰할 수 있는 능력 상실, 역할과 관계설정에 대한 혼돈, 감정적인 유약성, 억압된 분노, 자살 가능성, 인지적 기능의 약화 등이다. 내담자에게 미치는 부정적인 영향력이 크다는 것을 고려할 때 상담자와 내담자가 성적인 관계를 맺는 것은 어떤 경우에도 정당화될 수 없다. 내담자에 대해 성적인 매력을 느끼는 것 자체는 비윤리적인 것이 아니라고 할 수 있으나, 상담자가 자신의 성적인 감정을 신속하고 주의 깊게 알아차리고 조심스럽게 다루어 가야 할 윤리적 책임이 있다는 것을 강조하는 것이다. 상담자와의 성적인 관계가 내담자에게 미치는 부정적인 영향력이 매우 크다는 것을 고려할 때, 상담자는 자신의 느낌을 솔직히 드러내 놓을 수 있는 안전하고 지지적인 수퍼비전 및 훈련환경을 조성해 둘 필요가 있다.

③ 상담자는 객관성과 전문적 판단에 부정적인 영향을 미칠 수 있는 이중관계를 피해야 한다.

상담자와 내담자가 이중관계를 맺는 경우, 상담관계 이외에 다른 종류의 사회적, 경제적, 전문적 관계를 맺는 경우 치료적 관계의 전문적 속성이 왜곡되며, 이해의 갈등을 초래하여 내담자의 복지를 우선으로 하기 어렵다. 또한 상담 이외의 관계로 인해 상담자의 인지적 과정에 영향을 주어 상담자가 객관성과 공정성을 잃을 수 있기 때문에 상담과정 자체가 침해받을 가능성이 많아진다. 상담자가 내담자와 이중관계를 맺게 되는 경우의 문제점을 인식하면서도 현실적인 어려움 때문에 불가피하게 이중관계를 맺어야 한다면 상담 이외의 관계가 상담에 영향을 주지 않도록 최대한 노력할 필요가 있다.

④ 상담자는 자기 능력의 한계를 인정하고 자격이 주어진 상담활동만을 하는 동시에 과학적이고 전문적인 지식과 기술의 습득에 지속적인 노력을 기울여야 한다.

⑤ 상담자는 사회의 윤리와 도덕기준을 존중해야 하며 내담자의 인격을 존중하고 자신의 개인적 욕구충족을 위해서 내담자를 희생시켜서는 안 된다.

⑥ 상담자는 자신의 가치관, 신념, 제한점 등이 상담 활동에 미칠 영향을 자각하고 상담목표와 방법 그리고 한계점 등을 내담자에게 명확하게 알려야 하며, 자신의 방식과 다른 전문적인 치료적 접근을 존중해야 하며 함께 일하는 다른 전문적 집단의 전통과 실제를 이해하려고 노력해야 한다.

2) 내담자

내담자는 자신이 가지고 있는 심리적인 문제를 해결하고자 상담자에게 도움을 받으러 오는 사람을 말한다. 모든 사람이 인생을 살아가면서 많은 어려움을 겪을 수밖에 없다는 점에서 우리는 누구나 다 내담자가 될 수 있다. 여기에서는 내담자의 일반적 특성과 문제의 유형에 따른 특성, 문제의 심각성에 따른 특성으로 구분하여 알아보기로 한다(이장호 외, 2005).

(1) 내담자의 일반적 특성

내담자들의 문제는 주로 정서, 인지, 행동상의 문제들로 나타난다. 이들의 정서적 혼란은 주로 과거에 해결되지 않은 자신의 감정을 충분히 표현하지 못하고 억압한데서 비롯되는 경우가 많으며, 현실을 있는 그대로 받아들이기보다 지나치게 경직되어 있거나 극단적인 지각 및 판단과 해석의 과정을 통해서 형성되는 내담자들의 인지적 왜곡과 이러한 것들이 복합적으로 작용해서 다양한 행동상의 문제가 나타날 수밖에 없다. 내담자들이 가지는 정서, 사고, 행동상의 문제는 어느 한 영역에서만 문제가 되는 경우도 있고 모든 영역에서 문제가 되는 경우도 있다. 그런데 이를 자세히 검토해보면 서로 연관되어 있음을 알 수 있다. 따라서 상담자들은 내담자의 문제 특성을 정확하게 이해하고 이에 적절한 접근을 해야 한다.

(2) 문제의 유형에 따른 내담자 특성

상담 장면에서 만나는 내담자들은 문제의 유형이나 심각성에 따라 상담 장면에서 접근하는 내용과 방법이 달라진다. 내담자의 문제유형과 심각성은 다양한 검사나 분류체계를 통해서 구분되기도 하는데, 개략적으로 살펴보면 다음과 같다.

심각성은 문제의 발생기간에 근거해서 일시적인 문제와 오랫동안 지속된 장기적인 문제로 구분할 수 있다. 3개월 이상 문제가 지속되는 경우, 만성적인 성질을 지닌 문제로 볼 수 있다. 그러나 일시적인 문제라 하더라도 일정한 시간 간격을 두고 되풀이해서 경험되는 경향이 있다면 내담자가 겪는 문제가 내담자의 전체 인생에서 어떤 의미를 지니는지 상담자는 잘 판단해야 한다. 단순히 일과성으로 그칠 문제인지 예전에 문제가 된 적이 있거나 나중에 또

문제가 될 가능성이 있는지를 주의 깊게 평가해야 한다. 평가결과에 따라 상담접근은 크게 달라질 수 있기 때문이다.

심리적 문제가 발생한 원인의 소재에 따라 분류하면, 문제의 발생이 성격문제와 같이 자신의 내부에 있는지, 상황과 같은 외부에 있는지에 따라 상담접근이 달라질 수 있다. 상황적인 문제는 상황적 원인이 해소되어야 문제도 해소되며 성격적인 문제는 성격상의 왜곡이 바로 잡혀져야 문제가 해결될 수 있다. 그런데 사람들이 경험하는 심리적 문제들은 상황과 성격상의 문제 둘 중의 하나로 명확히 구분할 수 없는 경우가 많다. 그러나 때에 따라서 상황적 요소와 개인내적 요소가 상호작용하여 심리적 문제를 일으킨다.

문제의 심각성에 따라 분류해 보면, 크게 정상 상태, 신경증 그리고 정신증으로 구분할 수 있다. 정상이란 아무런 심리적 문제도 겪고 있지 않은 상태를 말한다. 그러나 이 세 가지 분류의 경계는 뚜렷하지 않으며 설령 현재가 정상이더라도 예전에 또는 앞으로 신경증적 문제나 정신증적인 문제를 겪을 수 있다. 정상상태란 일상적인 생활을 방해할 정도의 심각한 심리적 문제나 적응상의 어려움을 겪지 않는 것으로 대부분 상담자의 도움을 필요로 하지 않는다. 이들의 경우 상담은 문제해결이라기보다는 성장의 촉진에 초점이 맞춰지는 경우가 많다. 내담자는 상담을 통해 자신이 어떻게 생각하고 판단하고 있는지 원하는 것이 무엇인지를 생각하면서 자기 탐색시간과 재충전할 수 있는 계기를 갖게 된다.

이에 비해 전문적 상담의 주요대상은 신경증적 문제를 가진 사람들과 정신증적 장애를 가진 사람들 중 일부이다. 신경증적 상태란 현실인식과 생활적응에 극심한 결함을 갖고 있지는 않지만 주로 정서적, 행동적 측면에서 그리고 주변 사람들과 인간관계를 맺고 유지해 나가는 과정에서 상당한 정도의 불편과 고통을 느끼는 경우를 말한다. 정서적 측면에서 감정의 변화가 심하거나 우울, 불안, 공포 등의 부정적 감정을 계속해서 경험하거나 행동적인 측면에서 주어진 상황에 부적절한 행동을 되풀이하거나 사고의 내용이나 방식이 부적응적이거나 관계 측면에서 주변 사람들과 마찰과 갈등을 지속적으로 경험하는 것 등이 신경증적 문제의 예들이다. 이들은 자신이 겪는 불행과 고통을 스스로 인식할 수 있으므로 상담자에게 자발적으로 도움을 구하는 경우가 많으며, 기본적인 심리적 능력을 가지고 있기 때문에 상담을 통해 성공적인 문제해결에 이르는 경우가 많다.

반면에 정신증적 상태는 현실인식과 기본적인 생활적응 자체가 심각하게 손상된 경우로 일명 정신병으로 일컫는다. 정신증적 장애의 주요 특징으로는 현실검증 능력이 부족해서 현실상황을 왜곡하여 지각함으로써 부적절한 정서와 행동을 보인다. 정신증적인 경우 상담만으로 접근하기에는 문제의 해결이 어려울 수 있다. 현실검증 능력이 손상된 경우에는 대화를 통한 상담이 어렵기 때문에 약물을 사용하여 극심한 불안과 우울, 망상을 치료하기도 한다. 이들은 현실에 대한 올바른 인식이 결여되어 있기 때문에 자신에게 문제가 있다는 것 자체를 제대로 알지 못한다. 가족이나 주위 사람들의 요청으로 병원 치료를 받는 경우가 일반적이다.

3) 상담관계

상담관계는 상담을 통해 사람의 성장과 발전을 조력하는 상담자와 내담자의 관계를 일컬으며 상담의 성립을 가능하게 하는 터전이다(박성희, 2003). 상담자와 내담자의 관계는 일반적인 인간관계와 다르다. 상담관계는 내담자의 표현을 민감하게 알아차리고 반응해 주는 상담자의 민감성, 어떤 감정이라도 자유롭게 표현할 수 있도록 허용하는 상담자의 태도 등에 영향을 받는다. 내담자의 치료적 변화를 위해 신뢰 있는 상담관계 형성을 위한 몇 가지 방법을 알아보면 다음과 같다.

(1) 경청하기

상담자는 원칙적으로 듣는 사람이어야 한다. 내담자의 말에 귀를 기울임으로써 내담자가 어렵고 혼란스러운 상황에서 빠져 나오도록 하며 내담자의 문제를 확인하고 적절한 대안을 탐색하도록 돕는다. 상담자는 내담자의 말을 매우 주의깊게 듣고 있다는 것을 알아차리도록 최소한의 비언어적 반응(자연스러운 시선접촉, 고개 끄덕이기, 맞장구치기 등)을 사용할 수 있다.

(2) 감정 반영하기

감정반영은 내담자가 자신의 감정을 충분히 경험할 수 있도록 할 뿐만 아니라 끊임없이 자신의 내면을 탐색할 수 있도록 용기를 북돋아 준다. 흔히 내담자들은 슬픔이나 절망, 분노, 불안과 같은 강한 감정과 연관된 고통을 피하고 싶기 때문에 자신의 감정을 탐색하지 않으려고 한다. 그러나 감정을 피하고 문제가 자신에게 끼친 영향을 충분히 경험하지 않는다면 진정한 해결책은 찾지 못하게 될 것이다. 효과적인 상담자는 내담자로 하여금 자신의 감정을 충분히 경험하고 정화적(catharsis) 노출을 도와서 합리적 사고가 작용하도록 조력한다.

(3) 내담자 문제를 정확하게 이해하기

내담자들은 고통을 경험하면서 그 원인을 모르는 경우가 많다. 불안하고 우울해 하면서 무엇이 문제인지 모르다가 상담자가 문제의 핵심을 파악하고 접근할 때 내담자는 상담자를 신뢰하고 적극적으로 상담에 임하게 된다. 상담자는 다양한 질문을 통해 내담자가 고통을 겪는 원인이 어디에 있는지를 파악해야 한다.

(4) 상담자의 민감성

내담자의 표현을 민감하게 알아차리고 반응해 주는 상담자의 민감성은 내담자와 더 깊은 정서적 관계를 맺게 한다. 내담자가 자신의 문제를 극복하는 일정기간 동안 상담자가 내담자에 대해 진실한 관심을 가지고 그를 한 사람의 인간으로 수용하는 것을 통해 관계를 형성해 나가게 된다.

(5) 상담자의 수용적 태도

상담자가 내담자로 하여금 어떤 감정이라도 자유롭게 표현할 수 있도록 허용할 뿐만 아니라 내담자의 부정적 감정도 표현할 수 있도록 격려하면서 도덕적이거나 비판적인 태도를 보이지 않고 수용하고 이해하려는 태도를 보이면 내담자는 자신의 모든 감정과 태도를 표현할 수 있다. 상담관계가 잘 형성되면 내담자는 지금까지의 생활을 혼란스럽게 했던 모든 금지된 충동과 말할 수 없었던 태도를 가능한 한 빨리 드러낼 수 있게 된다.

4. 상담의 과정

상담은 상담자가 내담자와 함께 하는 일련의 과정이다. 이러한 과정은 내담자가 경험하고 있는 문제의 특성이나 상담자가 상담의 실제에 접근하는 방식, 그리고 상담이 이루어지는 내 · 외적 상황에 따라 각기 다른 모습을 보일 수 있으며, 많은 이론들은 각 이론에서 제시하는 상담의 목표에 따라 상담의 과정이 어떻게 진행되어야 하는지에 대해 기술하고 있다. 그럼에도 불구하고 상담은 진행과정에 따라 초기, 중기, 종결 단계로 구분할 수 있다.

1) 초기단계

상담의 초기단계는 내담자 및 내담자가 호소하는 문제를 이해하고 상담목표를 수립하는 단계이다. 상담자와 내담자의 첫 대면 이후 몇 번의 회기를 가지면서 내담자의 문제를 파악하고 상담의 목표를 정하는 과정이 진행되는데 이

과정을 좀 더 구체적으로 알아보면 다음과 같다.

(1) 안정된 상담관계 형성

상담자와 내담자 사이에 솔직하고 신뢰에 기초한 상담관계를 형성하는 것이 필요하다. 이를 위해 상담자는 내담자에 대한 인간적인 관심을 가지고 상담자의 개인적 특성과 상담경험을 살려 내담자와 신뢰 있는 관계를 형성해 나아가도록 노력한다. 내담자가 상담자를 신뢰할 수 있을 때 자신의 개인적인 고충을 털어놓고 이야기할 수 있을 것이며 상담이 효과적으로 진행될 수 있을 것이기 때문에 안정된 상담관계의 형성은 앞으로 진행될 상담의 성패를 결정할 정도로 중요하다. 따라서 상담자는 내담자의 이야기를 적극적으로 경청하며 상담을 통해 문제를 해결할 수 있다는 희망을 줄 뿐만 아니라 자신을 지지해 주는 안정되고 신뢰성 있는 사람으로 상담자를 받아들일 수 있도록 내담자에게 일관된 관심을 보이고 공감하며 민감하게 반응해야 한다.

(2) 내담자의 이해와 평가

상담의 초기 단계에서 상담자는 내담자가 상담을 받으러 온 이유, 내담자의 개인적 특성 및 관련 정보를 수집하고 분류하여 내담자가 자신의 문제를 정의하고 명료화할 수 있도록 돕는다. 이를 위해 상담자는 내담자가 제공하는 언어적 정보뿐만 아니라 비언어적 정보를 수집하면서 내담자의 행동 패턴, 주요 문제와 갈등의 원인, 내담자가 현실을 지각하고 반응하는 방법 등이 내담자의 문제 형성에 어떻게 기여했는지를 파악할 필요가 있다. 또한 내담자가 이 시점에 상담을 찾게 된 계기는 무엇인지, 상담실을 찾은 계기가 본인의 자발적 선택인지 아니면 외부의 어떤 압력에 의해서인지, 상담에 임하는 동기는 어느 정도인지를 이해하도록 노력한다.

(3) 상담 구조화

내담자가 상담의 진행 과정과 상담에서 자신이 해야 할 일에 대해 안내받는 것이 필요하다. 상담의 구조화는 대부분 첫 회기를 종료하기 전에 이루어지는 것이 좋다. 상담의 시간이나 횟수, 약속시간을 지키지 못했을 때의 연락 방법 등 상담의 진행과 관련된 구조적 틀 뿐만 아니라 내담자가 상담을 통해 어떤 도움을 받을 수 있는지, 상담이 효과적이 되기 위해 상담자 및 내담자는 무엇을 어떻게 해야 하는지 등과 관련된 역할의 구조화, 비밀유지와 비밀보장의 한계도 내담자가 이해할 수 있도록 설명함으로써 내담자가 상담의 진행 과정에 적극적으로 참여하도록 돕는다.

(4) 상담의 목표 설정

내담자의 문제를 파악한 후 상담을 통해 내담자가 도움받기 원하는 것이 무엇인지에 대해 구체적으로 상담의 목표를 설정한다. 상담 과정을 통한 구체적 개입은 상담의 초기에 설정한 목표를 중심으로 이루어진다는 점에서 상담 목표의 설정은 상담을 효과적으로 이끌어 가기 위해 매우 중요한 요소라고 할 수 있다. 내담자는 이 상담을 통해 이루고 싶은 것이 무엇이며 변화하고 싶은 것은 어떤 것인지에 대한 상담의 방향과 어느 정도를 이루고 싶은지에 대한 변화의 정도를 질문을 통해 알아보고 확인하는 것이 필요하다. 상담의 목표는 구체적이고 현실적이며 명확할수록 좋다. 목표를 설정할 때는 상담자의 일방적 관점에 의해서가 아니라, 내담자가 동의하는 수준에서 협력적 태도를 유지하면서 목표를 정해야 한다. 이 과정에서는 내담자가 제시한 문제를 다시 구체적으로 정의하여 문제의 성질을 분명히 하고, 내담자가 그 동안 문제를 해결하기 위해 어떤 노력을 하였는지 알아보는 것을 통해 각 문제에 따른 해결방법과 절차를 논의하면서 상담의 목표에 효과적으로 도달할 수 있는 상담 전략을 수립한다.

2) 중기단계

중기단계는 초기 단계에서 드러난 내담자의 문제를 해결될 수 있도록 변화를 위한 구체적 노력이 진행된다는 점에서 문제해결 단계라고 부르기도 한다. 내담자는 자신이 가지고 있는 문제가 어떻게 해서 비롯되었으며 자신의 삶에 어떤 의미를 가지고 있는지, 그러한 문제에 자신이 어떻게 대처해 왔는지를 이해하며, 자신의 성격형성 과정 및 관계유지를 위해 자신이 취해온 역할 등에 대해 많은 부분을 알게 됨으로써 자각의 확장이 일어나게 된다. 내담자는 자신이 가지고 있는 장점, 단점 및 자원 그리고 문제의 본질에 대해 통찰하게 되고 새로운 관점으로 자신과 타인 그리고 주변 세계를 이해할 수 있게 된다. 내담자의 통찰은 더 깊은 자기탐색으로 이어지고, 이것은 다시 타인들에게 드러내기 어려웠던 생각이나 감정들을 더 많이 개방할 수 있게 한다. 이러한 과정은 내담자로 하여금 자신의 문제가 외부 환경 및 과거 성장과정에서의 경험과 어떻게 연결되어 있는지를 깨닫게 함으로써 자신의 삶에 방해가 되고 있는 역기능적 사고 및 감정 그리고 행동의 패턴이나 관계 유형 등에 대해 자각을 이끌어 낸다. 이 과정에 상담자는 내담자의 이해와 통찰 및 자각의 확장을 통해 상담의 목표를 달성할 수 있도록 여러 가지 상담의 기법들을 적용하게 된다. 감정 반영, 내용 반영, 재진술이나 요약 등을 통해 내담자의 마음을 잘 읽어 줄 뿐만 아니라 깊은 수준의 공감, 직면, 해석 등의 기법을 적용해서 내담자가 정확하게 자신의 문제를 이해할 수 있도록 돕는 것이다. 자신의 부적절한 행동이나 감정, 사고에 대한 책임이 자신에게 있음을 직시할 수 있을 때 새로운 관점에서 문제를 이해할 수 있기 때문이다.

내담자의 탐색과 자각은 문제해결을 위한 구체적 행동실행이 없다면 상담의 목표 달성에 도달하지 못할 것이다. 따라서 상담자는 내담자가 탐색과 자각을 통해 깨달은 것들을 구체적 행동으로 옮길 수 있도록 지원해야 한다. 상담 회기 중 빈 의자 기법이나 역할 연습 및 심상 기법의 과정들을 활용해 봄으로써 내담자가 현실 생활에 적용하는 과정을 실험해 보거나, 과제를 부여하는 방법들을 통해 내담자가 원하는 변화가 실제 생활에서 일어날 수 있도록 격려할 필요가 있다. 중기단계에서 이러한 노력들이 상담의 성과로 이어지게 된다.

3) 종결단계

상담의 목표를 달성해서 내담자의 문제가 사라지게 되면 상담을 종결할 시점이다. 상담자의 관점에서 상담목표를 달성했다고 판단이 되면 종결을 위해 내담자와 논의할 준비를 해야 한다. 내담자도 자신의 문제가 해결되었다고 느낀다면 종결에 대한 합의에 쉽게 도달하게 될 것이다. 이때 상담자는 내담자와 상담의 과정을 통해 얻은 것이 무엇인지를 확인하고 상담 종결 후에도 효과가 지속될 수 있도록 점검해야 한다. 상담 목표의 달성 정도가 어떠한지, 그런 변화의 정도는 내담자 자신뿐만 아니라 상담자의 경험이나 내담자 주변의 인물들과의 관계에서는 어떻게 나타나는지, 행동 변화의 요인이 있다면 구체적으로 어떤 점이 변화에 영향을 주었는지, 변화가 미진하다면 그 이유가 무엇인지, 앞으로 무엇을 어떻게 할 것인지에 대해 논의해 보는 것이 좋다.

그러나 상담자와 내담자가 상담 종결의 시점에 대해 견해가 일치하지 않을 수도 있다. 상담자가 보기에 아직 불충분하다고 판단될 때에 내담자가 종결을 원하는 경우, 또는 상담의 목표 달성과 별개로 내담자가 아직 종결의 준비가 되어 있지 않은 경우도 있을 수 있다. 내담자가 종결을 원하는 경우 상담자는 일정기간 일상생활에 대처해 나가는 내담자의 상황을 잘 파악해 보고 차후에 종결을 논의해 볼 수 있다. 종결의 과정은 또 하나의 이별의 과정이 되기 때문에 관계에서 의존적인 내담자일 경우 상담의 종결을 미루려는 경향이 있다. 이러한 경우 상담자는 정서적 지지의 자원이 되었던 상담관계를 마무리하는 것에 대한 내담자의 감정을 적절히 표현하고 종결을 준비할 수 있도록 돕는 것이 바람직하다.

제 4 장

상담이론

1. 정신분석 상담
2. 인간중심 상담
3. 게슈탈트 상담
4. 합리적·정서적 상담
5. 현실요법 상담
6. 행동주의 상담

상담은 기본적으로 사람들은 현재의 문제를 가지고 있는 상태로부터 변화시키고자 하는 것이다. 자기와 타인을 이해하는 방식, 삶을 바라보고 대처하는 방식 등이 보다 기능적으로 변화되기를 바라는 것이다. 그러나 너무나 복잡하고 다양한 인간의 삶에서 정상과 병리를 어떻게 구분할 것인가? 상담이론들은 체계적이고 과학적으로 인간의 삶과 문제를 이해하는데 도움을 준다. 각각의 이론들은 인간에 대한 철학과 성격이 형성되는 과정, 심리적 문제를 보는 관점에 대한 인지적, 정서적, 행동적 이해에 관한 내용을 포함하고 있다. 어느 하나의 이론이 모든 유형의 인간 문제들을 설명할 수는 없다. 그러므로 인간의 문제를 이해하기 위해서는 다양한 이론과 관점을 숙지하는 것이 필요하다. 이 장에서는 정신분석 상담, 인간중심상담, 게슈탈트상담, 합리적 정서 상담, 현실요법 상담, 행동주의 상담 등을 중심으로 알아볼 것이다.

1. 정신분석 상담

1) 기본개념

정신분석이론은 Freud가 창립한 이래 수많은 다른 이론에 영향을 미치고 있으며 다른 이론들을 평가하는 기준이 되고 있는 이론으로 평가된다. 성격형성의 주요기제와 성격의 구조에 대한 이해, 인간 본성에 관한 철학적 통찰 및 심리치료를 위한 주요기법들은 행동을 동기화하는 심리내적 역동과 무의식의 역할의 중요성을 알 수 있도록 도와준다. 정신분석 상담의 주요한 기본개념을 알아보면 다음과 같다.

(1) 정신 결정론(determinism)

인간의 모든 행동은 심리내적 원인에 의해 결정된다고 보는 관점이다. 사고,

감정 그리고 행동 등의 정신활동은 인과관계에 의해 나타난다고 보기 때문에 개인이 경험하는 갈등의 실체가 되는 원인의 제거에 관심을 갖는다. 이런 관점에서 인간을 보면 현재 자신의 행위를 결정하고 그에 따른 책임을 질 수 있는 능동적이고 주체적인 존재라기보다는 과거 아동기의 성장 과정 동안의 경험에 의해 전적으로 영향을 받는 존재가 된다.

(2) 의식의 세 수준

Freud에 의하면 인간의 정신세계는 의식, 전의식, 무의식의 세 가지 수준으로 구분된다. 의식은 개인이 현재 자각하고 있는 모든 행위와 감정들을 포함한다. 현재 경험되고 있는 사고, 지각, 감정, 기억 등은 의식에 속하지만 전체 마음 중의 작은 부분에 불과하다. Freud는 인간의 의식 세계를 빙산에 비유했는데 수면 위에 나타난 부분이 의식에 해당한다고 하였다. 전의식은 지금 현재 의식되지 않고 있지만 조금만 노력하면 곧 의식으로 떠올릴 수 있는 생각이나 감정들이 해당된다는 점에서 잠재의식이라고도 한다. 우리가 생활하면서 의식적으로 주의를 기울이지 않은 것들은 일단 전의식으로 사라지고, 이후에는 더 깊은 무의식 속으로 사라지게 된다. 무의식은 빙산의 대부분을 차지하고 있는 수면 아래 부분에 해당하는 거대 영역으로, 직접적으로 알 수는 없고 개인이 나타내는 행동을 통해 추론할 수는 있다. Freud는 개인의 모든 경험, 기억, 억압된 재료들은 무의식에 저장되어 있다고 보았다. 의식에 떠올리기에는 너무 고통스러운 용납될 수 없는 생각, 감정, 기억, 충동은 깊이 억압되어 있다가 꿈이나 실수, 증상 등의 위장된 형태나 타협의 방식으로 나타난다. 이러한 무의식의 내용과 과정을 분석하게 되어 의식화하게 되면 결정론적 영향으로부터 자유로울 수 있다.

(3) 성격의 구조

정신분석적 관점에서 인간의 성격은 원초아, 자아, 초자아의 세 가지 요소로 이루어져 있다. Freud는 인간을 에너지 체계로 보았으며 에너지의 양이 제한되어 있고 한 체계에 집중된 에너지가 많을수록 다른 두 체계에서 이용할 에너지가 부족해진다고 여겼다. 따라서 성격의 세 가지 요소 중 어떤 부분에 에너지가 집중되는가에 따라 성격의 특성이 결정될 수밖에 없다. 원초아는 생물학적 구성요소이며, 자아는 심리적 구성요소 그리고 초자아는 사회적 구성요소이다(Corey, 2003).

1 원초아

성격의 최초 체계로서 세 개의 체계 중 가장 먼저 존재한다. 심리적 에너지의 가장 초기의 원천이며 본능이 자리잡고 있는 곳이기도 하다. 식욕이나 성욕, 수면욕구 및 배설 욕구 등의 본능적 욕구를 즉각적으로 충족시키려는 쾌락원리에 의해 지배를 받는다. 고통을 피하고 만족을 추구하며 긴장 감소만을 목적으로 하기 때문에 비논리적이고 현실을 고려하지 않는다.

2 자아

현실 세계와 접촉하는 성격의 한 부분으로 본능과 환경 사이를 중재하는 역할을 한다. 현실적이고 논리적으로 사고하며 만족을 얻기 위해 어떻게 행동할 것인지 계획하고 조절하는 성격의 집행자로써 현실원리에 의해 기능한다. 원초아가 주관적 현실만을 고려한다면 자아는 원초아의 맹목적 충동을 견제하고 통제하는 역할을 한다.

3 초자아

성격의 사회적 구성요소에 해당하는 초자아는 성장과정에서 부모나 사회적 환경의 영향을 받아 형성된다. 부모의 가치관, 사회적 규범과 이상, 도덕성 등이 자리잡는 곳이다. 쾌락보다는 완벽을 추구하며 도덕원리에 의해 작용하는데, 양심과 자아이상의 두 하위체계를 가지고 있다. 자아이상은 옳은 행동에 대해 긍정적인 보상을 받은 경험을 통해 형성되며, 양심은 잘못된 행동에 대한 처벌이나 비난을 받은 경험으로 생기는 죄책감과 관련된다. 원초아의 충동을 억제하도록 하며 자아가 현실적 목표 대신 도덕적 목표를 추구하도록 유도한다. 부모나 사회의 가치를 내면화하여 형성되었으며 심리적 보상이나 처벌 등과 관련이 있는데 보상은 자부심으로, 처벌은 죄책감으로 나타난다.

(4) 불안과 자아방어기제

1 불안

어떤 것을 하도록 우리를 동기화시키는 긴장 상태가 불안이다. 원초아, 자아, 초자아 사이의 갈등이 이용 가능한 정신에너지의 통제를 넘어설 때 발생한다. 이러한 불안의 기능은 임박한 위험에 대해 경고를 하는 것이다. 불안은 현실적 불안, 신경증적 불안, 도덕적 불안의 세 종류가 있다. 현실적 불안은 외부 세계에서 오는 위험에 대한 두려움이며, 불안의 정도는 실제 위험의 정도에 비례한다. 신경증적 불안은 본능적 충동이 통제되지 않아 벌을 받을 어떤 일을 하게 되는 것에 대한 공포다. 도덕적 불안은 도덕적 기준에 위배되는 생각이나 행동을 한 것에 대해 자신의 양심에서 생기는 두려움이다. 도덕적 불안이 심할 경우 오히려 처벌받을 행동을 저지르게 되기도 한다. 양심이 잘 발달된 사람이 자신의 도덕적 규칙에 위배되는 일을 할 때 죄책감을 느끼는 경향이 그런 방식으로 나타나는 것이다. 신경증적 불안이나 도덕적 불안은 개인 내의 힘의 균형이 위협을 받을 때 발생하는데, 자아가 적절하나 조치를 취하도록 위험 신호를 보내는 것이라고 할 수 있다. 자아는 합리적이며 직접적인 방법으로 불안을 통제할 수 없을 때 원시적이며 미숙한 자아방어기제를 사용함으로써 불안으로부터 벗어나고자 하게 된다.

2 자아방어기제

불안으로부터 벗어나도록 자신을 보호하기 위해 사용하는 것이 자아방어기제이다. 방어기제의 사용 자체가 병적인 것은 아니다. 적응적 가치가 있는 방어기제를 적절하게 사용하는 것은 정상적인 행동이지만 현실직면을 피하려는 삶의 양태가 될 때 병적인 것이 될 수 있다. 방어기제의 종류는 다양한데 공통적 특징은 두 가지이다. 첫째, 방어기제는 무의식 수준에서 작동한다는 것과 둘째, 현실을 부정하거나 왜곡시키기 위해 사용된다는 점이다. 주요 방어기제를 알아보면 다음과 같다.

① 억압(repression)

위협적이거나 고통스러운 생각, 감정들을 의식하지 못하도록 하는 방어 수단으로, 다른 자아방어기제나 신경증적 장애의 기초가 되는 것이다. 의식에서 배제되어 억압된 관념이나 충동은 이후의 삶에서 개인의 행동의 동기로 작용하게 된다.

② 부정(denial)

전의식 수준이나 의식의 수준에서 작용하는 방어기제로, 충격적인 상황에서 개인이 생각하고 느끼고 지각한 것을 왜곡하는 방법이다. 위협적 현실에 스스로 눈을 감고 보지 않으려 하는 것이다.

③ 반동형성(reaction formation)

불안을 일으키는 충동과 정반대되는 의식적 태도나 행동을 취함으로써 불안을 피하는 것이다. '미운 놈 떡 하나 더 준다'는 속담이 여기에 속한다.

④ 투사(projection)

받아들이기 힘든 자신의 욕망이나 충동들을 무의식적으로 타인의 탓으로 돌려 비난함으로써 자신을 보호하려는 것이다. 그렇게 함으로써 자신의 불안에 직면할 필요를 없앤다. 성적 충동이나 공격적 충동은 타인들이 가지고 있는 것이고 나와는 상관이 없는 것으로 은폐된다.

⑤ 치환(displacement)

충동이나 욕구를 불러일으킨 원래의 위협적인 대상이나 사람에게서 보다 안전한 다른 대상이나 사람에게로 그 에너지를 향하게 하는 것이다. '종로에서 빰맞고 한강에서 눈흘긴다'는 속담이 여기에 해당된다.

⑥ 합리화(rationalization)

자아가 상처받지 않도록 타당한 이유를 조작해 냄으로써 자신을 보호하는 자기 기만형 방어기제이다. 자신의 행동을 정당화하고, 실망이나 좌절을 가져온 심리적 충격을 경감시키기 위해 사용된다.

⑦ 승화(sublimation)

사회적으로 허용되고 인정받는 경로로 성적 또는 공격적 에너지를 전환하는 것이다. 공격적 충동을 운동으로 전환시킨다든가, 성적 충동을 예술 작품으로 표현하는 활동들이 여기에 속한다.

⑧ 퇴행(regression)

스트레스나 곤경에 직면했을 때 어렸을 때의 행동양식으로 되돌아가 미성숙하고 부적절한 행동을 함으로써 현재의 불안이나 책임감을 회피하려는 것이다.

2) 발달이론

Freud는 인간이 성장하면서 쾌락을 추구하는 신체부위가 나이에 따라 변하며, 각 시기의 적절한 욕구 충족 경험이 성격 형성에 중요한 영향을 미친다고 보았다. 과도한 만족이나 지나친 좌절 경험은 성격 형성에 부정적인 영향을 미치게 되어 성인기의 심리적 장애의 원인이 된다.

(1) 구강기

출생 후 첫 1년에 해당하는 시기이다. 유아는 엄마의 젖을 빨거나 먹는 것에 관심을 집중하며 구강적 만족을 추구한다. 입을 통해 최초의 외부 대상인 엄마와 접촉하게 되면서 만족과 불만족을 경험하며 외부 세계에 대한 기초적 인식을 갖게 된다. 구강기의 과도한 욕구 충족은 의존적이며 요구적인 구강기적 성격이 되며, 구강적 만족이 과도하게 억제될 경우 타인과 접촉하는 것에 대한 두려움을 형성하게 되어 깊이 있는 인간관계를 형성하는 데 어려움을 가질 수 있다.

(2) 항문기

1세에서 3세에 해당하는 시기로 항문 부위가 성격 형성의 중요한 부분이 된다. 이 시기의 아동은 배변 훈련의 과정에서 부모의 통제와 사회적 규칙을 경험하게 된다. 부모의 요구에 직면하고 대상을 다루고 환경을 탐색하는 과정에서 자율성과 자기통제력을 발달시키며 적대감, 증오, 미움 등과 같은 부정적 감정을 수용하는 것을 배운다. 이 시기에 욕구에 대한 지나친 만족이나 좌절 경험은 성인기의 극단적인 질서 정연, 탐욕, 인색함, 고집행동 등의 원인이 된다.

(3) 남근기

3세에서 6세에 해당하는 시기로 관심의 초점이 성기가 된다. 이 시기는 무의식적으로 이성의 부모를 차지하려는 욕구와 경쟁자인 동성의 부모에 대한 적대감을 느끼게 되는데 오이디푸스 콤플렉스와 엘렉트라 콤플렉스를 경험하는 것으로 특징지어진다. 남자 아이의 어머니에 대한 사랑과 어머니를 독차지하려는 욕구는 강력한 경쟁자인 아버지에 의해 좌절된다. 이때 거세불안이 작용함으로써 그러한 욕구가 억압되고 아버지와 동일시함으로써 남자로서의 성적 정체성을 형성하게 된다. 여자 아이는 반대로 남근 선망을 가지면서 아버지의 관심을 끌기 위해 어머니와 경쟁하지만 이내 어머니를 동일시하게 되면서 여성으로서의 성적 정체성이 발달하게 된다. 이러한 동일시 과정을 통해 부모의 도덕적 가치를 내면화함으로써 초자아가 발달하게 된다.

(4) 잠복기

6세에서 시작해 사춘기가 시작될 때까지 지속된다. 이전 시기에 발달한 초자아의 영향으로 자기 신체에 대한 성적 관심이 억압된다. 이러한 영향으로 기존의 자기애적 상태에서 타인들과의 관계로 관심이 확장되며 사회화가 일어난다. 세상에 대한 새로운 관심들이 성적 충동을 대신하면서 학교에서의 다양한 활동이나 동성 친구들과의 우정으로 승화된다.

(5) 생식기

생식기는 12세 전후의 사춘기에 시작되는 시기이다. 생물학적 성숙으로 인해 이 시기의 성 에너지는 이성에게 집중되며 성 욕구 또한 현저하게 증가하게 된다. 부모로부터의 심리적 독립과 자아정체감 확립의 주요 과제를 안고 있는 시기이기도 하다. 성인으로 성숙해 감에 따라 친밀한 관계를 형성하고 타인에 대해 관심을 보이는 능력이 발달하며 자기애에서 벗어나 이타적 행동과 타인에 대한 관심을 갖게 된다.

3) 상담의 적용

(1) 상담의 목표

정신분석 상담의 목표는 첫째, 무의식을 의식화하는 것이며 둘째, 자아 강도를 높여 본능적 요구보다 현실에 바탕을 둔 행동을 할 수 있도록 하는 것이다. 이를 위해 아동기 경험을 재구성하고 해석과 분석을 통해 통찰을 유도하고 억압된 감정과 기억들을 경험함으로써 자기 이해의 수준을 높여 성격의 변화를 가져오게 한다.

(2) 상담의 기법

정신분석적 상담은 의식을 증가시키고 행동에 대한 지적 통찰을 얻게 하며 증상의 의미를 이해하도록 하기 위해 자유연상, 해석, 꿈의 분석, 저항 분석 그리고 전이 분석의 기법을 사용한다.

1 자유연상

정신분석적 상담의 핵심기법으로서의 자유연상은 내담자가 검열 없이 자신의 생각과 감정을 떠오르는 그대로 이야기하는 것을 말한다. 이때 상담자는 내담자의 무의식에 갇혀 있던 억압된 자료를 규명하기 위해 내담자의 연상을 따라 가며 무의식적 역동의 근원에 대한 통찰을 얻을 수 있도록 돕는다. 내담자 이야기의 표면적 내용만이 아니라 심층에 감춰진 의미까지 헤아리면서 경청하는 태도가 필요하다.

2 해석

상담 장면에서 나타나는 내담자의 행동뿐만 아니라 꿈, 자유연상, 저항의 의미를 내담자에게 지적하고 설명하고 가르치는 것이 해석이다. 해석은 내담자의 성격의 근원 및 당면한 문제의 원인에 대한 상담자의 평가를 근거로 이루어지는데, 이를 통해 내담자의 자아가 새로운 내용을 수용하고 더 많은 무의식적 자료를 드러내도록 돕는다.

3 꿈의 분석

Freud는 꿈을 '무의식으로 가는 왕도'라고 보았다. 무의식적 소망과 욕구 그리고 두려움 등이 포함되어 있는 것이 꿈이기 때문에 내담자의 무의식적 자료가 잘 드러나게 된다. 꿈은 두 가지 수준의 내용들을 포함하고 있는데, 무의식적 동기가 상징으로 숨겨져 있는 잠재내용과 내담자가 기억하는 꿈의 스토리에 해당하는 현재 내용이 그것이다. 꿈의 현재 내용에서 상징을 탐색하여 상징으로 위장되어 감추어진 잠재내용을 밝혀 내어 내담자가 무의식으로 억압했던 자료들을 통찰하도록 돕는 것이 꿈의 분석이다.

4 저항의 분석

저항은 내담자가 무의식적 자료를 생각해 내는 것을 저지함으로써 현 상태를 유지하고자 상담의 진행을 방해하는 현상이다. 억압된 충동이나 감정이 인식되려고 할 때 일어날 수 있는 불안을 방어하려는 무의식적 역동에 해당된다. 상담자는 저항을 분석하고 해석함으로써 내담자가 자신의 저항의 이유를 인식하도록 돕는다.

5 전이의 분석

전이란 내담자가 어릴 때 어떤 중요한 인물에 대해 가졌던 사랑이나 증오의 감정을 상담자에게 전위시킬 때 나타나는 현상이다. 정신분석의 중심기법으로서의 전이 분석은 내담자가 현재 기능에 대한 과거의 영향을 통찰할 수 있도록 돕는다.

4) 상담의 과정

(1) 초기단계

내담자가 호소하는 문제를 확인하고 분석적 상담에 적합한지를 결정한다. 내담자의 현재 문제, 성취와 관련된 삶의 과정, 대인관계 방법, 가족의 배경과 아동기의 발달적 역사 등 내담자가 제시하는 자료의 표면적 측면을 다루면서, 내담자의 무의식적 갈등의 본질에 대한 윤곽을 이해하고 자아강도를 평가한다. 내담자가 정신분석 상담에 적절하다고 판단되면 상담의 구조화 과정을 진행한다.

(2) 전이의 발달

정신분석 상담에서 매우 중요한 부분으로 내담자는 무의식에 억압되어 있던 아동기의 기억과 무의식적 환상들을 상담의 장면에서 재연하게 된다. 내담자가 성장과정에서 자신에게 중요한 타인에게 느꼈던 감정과 갈등을 상담이 진행되는 동안 상담자와의 관계에서 재경험하는 것이다. 이때 상담자의 역할은 내담자가 과거 어린 시절에 형성된 관점을 통해 현재의 상황을 어떻게 왜곡하여 지각하고 판단하며 관계를 맺는지 이해할 수 있도록 돕는 것이다. 충동과 불안의 비현실적인 측면을 인식하고, 전이의 형태로 나타나는 반복되는 행동의 패턴에 대한 통찰이 일어날 때 내담자는 성숙하고 합리적이며 현실적인 수준에서 자신에게 중요한 결정을 내릴 수 있게 된다. 이 과정에서 경험할 수 있는 통찰에는 지적 통찰(intellectual insight)과 정서적 통찰(emotional insight)의 두 종류가 있다. 지적 통찰은 자신의 문제에 대해 의식적 수준에서 이성적으로 분명하게 이해하게 되는 것이고, 정서적 통찰은 과거에 경험했으나 적절하게 처리되지 못하고 억압된 심리적 상처와 감정이 현재의 문제와 어떻게 관련되어 있는지에 대한 깨달음을 얻게 되는 것이다. 지적 통찰과 더불어 정서적 통찰이 함께 동반될 때 치유적 변화가 더 많이 일어난다.

(3) 훈습

내담자가 통찰한 것을 일상생활에 적용할 수 있을 때까지 상담의 과정에서 반복적으로 다루어 나가는 과정이 훈습이다. 내담자가 자신이 갈등하고 있는 문제의 근원이나 다른 사람들과의 관계에서 사용하고 있는 무의식적 방어기제를 발견하고 그러한 것들이 자신의 현재 삶에 어떤 영향을 주었는지에 대해 통찰을 했다고 해서 심리적 문제가 즉각적으로 해결되는 것은 아니다. 내담자가 살아오는 과정에서 한때는 적응적이었던 삶의 방식은 쉽게 변하지 않기 때문에 상담을 통해 획득한 통찰을 상담 장면이 아닌 외부의 일상생활에서 적용하기 위해서는 노력이 필요하다. 상담자는 내담자의 현실적인 행동의 변화가 안정되게 일어날 수 있도록 반복적으로 해석을 제공해 줄 뿐만 아니라 내담자가 변화를 위해 노력하고 있는 점에 대해 적절하게 강화를 해 주고 지지해 줌으로써 훈습의 과정을 돕는다.

(4) 전이의 해결과 종결

상담의 과정에서 일어나는 통찰과 훈습을 통해서 내담자의 문제가 해결되고 상담자에 대한 전이가 해소되면 상담의 종결을 준비한다. 이 시기에 내담자는 자아기능의 향상을 보이게 되며 자신의 삶에 영향을 미치고 있었던 갈등과 증상이 완화되고 병리적 방어기제의 사용이 감소하게 되며 성격의 구조에도 중요한 긍정적 변화가 생긴다.

2. 인간중심 상담

1) 기본개념

인간중심 상담은 Rogers에 의해 창시된 상담이론으로 인본주의 심리학의 영향을 많이 받았다. 인간중심 상담에서 인간은 자기를 실현할 수 있는 타고난 잠재력을 가지고 있으며, 자기 이해와 자기 지시적 능력을 갖고 있어서 언제든 건설적인 변화를 일으킬 수 있다고 믿는다. 내담자의 주관적인 경험을 존중하며 제약되고 왜곡된 상태로부터 해방시킴으로써 충분히 역할을 수행할 수 있는 성숙한 인간으로 성장하도록 돕는 것을 중요하게 생각한다. 인간중심 상담의 기본개념을 알아보면 다음과 같다.

(1) 유기체로서의 인간

Rogers는 육체와 정신을 모두 포함하는 통합적으로 조직된 체계로서의 유기체로 인간을 이해했다. 인간이 매 순간 경험하는 환경과의 상호작용은 감정이나 동기, 사고 등의 심리적 기능뿐만 아니라 운동이나 감각 등의 신체적 기능과 체계적으로 통합되는 유기체적 경험으로 본 것이다. 유기체적 경험을 통해서 세상을 인식하며 이러한 경험의 총체가 개인의 현상학적 장인 심리적 현실을 구성하게 된다. 그러므로 개인의 특정 행동은 단순히 환경의 자극에 대한 반응이 아니라 전체적으로 조직화된 체계에 따른 유기체적 경험의 표현인 것이다

(2) 현상학적 장과 내적 참조체계

동일한 현상이라도 개인에 따라 지각하고 경험하는 것은 다르게 마련이다. 개인은 계속적으로 변화하는 경험 세계의 중심에 존재한다는 의미에서 모든 현실은 '개인적 현실'이다. 여기에는 개인이 의식적으로 지각한 것은 물론이고 의식의 범위 밖에서 지각된 것까지 포함된다. 이러한 관점에서 보면 객관적 현실의 세계는 모두 개인의 주관적 현실, 즉 현상학적 장을 통해 재구성된 현실이다. 그러므로 한 개인의 경험을 이해하기 위해서는 그의 내적 경험세계를 구성하는 판단과 행동의 근거가 되는 주관적 현실에 대한 이해가 선행되어

야 하는 것이다.

(3) 유기체의 실현경향성

인간이 자신을 유지하고 확장하며 성장시키려는 타고난 경향성을 '실현경향성'이라고 한다. 이것은 주체의 자유와 책임이 발휘되는 적극적인 과정으로서 인간 에너지의 중심원천으로 볼 수 있다. Rogers는 만약 유기체가 자신의 목표를 향한 길이 차단되었다 하더라도, 자기를 유지하기 위해 잠재력을 건설적으로 성취하는 방향으로 나아간다고 보았다. 타율적이고 통제적인 환경으로부터 벗어나 개인의 자율성을 증가시키는 방향으로 성장하려는 자기실현(self-actualization)이 여기에 속한다. 자신을 스스로 조절할 수 있고, 자신에게 유익한 삶의 목표를 설정하고 행동의 방향을 결정해 나갈 수 있는 능력을 지닌 존재로서의 인간에 대한 신뢰가 포함된 개념이다.

(4) 자기와 자기개념

인간중심 상담에서 자기(self)와 자기개념(self-concept)은 혼용되고 있다. 자기(self)는 '나'에 대한 종합적인 의식과 가치를 의미하며 유기체의 행동을 일관되게 유지하는 성격 구조의 일부분이다. 어린 아이는 자신의 내부에서 지각되는 자기경험과 외부의 타인에 대한 경험을 구별하기 시작하면서 자기 존재에 대한 인식이 발달한다. Rogers는 중요한 타인이 개인을 평가하는 방식이 자기개념의 긍정적 또는 부정적 발달을 촉진시키는데 중요한 역할을 한다고 보았다. 자기개념은 현재 자신의 모습에 대한 인식을 의미하는 현실적 자기(real self)와 개인이 가장 높은 가치를 부여한, 그래서 꼭 자신이 그렇게 되어야만 한다고 느끼는 이상적 모습으로서의 이상적 자기(ideal self)로 이루어져 있다. 현실적 자기와 이상적 자기의 개념이 불일치할 때 인간은 불안을 경험하게 된다. 자기와 주관적 자기 경험 사이의 불일치의 정도가 심할수록 부적응적이고 병리적인 성격을 갖게 되며 적응적이고 일치적일수록 건강한 성격을 갖게 된다. 자기가 사용하는 방어기제로서 지각의 왜곡과 부정(denial)이 있다. 왜곡은 받아들이기 힘든 경험을 자신의 현재 자기상과 일치하도록 변형시켜 받아들이기 위해, 부정은 위험한 경험이 의식화되는 것을 회피함으로써 자기구조를 유지하기 위해 사용된다.

(5) 긍정적 존중과 가치의 조건

인간은 중요한 타인으로부터 긍정적인 방향으로 관심과 애정을 받고 싶어하는 강한 동기를 지니고 있는 존재이다. 긍정적 존중은 타인의 인정을 받기 위해 어떠한 조건도 필요치 않는 무조건적 긍정적 존중(unconditional positive regard)과 특정 조건을 충족시켜야만 주어지는 조건적 긍정적 존중(conditional positive regard)이 있다. 개인에 대한 어떤 평가나 조건이 없이도 사랑과 관심이 주어지는 무조건적 긍정적 존중에 비해 조건적 긍정적 존중은 타인이 정해 놓은 기준이나 방식 등 특정 조건, 즉 가치의 조건(conditions of worth)이 있다. 인간은 성장과정 중에 자신에게 중요한 타인과의 상호작용을 통해 가치의 조건(conditions of worth)을 습득하게 되는데, 가치의 조건이 자기실현의 방향과 일치하지 않을 경우 스스로 추구하고자 하는 목표나 이상을 따르는 행동 대신 타인이 정해 놓은 특정 조건을 충족시키려 행동함으로써 긍정적 존중을 받고자 하는 욕구를 충족시키게 된다. Rogers에 의하면 가치의 조건은 내면화되어 이후 자기 자신에게 스스로 적용하는 가치의 기준이 된다.

(6) 온전히 기능하는 사람

자신의 경험을 충분히 수용하고 실현경향성을 충분히 발휘하게 된 사람이 '온전히 기능하는 사람(the fully functioning person)'이다. 인간중심 상담의 궁극적인 목표이기도 한 온전히 기능하는 사람의 가장 큰 특징은 자신의 경험에 대해 개방적이라는 것이다. 지금-여기에서의 경험을 위해 두려움이나 방어적 태도 없이 자신의 경험을 있는 그대로 수용할 수 있으며, 자기를 신뢰하고 외부의 가치나 타인의 권위에 쉽게 흔들리지 않는다. 그러므로 자유의지를 가지고 창조적이고 생산적인 삶을 영위할 수 있으며 자신의 행동이나 선택의 결과에 대해서도 책임을 질 수 있게 된다.

2) 발달이론

Rogers는 개인의 현상학적 자기에 초점을 두었기 때문에 성격발달 자체에 특별한 주의를 기울이지 않았지만, 성장의 초기 단계에서 중요한 타인이 개인을 평가하는 방법을 통해 자기에 대한 개념이 긍정적 또는 부정적 방향으로 발달을 촉진한다는 것을 강조하였다. 그러므로 자기의 발달과정은 개인의 성장과 발달에 큰 영향을 미치게 된다.

신생아 시기에는 모든 경험을 하나로 지각하기 때문에 신체적 감각이나 외적 자극을 분리하여 지각하지 못하는 상태이다. 그러므로 이 시기의 아이에게 다른 대상과 분리된 존재인 'I'로서의 자신에 대한 지각은 존재하지 않으며, 'me'와 'not me' 역시 구분하지 못한다. 이 시기의 유아에게는 단지 포괄적이고 분화되지 않은 현상학적 장만이 존재한다. 자기 자신을 제외한 나머지 세계와 자신을 구분하기 시작하면서 어떤 것은 자신의 것으로 또 다른 어떤 것은 자신이 아닌 것으로 인식하는 과정에서 점차 자기 자신과 자신을 제외한 나머지 세계의 존재를 구분하기 시작한다. Rogers는 이러한 과정으로의 발달은 분화를 지향하는 인간의 경향성 때문이라고 보았다.

자기에 대한 의식이 생기면서 중요한 타인으로부터 인간적 따뜻함, 존중, 배려와 수용 및 사랑을 받고 싶어하는 기본적 욕구가 증진된다. 개인의 유기체적 욕구와 부모의 긍정적 관심과 사랑을 얻으려는 욕구 사이에서 갈등하면서 부모의 가치 조건을 내면화하고 부모가 지닌 조건적 가치에 따라 행동할 때 긍정적 존중을 받을 수 있다는 것을 학습하게 된다. 점점 중요한 타인들이 자신에게 가지고 있는 기대와 태도에 민감해지고 영향을 받게 되면서 타인이 설정한 기준에 부합하도록 생각하고 행동하고 느끼게 되며, 외부의 가치 기준은 행동의 내적 기준과 규범인 내적 참조체계로 자리잡게 된다. 타인의 조건적 · 긍정적 존중을 얻기 위해 자신의 유기체적 평가과정을 무시하고 자신의 잠재력과의 접촉이 단절 될수록 자기 소외를 경험하게 되며 개인의 건강한 성장과 발달을 방해받게 된다. 내적 참조체계는 이후 부모, 교사 등의 권위적 인물이 자신을 어떻게 생각하는가에 대한 자기 평가의 기준이 된다.

Rogers는 인간이라면 누구나 조건적 가치부여의 과정을 피할 수는 없지만, 한 개인을 있는 그대로 수용하고 존중하는 무조건적인 긍정적 관심을 주고받을 수 있을 때 온전히 기능하는 사람으로 성장하게 된다고 보았다.

3) 상담의 적용

(1) 상담 목표

인간중심 상담은 현재 내담자가 당면한 문제가 아니라 내담자의 존재 자체에 관심을 가지고 있기 때문에 단순히 문제를 해결하기 위한 것을 넘어서 내담자가 '온전히 기능하는 사람'이 되도록 돕는 것이 상담의 궁극적 목표가 된다. 이러한 목표가 달성되면 내담자는 경험에 대한 개방성과 자기 자신에 대한 신뢰가 증가하고 진정한 자기의 내적 기준에 의해 평가할 수 있으며 더 자연스럽게 살아가고자 하는 자발성이 증가될 것이다. 심리적 부적응은 유기체가 중요한 경험의 자각을 부정하거나 왜곡할 때 일어나게 되는 것이므로 내담자가 자신의 감정과 욕망, 가치관을 이해하고 자신의 문제를 파악함으로써 현실에 대한 왜곡된 지각을 수정하고 자기 개념과 유기체적인 경험 사이의 불일치를 해소하여 조화를 이룰 수 있게 되면 자신의 성장과 자기실현을 위해 스스로 변화를 이끌어 낼 수 있게 된다. 이를 위해 상담자는 내담자가 자신의 내적 참조체계를 정확히 이해하도록 도와야 하며 내담자의 내적 및 외적 환경과의 관계 안에서 긍정적인 행동변화가 이루어질 수 있도록 촉진적 환경을 제공해야 한다.

(2) 상담의 기법

인간중심 상담에서 내담자의 성장과 변화를 가져오게 하는 가장 중요한 핵심조건으로 여기는 것은 공감적 이해, 무조건적 · 긍정적 존중 그리고 일치성이며 특별한 기법이나 기술을 요구하지 않는다.

1 공감적 이해

공감적 이해는 상담자가 내담자의 감정에 빠져들지 않으면서 내담자의 경험과 감정들을 민감하고 정확하게 이해하는 것이다. 상담자가 자신의 주체성을 잃지 않으면서 내담자의 주관적 경험을 반영해 주고 공감해 줄 수 있을 때 내담자는 자기 자신을 더 잘 이해하고 수용할 수 있게 된다.

2 무조건적 · 긍정적 존중

내담자를 하나의 인격체로서 존중할 뿐 어떤 조건이나 가치에 의해서 판단하지 않고 있는 그대로 따뜻하게 수용하는 것이 무조건적 · 긍정적 존중이다. 내담자는 타인의 조건적 가치에 부합하기 위해 노력해 오면서 진정한 자기와 접촉하지 못했기 때문에 현재 부조화 상태에 있는 것이다. 그러므로 상담의 과정 중에 표현되는 내담자의 어떤 감정이나 생각 그리고 행동에 대해서도 그것의 좋고 나쁨에 대해 판단하거나 평가하지 않고 무조건적 · 긍정적 존중을 제공해 주는 것은 진정한 자기의 잠재력과 연결될 수 있는 기회를 갖게 하는 것이 될 수 있다. Rogers는 따뜻하고 온화하게 내담자를 돌보고, 칭찬하고,

수용하며 가치를 인정해 줄수록 상담이 성공할 가능성이 높다고 보았다.

3 일치성

일치성은 상담자의 진실성과도 같은 의미이다. 상담자가 자기를 인식하고 수용할 수 있으며 자신에 대해 진실할 수 있는 수준만큼 내담자와의 관계에서 일치성 또는 진실성을 보여줄 수 있을 것이다. 내담자와 상호작용하는 과정에서 일어나는 상담자의 감정이나 생각 등 내적 경험을 솔직하게 표현한다는 것은 상담자의 감정을 충동적으로 표현하는 것과는 매우 다르다. 상담 과정 중에 상담자가 자기 자신으로 존재하면서 자신의 마음 속에서 경험되는 것들을 개방적인 태도로 자각하고, 그것이 자신의 일부임을 수용하고 적절하고 진실되게 표현할 수 있어야 한다는 것이다.

4) 상담의 과정

Rogers가 자신의 경험을 통하여 요약한 인간중심 상담의 과정은 다음과 같다(이혜성 외, 2000).

(1) 피상적 노출단계

내담자들은 자신을 드러내려고 하지 않으며 자신의 감정이나 내면의 의미를 잘 인식하지 못하고 주로 외적인 이야기를 하는 정도이다. 실제의 문제를 인식하지 못하기 때문에 변화에 대한 욕구도 없다.

(2) 과도기적 노출단계

첫 단계에 비해 조금 더 개방적이지만 자기의 내면과 거리가 먼 것들에 대해 말한다. 문제에 대한 자신의 개인적 책임을 받아들이려고 하지 않는다.

(3) 초기 자기 인식단계

자신을 문제의 중심에 놓고 자기에 대해, 대상으로서 자기에 관련된 경험이나 타인에게 반영된 대상물로서 자기에 관해 표현할 수 있다. 과거의 감정들에 대해서는 자유롭게 이야기하지만 현재의 감정에 대해서는 아직 느끼지 못하거나 부정한다.

(4) 과거 감정에 대한 분명한 인식단계

혐오감, 두려움, 증오감과 같은 과거의 강렬한 감정들을 인식하고 받아들일 수 있게 된다. 자신의 책임감을 어느 정도 수용하기도 하지만 상담자와 깊은 관계를 맺는 것은 두려워한다.

(5) 현재 감정에의 충실단계

자신의 감정들을 수용하게 되고 자신의 경험을 있는 그대로 인식하게 된다. 경험에 적절한 감정을 느끼고 자신의 문제를 해결하려는 책임감을 받아들이게 된다.

(6) 주관적 생활의 수용단계

경험과 연결되어 있던 감정을 두려워하고 부정하고 저항하는 대신 즉각적으로 현재의 경험들로 수용할 수 있다. 이전에 방해를 받았던 자신의 한 단면을 주관적으로 처리할 수 있게 되어 자유로워진다.

(7) 개방적, 즉각적 경험단계

상담이 더 이상 필요하지 않는 단계로 개인은 즉각성과 개방성을 가지고 새로운 감정들을 경험하게 된다. 자신의 경험을 신뢰하게 되고 자유롭게 경험하면서 충분히 기능 하는 인간으로 성장한다.

3. 게슈탈트 상담

1) 기본개념

게슈탈트 상담(Gestalt Psychotherapy)은 Perls에 의해 창안된 상담이론이다. 끊임없이 완성을 추구하는 존재로서 인간을 가정하며 삶에서 전체성과 통합 및 균형을 이루는 것이 중요하다고 본다. 성장의 과정에서 경험하는 환경의 압력에 대처하면서 자신의 욕구보다 통제적인 타인의 요구에 적응하기 위해 당위적 의무감으로 자신을 조절하는 방법을 배우게 되면, 마음과 몸이 통합되어 있는 전체적인 존재이며 자신의 삶에 책임감을 가진 자율적 존재로서의 삶에 어려움이 발생하게 된다. 자기를 관찰함으로써 자신의 내적 욕구를 알아차리고 현재의 맥락적 요구를 알아차리게 되면 진실한 자기의 측면에서 자신의 삶을 자유롭게 선택하고 책임지는 삶의 태도를 확립할 수 있을 것이라고 본다. 게슈탈트 상담에서 상담자는 내담자와 함께 머무르면서 내담자와 경험을 유지하되 그 결과를 통제하지 않는다. 이런 관계를 통해 내담자뿐 아니라 상담자도 함께 성장하게 된다. 게슈탈트 상담에서 중요한 개념을 알아보면 다음과 같다.

(1) 게슈탈트(gestalt)

사람들은 어떤 경험을 하나의 의미화된 전체로서 지각하는 것이지, 부분들을 지각한 후 나중에 조직된 지각으로 합치는 것이 아니다. 이때 '의미 있는 전체'를 '게슈탈트'라고 하는데 여기에는 개인이 지각하는 요소들 사이의 상호관계가 반영되어 있다. 게슈탈트 심리학의 영향을 받아 Perls가 상담이론에 적용한 개념인데, 게슈탈트 심리학자들에 의하면 인간은 어떤 자극에 노출되었을 때 그것들을 각각의 부분으로 보지 않고 완결의 원리, 근접성의 원리, 유사성의 원리에 입각하여 의미 있는 전체로 만들어 지각한다. 장이론으로 잘 알려진 Lewin은 환경 내에 존재하는 가능성들과 유기체의 욕구들 사이에서 일어나는 상호작용에 의해서 게슈탈트가 형성된다고 주장하였다. 이런 점에서 게슈탈트는 상황이나 환경과 관계없이 그 자체로서 존재한다기보다는 그 상황 속에 있는 개인의 욕구와의 상호작용에 의해서 형성되는 것이다. 게슈탈트 상담에서는 이 점을 받아들여 개인이 어떻게 지각하는가에 따라 주관적으로 현실을 파악하고 세계를 조직화하는 방법이 달라진다고 본다. 주어진 환경적 맥락에서 자신의 욕구나 감정을 충족시킬 수 있는 방향으로 게슈탈트를 형성하고 환경과의 접촉을 통해 행동으로 실행하게 되면 게슈탈트는 자연스럽게 해소된다. 따라서 건강한 삶이란 분명하고 강한 게슈탈트를 형성하고 환경과의 접촉을 통해 자신의 욕구나 감정을 해소하는 삶이다. 만일 게슈탈트 형성에 실패하게 되면 심리적 및 신체적 장애를 경험하게 된다.

(2) 전경과 배경

전경(figure)은 현재 의식의 초점이 되는 부분이며, 그 순간 의식의 초점 밖에 놓여 있는 부분이 배경(background)이다. 재미있는 일에 몰두하여 배가 고픈 것도 잊고 집중하고 있는 사람이 있다면 그 사람에게 흥미를 끄는 일이 전경이 되고, 배고픔은 배경이 되는 것이다. 어느 순간 배고픔을 알아차리게 되면 전경과 배경은 자연스럽게 바뀌게 될 것이다. 게슈탈트를 형성하여 자각하는 것도 이와 같다. 개인이 한순간 게슈탈트를 형성한다는 것은 지금 현재의 자신에게 가장 중요한 욕구나 감정이 전경으로 떠오른다는 것을 의미한다. 심리적으로 건강한 사람일수록 자신에게 중요한 게슈탈트의 형성과 해소의 과정을 통해 전체를 통합할 수가 있다. 그렇지 못한 경우에는 특정 욕구나 감정을 다른 것과 잘 구분하지 못하여 강한 게슈탈트를 형성하지 못하기 때문에 자신이

하고 싶은 일이 무엇인지를 분명하게 알지 못하고 그 결과 행동의 목표나 의사결정에서의 어려움을 겪게 되며 혼란을 경험하게 된다. 특정 순간 전경으로 떠오른 게슈탈트를 인식하고 해소하게 되면 그것은 배경으로 사라지고, 어느 순간 다시 새로운 게슈탈트가 형성되어 전경으로 떠오르게 되는 과정이 자연스럽고 막힘이 없을 때 자신의 경험과 하나가 되는 진정한 성장이 시작된다.

(3) 미해결 과제 unfinished business

미해결 과제를 갖게 되는 이유는 게슈탈트의 형성과 해소의 과정에 문제가 있기 때문이다. 한순간 형성된 게슈탈트가 불완전하거나 완결을 향한 방향으로 해소되지 않았을 때 미해결 과제가 된다. 게슈탈트 심리학의 원리에 의하면 인간은 해결되지 못한 문제를 계속 완결시키고자 하는 경향을 가지고 있기 때문에, 미해결 과제는 배경으로 사라지지 못한 채 계속 전경으로 떠오르려는 시도를 하게 된다. 미해결 과제는 분노, 증오, 고통, 불안이나 죄의식 등 개인의 내면에 존재하면서도 표현되지 않은 감정으로 나타나는데, 이것들은 현재 필요한 게슈탈트를 형성하는 것을 지속적으로 방해하게 된다. 미해결 과제가 많아질수록 현재의 삶을 효과적으로 살아가는데 어려움을 갖게 되기 때문에, 게슈탈트 상담에서는 미해결 과제를 자각하고 완결짓는 일을 중요하게 생각한다.

(4) 알아차림(awareness)과 접촉

Zinker(Zinker, 1977; 김정규, 1996)는 게슈탈트의 형성과 해소와 관련된 순환과정을 6단계로 소개했다.

- 배경: 이전의 게슈탈트가 해소되어 평온하고 아직 다른 게슈탈트가 형성되어 있지 않은 단계
- 감각: 어떤 외부 자극이나 내적 불균형 상태가 발생되면서, 그와 관련된

유기체적 욕구나 감정이 신체 감감의 형태로 등장하는 단계

- 알아차림: 감각단계의 욕구나 감정을 알아차려 게슈탈트를 형성하고 전경으로 떠올리는 단계
- 에너지동원: 게슈탈트를 해소하기 위해 에너지를 동원하는 단계
- 행동: 구체적 행동으로 옮기는 단계
- 접촉: 환경과의 접촉을 통해 게슈탈트를 해소하는 단계

게슈탈트를 형성하여 전경으로 떠올리는 행위가 알아차림이고 에너지를 동원하여 실제로 환경과 만나는 행위가 접촉이다. 일상의 생활에서 자신이 느끼는 것, 감각, 생각 등을 알아차린다는 것은 쉬운 일이 아니다. 그런 까닭에 우리는 자신의 내면에서 일어나는 일을 지나쳐 버리거나 자신과 타인 그리고 환경을 연결할 수 있는 기회들을 놓쳐 버리기 쉽다. 게슈탈트 상담에서는 행동 자체를 변화시키는 것보다 알아차림을 격려한다. 알아차림을 통해 지금, 이 순간에 내가 무엇에 반응하고 있는지를 알 수 있기 때문에 긍정적 성장과 개인적 통합의 시작은 알아차림에서부터 비롯된다고 할 수 있다. 알아차림을 했다고 해도 에너지를 동원하여 행동으로 옮기기 위해서 환경과 접촉하지 않는다면 게슈탈트는 해소되지 않고 미해결 과제로 남아 우리의 삶에 지속적으로 영향을 미치게 될 것이다. 그런 점에서 접촉은 현재의 상태에서 변화하고 성장하기 위한 필수적인 단계이다. 접촉은 지금-여기에서, 그리고 매순간 출현하고 있는 것과 접촉하고 있는 상태이며, 알아차림은 어떤 주의를 요구하는 상황에서 개인이 접촉하고 있는 것에 주의의 초점을 맞춘다는 점에서 서로 밀접하게 관련되어 있는 개념이다.

(5) 접촉에 대한 저항; 경계 장애

현재를 있는 그대로 경험하게 하는 것을 방해하는 주요한 저항의 원천 5가지는 내사, 투사, 반전, 편향, 융합이다.

1 내사(introjection)

타인의 신념과 기준을 자신과 조화를 이룰 수 있도록 재구성하여 받아들이지 않고 무비판적으로 수용하는 것을 말한다. 환경과의 접촉을 통해 수용된 것들이 충분히 소화되지 않은 채 흡수될 경우, 자신이 가지고 있으면서도 적절하게 자신과 조화를 이루지 못하기 때문에 개인의 행동이나 사고방식에 악영향을 미칠 수 있다. 관념, 사랑, 정체성, 신념 등 어떤 것을 받아들일 때 자각하지 않고 변별하지 않고 받아들이게 되었을 때 그것은 개인의 내면에 완전히 통합되지 않게 된다. 통합을 위해서는 그것이 잘 분해되고 유용한 것과 유용하지 않은 것을 구분해 내는 변별의 과정이 있어야 한다. 이러한 과정이 없이 내사된 것은 타인의 기대와 요구에 따라 사는데 익숙해져서 자신의 진정한 욕구가 무엇인지 모르는 채로 살아가기 쉽다. 부모와의 과도한 동일시를 통해 부정적 측면까지 내사하게 되면 신경증적 장애를 일으킬 수 있다.

2 투사(projection)

내사와 반대되는 개념으로, 자신이 가지고 있는 욕구나 감정을 타인의 것으로 지각하는 것, 즉 자신의 어떤 측면을 타인이나 환경의 탓으로 돌림으로써 자신의 감정에 대한 책임을 회피하고자 하는 것이다. 투사를 하게 되면 자신의 내면에 있는 부정적 요소를 인정하지 않아도 되지만, 자신의 일부를 받아들이지 않고 부인하는 결과를 가져오게 된다. 타인의 특정 행동에 민감하게 반응하거나 부정적인 반응을 보이는 경우에는 문제삼고 있는 타인의 특정 행동은 자신이 투사한 부분일 가능성이 있다. 투사는 자신의 내부 세계와 외부 세계를 구분하는 것을 방해할 수 있으며, 자신의 유기체적 욕구를 자각하고 접촉하는 것을 방해하여 개인의 성장을 가로막고, 타인의 존재를 있는 그대로 접촉하지 못하게 방해함으로써 대인관계를 피상적 수준에 머무르게 할 수 있다.

3 반전(retroflection)

타인을 향해 표현되어야 할 충동이나 욕망이 자신에게 향하도록 하는 것이다. 대부분의 반전은 분노 때문에 일어나는데, 타인이나 환경과 상호작용하는 과정에서 화가 난 사람이 분노의 대상을 자신으로 바꾸어 스스로를 비난하고 상처 입히는 것이 여기에 해당한다. 반전은 성장의 과정에서 중요한 타인으로부터 지나치게 통제적이거나 거부적인 상호작용을 경험했던 사람은 부모의 태도를 자신의 것으로 내사함으로써 스스로 자신을 공격하는 태도를 보이는 것이다. 이는 개인의 내면세계가 두 부분으로 분열되어 있기 때문에 가능한 것이다. 분열된 한쪽은 행위의 가해자가 되고 다른 한쪽은 피해자의 역할을 재연하는 것이다. 반전은 내면의 긴장상태를 유발하여 신체적 긴장과 관련된 다양한 증상이나 통증을 유발할 수 있다.

4 편향(deflection)

환경과 정서적 접촉을 회피하거나 자신의 감각을 둔화시켜 환경과의 접촉을 약화시키는 것을 말한다. 편향은 대체로 불안을 방어하기 위해 사용되는데, 불안으로 인해 행동으로 옮겨질 수 있는 에너지가 동원되었다 하더라도 행동의 결과로 인해 초래되는 좌절의 상황이 감당하기 힘들다고 예상이 될 경우 환경과의 접촉에 사용되어야 할 에너지를 철회함으로써 접촉을 피하게 하는 것이다. 환경과의 정서적 접촉을 피하기 때문에 무미건조한 경향이 있고 대인관계에서 접촉감을 경험하는데 어려움이 있다.

5 융합(confluence)

자기와 환경 간의 미분화를 의미한다. 밀접한 관계에 있는 두 사람이 서로의 독자적 정체성을 무시하고 동일한 가치와 태도를 취해야 하는 것처럼 여기는 것이다. 두 사람 사이에 갈등이 전혀 없어야 한다거나 모두 동일한 느낌이나 생각을 가지고 있어야 한다는 신념에 융합이 포함되어 있다. 융합관계에 있는 사람들은 혼자 있는 것을 견디지 못하는 경향이 있으며 다른 사람들과 연결되기 위해 자신의 개성과 주체성을 포기함으로써 안전함을 느끼고자 한다. 타인의 인정을 받거나 사랑을 받고자 하는 욕구가 강한 내담자들에게 주로 나타나는 접촉의 양식이다. 겉으로 보기에는 서로 돈독하고 아낌없는 사랑과 관심으로 보살피는 관계인 것 같지만, 내면적으로는 서로 분화되지 못하여 독립적으로 행동하지 못하는 의존적 관계이다. 어떤 갈등이나 불일치도 용납하지 못하는 부부관계나 지나치게 밀착되어 있는 부모-자녀 관계에서 자주 확인된다. 자아 경계의 확립이 매우 중요하다.

(6) 신경증의 층

Perls는 인간의 성격을 양파 껍질에 비유했는데 심리적 성숙을 이루기 위해서는 다섯 층의 신경증을 벗겨야만 한다고 보았다.

1 피상층(phony layer)

진실성이 없이 사회적 규범에 따라 의례적이고 정형화된 방법으로 사람들에게 반응하는 상태를 의미한다. 습관적으로 주어진 상황을 처리하고 사회적 상황에서 피상적 관계로 대처한다.

2 공포층(phobic layer)

부모나 주변 환경의 기대에 따라 살아가는 상태이며, 환경에 적응하기 위해 자신의 욕구를 억압하고 주위에서 바라는 역할을 연기하며 살아간다. 타인의 기대에 맞추어 주어진 역할을 잘 해내지 못하게 되면 처벌받을 것이라는 비현실적 공포와 두려움을 느끼면서도 그러한 감정을 억압하고, 그것이 진정한 자신이라고 착각하며 살아간다.

3 교착층(impasse layer)

역할 연기를 중단하고, 환경을 조작하여 자신에게 맞도록 보고, 듣고, 느끼고, 생각하고 결정하는 것 등을 바꾸려 하지만 극도의 무력감을 경험하는 단계이다. 지금까지의 거짓 역할로부터 분리되기 위해 무엇인가를 해야 한다고 여기지만 자질의 부족을 느끼게 되면서 교착상태를 경험한다.

4 내파층(implosive layer)

무력감을 부정하거나 피하지 않고 완전히 경험한 후 이르는 단계이다. 자신의 방어를 노출시키고 내면적 욕구와 감정을 알아차리며 진정한 자기를 만나게 된다. 게슈탈트가 형성은 되지만 환경과의 접촉을 통해 게슈탈트를 해소하지 못하는 상태이다. 아직 억압된 욕구와 감정은 표현되지 못한 채 긴장 상태에 놓여 있는 것은 타인과의 관계가 악화될 것을 두려워하기 때문이다. 그 동안 억압되어 있던 파괴적 에너지는 자신의 내부로 향해있는 상태이다.

5 폭발층(explosive layer)

자신의 욕구와 감정을 분명하게 알아차리고 타인과의 관계에서 직접적으로 표현됨으로써 환경과의 접촉이 활발해진다. 이전에 억압하고 차단했던 미해결 과제들은 전경으로 떠올려 해결되며, 다른 사람들과 진실한 접촉이 이루어지게 된다. Perls는 진정으로 살아있는 진실한 존재가 되기 위해서는 폭발을 경험하는 것이 필수적이라고 보았다.

2) 발달이론

게슈탈트 상담이론은 아동기 발달에 대한 이론을 발전시키지는 않았다. 그럼에도 불구하고 양육자는 아동의 관계적 욕구를 충족시키기 위해 유아의 정서적 상태와 적절하게 조화를 이룰 수 있어야 하며, 타고난 유아의 자기조절

능력 증진을 위한 상호작용에 중요한 역할을 한다고 간주한다. 게슈탈트 이론에서 환경적 장과 분리된 개인은 없다. 자기는 타인 없이는 존재하지 않으며, 반드시 관계 속의 자기를 의미한다. 그러므로 인간들 사이의 접촉이 성격의 형성과 기능을 지배한다. 타인과의 정서적 유대와 정서적 분리라는 정서의 이중적 기능은 인간의 삶에 매우 중요한 영향을 미친다. 정서적 유대는 인간의 사회적, 심리적 욕구를 충족시켜 준다. 그리고 정서적 분리는 자율성의 발달과 유지를 위해, 침범과 과도한 의무로부터 개인을 보호하기 위해 매우 중요한 발달적 과업이라고 할 수 있다.

(1) 유기체의 자기조절과 게슈탈트

게슈탈트 상담이론에서는 사람들이 선천적으로 자신의 문제를 해결하도록 동기화되어 있으며 자기 조절적이다. 욕구(needs)와 욕망(desires)은 위계적으로 조직되어 있으며 가장 급한 욕구부터 우선적으로, 그리고 욕구가 충족될 때까지 주의를 끌게 된다. 이 욕구가 충족되고 난 후에 다음의 욕구가 개인의 주의의 초점이 된다. 이때 형성되는 것이 게슈탈트이며, 현재의 관심을 끌고 있는 것이 전경이고 나머지는 배경이 된다.

(2) 관계 속에서 성장하는 인간

모든 인간은 성장하려는 경향성이 있어서 될 수 있는 한 최대한으로 발달하고자 한다. 하지만 이는 전 생애를 통해 지속되는 관계의 매트릭스 위에서 발달한다. 관계는 개인의 지각, 자기 경험, 타인 인식 모두에 영향을 미친다. 그러므로 타인과의 관계를 제외한 '나', 즉 자기감이란 없다. 관계 속에서 함께 연결되려는 경험이 반복적으로 방해를 받게 되거나 분리의 욕구가 방해받을 때 대응적으로 형성되는 것이 경계의 장애로 나타난다.

(3) 성숙과 병리

인간은 전적으로 관계 속에서 살아가기 때문에, 사회적 요구에 적응하는 것과 자신의 개인적 관심에 따라 어떤 새로움을 추구하는 것 사이에 균형을 이루어야 한다. 개인과 환경 사이에서 이루어지는 계속적이고 상호적인 관계 속에서 분명하고 명확한 게슈탈트가 형성되고 해소되는 과정이 자유로울 때 건강한 발달이 이루어진다. 따라서 건강한 사람은 환경의 요구에 적응하고, 자신의 욕구들을 충족시키기 위해 환경을 조절할 수 있다. 반면에 정서적으로 박탈되고 고립되어 있는 좋지 않은 환경에서는 적응을 위한 개인의 능력이 감소되어, 자신의 관심사에 대해 분명한 전경을 형성할 수 없게 된다. 신경증적 자기조절 조차도 창조적 적응의 방편이 될 수 있지만, 이러한 적응의 형태가 반복적인 성격패턴으로 굳어지게 되면 개인의 현재 삶에서 요구되는 자기와 환경에 대한 자각 능력을 침식하게 되어 자신의 자기조절을 신뢰할 수 없게 된다. 이때 경험을 수용하기보다 자신의 경험을 통제하고 조종하려는 시도가 자기조절을 대체하게 되는 신경증적 상태에 머무르게 된다. 신경증적 조절에서 개인은 자신의 강점은 쉽게 동일시할 수 있지만, 취약한 부분은 무시하거나 부인하는 선택적 자각의 형태를 유지하려고 노력하기 때문에 건강한 게슈탈트를 형성하기보다는 해결할 수 없는 갈등으로 가득 찬 미해결 과제가 축적되면서 삶은 위기와 괴로움으로 가득 차게 된다.

3) 상담의 적용

(1) 상담의 목표

게슈탈트 상담의 기본 목표는 알아차림 능력이 증진되는 것이다. 알아차림이 증진되면 환경에 대한 인식, 자신에 대한 인식, 자신의 수용, 그리고 접촉할 수 있는 능력이 향상되고 성격의 변화가 일어나게 된다. Zinker(Zinker, 1978;

Corey, 2003)는 알아차림이 증진되면 다음과 같은 방향의 변화를 이룰 수 있을 것이라고 예상한다.

- 자신의 신체, 느낌 및 환경에 대한 인식의 증가
- 자기 경험의 주체가 바로 자기라는 태도의 형성
- 타인의 권리를 침해하지 않으면서 자신의 욕구를 만족시킬 수 있는 기술의 개발 및 가치관 형성
- 자신의 모든 감각에 대한 인식의 증가
- 행동의 결과를 수용하며, 자신의 행동을 결정할 책임이 자신에게 있음을 인정
- 외적 지지의 추구에서 내적 지지로의 변화
- 타인에게 요구하거나 도움을 청할 수 있게 되면 동시에 타인에게 도움 제공이 가능

(2) 상담의 기법

1 알아차리기

게슈탈트 상담에서는 '지금-여기'에서의 알아차림에 초점을 맞추도록 격려하는 기법을 사용한다. 여기에서는 신체감각과 언어 및 행동, 욕구와 감정, 그리고 환경에 대해 알아차리기 위해 적용할 수 있는 기법들을 제시하고자 한다.

① 신체 감각 알아차리기

몸과 마음은 분리되어 있는 것이 아니기 때문에 주어진 순간에서의 개인적 표현은 대개 신체 행동으로 나타나게 마련이다. 신체 부위에 대한 알아차림을 통해 자신의 감정, 욕구, 무의식적 생각에 접근할 수 있도록 하는 것은 언어적

표현에만 집중하는 것보다 더 효과적이라고 보는 것이 게슈탈트 상담의 특징이다. 이를 위해서 상담자는 다음과 같은 질문으로 신체 감각을 알아차리도록 촉진할 수 있다.

- '당신의 신체감각을 느껴 보세요'.
- '신체 부위에 어떤 느낌이 느껴지나요?'.
- '당신의 신체가 무엇을 표현하려고 하는지 알아차려 보세요'.
- '방금 당신의 목소리가 달라졌네요'.

② 언어 및 행동 알아차리기

내담자는 상담 장면에서 뿐만 아니라 일상의 생활에서도 언어와 행동을 통해 자신의 욕구와 감정을 표현한다. 하지만 평소에 너무 익숙하게 사용하는 언어나 행동적 측면에는 특별히 주의를 기울이지 않는 경우가 많다. 자신의 언어와 행동의 부적응적인 측면을 알아차리고 수정할 수 있도록 돕는 것이 필요하다.

- ' ~할 수 없다……는 말을 자주 하시네요. ~하지 않겠다……로 바꾸어 말해 보시면 어떨까요?'
- '나는 ~해야 한다…… 대신 나는 ~하기를 선택한다……로 바꾸어 보시면 어떤 느낌이신가요?'
- '그와 같은 말씀을 하시면 부모님이 어떻게 느낄까요?'

언어와 행동에 대한 알아차림이 증가하게 되면 무심코 습관적으로 사용하는 언어에 대해 좀 더 책임감 있는 태도를 갖는데 도움이 될 수 있다. 때로는 자신의 책임을 회피하고자 노력하는 내담자에게 자신의 욕구와 감정에 대해 책임을 지는 문장으로 바꾸어 말하게 한다거나, 내담자가 사용하는 간접적이고 모호한 단어를 분명하고 책임감 있는 단어로 바꾸어 말해 보게 하는 것도 필요하다.

③ 욕구와 감정 알아차리기

'지금-여기'에서의 감정이나 욕구를 알아차리는 것은 환경과 접촉하고 교류함으로써 내담자가 변화하고 성장할 수 있도록 돕는데 매우 중요하다. 내담자가 억압된 자신의 감정과 욕구를 자각하게 될 때 미해결 과제를 해결할 수 있는 기회를 갖게 될 뿐만 아니라 유기체로서의 자신을 실현할 수 있기 때문이다. 욕구와 감정을 알아차리도록 도움을 주기 위해서 사용할 수 있는 상담자는 다음과 같은 질문을 할 수 있다.

- '지금 어떤 느낌이 드나요?'
- '생각을 멈추고 지금 당신이 느끼는 감정에 집중해 보세요'.
- '지금 당신이 원하는 것은 무엇인지 잠시 머물러 보세요'.

④ 환경 알아차리기

환경을 알아차림으로써 접촉을 증진할 수 있을 때 내담자의 미해결 과제를 더 잘 해결할 수 있지만, 내담자들은 자신의 감정이나 생각에 집중하느라고 환경을 충분히 자각하지 못하는 경우가 흔하다. 환경과의 접촉을 통해서 내담자가 자신의 현실을 분명하게 인식할 수 있도록 돕기 위해 상담자는 질문을 통해 내담자를 도울 수 있다.

- '지금 이 방 안에 무엇이 보이나요?'
- '천천히 주변을 둘러보면서 시야에 들어오는 것을 하나씩 바라보세요'.
- '눈을 감고 소리에 집중해 보세요'.

2 대화 기법

① 상상대화 기법

내담자의 내부에 이분법적인 요소들을 자각하게 하고 서로 대립되는 것처럼 보이는 성격적 차원을 받아들일 수 있도록 돕기 위해 사용된다. 예를 들어 부드러운-거친, 남성적-여성적, 사랑스러운-증오스러운, 공격적인-수동적인 등 양극성의 사이에서 대화하는 방법, 부모나 다른 중요한 타인과의 대화, 상상 속의 타인 및 무생물과의 대화하는 것이 여기에 속한다. 대화는 전형적으로 내사와 투사의 자각을 높이는데 사용함으로써 내담자가 자신이 내사한 것과 투사한 것을 수용할 수 있도록 돕는다.

② 빈 의자 기법

두 개의 의자를 이용하여 대화하는 방법으로 게슈탈트 상담에서 가장 빈번하게 사용된다. 상담자는 내담자에게 중요한 사람이 빈 의자에 앉아 있다고 상상하고, 그 당시에는 하지 못했던 말을 해 보도록 안내한다. 빈 의자에 중요한 타인이 앉아 있다고 상상하면서 대화를 하게 되면 내담자는 그 사람에 대한 감정을 명료하게 느끼게 될 뿐만 아니라 상대방에게 미치는 자신의 행동에 대해서도 인식하게 된다. 내담자의 내면적 갈등의 원인이 되는 양극성을 다루는 방법으로 빈 의자 기법을 사용할 수도 있다. 빈의자 기법을 통해 서로의 입장을 말하고 듣는 과정을 통해 각자의 입장을 이해하고 차이를 줄임으로써 통합에 이를 수 있도록 도울 수 있다.

3 꿈 작업

게슈탈트 상담에서 꿈은 내담자의 투사 내용을 발견하고 알아차리는 중요한 소재가 된다. 꿈은 자신의 일부를 외부로 투사한 것으로 간주하기 때문에 꿈에 등장하는 일물, 자연, 도구 등 모든 것은 내담자의 일부가 투사된 것이다. 꿈에서 본 것을 '지금-여기'에서 일어나고 있는 것처럼 연기해 보거나 등장인물이나 주요 사물을 차례로 동일시하여 그것이 되어 보도록 한다. 상담자는 내담자가 반복적으로 나타내는 특정 패턴이나 감정이 있는지 면밀히 관찰하여 내담자와 논의하거나 직면시킬 수 있다.

4 실험하기

내담자의 자기 인식과 문제해결을 돕기 위해 사용하는 실험의 기법에서는 모든 상상이나 생각, 감정이 소재로 사용될 수 있다. 상담자는 내담자의 문제를 이해하고 해결하는 데 있어서 창의적인 아이디어를 구상하고 내담자와 함께 하나의 상황을 연출해냄으로써 문제를 명확하게 드러내고 문제에 대한 새로운 해결책을 모색해 본다.

5 과장 연습

과장 연습은 내담자의 행동이나 제스처를 반복적으로 과장되게 표현하도록 만들어 행동의 기저에 있는 감정을 부각시키고 내적 의미를 더 분명하게 만들기 위해 사용되는 기법이다. 과장 기법을 사용할 수 있는 행동들은 다리나 손을 떠는 것, 축 늘어뜨린 자세나 구부정한 어깨, 주먹을 꽉 쥐거나 팔짱끼는 것, 찡그린 얼굴 표정 등인데 예를 들어 다리를 떨고 있는 내담자에게 다음과 같이 요구한다.

- '일어서서 더 심하게 떨어 보세요'.
- '떨고 있는 다리가 무엇이라고 말하는가요?'

(3) 상담의 과정

게슈탈트 상담에서 적용되는 상담의 과정은 특별히 정해진 절차가 없어서 많은 상담자들이 각기 다른 방식으로 내담자의 변화를 위해 조력하고 있다. 여기서는 Polster(Polster, 1987)가 제안한 게슈탈트 상담의 과정을 다음의 세 단계 과정으로 알아보고자 한다.

1 발견단계

내담자는 자신에 대해 새롭게 깨닫게 되고, 이전 상황을 새로운 관점에서 보게 되며, 자신의 삶에서 중요한 타인들을 새로운 눈으로 보게 된다.

[2] 조절단계

내담자가 선택권이 자신에게 있음을 인식하는 것이 중요하다. 지금까지 해보지 못했던 새로운 행동을 상담 장면에서 상담자의 지지를 받으면서 연습해 보는 것과 자신과 세상에 관한 인식을 확장시키는 것이 이 단계에서 필요하다. 새로운 선택이 낯설고 어색할 수 있으므로 상담자는 내담자를 지지하면서 어려운 상황에 대처할 수 있도록 해야 하며, 상담실 밖의 실제 생활에서 연습한 활동을 적용해 보고 어떤 점이 더 변화되어야 할 것인지를 알아보고 새로운 행동이 일상에 도움이 될 수 있도록 조력한다.

[3] 동화단계

내담자가 환경에 영향을 미치는 방법을 학습하는 단계이다. 이 단계에서 내담자는 환경을 수동적으로 받아들이는 것 이상의 많은 것을 할 수 있다고 느낀다. 일상생활에서 부딪치는 사건들을 자신의 입장에 따라서 다룰 수 있으며 점차 중요한 문제에 유연하게 대처할 수 있는 자신의 능력에 대한 신뢰를 갖게 된다. 문제에 유연하게 대처할 수 있는 자신감과 효능감을 갖게 되며, 내담자 스스로가 원하는 것을 이룰 수 있는 선택을 할 수 있다. 상담자는 이 단계에서 내담자가 성취한 것을 지적하고 내담자에게 일어난 변화에 대해 알려줌으로써, 내담자가 환경과의 접촉을 통해 자신에게 필요한 것을 얻기 위해 무엇을 해야 하는지 알게 돕는다.

4. 합리적 · 정서적 상담

1) 기본개념

Ellis(Albert Ellis)에 의해 1956년 합리적 상담(Rational Therapy ; RT)이라는 이름으로 제안되었는데, 1962년 정서를 추가하여 합리적 · 정서적 상담(Rational

Emotive Therapy ; RET)이라는 용어로 변경되었다가 최종적으로 1993년 이후 합리적 · 정서적 · 행동상담(Rational Emotive Behavior Therapy ; REBT)이라는 이름으로 통용되고 있다. Ellis에 의하면 인간은 선천적으로 합리성과 비합리성을 동시에 가지고 있는 양면적 본성을 지닌 존재인 까닭에 합리적이고 순기능적으로 기능할 때는 자기실현을 추구하는 경향을 보이지만, 비합리적이며 역기능적일 때에는 자기 파괴적 경향으로 나아가기도 한다. 적응적인 삶은 개인의 이익과 사회의 이익 간에 적절한 균형을 이룰 수 있는 상태이며 합리적 사고가 토대가 되었을 때 가능하다. Ellis는 인간이 비합리적 사고의 결과로 정서적 문제를 만들어 내며 어려움을 겪지만, 특정 상황에 대한 신념을 바꿈으로써 자기 패배적인 행동과 부적절한 감정을 변화시킬 수 있는 역량 또한 가지고 있는 존재라고 보았다. 따라서 비합리적인 신념을 변화시키려는 지속적 노력이 필요한 것이다. 이론의 중심이 되는 기본개념을 살펴보면 다음과 같다.

(1) 인지-정서-행동의 관계

인간의 삶은 자신에게 주어진 환경에 적응하는 과정에서 시작된다. 다양한 외부 자극은 정서적 및 행동적 반응을 유발하게 되는데, 이때 가장 중요하게 작용하는 것이 외부의 자극을 해석하고 평가하는 인지적 차원이다. REBT는 인지, 정서, 행동의 세 가지 주요 심리적 기능이 서로 밀접하게 상호작용함을 강조하면서 특히 인지의 역할을 매우 중요하게 다룬다. 인간의 행동을 예측하고 산출하고 이해하는 핵심에 인지활동이 있으며 문제를 유발하는 인지적 차원에 대해서는 대부분 쉽게 의식적인 접근이 가능하다. 따라서 문제의 원인이 되는 비합리적 신념을 변화시킴으로써 역기능적 감정과 행동에 대처하고자 한다. 인지적 변화는 정서나 행동의 변화에 비해 비교적 빠른 시간 내에 일어날 수 있기 때문에 상담의 효율성을 높이려는 것이다. Ellis가 제안하는 ABC 모델을 통해 인지, 정서, 행동의 관계를 알아보자.

ABC 모델

선행사건(A) ==〉 신념 (B) ==〉 결과 (C)

A는 생활환경에서 일어나는 촉발사건(activating events) 또는 선행사건(Antecedent events)을 의미한다. 예를 들어, 중요한 시험에 떨어지거나 연인과 이별하게 된 사건 등 어떤 정서나 행동을 촉발하는 외부적 자극이 여기에 해당한다. B(Beliefs)는 촉발 사건의 의미를 해석하고 평가하는데 사용하는 신념을 말한다. 이때 사용되는 신념은 합리적인 것일 수도 있고 비합리적인 것일 수도 있다. C(Consequences)는 촉발사건에 대한 반응으로 개인에게 나타나는 정서적 또는 행동적 결과를 의미한다. ABC 모델의 핵심 특징은 신념이라는 인지적 요인이 촉발사건과 결과적 반응을 매개한다는 것, 즉 사람들은 '사건 자체'가 아니라 '사건에 대한 생각'에 의해서 고통을 받는다는 것이다.

(2) 건강한 감정과 건강하지 못한 감정

긍정적 감정과 부정적 감정은 인간의 삶에 중요한 기능을 하고 있다. 긍정적인 감정은 인간의 생존과 생산적 활동을 하도록 동기를 부여하게 되고 부정적 감정은 불쾌한 자극으로부터 개인을 보호하기 위해 문제가 되는 자극을 피하거나 감소시키기 위한 특정 활동을 하도록 작용하기 때문이다. 문제는 부정적 감정을 느끼는 것이 아니다. 부정적 감정이라 하더라도 그러한 감정이 환경에 적응하고 건강한 삶을 유지하는데 도움이 된다면 그것은 건강하고 적응적인 감정이 된다. 하지만 개인의 행동을 무력화 시키고 파괴적 행동을 유발하게 만드는 감정은 적응을 방해할 뿐만 아니라 문제 상황을 더 악화시키게 하는 건강하지 못한 감정이라고 할 수 있다. 예를 들어, 시험을 앞두고 경험하는 적절한 긴장과 불안은 더 열심히 공부하게 만드는 건강한 감정이다. 그러나 공황수준에 이르는 시험불안은 시험성적을 저하시키는 역할을 하는 건강하지 못한 감정이라고 할 수 있다. REBT에서 대상으로 삼는 것은 건강하지 못한 부정적 감정인데, 이러한 감정은 대부분 비합리적 신념에 의해서 유발된다. Ellis(Ellis, 1995)는 비합리적 사고는 불안, 우울, 분노를 유발하는데 작용하며, 합리적 사고는 동일한 사건에 대해서 보다 건강한 감정인 걱정, 슬픔, 곤란함 등을 불러일으킨다고 주장했다. 불안, 우울, 분노, 죄책감, 소외감 등의 건강하지 못한 정서는 삶의 초기에 무비판적으로 받아들인 비합리적이며 비논리적 사고와 결합된 자기 패배적 신념체계에 의해 발생되고 유지된다.

(3) 당위적 사고와 바람

당위적 사고는 요구에 의한 표현으로 드러나는데, Ellis에 의하면 인간의 비합리성에 근거한 당위적 요구가 불행과 부적응의 주된 원인이다. 당위적 사고의 세 가지 범주를 알아보면 다음과 같다.

1 자신에 대한 당위적 요구(self-demandingness)

자기 자신에게 현실적으로 충족되기 어려운 과도한 기대와 요구를 부과하는 것이다. 예를 들어, '나는 반드시 탁월하게 일을 수행해 내야 한다', '나는 다른 사람들로부터 인정과 칭찬을 받아야 한다' 등이 여기에 속한다. 이러한 비합리적 신념은 자신이 해야 할 일을 계속 미루거나 불만족스러워하게 만들고 나아가 불안과 우울을 경험하게 함으로써 자기비난과 자기혐오에 빠지게 한다.

2 타인에 대한 당위적 요구(other-demandingness)

'사람들은 항상 나에게 친절하고 공평하게 대해야 한다', '나를 사랑한다면 항상 내편을 들어줘야 한다' 등과 같이 타인에게 지니는 과도한 기대와 요구를 말한다. 타인이 따라야만 하는 일방적 요구가 포함되어 있기 때문에 이런 과도

한 기대와 신념은 필연적으로 실망, 조절 배신과 같은 마음의 상처를 가져오게 되어 대인관계에서 문제를 야기하게 된다.

③ 세상에 대한 당위적 요구(world-demandingness)

사회정치적 환경뿐만 아니라 자연 환경에 대해서 가지고 있는 비현실적인 과도한 기대를 의미한다. '사회는 항상 공정하고 정의로워야 한다', '우리가 사는 세상은 안전하고 편안하며 즐거운 곳이어야 한다', '세상은 나의 노력에 즉각적인 보상을 주어야 한다', 심지어 '자연세계는 결코 우리에게 부당한 피해를 주어서는 안 된다'와 같은 신념은 세상에 대한 막연한 분노와 공포, 비관적인 태도, 우울과 자기연민을 초래하게 된다.

당위적 요구는 실현되기 어려운 비현실적인 것일 뿐만 아니라 필연적으로 좌절을 초래하여 건강하지 못한 부정적 감정과 행동을 유발함으로써 우리의 삶을 부적응적인 것으로 몰아가기 때문에 비합리적인 것이라고 할 수 있다. 당위적 요구가 '반드시 ~해야 한다', '절대로 ~해서는 안 된다' 등의 절대적 명령이나 요구과 관련되어 있다면 바람(wants)은 '~하기를 바란다', '~하기를 좋아한다', '~하고 싶다' 등으로 나타난다. Ellis는 당위적 요구보다는 바람으로 표현하는 것이 더 합리적이며, 중요한 일이나 인간관계에서 이루어지기를 원하는 소망을 가지게 도면 열의를 지니고 노력하게 만드는 삶의 건강한 원동력이 된다고 보았다.

(4) 비합리적 신념

Ellis는 사람들이 정서적 문제를 겪는 결정적인 원인은 일상생활에서 겪는 구체적인 사건들 때문이 아니라 그 사건을 합리적이지 못한 방식으로 지각하고 받아들이기 때문이라고 보았다. 대부분의 사람들이 가지고 있는 전형적인 비합리적 신념과 그어 대비되는 합리적 신념들을 소개하면 다음과 같다.

① 나는 내가 만나는 모든 사람에게 사랑받고 인정받고 이해받아야만 가치 있는 사람이다.

실제적인 일에 대해 인정을 받고 사랑을 받으려고 애쓰기보다는, 스스로 자기를 존중하고 사랑하는 것에 신경을 쓰는 것이 보다 바람직하고 생산적이다.

② 어떤 사람들은 나쁘고 사악한데, 그들은 반드시 비난받고 처벌받아야만 한다.

사람들은 비윤리적으로 행동하는 경우가 흔하다. 그들을 비난하고 처벌하기보다는 오히려 그들의 행동을 변화시킬 수 있도록 도와주는 것이 더 좋을 것이다.

③ 일이 내 뜻대로 진행되지 않는 것은 내가 인생에서 실패했다는 것을 의미하는 것이므로 끔찍한 일이다.

일이 내 뜻대로 된다면 좋겠지만, 내가 원하는 대로 되지 않는다고 해서 끔찍할 이유는 없다.

④ 위험하거나 두려운 일들이 언제든지 일어나서 큰 해를 끼칠 수 있으므로, 그 가능성에 대해서 늘 생각하고 있어야 한다.

걱정한다고 해서 어떤 일이 저절로 사라지는 것은 아니다. 나는 일어날 가능성이 있는 괴로운 일을 처리하기 위해 최선을 다할 것이며, 만약 내가 다루기 불가능한 일이라면 그것은 나로서는 어쩔 수 없다는 것을 받아들이겠다.

⑤ 완벽한 능력이 있고 성공을 해야만 가치 있는 인간이다.

자신이 인간적인 제한점이 있고 실수를 범하기도 하는 불완전한 존재라는 것을 받아들이는 것이 좋을 것이다.

⑥ 인간의 문제에는 반드시 완전한 해결책이 있고, 만약 그 해결책을 발견할 수 없다면 끔찍한 일이다.

세상은 불확실한 세계다. 나는 완전한 해결책에 대한 아무런 보장이 없더라도 나의 삶을 즐기기 위해 결정을 내리고 위험을 무릅쓰겠다.

⑦ 세상은 반드시 공평해야 하며 정의는 반드시 승리해야 한다.

세상에는 불공평한 경우가 자주 있다. 불공평하다고 해서 불만을 갖는 것보다는 그것을 시정하도록 노력하는 편이 낫다.

⑧ 나는 항상 고통 없이 편안해야만 한다.

고통 없이 얻을 수 있는 것은 아무것도 없다. 그러므로 나는 이런 불편을 좋아하지 않음에도 불구하고 참아내고 견딜 수 있다.

⑨ 나는 아마 미쳐가고 있는지도 모른다. 그러나 나는 미쳐서는 안 된다. 왜냐하면 그것을 견딜 수 없기 때문이다.

정서적으로 매우 어려운 처지에 있는 것은 확실히 즐거운 것은 아니지만 참을 수 있다.

⑩ 인생에서의 어려움은 부딪히는 것보다 피해 가는 것이 편하다.

소위 쉬운 방법이라고 하는 것으로는 인생의 어려움을 궁극적으로 피할 수 없으며, 피해 가려고 하기 때문에 오히려 더 어려움을 자초할 수 있다.

⑪ 우리는 다른 사람에게 의지해야만 하고, 의지할 수 있는 강한 누군가가 있어야만 한다.

다른 사람과 친밀하게 지내는 것을 즐기지만, 내 생활을 도와줄 사람을 원하지는 않는다. 나는 나 자신을 믿고 의지할 수 있다.

⑫ 행복이란 외부 사건들에 의해 결정되며 우리는 통제할 수 없다.

현재 내가 겪고 있는 정서적인 괴로움은 대부분 나의 책임이며, 내가 사건들을 보고 평가하는 방식을 변화시킴으로써 나의 감정을 조절할 수 있다.

⑬ 내가 경험한 과거의 사건들이 현재의 행동을 결정한다.

나는 과거의 일들에 대한 나의 지각과 과거의 영향에 대한 나의 해석을 재평가함으로써 과거의 영향을 극복할 수 있다.

2) 발달이론

개인의 비합리적 성향은 생물학적 또는 사회 환경적 요인에 따라 각기 다르기 때문에 생활 속에서 고통과 불행을 느끼게 되는 정도도 사람마다 다르다. 비합리적 사고의 대부분은 어린 시절 가족문화를 결정짓는 부모의 양육태도나 사회가 교육시킨 것이다. 비합리적 신념은 사회나 부모의 가치를 옳은 것으로 수용하여 자기의 것으로 받아들임으로써 굳게 체득된 후 성인기까지 지속되고 있기 때문에 이러한 비합리적 신념으로부터 벗어나려는 개인의 노력은 매우 중요하다. 자신이 상황에 부여한 비합리적 견해 때문에 스스로를 방해하고 있다는 것을 알아야 한다. 정신적으로 건강한 사람과 병리적 사람들의 유일한 차이점은 비합리적 신념을 신뢰함으로써 스스로를 정서적으로 고통스럽게 만드는 빈도와 강도의 차이이다.

심리적 장애가 유발되는 과정은 ABC모델을 통해 설명될 수 있다. 인간은 누구나 일상생활 속에서 다양한 사건들(A)을 경험한다. 크고 작은 생활사건에는 긍정적인 것뿐만 아니라 부정적인 것들이 존재하기 마련이다. 합리적 사고(rB)를 하는 사람은 부정적인 생활사건을 겪을 때, 그에 적합한 부정적 정서를 경험함으로써 적응적인 행동을 통해 문제를 해결하게 된다. 반면에 비합리적 신념(iB)을 지닌 사람들은 생활사건의 의미를 부정적으로 과장하거나 왜곡함으로써 건강하지 못한 부정적 정서와 자기 파괴적인 행동(C)을 나타내게 된다. 특히 당위적 요구를 지닌 사람들은 일상생활 속에서 많은 실망과 좌절을 경험하게 될 것이다. 그러므로 심리적 장애가 부정적인 환경과 사건에 의해서 유발되는 것이 아니라 생각하는 방식의 비합리성에 의해 생겨난다는 것이 REBT의 기본적인 입장이다.

3) 상담의 적용

(1) 상담의 목표

REBT 상담의 궁극적인 목표는 내담자가 정서적 고통과 자기 패배적 행동을 줄여서 자신의 잠재능력을 효율적으로 발휘하고, 나아가 더 건강하고 행복한 존재가 되도록 돕는 것이다. 이를 위해서 내담자의 부적절한 정서와 부적응적 행동을 적절하고 적응적인 정서와 행동으로 변화시키고자 한다.

Ellis가 제시한 궁극적인 상담 목표로서의 정신건강의 기준을 살펴보면 다음과 같다.

- 자기 관심(self-interest)
- 사회적 관심(social-interest)
- 자기 지향(self-direction)
- 관용(tolerance)
- 융통성(flexibility)
- 불확실성의 수용(acceptance of uncertainty)
- 몰두(commitment)
- 과학적 사고(socientific thinking)
- 자기 수용(self-acceptance)
- 위험 무릅쓰기(risk-taking)
- 비이상주의(nonutopianism)

(2) 상담의 기법

1 인지적 기법

① 비합리적 신념 논박하기

논박하기는 비합리적 신념을 변화시키는 매우 중요한 기법이다. 대부분의 사람들은 자신의 삶에 강력한 영향을 미치는 특별한 신념들을 지니고 살아간다. 하지만 이러한 신념들에 대해서 자각을 하지 못할 뿐만 아니라 그러한 신념의 논리성, 현실성, 실용성에 대해서 거의 의문을 제기하지 않기 때문에 자신이 가지고 있는 신념의 비합리성도 대부분 깨닫지 못한다. 논박하기는 어떤 사건이나 상황 때문이 아니라 그에 대한 자신의 지각과 자기 진술의 성질 때문에 장애를 입고 있다는 것을 내담자에게 보여 준다. 논박하기의 다양한 방식은 다음과 같다(권석만, 2015).

- 소크라테스식 문답법(Socratic questioning): 내담자가 스스로 자기신념의 비합리성을 깨닫도록 유도하는 방법은 논리적, 경험적, 실용적, 철학적 및 대안적 논박을 통해서이다.

- 논리적 논박
'그러한 신념이 타당하다는 논리적 근거는 무엇인가?'
'그렇게 생각하는 것은 논리적인 비약이 아닌가?'
- 경험적 논박
'그러한 신념이 타당하다는 사실적 경험적 근거는 무엇인가?'
'그렇게 생각할만한 현실적인 근거가 있는가?'
- 실용적/기능적 논박
'그러한 신념은 당신이 추구하는 목적을 달성하는데 도움이 되는가?'
'당신의 기분을 좋게 만드는데 도움이 되는가?'
'당신의 인간관계를 긍정적으로 만드는데 어떤 도움이 되는가?'
- 철학적 논박
'그러한 신념이 과연 당신을 행복하게 하는가?'
'당신의 인생에 있어서 어떤 의미를 지니고 있는가?'
- 대안적 논박
'이 상황에서 좀 더 타당한 대안적인 신념은 없는가?'
'당신의 삶을 효과적으로 만드는 합리적인 신념은 무엇인가?'

- 설명식 논박법(didactic disputing): 강의식 설명을 통해서 내담자의 비합리적 신념을 논박하여 변화시키는 적극적인 방법이라고 할 수 있다. 상담자는 이 기법의 다양한 개념을 소개하고 합리적 신념과 비합리적 신념의 차이

점을 설득력 있게 설명함으로써 내담자가 비합리적 신념을 인식하고 합리적 신념으로 대체하도록 돕는다. 비유나 우화와 같은 은유적 방식을 통해서 신념의 비합리성을 설명할 수도 있다.

- 풍자적 방법(humorous style): 내담자의 비합리적 신념을 직접적으로 논박하기보다 그 신념을 더욱 강한 형태로 희화화하여 과장함으로써 그 신념의 비합리성을 깨닫게 하는 방법이다. Ellis는 시험에 낙방한 것은 참을 수 없는 끔직한 일이라고 우기는 내담자에게 다음과 같이 응수했다고 한다. '맞아요! 그건 끔찍한 일일뿐만 아니라 당신이 앞으로 어떻게 살아갈 수 있을지 걱정되네요. 그건 내가 들은 최악의 뉴스네요. 너무 끔찍해서 차마 입에 담기가 힘드네요. 다른 이야기로 넘어갑시다. 어서 빨리요!!' 유의할 점은 이러한 방법을 사용할 때 반드시 내담자 자체가 아니라 그가 가진 생각을 대상으로 유머를 사용해야 한다는 것이다.
- 대리적 모델링(vicarious modeling): 내담자와 유사한 사건을 경험했지만, 심각한 정서적 문제없이 살아가거나 오히려 성장의 기회로 승화시킨 사람들을 모델로 예시할 수 있다. 그들이 심각한 부적응을 경험하지 않는 이유는 내담자와 같이 비합리적인 신념을 지니고 있지 않기 때문이라는 점을 강조한다. 이러한 대리적 모델링을 통해서 내담자에게 많은 통찰을 전달할 수 있다. 즉 내담자는 자신과 마찬가지로 불운한 사건을 겪었음에도 불구하고 합리적 신념을 통해서 꿋꿋하게 잘 살아가는 사람들이 많음을 깨달을 수 있다.

② 인지적 과제

내담자들이 자신의 문제 목록표를 만들고 절대적 신념을 밝히고 그 신념을 논박하는 것이 REBT 상담의 과정이다. 이 과정을 잘 해 내기 위해서 상담자는 내담자에게 과제를 부여한다. 대부분의 과제는 REBT의 ABCDE이론을 일상의 문제에 적용해 보는 것이 포함된다

③ 내담자의 언어를 변화시키기

REBT에서는 부정확한 언어가 왜곡된 사고 과정의 원인 중 하나라고 주장한다. 사고가 언어를 조정하고 언어는 사고를 조정한다고 보기 때문에 REBT 상담자들은 내담자의 언어 패턴에 주의를 기울인다. 내담자들은 '~ 해야만 한다', '당연히 ~ 해야 한다'를 '그렇게 되면 더 낫다' 등으로 바꾸어 말하는 것을 배우게 된다.

2 정서적 기법

① 자신에 대한 무조건적 수용

부적절한 감정상태에 놓여 있다 하더라도 자신을 비하하지 않고 인정하는 태도를 갖도록 강조하는 일종의 정서적 방법이다.

② 합리적 · 정서적 심상법

습관적으로 부적절한 감정을 느끼는 상황을 상상하면서 REBT의 원리를 활용하여 극복해 나가도록 하는 기법이다. 곤란을 느끼는 정도에 따라 위계를 설정하여 점진적으로 꾸준히 연습하도록 격려한다.

③ 유머의 활용

내담자의 심각한 성향을 일깨워 주기 위해 다양한 익살이나 농담을 적극적으로 사용한다. 유머의 활용은 자신을 구속해 온 비합리적 신념을 인지적 또는 정서적으로 공격할 수 있게 해 준다.

④ 합리적 역할연기

내담자의 잘못된 생각들이 다른 사람과의 관계에 어떤 영향을 미치는지 보여주기 위한 것으로 불쾌한 감정을 경험하는 상황을 연출하게 하는 기법이다.

3 행동적 기법

① 강화와 벌칙 기법

내담자가 특정한 과제를 성공적으로 수행했을 때 보상하고, 실패했을 때 벌칙을 주는 기법이다.

② 수치심 깨뜨리기 연습

REBT만의 독특한 행동적 기법이다. 부적절한 생각이나 미숙한 행동으로 인해 수치감을 느꼈던 행동을 변화시키기 위해 다양한 행동을 많은 사람 앞에서 해 보도록 권유한다. 비도덕적이고 불법적이거나 다른 사람에게 피해를 주어서는 안 된다. 이러한 연습을 통해서 내담자들은 자신의 행동에 대한 불안과 부적절감을 덜 느끼게 될 뿐만 아니라 타인의 인정을 받지 못하더라도 충분히 견딜 수 있다는 것을 깨닫게 된다.

③ 행동기술 훈련

내담자에게 부족한 행동기술을 향상시킬 수 있도록 교육하고 훈련하는 것이다. 이러한 기술은 내담자의 사회적 적응과 관련된 직업적 기술이나 대인관계 기술 등을 포함한다. 구체적인 기술훈련을 통해서 내담자는 직업 활동이나 대인관계에서 자신감을 증가시킬 수 있다.

④ 역설적 과제

불면증에 시달리는 내담자에게는 잠을 자지 말라는 과제를 주고, 불안한 생각으로 고통받는 사람에게는 하루에 몇 번씩 의도적으로 그 불안한 생각을 해 보라고 하는 등 내담자가 변화되려고 하는 모습과 반대로 행동해 보도록 하는 것이다. 이러한 과제의 목적은 내담자가 자신의 문제를 새로운 관점에서 바라봄으로써 좀 더 객관적인 현실인식을 할 수 있도록 돕는 것이다. 역설적 과제는 내담자로 하여금 자신의 문제에 대한 극적인 인식의 변화를 유발하여 증상이 완화되는 경우도 있으나 부작용이 있을 수도 있으므로 신중하게 선택하여 적용되어야 한다.

(3) 상담의 과정

REBT의 상담원리는 내담자가 지닌 비합리적 신념을 찾아내어 논박함으로서 좀 더 합리적인 신념을 지니도록 변화시키는 것이다. 이러한 치료과정을 ABCDEF 모델로 제시하고 있다.

A 촉발사건 ==〉 B 비합리적 신념 ==〉 C 부정적 결과
↓↓
D 논박하기
↓↓
E 효과적 철학 ==〉 F 새로운 감정과 행동

ABCDEF 모델에 따른 치료과정을 구체적으로 알아보면 다음과 같다.

1 A activating events ; 촉발사건 파악하기

첫 단계는 내담자에게 부정적 감정을 유발한 촉발사건을 포착하여 구체적으로 확인하는 것이다.

2 B beliefs ; 신념 탐색

다음 단계는 촉발사건에 대한 내담자의 신념을 탐색하여 찾아내는 것이다. 이러한 신념은 합리적인 것일 수도 있고 비합리적인 것일 수도 있다. 개인은 자신의 의지와 상관없이 일어나는 외부사건에 대해서는 선택권이 제한되어 있지만, 그러한 사건에 대한 신념에 대해서는 많은 선택권을 지니고 있다. 내담자의 비합리적 신념을 변화시키려고 노력하기 전에 상담자는 그러한 신념

을 명료하게 확인하고 평가하는 것이 중요하다.

3 C consequences ; 결과 탐색

비합리적 신념의 결과로 나타난 부정적 감정과 행동을 뜻한다. 촉발사건은 그 자체로 부정적인 결과를 만들어 낼 수도 있고 사건에 대한 비합리적 신념이 결과적 감정을 유발할 수도 있다. 신념이 비합리적인 경우 그 결과들은 건강하지 않은 감정과 자기파괴적인 행동으로 나타나기 쉽다. 실제의 치료과정은 내담자가 호소하는 부정적 감정에서 출발하여 그러한 감정을 촉발한 사건을 확인하고 그 사건과 부정적 감정을 중간에서 매개한 신념을 찾아내는 순서로 진행되는 것이 일반적이다. 어떤 방식이든 상담자는 내담자의 부적응 문제를 A-B-C모델로 명료하게 이해하는 것이 중요하다. 특히 부적응 문제를 야기하는 비합리적 신념을 구체적으로 파악하여 그것에 치료적 초점을 맞추는 것이 중요하다.

4 D disputing ; 논박하기

REBT의 핵심은 논박을 통해서 내담자가 지니고 있는 신념의 합리성을 평가하고 비합리적인 신념을 합리적인 것으로 변화시키는 것이다. 논박은 마치 철학자들이 토론을 하듯이 어떤 신념의 타당성을 다양한 관점에서 평가하는 대화과정을 의미한다.

5 E effective philosophy ; 효과적 신념 형성하기

상담자는 논박을 통해서 내담자가 비합리적인 신념을 포기하고 좀 더 합리적인 신념을 발견하도록 돕는다. 이러한 과정을 통해서 상담자는 내담자가 자신의 삶을 적응적인 것으로 변화시킬 수 있는 새로운 신념체계를 형성하도록 돕는다.

6 F new feelings and behaviors ; 적응적 변화 확인

내담자가 합리적인 신념을 발견하고 삶에 대해 더 효과적으로 기능하게 되면 새로운 감정과 행동을 나타내게 된다. 즉 과거에는 부정적인 감정을 느꼈던 사건에 대해서 좀 더 적절하고 긍정적인 감정을 경험할 뿐만 아니라 효과적인 행동을 나타내게 됨으로써 내담자의 삶이 점차 적응적인 것으로 변화하게 된다.

ABCDEF 모델은 단순하고 직선적인 듯이 보이지만 비합리적 신념을 합리적인 것으로 변화시키는 과정은 상당히 도전적이며 복합적인 과정이다. 이러한 변화를 위해서 상담자는 신중하게 선택된 치료기법을 노련하게 적용해야 할 뿐만 아니라 내담자의 적극적인 노력이 필요하다. 내담자가 자신의 비합리적 신념에 집착하며 변화에 저항하는 경우도 많다.

5. 현실요법 상담

1) 기본개념

현실요법 상담은 Glasser(William Glasser)가 창시한 행동의 선택이론에 바탕을 두고 있다. 선택이론에서는 인간은 태어나서 죽을 때까지 행동하며, 인간의 행동은 내적 동기와 선택의 결과이다. 따라서 인간은 자신의 행동과 정서에 대해 스스로 책임을 질 수 있어야 한다. 모든 심리적 문제의 근원에 관계에 대한 문제가 있다고 보았으며, 관계 안에서 자신의 욕구를 충족시키기 위해 선택해 온 행동의 방식이 현재의 고통과 불행을 가져온 것이라고 본다. 그리고 개인의 행동이 그 스스로가 선택한 결과라는 현실적인 인식이 동반될 때 개인의 행동은 변화될 수 있으며, 적절한 선택을 통해 자신을 통제하는 방법을 배우게 되면 문제를 해결하기 위하여 긍정적인 방향으로 에너지를 사용하여 행동하게 될 것이고 행복한 삶을 살게 된다는 것이 기본적인 주장이다. 현실요법 상담의 기본개념을 알아보면 다음과 같다.

(1) 기본 욕구

인간은 선천적인 기본적 욕구들을 충족시키기 위해서 동기화된다. 다섯 가지의 기본적 욕구들은 생존, 사랑과 소속, 힘과 성취, 자유, 즐거움의 욕구인데, 이 중 생리적 욕구인 생존의 욕구를 제외한 나머지 네 가지의 욕구는 심리적 욕구에 해당한다. 각각의 욕구들을 충족시키는 과정에서 개인 내에서 뿐만 아니라 개인 간 갈등을 유발할 수 있으며, 서로 균형을 유지하려고 하는 노력들이 행동의 동기로 작용하게 된다.

1 생존의 욕구

의식주를 비롯하여 개인의 생존과 안전을 위한 신체적 욕구와 관련된다. 생물학적 존재로서의 생명을 유지하고 생식을 통해 자신을 확장시키고자 하는 속성들이 포함된다. 호흡, 소화, 배설 등을 위해 작동하는 모든 기제는 생존을 위한 본능적 욕구를 충족시키는 방향으로 유지된다.

2 사랑과 소속의 욕구

타인들과 관계를 유지하면서 사랑에 기반한 접촉과 상호작용에 대한 욕구를 의미한다. 사회적 동물로서의 인간의 욕구와 관련되는데, 돌봄이나 관심 그리고 참여에 대한 동기를 포함한다. 결혼을 통해 자신의 가족을 이루는 것, 친구들과의 우정을 통해 관계 맺고자 하는 것, 또래집단이나 단체에 가입하는 것 등은 사랑과 소속의 욕구가 표현되는 여러 양태라고 할 수 있다.

3 힘과 성취의 욕구

자신이 하는 일에서 경쟁과 성취를 통해 중요한 존재로 인정받고 싶어하는 속성을 포함하고 있다. 힘에 대한 욕구는 사랑과 소속감에 대한 욕구를 비롯한 다른 욕구들과 갈등을 일으킬 수 있다. 자신의 능력이나 기술을 중심으로 인정받음으로서 환경에 영향을 끼치며 외부 환경을 통제하고자 하는 욕구에 집중하게 되면 가족과의 사랑이나 연대감, 자유와 즐거움에 대한 욕구보다 우선적으로 에너지를 사용하게 되기 때문이다.

4 자유의 욕구

자율적인 존재로 자유롭게 행동하고자 하는 욕구와 관련된다. 선택, 독립, 자율성 등의 의미를 포함하고 있으며 자신이 원하는 곳에서 살고 자신이 원하는 사람과 자유롭게 활동하고 싶어하는 것이 인간의 속성이다. 주거, 대인관계, 종교 활동 등을 포함한 삶의 모든 영역에서 어떠한 방법으로 삶을 영위해 나갈지를 선택하고 자신의 의사를 마음대로 표현하고 싶어하는 욕구가 자유의 욕구에 해당한다. 자신의 자유 욕구를 충족하고자 하는 경우에도 타인의 자유 또한 인정하고 침해하지 않으려는 노력이 필요하다.

5 즐거움의 욕구

새로운 것을 배우고 놀이를 통해 즐기고자 하는 욕구를 의미하며 흥미, 기쁨, 학습, 웃음 등과 관련된다. Glasser는 모든 인간은 기본적으로 즐거움의 욕구를 가지고 있다고 확신하였다. 새로운 것을 학습하면서 느끼는 즐거움, 새로운 활동이나 놀이에 도전하면서 경험하는 만족감 등이 여기에 해당한다. 즐거움의 욕구를 충족시키기 위해 때로는 생명의 위험도 감수하거나, 명예를 안겨주는 학위를 얻기 위해서 또는 공부가 재미있어서 결혼을 지연시키고자 할 때 즐거움의 욕구는 다른 기본적 욕구들과 갈등을 유발할 수 있다.

(2) 지각체계와 좋은 세계

동일한 현실을 각 개인이 서로 다른 방법으로 인식하게 되는 데에는 현실에 대한 지각이 다르기 때문이다. 인간은 자신의 내면세계의 욕구나 바람과의 관계를 통해서만 현실세계를 인식할 수 있기 때문이다. 그런 점에서 모든 인간은 객관적 현실세계에 사는 것이 아니다. 다만 현실을 지각할 수 있을 뿐이다. Glasser는 개인이 경험하는 현실은 감각체계(sensory system)와 지각체계(perceptual system)를 거쳐서 개인의 독특한 지각세계(perceived world)에 전달된다고 보았다.

외부의 현실 ==〉 감각체계 ==〉 지각체계 ==〉 지각세계 지식여과기 ‖ 가치여과기

감각기관을 통해 유입된 외부 정보나 자극은 감각체계를 거쳐 지각체계의 지식여과기(Knowledge Filter)와 가치여과기(Value Filter)를 거치게 되는데, 지식여과기는 사건이나 상황을 객관적이고 있는 그대로의 사실로 인식하는 지식정보와 관련된 1차 수준의 지각이다. 지식여과기를 통과한 정보는 사건이나 상황에 대해 가치를 부여하는 2차 수준의 지각과정인 가치여과기를 통과하면서 긍정적으로, 부정적으로 혹은 무의미하게 현실을 인식하게 된다. 객관적 현실이 모든 개인의 주관적 현실로 받아들여진 세계가 지각세계(perceived world)이다.

좋은 세계(Quality World)는 개인이 살아오는 과정에서 내적 욕구가 충족되었던 경험 또는 충족되기를 바라는 최상의 상태에 대한 기억이나 이미지들이 저장되어 있는 곳이다. 그러므로 개인이 원하는 세계, 즉 '이상적인 세계'이다. 여기에는 개인의 주관적 욕구, 즉 자신만의 독특한 방식으로 욕구를 채우려는 바람(want)이 포함되어 있다.

지각세계 〈――――――――〉 좋은 세계
비교
일치하면 만족감 경험 ‖ 불일치하면 '행동체계' 가동

감각체계와 지각체계를 통과해 '지각세계'에 들어온 정보는 '좋은 세계'에 이미 내재되어 있는 이상적인 정보들과 비교된다. 이런 점에서 Glasser는 좋은 세계를 비교장소(comparing place)라고 불렀다. 인간은 좋은 세계와 일치하는 현실을 경험하기 위해서 행동한다. 좋은 세계와 지각세계가 불일치하는 경우 갈등이 발생하게 되며, 이러한 갈등을 해소하기 위해 행동을 선택하게 된다. 불일치의 정도가 클수록 좌절의 강도는 강해질 것이고 문제행동에 대한 충동도 강력해지게 된다.

(3) 행동체계와 전행동

지각세계와 좋은 세계의 비교를 통해 좌절 신호가 발생하게 되면 개인은 조직화된 행동을 하게 된다. 조직화된 행동은 행동체계(behavioral system) 안에 저장되어 있는 것으로서 현실적으로 이용 가능한 모든 행동, 생각, 느낌을 의미한다. 행동체계는 출생 직후부터 욕구를 충족시키기 위해 필요했던 수많은 행동들과 관련된 친숙한 방식의 조직화된 행동과 창조적 과정을 통해 독특한 방법으로 끊임없이 조직과 재조직을 함으로써 자신에게 유용한 새롭고 창의적인 행동의 두 부분으로 구성되어 있다. 좌절 신호가 발생되면 개인은 기존에 익숙하게 사용해 왔던 조직화된 행동으로 대처한다. 만약 즉각적으로 이용할 수 있는 기존의 조직화된 행동이 없을 경우에는 새로운 행동을 만들어 내는 창조적 조직화 또는 조직화된 행동의 재조직화 작업이 진행된다.

욕구를 만족시키기 위한 개인의 모든 행동은 전행동(total behavior)이다. 전행동은 행동하기(acting), 생각하기(thinking), 느끼기(feeling), 생리적 반응(physiology)

의 네 가지 요소로 구성된다. 행동하기는 걷기, 이야기하기, 움직이기 등의 모든 자발적 및 비자발적 활동과 관련된 행동을 의미한다. 생각하기는 의식적 사고를 비롯한 모든 인지적 활동, 느끼기는 분노, 즐거움, 실망감 등 유쾌하거나 불유쾌한 모든 감정, 생리적 반응은 호흡, 식은 땀, 두통 등 모든 신체 생리적 반응을 의미한다. 모든 전행동은 가장 두드러지게 인식되는 요소에 의해 불리워지는데 예를 들어, 우울하다는 '느끼기'의 요소로, 달리기는 '행동하기' 요소로, 공부하기는 '생각하기' 요소로, 거친 호흡은 '생리적 반응'의 요소로 이해된다.

Glasser는 인간의 행동체계를 자동차에 비유하여 설명한다. 행동하기와 생각하기는 자동차의 앞바퀴에 해당되며, 느끼기와 생리적 반응은 자동차의 뒷바퀴에 해당된다. 생존, 사랑, 힘, 자유, 즐거움의 다섯 가지 기본 욕구는 자동차의 엔진, 개인의 욕구를 충족시키기 위한 바람(wants)은 자동차의 핸들에 해당하며 자동차의 방향을 정하게 된다. 자동차의 앞바퀴에 해당하는 행동하기와 생각하기는 비교적 통제하기 쉬운 반면, 뒷바퀴에 해당하는 느끼기와 생리적 반응은 통제하기가 어렵다. Glasser의 전행동이 의미하는 것은 자동차의 네 개의 바퀴 중 하나의 바퀴를 움직이면 모든 바퀴가 함께 움직이게 된다는 것에 착안된 것이다. 만약 우리가 전체행동을 바꾸기를 원한다면, 우리가 행동하고 사고하는 것을 바꿀 필요가 있다. 그 중에서도 인간이 거의 완벽하게 통제할 수 있는 것은 행동하기이다. 생리적 반응은 거의 통제하기가 어려운데, 만약 행동하기 요소를 바꿀 수 있다면 생각하기, 느끼기, 생리적 반응에도 자동적인 변화가 따라오게 된다. 그러므로 개인의 행동과 환경의 변화는 주위 환경이나 타인의 행동을 통제하려는 노력에 의해서가 아니라, 자신의 '행동하기'를 조절함으로써 가능한 것이다.

2) 발달이론

현실요법 상담에서 인간의 심리적 문제는 대부분 관계에 뿌리를 두고 있다.

개인의 욕구 충족과 관련된 중요한 대상의 부재나 중요한 타인들과의 갈등이 불행의 가장 주된 근원이 되곤 한다. 인간관계가 다른 모든 욕구를 충족시키는 바탕이기 때문에 건강한 발달은 좋은 관계의 바탕 위에서 이루어지게 되는 것이다. 그럼에도 불구하고 인간은 외부의 어떤 힘에 의해서만 동기화되지는 않는다고 보는 것이 이 이론의 관점이다. 자신의 욕구를 파악하기 위해 자신의 느낌을 탐색하고, 좌절된 욕구가 있을 경우에는 그러한 욕구를 만족시키기 위해 특정 노력을 기울인다는 것이다. 따라서 태어나서 죽을 때까지 우리의 모든 행동은 우리의 내적 동기에 의한 선택의 결과라고 본다.

예를 들어, 아동기에 학대를 받아 만족스럽지 못한 관계에 놓여 있었던 어떤 사람이 있다고 하자. 그와 같은 학대적 환경이 자신의 잘못에 의한 것이든 다른 누구의 잘못에 의한 것이든 그 자체가 문제되지는 않는다. 이미 발생한 과거의 학대 사건은 현재의 시점에서 바꿀 수도 없고 지울 수도 없다. 과거의 사건에 의해서 심한 마음의 상처를 입었을 수는 있지만, 현재 우리가 과거의 희생자가 되기로 선택하지 않는 한 우리는 더 이상 과거의 희생자가 아니다. 과거는 이미 지나갔고, 지나간 과거를 다시 되돌아보는 것은 시간낭비다. 지금 우리가 할 수 있는 것은 우리의 현재 행동을 변화시키기 위해 노력하고, 우리가 지금 필요로 하는 사람들과 좋은 관계를 형성하는 것이다. 현재의 관계가 우리의 행복과 불행의 가장 중요한 근원이기 때문이다. 자신에게 주어진 현실을 직면하고 올바른 판단을 해서 자신의 심리적 욕구를 현재보다 더 효과적으로 충족시켜 줄 수 있는 행동을 학습해야 한다. 인간은 자신의 건강을 증진시키고 자신을 성장시키려는 힘을 가지고 있고, 언제든지 자신의 행동을 변화시킬 수 있을 뿐만 아니라 자기 자신의 새로운 선택에 의해 자신과 환경을 통제할 수 있기 때문이다.

Wubbolbing(1991)은 정신적으로 건강한 사람은 사고, 감정, 행동을 지혜롭고 책임감 있게 선택함으로써 자신의 기본욕구를 모두 성공적으로 충족시키는 사람들이며, 자신의 삶을 향상시키려는 노력과 다른 사람을 도와 세상을 좀 더 나은 곳으로 만들기 위한 노력을 병행하는 사람들이라고 주장하였다. 이 관점에서 정신건강이 퇴행하고 증진되는 단계를 알아보면 다음과 같다.(Glasser, 1998; Wubbolbing, 2000; 권석만).

정신건강의 퇴행은 욕구충족을 위한 비효과적인 선택에 의해서 세 단계로 이루어진다.

- 욕구충족을 포기하는 단계: 자신의 기본욕구를 충족시키기 위해 나름대로 노력하지만 좌절과 실패를 경험하게 되면서, 욕구충족의 시도를 멈추고 포기하는 단계이다. 무기력감, 무관심, 냉담함, 사회적 고립과 같은 행동이 주로 나타난다.
- 부정적 증상의 단계: 자신의 욕구와 소망을 충족시키기 위해서 부적절한 방법을 선택하는 단계이다. 이 단계에 있는 사람들은 자신과 타인에게 유해한 방식으로 행동하기를 선택한다. 선택의 범위는 경미한 부정적 행동에서부터 폭행, 강간 등의 심각한 반사회적 행동에 이른다.
- 부정적 중독의 상태: 이 단계에 있는 사람들은 일시적인 즐거움을 추구하기 위해 중독행동을 선택함으로써 만성적 불행을 초래한다. 일시적인 쾌락과 통제감을 얻기 위해서 알코올, 마약, 도박, 쇼핑 등에 의존하면서 삶의 전반이 불행한 상태에 머무르게 되는 사람들이 여기에 속한다.

정신건강의 단계로 나아가는 사람들이 각 단계에서 선택하는 방식은 다음과 같다.

- 변화를 추구하는 단계: 이 단계의 사람들은 자신의 삶이 변화하기를 바라고 변화를 위해 노력해 보겠다는 표현을 하지만 아직 확고한 의지와 실천은 부족하다.

- 긍정적 증상의 단계: 이 단계에서 개인은 욕구의 좌절을 덜 경험하고 욕구를 좀 더 효과적으로 충족시킬 수 있는 합리적 선택을 하게 된다. 자신이 원하는 것을 얻기 위해서 어떻게 해야 하는지 알고 있으며 자신의 힘으로 통제할 수 있는 것과 없는 것을 구별하고 책임감 있는 행동을 선택함으로써 가정과 직장에서 원만한 삶을 영위하게 된다.
- 긍정적 중독의 단계: 이 단계의 사람들은 자기존중감과 성취감을 증진하는 행동, 사고, 감정을 선택함으로써 정신적으로 건강할 뿐만 아니라 행복한 삶을 영위하게 된다.

3) 상담의 적용

(1) 상담의 목표

현실요법 상담의 궁극적 목표는 내담자가 기본적인 심리적 욕구인 사랑과 소속감, 힘과 성취, 자유, 즐거움의 욕구를 잘 충족시킬 수 있도록 돕는 것이다. 보다 합리적이고 효율적인 선택을 하게 함으로써 더 행복하고 만족스러운 삶을 살 수 있도록 내담자가 자신의 삶에 대한 통제력을 갖도록 하며, 나아가 보다 자율적이고 성공적인 정체감을 갖도록 도와주는 것이 상담의 목표이다. 이를 위해서 상담자는 내담자들이 자신의 욕구와 바람을 명료화하고, 이를 충족시킬 수 있는 장·단기 목표와 구체적인 행동계획을 세워서 실천할 수 있도록 돕는다.

(2) 상담의 기법

1 질문하기

내담자가 원하는 것에 대해 스스로 생각하고 자신의 행동이 옳은 방향으로 나아가고 있는지에 대해 점검해 볼 수 있도록 돕는 기법이다. 상담자의 질문을 통해 내담자는 자신의 바람과 욕구를 인식하고 현재 행동을 검토하거나 자기를 평가하며 구체적인 계획을 수립할 수 있게 된다.

2 동사로 표현하기

현실요법 상담에서는 우울 증상도 내담자가 '우울하기' 행동을 선택했다고 본다. 따라서 우울한, 불안한, 짜증난 등의 형용사적 표현은 '우울해하고 있는', '불안해하고 있는', '짜증내기를 하고 있는' 등의 현재 진행형이나 동사형으로 표현하게 함으로써 감정도 자신이 스스로 선택한 행동임을 자각하고 책임을 갖게 한다.

3 직면시키기

내담자가 말과 행동이 일치하지 않을 때, 자신의 행위에 대한 책임을 받아들일 수 있도록 촉진하기 위해 사용하는 기법이 직면이다. 현실요법 상담에서 가장 중요하게 생각하는 목표 중의 하나가 내담자가 자신의 말과 행동에 책임감을 갖게 되는 것이다. 내담자가 현실적 책임을 회피하려고 할 때, 변명을 받아들이기보다 직면을 시킴으로써 더욱 책임감 있는 방식으로 행동할 수 있도록 돕는다.

4 역설적 기법

내담자의 통제감과 책임감을 증진시키기 위해 사용되는 방법이다. 내담자는 행동 변화를 위해 계획을 세우고 실천하는 과정에서 저항을 하게 되는 일이 자주 있다. 내담자에게 모순되는 지시를 함으로써 내담자의 저항을 줄이기 위해 사용되는 기법이 역설적 기법이다. 예를 들어, 발표에서 실수하는 것을 두려워하는 내담자에게 의도적으로 실수를 하도록 지시하는 것이다. 내담자가 실수를 한다면, 이것은 내담자가 실수를 할 것인지 말 것인지를 선택할 수 있는 통제력을 지니고 있다는 것을 확인하는 것이고, 만약 내담자가 지시에 저항해서 실수를 하지 않는다면 내담자는 실수를 통제하여 문제를 제거하게 되는 것이다.

5 유머 활용하기

유머의 적절한 사용은 내담자와의 관계에 편안함과 친밀감을 증진시킬 수 있다. 상담자와 내담자가 나누는 유머는 서로의 관계가 수평적임을 확인하는 동시에, 내담자가 융통성 있는 관점에서 자신의 견해와 행동을 관찰할 수 있도록 돕는다. 심각하다고 여기는 상황에서 웃을 수 있다는 것 자체가 문제에 대한 통찰을 증진시키고 더 편안한 관계에서 자신의 문제를 직면할 수 있게 한다.

(3) 상담의 과정

현실요법 상담은 내담자가 상담에 자발적으로 참여하도록 원만한 관계를 형성하기 위해 치료적 환경을 조성한 후에는 내담자의 행동 변화를 위해 W · D · E · P 모델에 따라서 진행된다. W · D · E · P 모델이 적용되는 상담의 구체적인 과정을 살펴보면 다음과 같다.

1 바람 파악하기(want)

현실요법 상담의 시작은 내담자로 하여금 자신의 기본적 욕구와 바람을 명료하게 인식하도록 돕는 것이다. 내담자의 바람, 욕구 및 지각을 탐색하면서 자신의 '좋은 세계'를 탐색하고 이제까지 막연했던 자신의 '바람'을 명확하게 인식할 수 있을 때, 상담을 통해 내담자가 진정으로 원하는 삶을 살기 위해서 추구해야 할 구체적인 목표를 찾아낼 수 있다. 다음의 질문은 내담자의 바람, 욕구 그리고 지각을 탐색하는데 도움이 된다.

- '당신이 진정으로 원하는 것은 무엇입니까?'
- '당신의 삶이 충분히 만족스러워지려면 무엇이 어떻게 변해야 합니까?'
- '당신이 원하는 것을 얻는다면 무엇을 갖게 될까요? 당신의 삶은 어떨까요?'

2 현재 행동을 파악하기(doing)

내담자가 가진 욕구와 바람을 명료화한 후, 내담자가 현재 어떤 행동을 통해 이러한 욕구와 바람을 충족시키려고 하고 있는지 내담자의 전행동을 탐색하는 과정이다. 상담자는 "당신은 무엇을 하고 있습니까?"라는 질문을 던짐으로써, 내담자가 지금 어디로 가고 있는지를 스스로 확인할 수 있도록 돕는다. 이 질문의 각 단어는 중요한 의미를 지니고 있다.

'당신은': 내담자가 선택의 주체라는 점을 강조하려는 의도가 포함되어 있다. 내담자가 자기 행동의 원인을 타인이나 환경적 여건의 탓으로 돌리는 것을 중지시키고 자기가 선택한 행동에 대한 책임이 자신에게 있음을 인식하도록 돕기 위함이다.

- '무엇을': 내담자의 내면세계를 탐색하여 자신이 현재 관심을 갖고 있거나 추구하고 있는 것의 구체적인 내용을 자각할 수 있게 할 뿐만 아니라 내담자가 욕구 충족을 위해 선택한 행동이 과연 효과가 있는지, 내담자가 통제 가능 영역과 통제 불가능한 영역은 각각 어떤 것들인지에 대해 확인해 볼 수 있는 기회를 제공한다.
- '하고': 내담자의 전행동 중에서 특히 행동하기 요소를 탐색하는데 초점을 둔 것이다. 내담자로 하여금 자신이 원하는 것을 얻기 위해 현재 하고 있는 구체적 행동에 대해 자기평가를 할 수 있도록 도와준다.
- '있는가': 내담자가 현재의 행동에 초점을 맞출 수 있도록 도와준다. 현실요

법 상담에서는 욕구가 항상 현재에 존재한다고 보기 때문에 그 해결책 또한 현재에 있다고 간주된다. 내담자로 하여금 지금 행동하고 있는 것에 초점을 두게 함으로써 자신의 행동에 대해 의식적인 통제를 할 수 있도록 하고 대안적인 행동을 새롭게 선택하도록 돕는다.

현재의 행동을 탐색하기 위해 명료하게 자각하도록 도울 수 있는 추가적인 질문들은 다음과 같다.

- '당신이 원하는 것을 얻기 위해서 구체적으로 어떤 노력을 기울이고 있나요?'
- '당신이 하고 싶은 것을 가로막는 것은 무엇인가요?'
- '내일은 무엇을 할 계획인가요?'

3 현재 행동을 평가하기(evaluation)

내담자의 현재 행동을 구체적으로 살펴보고 나면, 내담자가 지금 하고 있는 행동들이 자신의 욕구 충족에 도움이 되는지 혹은 방해가 되는지를 판단할 수 있도록 하는 것이 필요하다. 이때 상담자의 가치판단이 개입되지 않도록, 내담자의 관점에서 자신의 현재의 상황과 관련된 자기 행동의 유용성과 효과성을 평가하도록 도와야 한다. 내담자가 환경 내에서 실제 수행되고 있는 자신의 행동의 적절성에 대해 판단하지 못한다면 긍정적인 변화를 기대할 수 없다. 내담자가 자신의 행동의 효과에 대한 가치판단을 할 수 있을 때 비로소 실패의 요소가 무엇인지 그리고 성공을 위해 자신이 책임질 수 있는 변화는 무엇인지를 결정할 수 있게 된다. 이러한 과정을 돕기 위한 질문들은 다음과 같다.

- '당신의 현재 행동이 당신에게 도움이 되는가?'
- '당신이 지금 하고 있는 행동이 당신이 원하는 것을 얻는 최선의 방법인가?'

- '당신이 지금 하고 있는 행동이 다른 사람의 삶에 어떤 영향을 미치고 있다고 생각하는가?'

④ 계획하기(plan)

이 단계에서는 내담자가 새로운 행동을 계획하고 실천할 수 있도록 돕는다. 자기 행동에 대한 평가를 내린 후 행동 변화를 위한 동기가 유발되면 내담자의 바람과 욕구를 충족시킬 수 있는 바람직한 계획을 수립하는 것이다. 자신의 욕구나 바람을 충족시키기 위해 현실적으로 수용될 수 있고 통제 가능하면서도 다른 사람들에게 피해를 끼치지 않는 책임있는 행동의 계획이 필요하다. Wubbolbing(1991; 노안영, 2005)은 새로운 행동계획이 성공적으로 실행되기 위해서 필요한 조건을 SAMIC3/P로 제시하였다.

- Simple: 계획은 단순하고 이해하기 쉬워야 한다.
- Attainable: 계획은 현실적이며 도달할 수 있어야 한다.
- Measurable: 계획은 구체적이고 정확해야 하며 측정할 수 있어야 한다.
- Immediate: 계획은 즉각적으로 수행될 수 있어야 한다.
- Controlled: 계획은 내담자가 통제할 수 있어야 한다.
- Consistent: 계획은 일관성이 있어야 한다.
- Committed: 계획은 반드시 실천하겠다는 확고한 의지를 가지고 수행되어야 한다.

6. 행동주의 상담

1) 기본개념

정신분석적 관점에서 이탈하여 1950년대와 1960년대 초반에 생겨난 행동주의 심리학에 근거한 상담이론이다. 행동주의 심리학은 인간 행동의 대부분은 자극과 반응의 연합에 의해 학습된 것이라고 본다. 특정한 환경 내에서 강화의 요인으로 작용하는 것이 무엇인지에 따라 개인의 행동이 바람직한 행동이나 바람직하지 못한 행동으로 조건형성된다고 보는 것이다. 고전적 조건형성과 조작적 조건형성의 원리를 적용한 학습이론에서 시작된 행동주의 상담은 내담자의 바람직한 행동은 증강시키고 바람직하지 못한 행동은 약화 또는 감소시킴으로써 내담자의 적응력을 향상시키는 재학습의 과정이다. 1980년대 행동치료의 기반이 확대되어 대부분의 심리학, 상담학 분야에서 행동기법을 중요하게 다루었다. 현재 행동주의 기법은 더욱 복잡하고 다양하게 발전하고 있는데, 행동주의를 표방하고 있는 상담의 가장 중요한 공통점은 행동에 초점을 두며 학습을 강조하고 엄격한 평가와 평정에 기초하고 있다는 것이다.

(1) 강화와 처벌

강화(reinforcement)는 어떤 행동에 뒤따르는 자극을 제공하여 그 행동이 나타날 빈도를 증가시킴으로써 특정 행동을 습득하게 하는 것을 말한다. 강화에는 정적 강화와 부적 강화가 있는데, 정적 강화(positive reinforcement)는 학습자에게 자극을 제공함으로써 기대되는 행동의 발생 빈도를 증가시키는 것이며, 부적 강화(negative reinforcement)는 학습자가 싫어하는 자극을 제거해 줌으로써 기대되는 행동의 발생 빈도를 증가시키는 것이다. 처벌(punishment)은 강화와는 반대로 특정 행동의 빈도를 감소시키거나 제거하기 위해 사용된다. 바람직하지 않은 행동을 억제하기 위해서 벌이나 고통을 주는 것이다.

(2) 일반화와 변별

일반화(generalization)는 특정 상황에서 강화를 통해 학습된 행동이 다른 상황이나 장면에서도 나타나는 현상이다. 학교 장면의 교사와의 관계에서 바람직한 행동을 하도록 학습된 행동이 다른 사회적 장면에서도 나타나게 되는 것이나, 특정 과목에서 우수한 성적을 올린 학생이 다른 과목에서도 동일한 학습방법을 적용하는 경우가 그 예에 해당한다. 반면에 변별(discrimination)은 특정 자극조건에만 선택적으로 반응할 수 있는 능력을 말한다.

(3) 수반성과 소거

수반성(contingency)은 반응 행동과 그 결과 간에 확립될 수 있는 특별한 관계를 말한다. 즉, 어떤 사건(A)이 일어나면 그에 이어 특정한 사건(B)이 야기될 때 A는 B에 수반된다고 말할 수 있다. 예를 들어, 장난감을 가지고 놀고 난 후에 '정리하는 행동'을 하면 아이가 좋아하는 '사탕'을 줄 때 정리 행동과 사탕 사이에는 수반성이 성립되며, 사탕은 정리 행동에 대한 강화물이 된다. 만약 어떤 행동과 강화물 사이에 강력한 상관관계가 있을 경우, 작은 강화물조차도 학습에 매우 강력한 영향을 미칠 수 있다. 이때 중요한 것이 강화자극(사탕)이 목표행동(장난감을 정리하는 행동)에 뒤따라 제공되어야 하며 목표행동과 상반되는 어떠한 행동에 대해서도 제공되는 일이 없어야 한다는 것이다. 소거(extinction)는 학습된 행동에 대해 강화가 제공되지 않을 때, 행동 수행이 중지되는 현상을 말한다. 부적응 행동은 부지불식간에 여러 가지 보상에 의해 강화되는 경우가 많다. 이러한 강화요인을 확인하여 제거하게 되면 부적응 행동은 감소하게 된다.

2) 발달이론

행동주의 상담에서 인간은 살아가면서 만나는 환경에 의해 형성되는 존재임을 강조하며 비합리적이며 충동적인 욕구까지도 후전적인 조건화의 결과로 본다. 따라서 인간의 성격이나 발달에 관한 이론은 따로 논의되지 않는다.

인간의 성격이 특성 혹은 특질로 구성된다는 것을 거부하며, 개인의 특성을 이해하고자 할 때 내면적 특성 등에 의해 규명하기보다는 그 사람이 다양한 상황에서 반복적으로 나타내는 독특한 행동패턴이 무엇인지를 관찰하는 것이 필요하다고 본다. 그러므로 발달 과정에서 어떤 것을 학습하고 일반화하였는지가 개인의 성격을 이해하는 중요한 기준이 된다. 예를 들어 아버지에게 공포를 느끼는 자녀는 성인이 된 후 직장의 상사에게도 공포를 느끼게 될 것이다. 인간의 모든 행동은 환경과의 상호작용 속에서 학습되는 것이라고 보았을 때, 아버지와 경험하면서 학습했던 수많은 반응의 양식이 공포반응을 보이는 습관으로 형성되고 그 습관은 다시 고정된 공포 반응을 만들어 낸다고 이해할 수 있다. 행동주의 상담에서 인간의 행동은 환경적 통제의 영향을 받아 형성된 후에는 자연현상처럼 일정한 법칙성을 지닌다.

3) 상담의 적용

(1) 상담의 목표

행동주의 상담에서는 인간의 모든 행동은 학습된 것이라고 보기 때문에 부적응 행동 대신 적응적이고 기능적 행동을 학습할 필요가 있다. 새로운 행동을 학습하는 과정이 곧 상담의 과정이 된다. 학습은 조건화의 과정을 포함하므로 행동주의 상담의 중요한 목표 중의 하나는 새로운 조건화 과정을 만들어 내는 것이다. 부적응 행동의 소거 및 적응적이고 기능적인 바람직한 행동의 강화에 영향을 주는 요인들이 어떤 것인지를 찾아내어 체계적 학습의 과정을 진행한다. 이를 위해 내담자는 상담을 통해 변화되고 싶은 행동이 무엇인지를 선택하고 그 목표를 달성하기 위한 구체적 세부목표를 상담자와 논의하여 명세화한다. 내담자가 설정한 목표가 잘 실행되고 있는지에 대해 전 상담과정을 통해 지속적으로 평가함으로써 목표달성의 정도를 확인한다.

(2) 상담의 기법

1 적응적 행동을 증가시키는 기법

① 행동조성법(behavior shaping)

행동조성은 상담을 통해 새롭게 형성되기를 원하는 목표행동에 도달할 때까지 점진적으로 접근해 가면서 체계적으로 강화시켜 나가는 방법이다. 이 기법을 사용하기 위해서는 먼저 목표행동에 도달할 때까지의 행동을 분석하여 난이도와 완성도로 구분하여 위계를 정한다. 그 다음 내담자에게 쉬운 행동의 단계부터 하나씩 학습의 단계를 정하여 점차 목표행동의 완성도를 높여 나가도록 지원하는 방법이다. 행동조성의 절차를 세분화해 보면 다음과 같다.

- 목표행동 선정 : 상담을 통해 도달하고자 하는 목표가 되는 행동을 정한다. 목표행동에 도달하기 위해 요구되는 행동의 하위 단계들을 관찰 가능한 행동으로 세분화한다.
- 출발점 행동 선정 : 행동조성 기법을 시작할 최초행동을 정하는 것인데, 목표행동과 조금이라도 관련이 있는 행동이어야 한다. 예를 들어, 목표행동이 '선생님과 5초간 시선 접촉하기'라면 출발점 행동은 '선생님 쪽으로 머리를 돌리는 것'이 될 수 있다.
- 행동조성의 단계 결정 : 목표 행동에 도달하기 위해 세분화된 하위 단계들의 위계를 정한다.
- 강화물 선정 : 행동조성 과정에 사용할 강화물을 선택한다.
- 목표행동의 점진적 접근 : 최초 행동을 강화하는 것으로부터 시작해 위계의 아래에서부터 점진적으로 한 과정씩 학습한다. 주의할 것은 해당 단계의 행동이 숙달되기 전에 다음 단계로 넘어가서는 안 된다는 것이다.
- 목표행동 강화 : 최종 목표행동에 이르기까지 목표행동에 대한 연속적 강화에서 시작하여 간헐적 강화의 단계로 나아가면서 적절한 강화를 진행해 나간다.

② 모델링(modeling)

내담자가 타인의 적응 행동을 관찰하고 모방함으로써 적응행동을 학습하게 하는 방법이다. 내담자는 모델이 되는 타인을 관찰하면서 적응적인 행동을 어떻게 수행하는지를 배울 뿐만 아니라 그러한 행동이 가져오는 긍정적 결과를 확인해 볼 수 있고, 그에 따라 적응행동에 대한 동기가 강화될 수 있다. 모델링 개입을 하기 전에 고려해야 할 점은 다음과 같다.

- 내담자는 모델을 모방할 수 있는 발달적, 인지적 특성을 갖추고 있는가?
- 내담자는 모델을 모방하는 것에 대해 보상을 받을 것인가?
- 모델이 되는 타인은 모델링의 좋은 예인가? 내담자와의 유사성, 모델의 지위, 행동의 질, 모델의 특성 등을 검토한다.

③ 생활기술 훈련(life skill training)

발표나 의사소통, 자기주장, 감정표현이나 분노통제, 의사결정 및 문제해결 기술 등 일상생활에서 적응적으로 행동하기 위해 필요한 다양한 기술을 가르친다.

④ 토큰 경제(token economy)

토큰은 다른 보상들과 교환될 수 있는 교화가치를 갖는 상징들이다. 일정한 개수가 모이면 실제적인 강화물로 교환할 수 있는 토큰이나 스티커 등이 해당된다. 이 방법을 적용할 때에는 먼저 강화하고자 하는 목표행동을 구체적으로 정의한 후 보상이 주어지는 분명한 행동규칙을 정해서, 공정하고 일관성 있는 방식으로 보상이 주어지는 것이 중요하다. 행동의 대가로 받은 토큰이나 점수는 어떠한 강화물과도 교환이 가능하며 과제의 복잡성에 따라 토큰의 수에 차등을 두는 것이 좋다. 또한 강화물은 분명하고 실질적이며 내담자에게 의미 있는 것이어야 효과적이다.

2 부적응 행동을 감소시키는 기법

① 체계적 둔감법(systematic desensitization)

체계적 둔감법은 주로 공포나 불안을 제거하기 위하여 울페(J. Wolpe)가 제시한 기법이다. 울페는 고양이의 불안감을 제거하기 위해 불안감을 일으키는 자극에 고양이를 살짝 노출시킨 후에 음식과 같은 긍정적인 자극을 고양이에게 주는 방법을 통하여 고양이가 불안의 요소에 긍정적으로 반응을 하도록 함으로써 고양이의 불안감을 제거하는 데 성공하였다. 이후 체계적 둔감법은 공포증, 언어 불안, 학습 불안, 폐쇄공포증 등과 같은 정서적 행동에 광범위하게 사용되어 왔다. 체계적 둔감법의 단계는 다음과 같다.

- 이완훈련 단계 : 내담자에게 불안을 대치할 이완반응을 가르친다. 내담자가 불안해지는 상황을 상상하더라도 이완상태를 유지할 수 있을 때까지 이완훈련을 시키는 것이 중요하다.
- 불안위계 구성 단계 : 내담자가 불안을 일으키는 사건들을 확인한 후 불안의 정도에 따라서 위계를 정한다. 이를 위해서 내담자가 불안을 야기하는 상황이나 사건에 관한 구체적인 정보를 얻는 것이 필요하다.
- 둔감화 단계 : 이완 상태에서 위계상 가장 낮은 수준의 불안유발 자극에 노출시킨다. 이완반응을 불안유발 자극과 짝짓게 되면서 불안자극에 대한 둔감화가 점진적으로 일어난다.

② 노출법(exposure)

내담자가 두려워하는 자극이나 상황에 반복적으로 노출시켜 직면하게 함으로써 특정 자극 상황에 대한 불안을 감소시키는 기법이다. 실제적인 불안 자극에 직접 노출시키는 방법과 상상을 통해 불안자극에 노출시키는 방법이 있다. 또 낮은 불안을 유발하는 자극으로부터 서서히 강도를 높여 나가는 점진적 노출법과 처음부터 강한 불안을 유발하는 자극에 노출시키는 급진적 노출법이 있다. 홍수법(flooding)은 내담자에게 강한 불안을 유발하는 자극이나 심상에 노출시키고 불안이 감소될 때까지 노출을 지속하는 방법으로 급진적 노출법의 일종이다.

③ 혐오적 조건형성(aversion conditioning)

바람직하지 않은 문제 행동에 불쾌 경험을 유발하는 자극을 연합하여 제시함으로써 문제행동을 감소시키는 일종의 역조건 형성(counterconditioning) 기법이다. 알코올중독 행동을 제거하기 위해서 구토를 유발하는 약물을 사용하여 술을 마실 때마다 불쾌한 경험을 느끼게 함으로써 알코올에 대한 접근 행동을 감소시키는 방법이 대표적인 예라고 할 수 있다. 혐오적 조건형성의 기법을 적용할 때는 내담자의 권리와 선택을 존중해야 하며 신체적, 정서적으로 부정적인 영향을 미치지 않도록 주의해야 한다.

(3) 상담의 과정

행동주의 상담에서는 표적 행동을 객관적으로 이해하고 평가하여 부적응 행동을 수정하고 새로운 행동을 습득하는 것을 목적으로 한다. 상담자는 내담자의 문제를 탐색하여 체계적인 계획 속에서 상담을 진행한다. 상담자가 문제 행동의 상담계획을 수립하고 진행하는 일반적인 과정은 다음과 같다.

1 내담자 호소문제 탐색

이러한 탐색 과정에서는 내담자에 대한 가치판단 없이 온정적, 공감적 태도로 수용하고 이해하여 내담자와 신뢰할 수 있는 관계를 형성하는 것이 중요하다.

① 문제 행동 규명 단계

문제 행동을 규명하고 행동 상담의 방향과 목표를 설정하는 단계이다. 내담자가 호소하는 부적응 문제나 문제 행동을 탐색하면서 어떤 문제가 가장 심각한 영향을 미치는지 그리고 다른 문제 행동에 파생적 영향을 미치는 문제는 어떤 것인지 등을 파악한다. 이 과정에서 상담자는 가장 먼저 치료 접근이 필요한 문제를 내담자와 함께 결정하게 된다. 상담에서 중요하게 다루어야 할 내담자의 문제 행동이 무엇인지, 어떤 행동을 약화시키거나 제거해야 하는지를 선정해서 구체적이고 관찰가능하며 측정 가능한 행동으로 서술한다.

② 행동 분석 단계

행동 변화를 위한 시도를 하기 전에 문제행동의 빈도와 정도를 측정하는 단계이다. 행동의 기저선 측정이라고 부르기도 하는데, 상담을 시작하는 현재 시점에서 문제행동이 발생하는 빈도와 문제행동의 지속 시간 및 강도를 파악하는 것이다. 이는 상담의 결과가 어느 정도 효과적이었는지를 알아보는 기준이 된다.

③ 상담 목표와 방법 협의 단계

문제 행동에 대한 평가와 분석을 토대로 상담자와 내담자가 함께 구체적 상담 목표를 설정하는 단계이다. 상담 목표는 명확하고 구체적이며 목표달성 여부를 객관적으로 확인할 수 있는 측정 가능한 형태로 제시하는 것이 바람직하다. 상담 목표는 상담/학습의 방향을 제시하는 것이기 때문에 매우 중요하다. 또한 바람직한 행동을 했을 때 받게 될 강화의 종류와 양, 빈도 등도 결정한다.

④ 상담의 실행 단계

내담자의 현재 상태 파악과 목표 설정 단계에서 수집된 정보를 바탕으로 문제 행동의 특성에 따라 가장 적절한 상담 기법을 선택하고 이를 실행할 구체적인 절차를 진행해 나가는 단계이다. 행동주의 상담에서는 상담 계획의 진행과정에서 특히 내담자의 적극적인 참여와 협조가 필수적인 만큼 내·외적 환경 조건을 분석하여 적절한 강화의 기법을 적용하는 것이 필요하다.

⑤ 상담 효과의 평가 단계

표적 행동이 얼마나 변화되었는지 상담이 진행되는 과정에서의 개선의 정도를 평가하는 단계이다. 최종적으로 도달해야 할 목표행동을 기준으로 현재 변화된 정도를 평가하여 긍정적 결과가 나타나면 현재의 상담 계획에 따라 상담을 지속하면서 성공적 측면을 강화한다. 부정적인 결과가 나올 경우에는 상담 계획을 점검하고 실패의 요인을 찾아 상담의 과정을 수정 및 조정한다. 행동주의 상담은 상담의 진전된 정도나 효과를 확인하고자 할 때, 상담 목표에 명시된 내담자의 구체적 행동에 근거해서 평가할 수 있다는 장점이 있다.

⑥ 상담 종결 단계

상담의 초기에 설정한 목표 행동에 도달했다고 판단될 때, 상담을 통해 학습된 새로운 행동으로의 변화가 유지될 뿐만 아니라 비슷한 적응적 행동으로 일반화될 수 있도록 격려하면서 상담의 종결을 준비한다. 문제 행동이 일정 수준까지 감소했다 하더라도 상담이 종결된 이후에 다시 재발될 수 있으므로 상담의 효과가 유지될 수 있는 방법에 대해 논의하고 필요하면 추수 상담의 필요성을 탐색하기도 한다.

제 5 장

개인상담과 집단상담

1. 상담의 개념
2. 상담의 목표
3. 상담의 과정
4. 상담자의 역할

1. 상담의 개념

1) 개인상담과 집단상담의 비교

개인상담은 문제가 위급하고 원인과 해결이 복잡한 내담자, 자신과 관련 인물들의 신상을 보호할 필요가 있는 내담자, 그리고 집단에서 공개적으로 드러내는 것에 대해 불안이 심한 내담자가 상담자와의 1 : 1의 관계에서 진행되는 상담이다. 일반적으로 대인관계의 실패와 관련된 문제를 가진 내담자나 남의 인정과 주목에 대한 욕구가 너무 강한 내담자는 집단상황에 맞지 않는 경우도 있다. 집단상담은 궁극적인 목표에 있어서는 개인상담과 큰 차이를 보이지 않지만 목표를 성취하는 구체적인 방식이나 내담자들의 경험, 실제 적용대상 등의 측면에서는 많은 차이를 보이고 있다(박성수 외, 2007).

첫째, 개인상담은 일대 일로 이루어지지만 집단상담에서는 여러 사람이 함께 참여하며, 변화를 촉진하는 요인들 역시 개인상담과는 차이가 있다.

둘째, 집단상담에 참여하는 내담자들은 개인상담에 비해 개인의 과거나 집단 밖에서 벌어지는 사건보다는 '지금-여기'에서 맞닥뜨린 인간관계, 즉 타인이 자신을 어떻게 생각하고, 어떻게 느끼는가에 더 많은 관심을 가진다. 집단상담 참여자들에게 가장 중요한 과제 중 한 가지는 현실검증으로 타인이나 자신에 대해 스스로 생각하고 지각하는 것과 타인이 지각하는 것 사이의 괴리를 검증하며 수정하는 과정을 거친다.

셋째, 개인상담과 달리 집단상담에서 내담자는 자신이 상담과정에 얼마나 깊게 관여할 것인지를 쉽게 조절할 수 있다.

넷째, 개인상담에서의 상담자보다는 집단상담의 지도자가 내담자와 동등한 위치에 설 수 있기 때문에 권위를 가진 사람 앞에서 두려움을 느끼는 사람들에게 많은 도움을 줄 수 있다.

다섯째, 개인상담에 비해 집단상담은 상대방을 대하는 바람직한 태도나 행동반응을 즉각적으로 시도해 보고 확인할 수 있으며 타인과 친밀감에 대한 경험을 가질 수 있으며, 소속감과 동료의식을 즉시적으로 발전시킬 수 있다.

여섯째, 다양한 집단구성원이 참여하는 집단상담은 개인상담과는 달리 참여자들이 다른 사람들로부터 도움을 받을 뿐만 아니라 참여자 자신이 다른 사람을 돕는 경험을 한다.

개인상담과 집단상담이 서로 상반되는 것이라고 생각하는 경우도 있으나 실제로는 그렇지 않다. 개인상담과 집단상담에서 공통적으로 갖추어야 할 기본적 조건들에서 유사한 측면들이 있다. 가치 있는 개인으로 수용되는 것, 자신의 행동에 대한 책임감을 갖는 것, 인간행동에 대한 이해를 심화시킨다는 것, 개인의 정서적 생활의 다양성을 탐색하고 충동적 정서를 통제하는 것, 자신의 관심과 가치를 검증하고 그 결과를 실제 생활과정과 행동계획에 통합시키는 것 등은 개인상담이건 집단상담이건 다르지 않다. 이외에도 내담자로 하여금 자기관리 및 성격에 대한 통찰과 생활상의 문제해결을 할 수 있도록 돕는다는 점, 내담자의 자기공개와 자기수용을 촉진하기 위해서 허용적인 상담분위기의 조성과 유지를 강조한다는 점, 상담의 기법 면에서 유사하다는 점, 내담자들의 개인적인 자질이나 개성을 발휘하도록 사적인 정보의 비밀을 보장한다는 점에서 개인상담과 집단상담은 유사하다고 할 수 있다.

2) 집단상담(group counseling)의 개념

집단상담은 한 사람의 상담자와 여러 명의 집단구성원들과의 상호역동적인 관계를 통해서 참여자 개개인의 문제해결 및 성장과 발달을 촉진시키는 역동적인 대인관계의 과정을 의미한다. 이장호(1999) 등은 집단상담이 생활과정상의 문제를 해결하고 보다 바람직한 성장 · 발달을 위해서 전문적으로 훈련된 상담자와 집단구성원의 역동적인 상호교류를 통해 각자의 감정, 태도, 생각 및 행동양식 등을 탐색하고 이해하고 보다 성숙된 수준으로 향상시키는 과정이라고 한다. Corey 등(1994)은 집단상담은 치료적 목적뿐 아니라 예방적이고 교육적인 목적을 가지며, 의식적인 사고, 감정 및 행동을 강조하는 대인과정과 문제해결 방법과 전략이 포함된다고 하였다.

이형득 등(2002)은 Gadza 등의 논의를 바탕으로 다음과 같은 종합적 정의를 제시하고 있다.

> "집단상담은 의식적 사고와 행동, 그리고 허용적 현실에 초점을 둔 정화, 상호신뢰, 돌봄, 이해, 수용 및 지지 등의 치료적 기능들을 포함하는 하나의 역동적인 대인간의 과정이다. 치료적 기능들은 동료 성원들과 상담자(들)가 하나의 작은 집단에서 사적인 관심거리들을 서로 털어놓고 이야기함으로써 이룩된다. 집단원들은 포괄적인 성격의 변화를 요할 정도로 심한 문제를 갖지 않은 근본적으로 정상적인 개인들이다. 집단의 성원들은 가치와 목표들을 이해하고 수용하는 능력을 증대시키고 새로운 태도와 행동을 학습하고 이미 학습한 것 중에서 바람직하지 못한 것은 버리기 위하여 집단 상호작용을 한다."

이 정의를 통해 집단상담이 어떤 작업으로 이루어지며, 어떤 것들이 포함된 과정인지 그 특징을 알아보면 다음과 같다.

첫째, 집단상담의 대상은 병리학적 수준의 환자들이라기보다 비교적 정상 범위의 적응 수준에 속하는 사람들이라는 것이다. 즉, 집단상담에서 이루어지는 작업 주제는 정상적인 발달 과업의 문제나 태도와 행동의 변화이다. 또한 그러한 주제들은 내담자가 제시하여 결정하는 경우가 많다.

둘째로, 집단상담을 이끄는 상담자는 훈련받은 전문가이다.

셋째로, 집단상담이 진행될 때 서로 신뢰가 있고 받아들여진다고 느껴지는 분위기여야 한다. 한 사람 한 사람이 모두 존엄성을 가진 인간으로 존중받아야 하고 더욱이 자신이 그렇게 느껴야만 한다. 그렇기에 무조건적인 수용이 필수적이다.

마지막으로 집단상담은 하나의 역동적인 대인관계의 과정이다. 집단상담은 그 안에서의 새로운 경험을 통해 문제를 해결하는 과정이다. 상호 관계를 지속적으로 경험하며 학습, 적응하여 바람직한 발달을 촉진한다.

사회적 동물이라 불리는 인간은 이렇게 다른 사람들과의 상호관계를 경험함으로써 삶의 의미를 얻게 된다.

3) 집단상담의 특징

(1) 집단상담의 장 · 단점

집단상담의 장점은 첫째, 짧은 시간 안에 많은 구성원들이 상담 장면에 노출된다는 점에서 경제적이고 효율적이다. 여러 사람들과의 상호작용을 통해 다양한 사고, 행동, 생활양식 등을 탐색하고 그 안에서 인간적 성장의 틀을 만들 수 있는 여러 자원을 얻을 수 있게 된다. 둘째, 집단상담은 개인상담에서와 달리 여러 구성원들이 함께 비슷한 주제로 대화를 나누면서 마음을 더 쉽게 열 수 있고, 자신과 타인을 더 잘 이해할 수 있다. 이런 경험을 통해 소속감과 동료의식도 발전시킬 수 있다. 특히 청소년들이 경험하면 상호작용하는 능력이 개발되어 발달과 성장에 큰 도움이 된다. 셋째, 집단상담은 실생활을 축소한 것과 같은 효과가 있어서 집단 내에서 실생활에 필요한 대인관계 능력을 습득할 수 있다.

반면에 집단상담의 단점으로는 첫째, 비밀 보장에 한계가 있다는 것이다. 둘째, 여러 구성원들과 함께 진행되기 때문에 한 개인 내담자에 대한 문제가 충분히 다뤄지지 않을 수도 있다. 셋째, 집단 압력을 받을 가능성이 있다. 집단 구성원들의 태도와 행동에 영향을 받아 자신의 내면을 제대로 돌아보지 않은 상태에서 극단적인 선택을 하는 경우가 있을 수 있다.

(2) 집단상담의 유형

집단상담의 유형은 목표나 기대, 치료적 효과, 지도자의 역할, 참여자의 특성에 따라 구분할 수 있다. 여기서는 가이던스 집단, 상담집단, 치료집단의 유형에 대해 알아보고자 한다.

1 가이던스 집단(Guidance Gruops)

가이던스 집단은 구체적인 교육적 목표를 가지고 강의, 교수 등의 구조화된 방법들을 사용하는 집단이다. 지도자에 의해 집단의 방향과 진행내용, 방법들이 사전에 계획되고 구조화된 활동이 강조되며, 지도자는 교육자, 촉진자의 역할을 한다. 주로 스트레스 관리, 대인관계 능력 증진, 대화기술, 문제해결기술, 갈등해결, 감정조절 기술 등의 주제를 가지고, 관심 있는 집단을 대상으로 집단원의 이해와 문제 극복을 도와주는 교육 프로그램들을 의미한다. 학교에서 실시되는 심리교육활동이 가장 흔하며, 프로그램에 관한 워크북이 있고 실제적용과 숙제 등의 과제가 포함되는 경우도 많다.

2 상담집단(Counseling Groups)

주로 일상생활에서 어려움을 경험하는 일반인들을 대상으로 하는 집단이다. 성장, 발달, 문제예방, 자기자각 또는 의식증진, 적응기술의 개발 등을 목표로 하며 과거의 문제나 관계의 역동보다는 현재의 생활, 느낌, 사고 등에 초점을 둔다. 치료를 목적으로 하는 장기집단에 비하여 비교적 단기간의 집단상담으로 진행되며, 집단에 참여하는 내담자들을 문제이해 및 상담목표, 개입전략의 측면에서 개인상담의 수준에서와 같은 능력과 자질이 지도자에게 요구된다.

3 치료집단(Therapy Groups)

상담집단과 치료의 목표, 지도자의 역할, 개입전략 등에 있어서 많은 공통점을 갖지만, 주로 병원이나 임상장면에서 신경증적 장애, 성격장애, 정신과적 장애 등의 문제를 가진 집단원들을 대상으로, 성격의 분석 및 재구조화, 증상의 완화 등을 목적으로 장기집단의 형태로 운영된다. 일반적인 생활 적응의 문제보다는 과거 경험, 무의식, 성격, 행동 변화, 임상적 증상 등의 주제가 주로 다루어지며 행동장애, 정서장애, 성격장애 등에 관한 집중적인 치료와 개입이 실시된다.

2. 상담의 목표

1) 집단상담의 목표

집단상담의 목표는 다양한 차원에서 설명할 수 있다. 집단상담의 기초가 되는 상담이론에 근거한 목표와 집단상담을 하는 과정에서 상담자가 구체적인 개입을 통해 성취하고자 하는 목표 그리고 집단상담이 끝난 후 도달하고자 하는 목표 등으로 나누어 설명하기로 한다(Corey, 2005).

(1) 이론적 목표

집단상담의 목표는 각 상담이론에 따라 차이가 있다. 집단상담이 지향하고 있는 이론적 근거와 집단원의 특성, 집단이 실시되는 맥락과 집단의 목표 등에 따라서 특정 이론을 적용하거나 절충하여 적용할 수 있다. Corey(2005)가 제시한 집단상담의 이론적 목표에 의하면 정신분석 이론에 근거한 집단은 초기 가족관계를 재경험할 수 있는 분위기를 제공함으로써 현재 행동을 유발한 과거 사건과 관련된 감정을 발견하도록 한다. 이를 통해 잘못된 심리발달의 기원에 대한 통찰과 더불어 교정적 · 정서적 경험을 하도록 돕는 것이 목표이다. 인간중심 이론에 근거한 집단은 집단원들로 하여금 자신이 경험하는 다양한 감정들을 충분히 탐색할 수 있는 안전한 환경을 제공함으로써 새로운 경험에 더 개방적이고 자신과 자신이 내린 판단에 대한 자신감을 갖도록 고무한다. 집단의 목표는 현재 순간을 살도록 하는 것이며 개방성, 진실성, 자발성을 발전시키는 것이다. 게슈탈트 이론에 근거한 집단은 집단원들이 순간순간의 경험에 미세한 집중을 하도록 하여, 자신이 소유하지 않은 부분들을 인식하고 통합하도록 하는 것이 집단의 목표이다. 합리적 · 정서적 상담이론에 근거한 집단은 자신의 문제에 대한 책임이 있음을 가르치고 자신의 문제를 유지하는 자기-주입과정을 확인하고 버리게 도와줌으로써, 내담자의 비합리적이고 자기 패배적인 인생관을 제거하고 더 관대하고 합리적인 인생관으로 대체하는 것이 이 집단의 목표이다. 현실요법에 근거한 집단은 현실적이고 책임 있는 행동을 배움으로써 성공적인 자아개념을 가지도록 지도한다. 이를 통해 집단원들이 자신의 행동을 평가하고 변화를 위한 행동계획을 수립할 수 있도록 돕는 것이 목표이다. 행동주의 이론에 근거한 집단은 부적응 행동을 제거하고 새롭고 더 효과적인 행동패턴을 학습할 수 있도록 돕는 것이 이 집단의 목표가 된다.

(2) 과정상의 목표

집단이 채택하는 이론에 관계없이 특정 집단이 궁극적으로 성취하고자 하는 목표에 도달하기 위해 달성해야 하는 과정 목표이다. 집단지도자가 채택하는 이론적 관점에 관계없이 집단이 잘 운영되었을 때 성취되는 집단원들의 행동, 태도, 집단원들 간의 관계 등에 있어서 보이는 변화들을 Corey(1995)는 다음과 같이 제시하였다.

- 자신과 타인에 대한 신뢰 학습
- 자기-인식을 성취하고 자신의 독특한 주체성 발달
- 타인의 요구와 문제의 공통성 인식과 보편성 발달

- 자기-수용, 자기-신뢰, 자기-존중의 증진
- 정상적인 발달의 문제와 갈등의 해결을 위한 대안적 방법 발견
- 자기-방향성, 자율성, 자신과 타인에 대한 책임 증가
- 자신의 선택에 대한 인식과 지혜로운 선택
- 특정 행동의 변화를 위한 구체적 계획 수립과 완수
- 보다 효과적인 사회적 기술의 학습
- 타인의 요구와 감정에 대한 민감성 증진
- 배려와 관심을 가지고 정직하고 솔직하게 타인들을 직면하는 방식 습득
- 자기 자신의 기대에 맞춰 살아가는 방법 학습
- 자신의 가치를 명료화하고 변화의 여부와 방향을 결정하기

(3) 궁극적 목표

집단상담을 계획하고 시작할 때에 도달하고자 하는 목표, 예를 들어 '자기이해 및 성장' 집단의 경우 궁극적으로 도달하고자 했던 '자기이해'의 증진이 여기에 해당한다.

2) 집단상담의 치료적 요인

집단상담을 통해서 집단의 구성원들이 변화하는데 기여하는 중요한 요인들에 대해 각 이론가들의 변화요인을 알아보면 다음과 같다(김계현 외, 2014).

Yalom	Corey	홍경자
희망과 주입	신뢰와 수용	모방행동
보편성	공감과 배려	이타심
정보교환	희망	보편성
이타주의	실험을 해 보는 자유	변화를 시도하는 자유

일차적 가족관계 재현	변화하겠다는 결단	안정감과 긴장감
사회화 기법 발달	친밀감	피드백
모방행동	감정 정화	정보교환
대인관계 학습	인지적 재구조화	인간관계 형성의 습득
집단의 응집성	자기개방	
카타르시스	직면(맞닥뜨림)	
실존적 요인들	피드백	

3. 상담의 과정

집단상담의 과정은 시작단계, 전환단계, 작업단계, 종결단계의 네 단계를 거치는 것이 보통이다(이장호, 2014; 노안영, 2014; 정성란 외, 2014).

1) 시작단계

집단상담이 시작되는 이 단계에서 집단원들은 집단에 대한 기대와 호기심, 긴장과 불안이 공존한다. 이때 상담자는 집단상담을 구조화하고 집단원들이 집단상담에서 다루고자 하는 문제 혹은 이루고자 하는 목표를 설정할 수 있도록 조력하면서 초기의 집단 응집성을 형성하기 위해 노력해야 한다. 집단상담의 방향과 목표, 내용과 절차, 집단상담이 진행되는 방법과 집단원들의 역할 및 행동 규범 등에 대해 설명하고 이에 대해 동의를 이끌어 내며, 구조적 틀을 구축해 나간다. 또한 집단상담이 목표로 제시한 것과는 별도로 각 집단원들이 집단상담에 참여한 결과로서 성취하고자 하는 개인별 목표를 설정함으로써 집단상담에 보다 적극적이고 능동적으로 참여할 수 있도록 돕는다. 시작단계에서 집단원들은 서로 낯설고 불확실한 상황 속에서 집단원들과 지도자는 어떤 사람들인지, 누가 어떤 역할을 하는지, 어떤 행동은 수용되거나 권장되고 어떤 행동은 거부되는지 등에 민감하면서 집단 내에서 자신의 위치와 역할을 찾으려고 노력하는데, 상담자는 초기의 집단이 친밀성과 소속감에 기반을 둔 응집성을 형성해 나갈 수 있도록 노력한다.

2) 전환단계

초기단계에서 집단원들이 어느 정도 신뢰를 형성하고 응집력을 갖게 되면 전에는 표현을 꺼려했던 감정이나 생각들을 표현하게 되는데, 이 과정에서 집단구성원들의 불안, 방어, 갈등들이 드러나게 된다. 집단 안에서 자신이 가지고 있는 문제를 어느 정도 노출해야 하는지, 다른 구성원들의 진솔하고 과감한 피드백을 어떻게 받아들여야 하는지 복잡하고 불편한 마음은 저항으로 나타날 수 있다. 집단상담자는 구성원들이 자기 탐색을 통해 문제의 원인이 된 자신의 생각이나 감정, 행동에 대한 책임이 자신에게 있다는 것을 자각할 수 있도록 돕고, 문제의 본질에 대한 통찰과 이해를 이끌어 낼 수 있도록 조력한다. 이러한 과정이 원활하게 진행될 경우, 집단의 구성원들은 새로운 관점에서 문제를 이해하고 변화의 책임이 자신에게 있다는 것을 받아들이게 된다.

3) 작업단계

집단상담의 이 단계는 행동단계, 생산단계라고도 하는 가장 핵심적인 단계이다. 지금까지 형성된 집단의 응집력을 바탕으로 집단구성원들의 변화를 위한 생산적 활동이 이루어진다. 이 단계가 효과적일 경우, 집단원들은 지금-여기에서 진행되는 것에 초점을 맞추고, 회기에서 현재 느끼고 행동하는 것에 대해 직접적으로 서로에게 피드백을 주고받으며, 집단 구성원들은 자신들의 목표 및 관심사를 보다 쉽게 확인하고 자신의 책임을 인식하며 집단에서 배운 것을 집단 밖에서 실천에 옮기는 노력을 하며 대부분의 집단 구성원들은 집단에 대한 소속감을 강하게 느낀다(Corey, 2008). 작업 단계의 핵심은 문제해결을 위한 실행이다. 집단상담자는 구성원들이 목표를 달성하도록 실행할 것을 촉진하며 지금까지 해 왔던 행동과는 다른 대안적 행동을 해 보도록 격려한다.

4) 종결단계

이 단계에서 집단은 집단상담의 성과를 확인하고 그 결과에 영향을 미친 요인이 무엇이었는지 평가하는 작업이 필요하다. 현재 상태의 이해와 현안 과제의 확인 등 필요한 결정과 준비를 하도록 종결에 대한 개방적 논의를 통해 종결과 관련된 감정을 처리하는 것도 이 단계에서 중요한 과제이다. 집단원들은 종결에 대한 아쉬움과 상실감뿐만 아니라 집단으로부터 벗어나는 해방감을 동시에 경험할 수 있다. 개별 집단원들의 집단상담 성과와 관련된 기능적 행동을 찾아서 강화해 주고, 미해결 문제가 있을 경우에는 대처방안을 수립하며, 종결 이후의 계획 등을 수립하면서 집단상담 관계를 마무리하는 것이 좋다.

4. 상담자의 역할

1) 집단상담자의 역할

집단상담을 효과적으로 진행하고 집단의 목표를 달성하기 위해 집단상담자가 해야 하는 역할에는 집단원들에게 정서적 자극, 보살핌, 칭찬과 보호, 수용, 해석과 설명 등을 제공하는 역할이 포함된다. 집단상담자는 또한 자기개방을 통해 시범을 보이고 한계를 설정하며, 규칙과 시간을 관리하는 역할을 한다. 이처럼 집단상담자는 집단의 진행 과정에서 다양한 역할과 기능을 수행하는데, 집단상담자의 기본 역할을 정리하면 다음과 같다(강진령, 2014).

- 집단의 규범을 정한다.

- 집단을 구조화한다.
- 집단원들의 모델 역할을 한다.
- 집단의 흐름을 적절히 통제한다.
- 집단원들을 보호, 격려, 수용한다.
- 집단의 목표 및 세부 계획을 수립한다.
- 집단원들을 선별하고, 선발한다.
- 적절한 집단작업을 주도적으로 실행한다.
- 관찰 결과를 토대로 집단 과정을 해석한다.
- 집단원들의 음성 언어와 비음성 언어에 적절한 반응을 보인다.
- 집단의 상호작용을 면밀히 관찰하여 시의적절하게 의미있는 반응을 보인다.

2) 집단상담자의 자질

(1) 인간적 자질

집단상담자가 어떠한 인간적 특성과 역량을 갖추고 있는가에 따라 똑같은 이론이나 기법을 적용하는 집단상담이라 할지라도 집단원의 성장과정에 매우 다른 영향을 미칠 수 있기 때문에 집단상담자로서 갖추어야 할 기본적인 태도나 품성 등은 효과적인 집단상담을 이끌어 나가는데 중요한 요소가 된다.

1 자기수용

집단상담자는 자기를 있는 그대로 수용하고 인정할 수 있는 자기수용 능력을 가지고 있어야 한다. 자신의 강점뿐만 아니라 약점까지도 자신의 중요한 일부로 기꺼이 인정하고 받아들일 수 있는 자기수용적 상담자는 스스로 완벽하지 않은 존재라는 사실을 인정함으로써 집단원들과 상호작용을 더 정확하게 이해할 수 있으며 집단과정을 촉진할 수 있다. 자신을 있는 그대로 수용하는 집단상담자가 사소한 실수에 낙심하지 않고 집단원들에게 자신의 약한 부분과 한계를 기꺼이 드러내는 태도를 통해 집단원들과의 직접적이고 솔직한 관계 형성을 촉진하기 때문이다.

2 개방적 태도

개방적 태도는 새로운 경험, 자신의 것과는 다른 유형의 삶과 그 가치에 대해 기꺼이 수용하는 자세를 포함한다. 집단상담자의 개방적 태도는 집단원의 감정과 신념을 솔직하게 개방하는 촉매 역할을 하여 집단과정에 활력을 불어넣는다. 상담자의 개방적 태도가 집단원들의 자기개방에 동기를 부여하게 되며, 집단에서 자신의 약한 모습과 두려움을 노출해도 좋다는 믿음을 갖게 한다. 개방적 태도를 지닌 집단 상담자는 자신에 대한 부정적 피드백에 쉽게 위협을 느끼지 않기 때문에 그로 인해 정서적으로 불안정해지거나 과민한 반응을 보이지 않는다.

3 타인의 복지에 대한 관심

집단상담자는 집단원이 원하는 바를 얻도록 돕기 위해, 집단원 개개인을 진심으로 존중하고 신뢰하며 가치 있는 존재로 대할 수 있어야 한다. 이는 집단원을 비롯한 타인의 안녕과 복지를 위해 배려하고 기꺼이 보살피는 행동이 선행되어야 가능한 것이다.

4 공감적 이해 능력

공감적 이해 능력은 집단원들과 정서적 교감을 나누는데 필수적인 요소이며 동시에 집단상담자의 중요한 자질이다. 집단원에 대해 민감하고 정확하게 이해한 것을 토대로 집단원들의 감정과 욕구를 이해하고 배려할 수 있을 뿐만 아니라 집단의 목표달성을 위한 방향으로 집단원들이 나아갈 수 있도록 도울 수 있다. 집단원의 모든 감정에 대해 공감적 이해를 나타낼 필요는 없으므로, 집단원의 주관적 경험에 동참은 하되 지나칠 정도의 동조나 동정은 피하는 것이 좋다.

이외에도 긴장을 감소시키고 심리적인 중압감에서 잠시 벗어날 수 있도록 하는 유머 감각, 집단원들의 행동 변화를 위해 집단의 목표를 촉진시킬 수 있는 다양한 행동들을 자발적으로 보여주는 태도, 자신을 솔직하게 표현하고 실천중심적인 행동을 통해 생동감 넘치는 리더십을 발휘하게 하는 높은 심리적 에너지, 새로운 경험을 추구하고 창의성을 활용해 변화를 추구하는 능력 등도 집단상담자의 인간적 자질로 중요하게 여겨진다.

(2) 전문적 자질

집단상담자가 집단을 운영할 수 있으려면 개인상담 경험, 집단상담 경험, 집단 계획 및 조직 능력, 상담이론에 관한 지식 그리고 인간에 관한 폭넓은 식견 등의 능력이 요구된다.

1 개인상담 및 집단상담 경험

집단상담자가 되기 위한 첫걸음은 개인상담에서의 내담자 경험이 필요하다. 개인상담을 통해 자기이해를 체험해 봄으로써 자신에게 내재되어 있는 다양한 문제들에 접근할 수 있으며 이러한 경험이 집단원과의 경험에 어떤 영향을 미칠 것인지에 대해 알아볼 수 있다. 내담자 경험 외에 상담자로서 내담자를 직접 상담해 보는 경험 역시 집단원들과의 치료적 의사소통과 인간관계 형성 및 유지 기술로 전이되어 집단 작업의 촉매로 작용한다. 뿐만 아니라 직접 집단의 구성원이 되어 보는 경험은 집단원들의 입장을 이해해 볼 수 있는 기회를 가져 본다는 점이 매우 중요하다.

2 집단계획 및 조직능력

집단계획 및 조직 능력이란 집단의 목적부터 평가에 이르기까지 구체적이고 체계적인 계획을 수립하고 전체 일정을 조직할 수 있는 역량을 말한다. 여기에는 잠재적 집단원들 대상의 요구조사, 집단의 총 회기 수, 집단모임 시간과 장소, 주제, 준비물, 논의사항, 평가 절차 등에 관한 각 회기별 및 전체 회기에 대한 것이 포함된다.

3 상담 이론에 관한 지식과 인간 이해

상담이론에 관한 지식을 임상적으로 적용할 수 있는 능력과 집단원의 발달 과정에 따른 과업을 신체적, 인지적, 심리사회적, 성격적, 도덕적 측면에서 조망할 수 있는 지식과 경험은 집단상담자가 전문가로서 인정받을 수 있는 준거가 되는 동시에 사회적 책무에 속한다.

제 6 장

대상별 상담 유형

1. 학부모 상담
2. 특수아 상담
3. 다문화 상담

학교에서 이루어지는 상담은 모든 교사가 상담자 역할을 한다는 것, 모든 학생이 상담의 대상이 된다는 것, 그리고 상담의 내용이 성격, 학습, 생활 등 학교생활의 전반적인 영역에 걸친 것이라는 점에서 일반 상담과는 구분된다고 할 수 있다. 여기서는 학교라는 교육적 상황에서 학생들의 성장과 발달을 촉진하기 위한 상담의 대상을 학부모, 특수아, 다문화 차원에서 구분하여 자세히 알아보기로 한다.

1. 학부모 상담

학부모 상담은 학부모 자신의 문제를 다루지만 궁극적인 목표는 자녀(학생)의 성장과 발달을 돕기 위한 차원에서 이루어지므로, 부모 자신의 다양한 관심사보다는 자녀의 건강한 학교생활에 초점이 맞추어진다. 즉, 개인의 인생 전반의 관심사나 가족 구성원 전체보다는 특히 학교에 다니는 자녀를 매개로 부모-자녀 간 문제를 다룬다는 것이 일반 상담과 구분되는 가장 큰 특징이 될 것이다. 학교 장면에서 중점을 두어야 할 대상은 학생이므로 학부모 상담 역시 학생의 성장과 발달을 위한 전략적 차원에서 이루어진다. 여기에서는 학부모 상담의 의미와 학부모 상담에 가능한 상담의 유형을 살펴보면 다음과 같다(강은주, 2007).

1) 학부모 상담의 의미

학부모 상담은 일반 상담과 달리 학생의 발달을 돕기 위한 전략적 차원에서 이루어진다. 학부모 상담의 내용은 부모와 자녀 간 문제에 한정하며 자녀의 문제행동 개선이나 변화를 가져오기 위해 먼저 학부모가 변화될 것을 강조한다. 학교에서 이루어지는 학부모 상담은 학부모 교육이나 학부모 자문과 유사한 개념으로 이해된다. 학부모 교육이나 학부모 자문이 학생에게 초점을 맞추어 학생의 문제행동을 개선할 수 있는 방안에 도움을 주는 것이라면, 학부모 상담은 학생의 변화에 앞서 부모 자신의 변화를 강조한다. 부모가 상담을 통해 자신에 대한 이해를 넓힘으로써 자녀의 문제행동이 온전히 자녀만의 문제가 아니고, 부모 자신의 영향이 있음을 새롭게 인식하게 되어 스스로의 변화를 시도할 수 있게 하려는 것이다. Dinkmeyer와 Carlson(1973)은 학부모 상담, 학부모 교육, 학부모 자문의 세 가지 과정이 모두 부모에게는 직접 도움을 제공하고 학생에게는 간접 도움을 제공한다는 의미에서 동일한 과정이라고 주장하였다. 그러므로 학부모 상담은 자녀를 위한 학부모 교육과 학부모 자문을 포함하는 광의의 개념으로 사용될 수 있다.

학부모 상담이 효율적으로 이루어지기 위해서는 학부모의 자기 이해뿐 아니라 자녀에 대한 심리적, 발달적 이해 및 자녀를 지각하는 부모의 관점에 대한 새로운 이해가 필요하다. 자녀에 대해 자신이 어떻게 지각하고 있는지 인식하고, 자신의 지각을 합리적으로 이해할 수 있도록 도와주어 자녀의 문제행동에 대해 객관적으로 바라볼 수 있게 하며, 문제해결을 위한 능동적이고 적극적인 힘을 기를 수 있도록 조력하기 위해 학부모 상담을 하게 된다. 이와 더불어 상담을 통해 자기 이해와 조절 능력이 증진되어 자녀로 인한 자신의 정서적 어려움 등 가족생활 패턴의 긴장요인이 되었던 문제들을 효율적으로 다룰 수 있게 되기를 바란다.

2) 학부모 상담을 위한 상담자의 태도

우리나라의 부모들은 자녀의 문제를 곧바로 자신의 문제로 동일시하는 경향이 있어서, 자녀의 문제로 상담에 임하는 부모는 뭔가 잘못했다고 느끼며 불안해하고 걱정을 하며 비난받을까봐 두려워하는 편이다. 부모 노릇을 잘못했다는 죄책감과 자녀의 문제가 곧 자신들의 책임이라고 느끼는 등 불편한 심리적 상태에 놓이는 경우가 많기 때문이다. 부모가 자녀의 문제를 먼저 인식하여 전문상담자의 도움을 구하기도 하지만, 학교에서 선생님이 먼저 자녀의 문제를 이유로 학부모와의 상담을 요청할 경우에는 그 불편함은 한층 더 가중된다고 할 수 있다(김계현 외, 2014). 따라서 학부모 상담을 맡게 되는 상담자나 교사는 무엇보다 학부모의 마음을 충분히 이해하고 배려하며 존중하는 태도를 가지는 것이 중요하다. 학생이 최선의 상태로 발전할 수 있도록 공동 협력하는 과정으로 인식할 수 있도록 학부모와의 관계를 설정하는 것이 필요하다. 때로 일반적 수준의 자녀교육도 하지 않고 방치하거나 지나친 학대 수준의 통제를 행사하는 부모도 있다. 하지만 이러한 경우에라도 교사 및 상담자는 단정적이고 평가적인 태도로 부모를 대하지 않는 것이 협력적 관계를 구축하는데 도움이 될 것이다.

3) 학부모 상담의 과정

학생의 건강한 발달과 성장이라는 궁극적인 목적을 위해 부모와 함께 노력하기 위한 학부모 상담의 과정을 살펴보면 다음과 같다(김계현 외, 2014)

(1) 부모 맞아들이기

학부모 상담은 대개 학생의 문제로 인해 교사가 학부모를 학교로 불러들이는 형태로 이루어지기 때문에, 교사나 상담자는 학부모가 편안하게 상담에 임할 수 있도록 부모의 성별과 연령을 고려하여 어색하지 않을 방법으로 맞아들이려는 노력이 필요하다. 상담에 임하기 위해 찾아와 준 학부에게 정중하게 인사를 하고 자리를 권하며 찾아와 준 것에 감사를 표현하는 등 적극적인 환영의 메시지를 전달함으로써 학부모의 불편한 심경을 다소 완화시켜 교육을 위한 협조자로 기능할 수 있게 조력한다.

교사나 상담자가 학부모 상담을 먼저 요청한 경우라면, 상담의 필요성을 전달받았을 때의 부모의 심경에 대한 이야기를 들어보고, 학부모 상담을 요청하게 된 배경과 이유를 보다 상세하고 구체적으로 설명하는 것이 필요하다. 이 때는 학생의 문제점만 전달하는 것보다는 학생의 장점 및 가능성에 대해서도 함께 알려주는 것이 매우 중요하다. 학생에 대한 균형잡힌 시각을 가지고 있음을 보여줄 수 있을 때 학부모의 불편한 마음도 완화되며 더욱 협조적인 자세로 상담에 임할 수 있다.

학부모가 먼저 교사나 상담자를 찾아온 경우라면, 우선 그러한 이유를 잘 들어보고 수용적이고 진솔한 자세로 필요한 도움을 주고자 하는 태도를 보여주어야 한다. 학생에게 문제가 있다고 학부모가 느끼게 된 계기가 된 사건은 무엇인지, 그러한 문제는 언제부터 시작되었는지, 문제의 원인에 대해서 학부모의 입장은 어떠한지, 문제를 해결하기 위해 어떤 노력을 해 왔으며 그 결과는 어떠했는지 등에 대해 잘 이해하도록 노력한다.

(2) 가족 구조와 기능 이해하기

학생과 학부모를 효과적으로 돕기 위해서는 현재 문제의 직접적인 계기나 상황만을 고려하는 것이 아니라, 부모-자녀 관계를 포함한 가족 관계를 이해하려는 노력이 병행되어야 한다. 학생이 속해있고 중요한 영향을 받고 있는 가족 전체의 역동과 기능을 이해하지 않고서는 성공적인 학부모 상담이 이루어지기 어렵다. 이를 위해 가족의 문제해결 능력과 의사소통 기술을 평가한다. 잘 기능하는 가족은 다양한 문제를 쉽게 해결하고 미해결된 문제가 적은 반면, 역기능적인 가족은 문제에 효과적으로 대처하지 못하는 경우가 많다. 가족들이 문제를 어떻게 인식하고 있으며, 그 문제에 관해서 적절한 사람과 의사소통할 수 있는 능력이 있는지, 그리고 문제해결을 위해 여러 대안을 창출하고 가장 적합해 보이는 하나의 대안을 선택하고 실행하는 과정은 어떠한지에 대한 정보를 수집한다. 문제해결 능력은 가족의 상호작용 과정이 효과적일 때 보다 건강하게 기능하므로 가족구성원의 의사소통 능력과 방해요인 및 촉진요인 등에 대한 정보를 통해 가족을 이해한다. 또한 건강한 가족은 개별성과 관계성이 적절한 균형을 이루어야 하지만, 역기능적인 가족은 가족 체제 내에서 연합, 삼각관계, 융합과 분리, 비합리적이고 경직된 가족규칙 등이 매우 강력하게 작용하고 있는 경우가 있으며, 자녀가 청소년기에 정체성을 확립하고 개별화 과정을 이루어 나가려고 시도할 때 갈등이 심화된다. 때문에 가족의 체계와 상호작용 및 분리와 개별화를 향한 가족 구성원의 노력에 대처하는 가족의 기능을 파악하기 위한 노력이 필요하다.

(3) 상담목표 설정하기

학부모 상담에 있어서도 상담의 목표가 있어야 긍정적인 방향으로 상담이 진행되도록 계획할 수 있다. 학부모 상담의 목표를 설정하는 방법도 일반적인 상담목표 설정방법과 크게 다르지 않지만, 대부분 학생에게 문제가 있어서 상담이 진행되기 때문에 학부모 입장에서는 '어떤 문제 행동이 줄어드는 것'을 목표로 삼기 쉽다. '게임하지 않기', '친구들과 싸우지 않기' 등의 부정적 목표보다는 '무엇을 더하면 좋을지'를 기준으로 목표를 정하는 것이 바람직하다. '~않기'보다는 '~하기'라는 바람직한 방향을 제시하는 목표를 긍정적 목표라 하는데, 긍정적 목표는 학생의 바람직한 부분에 관심을 갖게 함으로써 부모-자녀 관계가 더욱 긍정적인 방향으로 발전할 가능성을 높인다.

(4) 학부모와 학생의 변화를 위해 개입하기

아동 및 청소년은 부모의 영향을 많이 받는 존재이기 때문에 학부모 상담은 학생의 변화뿐만 아니라 학부모의 변화를 촉진하기 위한 개입에도 관심을 두고 있어야 한다. 변화를 위한 것이지만 개입은 부모, 학생 및 가족에 대해 교사 및 상담자가 이해하고 평가한 결과 및 상담목표를 설정한 바에 근거하여 이루어져야 한다. 이때 적용할 수 있는 개입 기법은 다양하게 있을 수 있지만 현실치료에서 사용하는 WDEP과정은 도움이 될 수 있다. 원하는 것이 무엇인지와 관련된 바람을 파악하고 현재 그 원하는 목표를 이루기 위해 어떤 행동을 하고 있는지, 그 행동은 목표를 이루는데 도움이 되고 있는지 평가하는 과정을 거쳐서 새로운 계획을 세우고 자기가 통제할 수 있는 범위 내에서, 매일 실천할 수 있도록 격려한다.

2. 특수아 상담

1) 특수아 상담의 정의

Hardman(Hardman, Drew, & Egan, 2002) 등에 의하면 특수성이라는 용어는 신체적, 정신적 혹은 행동적 수행이 평균에서 심하게 이탈되어 개인의 욕구를 충족시키기 위해서는 부가적인 지원이 필요한 사람을 일컫기 위해 사용된다. 그런 점에서 특수아는 특수교육 서비스가 필요한 아동을 말하는데, 여기에는 학습장애, 감각 및 행동 장애, 언어장애, 신체적 장애 등을 가진 아동들 외에 영재아도 포함되어 있다. 특수성을 지닌 사람이라고 해서 반드시 어떤 장애를 가진 사람이라고 할 수 없지만, 정상과는 크게 다른 신체적 및 행동적 특성을 보충하기 위해서 부가적인 교육적, 사회적 서비스가 필요하다는 점에서 특수아 상담의 대상으로 볼 수 있다.

특수아 상담은 전문적인 훈련을 받은 상담자가 특수아의 범위에 속하는 신체적, 인지적, 정서적, 사회적 및 행동적 문제를 지닌 내담자와 상담적 관계를 통해 내담자의 교육과 적응의 문제뿐만 아니라 의사결정 및 문제해결 능력을 향상시키고 나아가 잠재적 능력의 발달을 촉진하도록 전문적 조력의 과정이라고 정의할 수 있다.

특수아 상담은 특수교육과 유사한 개념으로 사용되고 있는데 특수교육은 특수아의 개별적인 필요를 충족시키기 위해서 특별히 고안된 교수방법을 가지고 특별히 고안된 교재와 도구나 시설을 이용하여 특수교사가 특별한 교육을 이행하는 것이다. 반면에 특수아 상담은 모든 사람이 독특하고 자신의 잠재력을 개발할 수 있는 성장가능성이 있다는 철학을 기반으로 특수아가 다른 사람과의 관계 안에서 안정적으로 기능할 수 있도록 조력하고 자신의 미래에 관한 목표를 세우고 긍정적인 자아개념과 신념을 가질 수 있도록 지원해 주는 것이다.

따라서 특수아 상담의 목적은 이들이 지닌 여러 영역의 문제를 다루어 줌으로써 자신의 정당한 가치를 발견하고 문제해결을 할 수 있도록 도와주는 것, 현재 당면한 문제의 해결뿐 아니라 상담과정을 통해 장래에 일어날 수 있는 문제를 스스로 해결할 수 있는 능력을 최대한 발달시킬 수 있도록 자신의 잠재능력과 가능성을 최대한 신장시켜 자신이 속한 환경에서 적응하는 능력을 배양함으로써 행복한 생활의 기초를 마련하는 것이다.

2) 특수아 상담을 위한 상담자의 태도

특수아 상담은 상담 대상이 신체, 인지, 정서, 사회 및 행동 등의 영역에서 특수욕구를 지니고 있기 때문에 일반대상이 상담을 필요로 하는 문제 이상으로 상담을 필요로 한다. 특수아동을 상담하는 상담자는 이들이 겪는 특정의 고통과 증상에서부터 특수한 상황에서의 적응 문제, 스트레스 및 당면한 생활과제와 관련된 새로운 기술의 습득, 진로지도 등을 상담에서 다루게 폭넓은 영역을 다루게 된다.

특수아동 상담에서 상담자의 태도로 고려해 보아야 할 점은 다음과 같다(김동일 외, 2006).

첫째, 특수아동을 상담하는 상담자는 필요한 경우 내담자의 지적 및 정서적 능력에 따라 사용하는 언어적 수준을 조절함으로써 상담을 시행해야 한다. 언어적 능력이 충분한 일반인을 대상으로 하는 상담에서도 내담자의 능력에 따라 상담자는 자신의 언어적 수준을 조절함으로써 상담을 시행한다는 점에서 이러한 어려움은 질적인 문제이기보다 양적인 문제라고 할 수 있다.

둘째, 특수아동의 상담에 임할 때에 상담자는 지적인 내용뿐만 아니라 자조능력 및 자기교시를 가르치는 일을 병행할 수 있다. 일반 아동을 대상으로 할 때에도 상담은 일부 지적인 내용을 학습시키는 과정을 포함하고 있다. 그러나 특수아동은 자조능력을 가르치거나 자기교시를 가르치는 일까지도 상담자가 도와야 한다. 뿐만 아니라 특수아 상담은 내담자의 감정을 알아차리고 내담자가 하는 행동의 의미를 이해하여 의사소통도 하고 용기를 북돋우기도 하며 때로는 함께 필요한 행동을 연습하는 것까지 포함하는 광범위한 일을 조력하는 과정이다.

셋째, 특수아 상담자의 중요한 과제는 무엇보다 내담자를 이해하는 일이다. 아동의 여러 가지 행동과 표정, 혹은 말로 어떤 메시지를 전달하려고 하는지 혹은 그가 살고 있는 상황에서 어떤 경험을 하고 있는지를 파악해서 내담자의 메시지에 대해 정확한 공감을 제공하고, 내담자가 할 수 있는 대안적 행동 및 자원을 알고 활용할 수 있도록 안내하여야 한다.

넷째, 특수아동의 부모가 아동을 양육하는 방식, 아동이 가족 내에서 차지하는 위치, 아동의 스트레스 혹은 좌절 대응방식 등을 평가함으로써 아동이 환경과의 관계에서 직접적, 간접적으로 받는 영향을 파악할 뿐만 아니라 지적 능력이나 정서적 성숙도 혹은 충동성의 정도 등 아동의 개인적 · 심리적 특성을 평가함으로써 아동에게 문제가 되고 있는 요인들을 종합적으로 평가해야 한다.

3) 특수아 상담의 과정

(1) 특수아 상담의 영역

1 장애에 따른 영역

상담의 원리 측면에서 볼 때, 장애의 특성에 따른 내담자의 특성을 이해하기 위해 특수아동의 발달에 관한 지식과 특수아동이 장애로 인해 경험하는 곤란의 정도, 그리고 그러한 장애를 지니고 일상생활 속에서 자신의 기대를 실현하는 과정에 대한 이해가 선행되어야 한다. 특수아의 세계를 이해하기 위해서 상담자는 장애상태에 관한 기본적인 지식을 알고 있어야 한다. 일정한 특수성을 지닌 아동의 일반적인 특성이나 증상, 제한점 및 잠재가능성, 장애에 따른 특수한 욕구 등을 아는 것은 내담자의 문제를 이해하는데 도움이 된다. 상담자는 특수교육의 기법을 가르치는 전문가가 될 필요는 없지만 특수아의 특성과 욕구를 알고 있어야 효율적인 상담을 할 수 있을 것이다(윤치연 외, 2005).

2 과제의 성격에 따른 영역

상담은 내담자의 적응성을 향상시키는데 기여한다. 내담자가 보이는 부적응 행동은 부분적으로 장애와 관련되어 있지만 내담자의 속성 그 자체로 인해 발생하는 것은 아니다. 따라서 특수아 상담자는 아동의 정신건강의 문제는 무엇인지, 아동의 적응과 자기실현에서 중요한 과제는 무엇인지, 환경과의 관계에서 요구되는 심리적 적응의 조력 등에 대해 관심을 두어야 한다.

부모교육과 상담도 특수아를 다루는 상담자에게는 중요한 과제이다. 가족지원은 심리적 지원뿐만 아니라 고용지원이나 양육기술 지원 등 다양한 형식의 가족에 대한 조력을 의미한다. 이 중에서 부모교육과 상담은 상담자에게 고유한 과제이다. 장애인 부모가 되면서부터 다양한 단계의 심리적 적응과정을 거친다. 많은 장애인 부모들이 성공적인 적응과정을 거쳐 결국에는 장애인 자녀로 인해 더 성숙한 생활을 하게 되었음을 보고하고 있다. 그러나 그 과정이 결코 순탄한 것이 아니며, 그들은 자녀의 장애를 극복하는 방법에 대해, 장애 자녀로 인해 손상되는 가족관계를 회복하는 방법에 대해, 장애 자녀의 장래를 보장하는 방법에 대해서 지식을 얻고 싶어한다. 그러므로 상담자는 장애인 부모 개인의 심리과정이나 가족관계에 개입하고 또한 그들이 원하는 부모교육의 원리나 장애인 자녀를 조력하는 방법적 지식을 제공함으로써 그들이 보다 원활하게 적응해 갈 수 있도록 돕는다.

3 상담의 양식

장애인에 대한 상담은 장애인 개인을 대상으로, 장애인 집단을 대상으로, 장애인 가족을 대상으로 실천될 수 있으며 장애인과 부모의 심리적 과정과 대응방법에 대한 심리적 지식을 제공하는 심리교육의 방식으로 실천될 수 있다. 특수아동 상담에서는 상담자 개인에 의한 노력도 중요하지만 관련 전문가와 가족 그리고 관련 지원기관의 자원과 능력을 효과적으로 활용하는 팀 접근이 비장애인을 위한 상담보다는 훨씬 자주 활용된다.

(2) 특수아동 상담의 과정

특수아동을 다루는 상담자는 부모 및 특수교사와 협동적으로 일을 하는 것이 좋다. 아동은 그들의 보호와 도움을 필요로 하며 그들의 영향을 일반아동보다 더 많이 받기 때문에 아동의 문제를 개선하거나 해결하기 위해 부모와 교사의 협응적 노력은 필수적이라고 할 수 있다. 이에 더하여 특수아동은 흔히 다양한 치료교육을 받기 때문에 그 교육을 맡고 있는 사람들과의 협응도 이들의 재활능력을 촉진시키는데 필수적이다. 따라서 특수아동상담자는 일반상담자보다 더 적극적인 방식으로 문제에 접근하고 더 포괄적인 방식으로 문제에 접근한다.

특수아동 상담과정을 크게 래포 형성, 문제의 규정과 역동의 확인, 구조화, 목표수립, 중재, 종결로 나누어서 살펴보자(김동일 외, 2006).

1 래포 형성단계

상담을 가능하게 하는 내담자-상담자의 동맹관계이며 내담자 측면에서 볼 때 내담자가 상담자에 대해 신뢰감을 느끼게 되는 것을 말한다. 이는 일반

아동의 상담과 전혀 다르지 않다.

② 문제의 규정과 역동 확인단계

인간의 문제 행동은 환경과 자신 간의 적합성을 높이는 과정에서 시작된 것이다. 만약 어떤 행동이 지속된다고 하면, 그 문제 행동이 어느 정도 그 환경 내에서 적응에 필요하기 때문에 유지되는 것으로 이해할 수 있다. 문제행동이 적응적인 기능을 하기 위해서 어떤 역동이 개인 또는 가족 내에서 작용하고 있는지를 확인하는 일은 바로 상담자의 핵심과제가 된다.

③ 구조화단계

상담 관계는 내담자와 상담자가 지니는 상담의 틀에 의한 관계이다. 상담이 잘 구조화되면 일반적인 사회적 관계와 분리되는 틀을 가지고 있기 때문에 상담자의 개인적 욕구가 상담의 과정에 영향을 미치지 못하게 하는 역할을 한다. 구조화의 내용은 내담자에 따라 다를 수 있다.

④ 목표 수립단계

상담의 효과를 확인할 수 있는 목표를 실현가능한 구체적인 형태로 진술하는 단계이다. 예를 들어, 수업시간에 20분 더 앉아 있기, 준비물 챙겨오기, 공격행동의 빈도 감소시키기, 같이 노는 또래의 수를 증가시키기 등은 목표의 달성여부가 관찰가능하고 실현가능한 목표라고 할 수 있다.

3. 다문화 상담

1) 다문화 상담(multi cultural counseling)의 의미

(1) 다문화가정 등장과 상담의 필요성

2013년 정부의 발표에 의하면 한국은 외국 이주민 인구수 150여 만 명시대를 맞아 다문화사회로 급속도로 전환하고 있다. 세계화 진행에 따라 국제교류는 더욱 활발해졌으며 다양한 인종과 민족의 지속적 유입으로 인하여 다문화가정과 그 자녀들이 증가하고 있다. 한국사회에서 다문화사회란 다양한 언어, 문화, 민족, 종교 등을 통해서 서로의 정체성(identity)을 인정하고 함께 어우러질 수 있는 사회적 질서를 의미한다. 다양한 국가 출신의 외국인 이주민과 이들 가정에서 태어난 자녀들이 한국 국민으로서 함께 더불어 살아가야 하는 시대는 도래하였으나 그들과의 조화로운 생활을 위한 대응방안을 위한 노력은 미흡한 실정이다.

다문화 상담(multi cultural counseling)은 상담자와 내담자가 문화적 배경, 가치관 그리고 생활양식에 있어서 다른 상담 관계를 통해, 문화적 다름에 의해 생겨나는 문제들을 집중적으로 다루는 상담을 말한다(Speight, Myers, Cox & Highlen, 1991; 강진령, 2003). 다문화 상담의 실제는 끊임없이 변화하는 정치, 사회, 문화, 경제적인 배경에 대한 이해를 기본으로 그러한 환경 속에 영향을 받는 내담자에 대한 파악이 필수적으로 요구된다. 우리나라 다문화 상담의 대부분은 결혼이주여성을 대상으로 진행되고 있는데, 다양한 경로를 통해 유입되는 외국 이주민이 증가되고 있는 점을 보더라도 상담을 받는 대상 및 주제를 확대할 필요성이 대두되고 있다. 상담의 주제 또한 단순한 예방 및 방지의 차원에서 다문화가정이 겪는 부적응 및 심리적인 문제를 풀어나갈 수 있는 방향으로 나아가야 한다.

(2) 다문화 상담의 특징

다문화 상담은 도움의 범위가 포괄적이어야 하며, 문화에 대한 정의가 포괄적이고 역동적이어야 한다는 점, 도움 방법의 모색이 보다 확대된 관계체제를 필요로 한다는 점, 사회 정치적 맥락의 이해 및 문화의 복합성에 대한 이해가 선행되어야 한다는 점, 구성주의적 관점의 인간관이 선행되어야 한다는 점이 일반적이고 보편적인 특징이라고 할 수 있다(Sue 등, 1996). 다문화 상담을 내용적 측면에서 살펴보면 그 특징을 다문화 상담을 통해 해결하려고 하는 문제의 유형이 부부관계 문제, 부모-자녀관계 문제, 고부문제, 폭력문제, 경제 및 취업 문제, 체류 · 국적 문제, 인권문제 등으로 매우 다양하다(보건복지부, 2008).

2) 다문화 상담을 위한 상담자의 태도

(1) 다문화 상담에 필요한 지식

일반적인 상담과 다문화를 주제로 하는 다문화 상담은 다문화에 대한 전반적인 지식을 미리 알아두어야 한다는 점에서 중요한 차이가 있다.

첫째, 상담자는 상담자 본인이 속한 나라의 전반적인 역사와 문화를 이해하고, 이에 관한 구체적인 지식과 그 지식들이 자신에게 미치는 영향을 탐색해야 한다. 이는 타문화 내담자의 문화배경을 이해하는 데도 중요한 틀을 제공할 수 있다.

둘째, 상담자는 다른 문화권에 대한 전반적인 민족적 및 문화적 특성에 대해 공부하고, 상담자는 내담자가 억압과 인종주의, 차별, 고정관념들이 그들 자신에게 어떤 영향을 주었는지 이해할 필요가 있다. 내담자는 과거의 좋지 않았던 경험들이 새롭게 시작하려는 자신들의 욕구와 다르기 때문에 이를 받아들이려 하지 않으려는 경향이 있다. 이러한 경우, 상담자는 내담자를 어떻게 이해하고 공감대를 형성할 수 있는지에 대한 능력이 필요하다.

셋째, 상담자는 자기 나름대로의 확고한 신념과 태도를 가져야 한다. 이 두 가지는 상담 시 내담자에게 영향을 끼치게 되므로 상담자는 자신이 가진 특성들의 사회적 영향에 대해 고려해야 한다. 어울러, 상담자는 다른 타문화의 영향을 받게 되는데 자신이 어떤 식으로 반응을 하는지 알아야 한다. 이는 가상 문화 트레이닝을 통해 어느 정도 습득할 수 있기 때문에 적극적인 태도가 요구된다.

넷째, 상담자는 문화적, 사회계층적, 언어적 한계 때문에 교육과 치료의 본래 목표가 흐려지거나 변질될 수 있는 점에 대해 이해를 해야 한다. 다문화 상담 시 내담자는 여러 가지 형태의 언어적 또는 비언어적 반응을 보일 수 있다. 상담자는 내담자가 표현하고자 하는 의미들을 정확하게 이해하고 받아줄 수 있어야 한다.

다섯째, 다문화 상담은 기본적으로 문화적 차이를 인지하는 것으로부터 시작되기 때문에 최소한 다른 두 문화권에 대한 기본적인 지식을 이해해야 한다. 또 양쪽 문화를 이해하고 문화 차이를 파악하는데 많은 시간이 필요하다는 것을 전제해야 하며, 이러한 지식을 파악하기까지 겪는 어려움에 대해 알아야 보다 효율적으로 상담을 진행할 수 있다.

(2) 다문화 상담의 기술

다문화 상담은 기존 일반상담과 비교하여 완전히 새로운 영역의 기술을 요구하는 것이 아니다. 기존 일반상담에서 쓰이는 경청, 재진술, 반복, 직면, 공감 등의 기술들을 그대로 사용하면서 동시에 문화적 다름에서 오는 어려움은 기존의 기술에서 상황에 따라 변형시킬 수 있는 능력이 요구된다. 이를테면, 문화적 차이로 감정표현을 절제하는 문화권에서 온 내담자의 경우 자신의 감정을 표현하는 것에 부담감을 느낄 수 있다. 따라서 상담자는 이러한 내담자에게는 감정표현의 중요성을 설명하며 내담자와 공감대를 이끌어 낼 수 있는 능력이 요구된다. 상담자는 감정표현이 익숙하지 않은 내담자의 마음을 이해할 수 있어야 하고, 정서적 개입으로 인해 효과가 미흡하면 다른 전략으로 상담할 수 있는 유연성이 필요하다. 또한 상담자도 사람이기 때문에 본인만의 가치관과 생활양식을 가질 수밖에 없음을 인지해야 한다. 자신의 편견, 차별적인 관습, 선입관 등을 알아야 하며, 이를 통제하고 절제할 수 있도록 노력을 해야 한다. 더 나아가 내담자에게 일어날 수 있는 편견, 이색적인 반응, 선입관 등에 대해 당황하지 않는 침착성을 갖는 기술 등을 훈련해야 한다.

3) 다문화가정 청소년 상담

다문화가정의 청소년을 돕기 위한 상담적 차원의 문제를 개인적 차원과 가족 차원으로 나누어 살펴보면 다음과 같다(이미령, 2013).

(1) 개인차원의 상담

1 심리상담

우리나라 일반가정 청소년과 아울러 다문화가정 청소년들도 심리적 · 정서적 어려움과 갈등상황으로 위기에 처한 청소년들이 증가하는 추세이다. 특히 언어부족과 이중문화 속에 놓인 다문화가정 청소년들은 정체성 혼란으로 한국생활 적응에 많은 고충이 따르고 있다. 내재되어 있는 불안 및 분노 등 억압된 감정을 표출하도록 돕고, 잘못된 인지왜곡에 대하여 바른 인식을 하도록 조화로운 관계를 갖도록 상담을 통해 도와야 한다. 이를 위해 정체성 확립이 선행되어야 한다.

2 학업상담

청소년기에 가장 큰 어려움은 바로 '언어 문제'이다. 특히, 이들은 외국인 부모의 영향과 환경적인 자극 부족, 상황에 맞는 교육기관 부족 등 다양한 원인에 의한 학업상담이 필요한 경우가 많다. 다문화가정 청소년 상담자는 학업상담에 앞서 가장 먼저 한국어교육을 우선적으로 지원하고 연계하여 조력할 필요가 있다.

3 진로상담

다문화가정 청소년 중 중도입국청소년 및 외국인근로자가정 청소년 대부분은 학업보다는 진로나 취업훈련 등에 관심이 많다. 다문화가정 청소년의 상담을 통해 진로적성에 대해 파악하고 특수한 상황과 학업수준을 고려하여 심리검사 및 개인상담을 통해 다문화가정 청소년의 잠재된 능력을 마음껏 사용할 수 있는 진로를 찾도록 도와야 한다.

(2) 가족차원의 상담

1 가족상담

가족상담은 다문화가정 청소년 개인의 가족환경과 관계, 가족 구조, 주변 환경 등 청소년 개인을 가족의 범주에서 큰 체계의 구성원으로 보고 있다. 다문화가정 청소년은 가족 내에서도 문화적 차이로 인한 갈등으로 부부 및 부모와 자녀, 형제 관계 등 관계의 어려움을 겪고 있는데, 새로운 시각에서 자신의 가족에 대해 탐색하고 건강한 가족관계를 형성하여 해결능력을 강화할 수 있도록 돕기 위한 가족상담이 필요하다.

2 부모교육

다문화가정 청소년의 정체성 위기 극복을 위해서는 가족상담 뿐 아니라 부모교육도 함께 병행해야 한다. 특히, 가족상담에서 심리 · 정서적 안정과 가족관계에 초점을 맞추었다면 부모교육은 다문화가정 청소년에게 실질적으로 필요한 양육정보를 제공하는데 중점을 두어야 한다. 다문화가정 청소년의 부모로서 겪는 어려움에는 부모-자녀의 의사소통의 어려움, 학교생활에 대한 정보부족 및 자녀 지도방법, 자녀 양육관 차이, 자녀양육에 대한 지식 부족, 자녀에게 맞는 교육기관 선정 등이 있다.

참고문헌

강은주(2007). 부모 · 자녀 관계중심 학부모 상담모형 구안. 한국교원대학교 대학원 석사학위논문.

강진령(2014). 집단상담의 실제. 서울: 학지사.

권석만(2012). 현대 심리치료와 상담이론. 서울: 학지사.

권석만(2015). 현대 심리치료와 상담이론. 서울: 학지사.

김경숙(2010). 특수학교 상담에 대한 교사의 인식 연구. 한남대학교 교육대학원 석사학위논문.

김계현, 김동일, 김봉환, 김창대, 김혜숙, 남상인, 천성문(2014). 학교상담과 생활지도. 서울: 학지사.

김동일, 김계현, 김병석, 김봉환, 김창대, 김계숙, 신종호(2006). 특수아동상담. 서울: 학지사.

김동일(1998). 구조방정식에 의한 발달 및 변화과정의 측정모형: 읽기 장애 아동을 위한 교육과정 중심측정의 적용을 중심으로. 국립특수교육원, 특수교육연구, 5.

김영숙, 윤여홍(2003). 특수아 상담의 이해. 서울: 교육과학사.

김정규(1996). 게슈탈트 심리치료. 서울: 학지사.

김춘경, 이수연, 이윤주, 정종진, 최웅용(2013). 상담의 이론과 실제. 서울: 학지사.

노안영(2005). 상담심리학의 이론과 실제. 서울: 학지사.

노안영(2014). 집단상담 이론과 실제, 서울: 학지사.

박성희(2003). 상담의 새로운 패러다임. 서울: 학지사.

박지연(2007). 학부모교육과 상담. 국립특수교육원.

윤치연, 이영순, 천성문(2005). 특수아 상담 및 치료교육 프로그램. 서울: 학지사.

이장호, 이동귀(2014). 상담심리학, 서울: 박영사.

이장호, 정남운, 조성호(2005). 상담심리학의 기초. 서울: 학지사.

이장호(1995). 상담심리학(제3판). 서울: 박영사.

이혜성, 박경애, 금명자, 김진숙(2000). 청소년상담 과정 및 기법. 한국청소년상담원.

이혜성, 이재창, 금명자, 박경애(1996). 청소년 개인상담. 청소년대화의 광장.

정성란, 고기홍, 김정희, 권경인, 이윤주, 이지연, 천성문(2014). 집단상담. 서울; 학지사.

정순례, 양미진, 손재환(2011). 청소년 상담-이론과 실제, 서울: 학지사.
정원식(1988). 대학교육과정구성에 대한 연구. 서울: 서울대.
정원식, 박성수, 김창대(1999). 카운슬링의 원리. 서울: 교육과학사
천성문, 이영순, 박명수, 이동훈, 함경애(2015). 상담심리학의 이론과 실제(3판), 서울: 학지사.
천성문, 박명숙, 박순득, 박원모, 이영순, 전은주, 정봉희(2009). 상담심리학의 이론과 실제. 서울: 학지사.
한국심리학회(2014. 4). 심리학용어사전.
홍경자(1991). Naomi Glass편. 카운슬링사례집. 서울: 형설출판사.
황응연(1995). 현대사회와 청소년지도. 서울: 배영사
황응연, 윤희준(1983). 현대 생활지도론. 서울: 교육출판사.

Bandura, A.(1977). Social learning theory. Englewood Cliffs, NJ: Prentice-Hall.
Biestek, F.(1957). The Casework Relationship. Chicago: Loyola University Press.
Corey, G.(1995). 집단심리상담의 이론과 실제, 조현춘, 조현재, 이희백, 천성문 공역, 서울: 시그마프레스.
Corey, G.(2003). 심리상담과 치료의 이론과 실제 제6판[Theory and practice of counseling and psychotherapy 6th ed.](조현춘, 조현재 공역). 서울: 시그마프레스 (원전은 2001에 출판).
Corey, G., & M. S.(1994). Group: Process and practice. Monterey, CA: Books/Cole.
Cronbach, L. J.(1984). Essentials of psychological testing(4th ed.). New York: Hanper & Row.
Dinkmeyer, D. C., & Sperry, L.(2000). Counseling and psychotherapy: An integrated, individual psychology approach. Merrill.
Dinkmeyer, D, C., & Carlson, J.(1973). Consulting: Facilitating human potential and change processes. Charles E. Merrill.
Dreikurs, R.(1963). Psychodynamics diagnosis in psychiatry. American Journal of Psychiatry, 119, 1045-1048.
Dreikurs, R.(1997). Holistic medicine. Individual Psychology, 53(2), 127-205.
Earley, J.(2004). 상호작용중심의 집단상담[Interactive Group Therapy: Integrating Interpersonal, Action-oriented, and Psychodynamic Approaches](김창대 역). 서울: 시그마프레스(원전은 2000에 출간).
Ellis, A.(1973). Humanistic psychotheraphy: The rational emotive approach. New

York: Julian Press.

Ellis, A.(1995). Rational emotive behavior therapy. In R. J. Corsini & D. Wedding(Eds.), Current psychotherapies(5th ed., pp. 162-196). Itasca, IL: F. E. Peacock.

Freud, S.(1949). An outline of psychoanalysis. New York: Norton.

Freud, S.(1955). The interpretation of dreams. London: Hogarth Press.

Garfield, S. L.(1989). The practice of brief psychotherapy. New York: Pergamon.

Gazda, G. M., Duncan, J. A., & Meadows, M. E.(1967). GROUP COUNSELING AND GROUP PROCEDURES: REPORT OF A SURVEY. Counselor Education and Supervision. 6(4), 305-310.

Ginott, Haim G.(2003). 교사와 학생 사이(신홍민 역). 서울: 양철북.

Ginott, Haim G.(2003). 부모와 십대 사이(신홍민 역). 서울: 양철북.

Glasser, W.(1998). Choice theory. New York: HarperCollins.

Hardman, M. L., Drew, C. J., & Egan, M. W.(2002). Human exceptionality : Society, school, and family. Boston: Allyn & Bacon.

Mahoney, M. J.(1991). Human change processes: The scientific foundations of psychotherapy. Basic Books.

Mosak, H. H., & Gushurst, R. S.(1972). Some therapeutic uses of psychologic testing. American Journal of Psychotherapy.

Patterson, L. E, & Welfel, E. R.(1994). The counseling process(4th ed.). Pacific Grove, CA : Brooks/Cole

Patterson, L. E., & Welfel, E. R.(1994). The counseling process . Thomson Brooks/Cole Publishing Co.

Perls, F.(1969a). Gestalt therapy verbatim. Moab, UT: Real People Press.

Perls, F.(1969b). In and out of the garbage pail. Moab, UT: Real People Press.

Polster, E.(1987a). Escape from the present: Transition and storyline. In J. K. Zeig(Ed.), The evolution of psychotherapy(pp.326-340). New York: Norton.

Polster, E.(1987b). Every person's life is worth a novel. New York: Norton.

Rappaport, J.(1995). Empowerment meets narrative: Listening to stories and creating settings. American Journal of Community Psychology, 23, 795-807.

Rogers, C. R.(1952). Communication: Its blocking and facilitation. ECT: A Review of General Semantics, 9, 83-88.

Speight, S. L., Myers, L. J., Cox & Highlen. P. S.(1991). A redefinition of multicultural counseling. *Journal of Counselingand Development, 70*, 29-36.

Sweeney, Tomas J.(2005). 아들러 상담 이론과 실제(노안영, 강만철, 오익수, 김광 운, 송현종, 강영신 외 역). 서울: 학지사(원전은 1998년에 출판).

Tillitski, C. J.(1990). A meta-analysis of estimated effect sizes for group versus individual versus control treatments. International Journal of Group Psychotherapy, 40(2), 215-224.

Walter, John L., & Peller, Jane E.(2001). 단기가족치료: 해결중심으로 되어 가기 (가족치료 연구모임 역). 서울: 도서출판 하나의학사.

Wolpe, J.(1958). Psychotherapy by reciprocal inhibition. Stanford, CA: Stanford University Press.

Wolpe, J.(1964). Behaviour therapy in complex neurotic states.

Wubbolding, R. E.(1991). Understanding reality therapy. New York: Harper & Row.

Wubbolding, R. E.(2000). Reality therapy. In A. Horne(Ed.), Family counseling and therapy,(3rd ed., pp. 420-453). Itasca, IL: Peacock Publishing.

Zinker, J.(1977). Creative process in Gestalt therapy. New York: Vintage Books.

Zinker, J.(1978). Creative process in Gestalt therapy. New York: Random House(Vintage).

제3부

학교폭력의 이해

제 7 장

학교폭력의 기초

1. 학교폭력의 개념
2. 학교폭력의 특성
3. 학교폭력의 원인
4. 학교폭력의 심리
5. 학교폭력의 유형
6. 학교폭력의 실태

현재 우리 사회에서 일어나는 심각한 문제 중의 하나가 학교폭력이다. 각급 학교에는 다양한 환경과 저마다 개인적 특성을 가진 아동 · 청소년들이 입학과 졸업을 하고 있다. 이 중에는 모범적으로 학교생활을 하는 우수한 학생들이 있는가 하면 이전에는 생각하지 못하고 논의되지 않았던 경험을 한 학생들도 있게 된다. 학생들의 이런 개인적 · 심리적 · 환경적인 문제는 다양한 일탈과 비행으로 이어지고 심지어는 학교에서 친구를 왕따시키고 협박과 공갈을 하는 등 폭력을 행사하는 심각한 양상으로 변해 가고 있다. 학생들의 일탈행위와 관련된 문제는 날로 증가하는 반면 이를 교육하고 조력해야 할 교사들은 이에 필요하고 적절한 전문훈련의 기회가 없었기 때문에 많은 어려움을 겪고 있다. 또한 교과지도와 업무로 인하여 학생들을 이해하고 학생들의 어려움을 조력하기 어렵다는 것은 매우 안타까운 일이기도 하다. 학교폭력으로 인한 피해를 줄이고 학생과 교사 모두가 보호받는 '안전한 학교(safety school)'가 되기 위해서는 아주 작은 학교폭력 사안이라도 더 이상 방치하거나 간과해서는 안될 중요한 과제라고 본다. 학교폭력에 대한 인식을 높이고 학교폭력을 예방하기 위하여 본 장에서는 학교폭력의 개념, 학교폭력의 특성, 학교폭력의 원인, 학교폭력의 심리, 학교폭력의 유형, 학교폭력의 실태를 살펴보고자 한다.

1. 학교폭력의 개념

학교폭력은 국가와 사회에 따라 다양하게 학생을 괴롭히는 모습으로 나타나고 있다. 학교폭력은 단지 우리나라만의 문제가 아닌 전 세계적 문제로 인식되고 있음을 주목할 필요가 있다.

학교폭력(school violence)은 '학교(school)'와 '폭력(violence)'이라는 두 단어의 합성어로 단순하게 학교라는 장소와 폭력이 결합한 형태의 학교폭력이 아니라 학교라는 교육기관의 특성과 교사, 학생, 학부모 등 교육 구성원들의 특성, 교육적 상호작용과 역동성을 고려하여 학교폭력을 이해하여야 한다. 즉 학교폭력이 학교 밖에서 발생하는 성인들의 폭력사안 처리와는 달리 예방과 처치, 성장 · 발달이라는 교육적 측면에서 다루어져야 함에 유의하여야 한다(김희대, 2016).

학교폭력이란 신체적 · 심리적 상해나 재산상의 피해를 가져오는 의도적이고 부주의한 행동으로 정의되기도 하고, 학습을 방해하거나 학교의 환경을 저해하는 모든 범죄적 행동과 공격적 행동으로 정의되기도 하며, 학교를 중심으로 발생하는 것으로서 정신적 · 신체적으로 나약하여 외부의 압력에 대해 스스로를 방어할 능력이 없는 아동에 대하여 힘이 강한 개인이나 집단이 고의적으로 단기간 또는 장기간에 걸쳐 가하는 물리적 및 심리적 공격 혹은 학교 교내, 주변, 등하굣길, 집 주변, 학원 주변 등 물리적인 장소는 물론이고 교육과 관련된 장소 및 현장에서 부모와 교사를 제외한 모든 사람이 학생에게 행사한 정도가 심각한 유형 · 무형의 모든 폭력으로 정의되기도 한다(정종진, 2013).

대체로 학교폭력으로 규정할 수 있는 행동에는 고의성(intentional, 실수가 아닌 고의적으로 해를 입히거나 괴롭히는 말과 행동), 반복성(repeated, 어쩌다 한번 일어난 행동이 아니고, 반복적으로 되풀이되는 행동), 힘의 불균형(imbalance, 힘이 더 센 학생이 약한 학생을, 상급생이 하급생을, 다수의 학생이 한두 경 소수의 학생을 괴롭히는 것)의 세 가지 성립 요건이 있다. 그 세 가지 항목 중 하나 이상의 요건이 성립된다면, 그 행동은 학교폭력이라고 볼 수 있다(Coloroso, 2003).

한편, 우리나라에서 법률적으로 규정하고 있는 학교폭력의 정의는 "학교 내외에서 학생을 대상으로 발생한 상해, 폭행, 감금, 협박, 약취 · 유인, 명예훼손 · 모욕, 공갈, 강요 · 강제적인 심부름 및 성폭력, 따돌림, 사이버 따돌림, 정보통신망을 이용한 음란 · 폭력 정보 등에 의하여 신체 · 정신 또는 재산상의 피해를 수반하는 행위"(학교폭력 예방 및 대책에 관한 법률, 제2조 1항)이다. 여기서 학교 외란 학원, 공원, 놀이터, 친구집 등을 말하고, 따돌림이란 학교 내외에서 2명 이상의 학생들이 특정인이나 특정집단의 학생들을 대상으로 지속적이거나 반복적으로 신체적 또는 심리적 공격을 가하여 상대방이 고통을 느끼도록 하는 일체의 행위를 말하며, 사이버 따돌림이란 인터넷, 휴대전화 등 정보통신기기를 이용하여 학생들이 특정 학생들을 대상으로 지속적, 반복적으로 심리적 공격을 가하거나, 특정 학생과 관련된 개인정보 또는 허위사실을 유포하여 상대방이 고통을 느끼도록 하는 일체의 행위를 말한다. 학교폭력에는 가해학생과 피해학생이 있게 마련인데, 가해학생이란 가해자 중에서 학교폭력을 행사하거나 그 행위에 가담한 학생을 말하고, 피해학생이란 학교폭력으로 인하여 피해를 입은 학생을 말한다.

이상에서 몇 가지 학교폭력에 대한 정의를 살펴본 것처럼, 학교폭력이란 학생을 대상으로 이루어지는 신체적, 언어적, 정신적 폭력을 의미하며, 학생을 대상으로 발생한 폭력 중에서도 처음에는 신체적인 가해 행위를 학교폭력으로 간주했지만, 이후 심리적 위협과 집단으로부터의 따돌림을 포함한 다양한 형태의 폭력을 포함하는 것으로 학교폭력을 정의하고 있다. 다시 말하면, 힘의 우위에 있는 개인 또는 패거리들이 주위 학생들에 대해 언어적 위협, 놀림, 소지품 은닉, 따돌림, 집단에 의한 무시, 신체적 폭력, 성추행, 금품갈취는 물론 기물손괴 등 행동을 하고, 공포분위기를 조성함으로써 주위 학생들이 심리적인 소외감과 극도의 불안감을 겪고, 신체적인 상처와 물리적인 손해를 감수하고 있는 상태라면 학교폭력이 발생된 것으로 볼 수 있다.

따라서 학교폭력이란 가해자의 신분이나 시간과 장소 구분 없이 학생을 대상으로 이루어지는 부정적인 의도를 지닌 신체적, 언어적, 심리적, 경제적 피해를 주는 모든 행위를 통칭하는 것으로, 한 명 또는 여러 명의 학생들이 힘의 불균형 상황 하에서 자기보다 약한 상대나 집단의 암묵적인 규칙을 어긴 자를 온·오프라인에서 따돌리거나 괴롭히는 행위도 포함한다. 대체로 이러한 학교폭력 행위는 반복적으로 발생하며 학생 개개인이 해결하기 어려운 속성을 갖고 있다(정종진 외, 2016).

학교폭력의 이해를 돕기 위하여 일반폭력과 비교하여 보면 다음과 같다(손충기·류재수, 2015).

첫째, 일반폭력은 모르는 사람 사이에서 주로 발생하며 특정한 장소가 정해져 있지 않으나, 학교폭력은 같은 학교 · 학급이라는 같은 공간 내에 있는 학생들 사이에 발생하므로 사건 발생 이후에도 일정기간 가해자 · 피해자가 마주치게 된다.

둘째, 일반폭력은 폭력의 당사자 외에는 제3자가 알기 어려우나, 학교폭력은 당사자 외에도 같은 학교 · 학급에 있는 다른 친구들에게 쉽게 알려지게 되므로 추가적인 정신적 고통을 받는 경우가 많다. 속칭 '빵 셔틀'의 피해학생은 다른 친구들에게 똑같은 행동을 강요받는 경우가 많다.

셋째, 일반폭력은 연속성이 없으나, 학교폭력은 학교 내에서 끊임없이 특정 학생에 대해 행해지고, 문제의식 없이 학생들 사이에 학교 내 하나의 잘못된 문화처럼 형성될 수 있다(손충기 · 류재수, 2015).

2. 학교폭력의 특성

학교폭력은 가해학생과 피해학생 모두가 폭력에 노출되어 있다는 위험한 지점에서 동등하다. 또한 학교폭력은 복잡한 특성을 가지고 있기 때문에 다양한 각도에서 조명해 볼 필요가 있으며 과거에 비해 학교폭력의 특성들이 다양하게 변화되었으므로 정종진(2012)의 연구를 중심으로 살펴보고자 한다.

1) 학교폭력의 저연령화

학교폭력의 가해자와 피해자 연령이 점차 낮아지고 있다. 얼마 전까지만 해도 중학생들의 학교폭력 행동이 문제가 되는 경우가 많았는데, 최근 들어 초등학생의 사례가 늘어나고, 점차 그 연령이 낮아지는 것을 볼 수 있다. 학교폭력을 경험하는 시기가 더 앞당겨져 몇 년 내로 학교폭력의 중심축에 초등학생이 포함될 수 있다고 전문가들은 예상하고 있다. 초등학생은 중 · 고등학생에 비해 학교폭력에 대한 대처 능력이 떨어지고 쉽게 가해학생의 행동에 동조하는 경우가 많고(김종운, 2013), 청소년의 신체적 발육이 왕성해지면서 사춘기가 빨라지고 인터넷과 게임 등을 통해 폭력 문화를 접하는 연령도 계속 낮아지고 있기 때문이다. 특히 게임 중독 현상이 최근 들어 초등학교 저학년에서 두드러지게 나타나면서, 이것이 학교폭력의 저연령화에 크게 영향을 미치고 있다.

2) 폭력의 잔인성과 집단화

학교폭력은 단순한 탈선의 차원을 넘어 심각한 범죄의 수준에 이르고 있다. 예전의 학교폭력이 말 그대로 서로 때리고 괴롭히는 정도였지만 지금의 학교폭력은 일반적인 폭력행사나 금품갈취 이외에도 집단적인 따돌림이나 놀림, 시험지 보여주기를 강요하거나 숙제나 심부름시키기 등의 새로운 형태의 심리폭력이 출현하고 있고 폭행, 협박, 사기, 상해, 살인, 강간 등 성인폭력 조직을 빰칠 정도로 그 수법이 잔혹하고 대담해지고 있다. 전혀 저항할 힘이 없는 장애아나 지체부자유아를 대상으로 할 정도로 학교폭력이 매우 잔인하게 이루어지고 있다. 특히 최근에는 일회성 단순폭력보다 지속적으로 가해지는 학대적 폭력이 증가하고 있다. 그리하여 가해학생의 지속적이고 잔인한 신체폭행과 금품갈취 및 집단 따돌림으로 인해 피해학생이 더 이상 학교나 교사 심지어 부모에게조차 도움을 요청하지 못하는 절망적인 상태에 빠져 결국 극단적인 선택으로 인하여 자살하는 사례가 발생하고 있다.

최근의 학교폭력은 가해학생이 2인 이상인 경우가 증가하고 있으며, 단독범행보다 2인 이상 집단적으로 이루어지는 것이 일반적이다. 집단 따돌림이나 집단폭행으로 인해 피해학생은 심리적 지지원인 친구로부터 멀어져 홀로 남게 된다. 학교폭력집단은 단순한 패거리 집단, 조직적인 규율을 갖고 움직이는 불량서클, 성인폭력조직과 연계된 하부폭력조직 등에 의해 이루어진다.

3) 폭력의 일상화와 둔감화

폭력행위가 비행학생에 의해서만 일어나는 것이 아니라 보통의 모든 학생에게서 쉽게 발견될 수 있는 일반화된 비행 유형이 되고 있다. 학교 안팎에서 이루어지는 학교폭력이 차지하는 비율이 점차 늘어나고 있어 폭력이 학생들의 일상과 주변에 만연되어 있다.

가해학생들의 학교폭력에 대한 인식이 무뎌지고 일상화되어 폭력으로 인식하지 못하는 경향을 보이고 있다. 학교폭력의 가해자들은 같은 반 학생들에게 폭력을 행사하거나 괴롭히고도 전혀 죄의식이나 죄책감을 갖지 않는다. 일선 교사들은 학교폭력 및 집단 괴롭힘과 관련하여 가장 우려되는 점을 가해자의 죄의식 및 죄책감이 부족하다는 점을 꼽고 있다. 가해학생들이 왕따 폭력에 동조하고 개입하는 것을 별 죄의식 없이 그저 한 번쯤 할 수 있는 장난으로 여긴다는 것이다. 즉, 뚜렷한 목적이나 동기가 없이 장난삼아 저지르는 우발적이고 충동적인 폭력이 많아지고 있다.

4) 장기간에 걸친 집단 따돌림과 괴롭힘

최근 들어 학교폭력은 2명 이상의 학생들이 한 학생에게 심한 욕설이나 장기간에 걸쳐 따돌리고 괴롭히는 현상이 두드러지게 나타나고 있다. 집단 따돌림과 괴롭힘을 당한 피해학생은 학교 가기를 싫어하고, 우울증을 겪게 되기도 하며, 심지어 자살을 시도하기도 한다. 따돌림의 가해학생들이 끈질기게 피해학생을 괴롭히고 소외시킴으로써 결국에는 자살에 이르도록 만들 정도로 매우 강한 집요함을 보이고 있다.

5) 사이버폭력의 증가

학생들이 수시로 인터넷을 이용하고 휴대전화를 들고 다니는 경우가 많아지면서 요즘에는 문자메시지나 사이버 채팅을 이용한 이른바 사이버불링(cyber bullying, 인터넷상에서 특정인을 괴롭히는 일)으로 불리는 신종 학교폭력이 급증하고 있다. 친구들과 스마트폰으로 어울리다 왕따 폭력을 당하는 경우도 적지 않다. 요즘 학생들 사이에서 유행하는 떼카(여러 명의 아이들이 '카카오톡'을 이용해 채팅하는 것) 도중에 특정 학생을 지목해 "야 이 새끼 정말 X같다. 이 씨 X년이랑 놀지 말자" 등 욕을 하며 집단 조롱하는 식이다. 학교폭력 가해학생이 피해학생에 대한 허위사실이나 비방의 글을 블로그나 카페 등의 웹사이트에서 꾸며 내거나, 피하학생에게 3G 통신 데이터를 무제한으로 쓸 수 있는 휴대전화 요금제에 가입하게 한 뒤 스마트폰의 테더링이나 핫스팟 기능을 통해 자신들은 공짜로 인터넷을 사용하거나, 문자메시지를 통해 협박하는 글과 사진을 보내는 등의 사이버 폭력이 증가하고 있어 학교에서 뿐만 아니라 사실상 24시간 피해학생들을 괴롭히고 있는 것이다.

6) 피해학생이 가해학생으로 바뀜

학교폭력의 피해자들이 종종 가해자로 바뀌는 현상을 보이고 있다. 서울의 한 초등학교 학생이 평소 자신을 괴롭히던 같은 반 학생을 복도에서 흉기로 찔러 큰 상처를 입힌 충격적인 사건이 보도된 바 있다. 학교폭력을 당했던 피해학생들은 자신보다 더 어리거나 약한 다른 학생들에게 폭력의 가해자로 변하는 경우가 많아 폭력이 대물림되고 있다. 즉, 학교폭력의 피해자와 가해자 모두의 역할을 하는 중복경험자가 많아지고 있다.

7) 학교폭력에 대한 학생들의 무력감

학교폭력을 당했을 때 피해학생들은 '보복이 두렵거나 일이 커질 것 같아' 혹은 '이야기해도 소용없을 것 같아서' 피해 사실을 주변 사람들에게 적극적으로 알리지 않고 도움을 요청하지도 않는 경우가 많다. 또한 학생들이 학교폭력을 목격하더라도 같이 피해를 당할까 봐 모른 척하는 경우가 많다. 학교폭력에 대한 학생들의 체념과 방관 그리고 무력감이 강한 경향을 보이고 있다.

8) 여학생의 폭력 증가

여학생들의 학교폭력이 날로 증가하는 양상을 보이고 있다. 특히 여학생들 사이에서 벌어지는 폭력은 집단으로 행사되고 있으며, 여학생의 가해자율이 매년 증가하고 있는 추세다. 예전처럼 여학생들의 폭력이 언어적 폭력에 국한되는 것이 아니라 신체적 폭력으로 이어지고 있다. 피해학생에게 수치심과 복종심을 주기 위해 옷을 벗긴 채 때리고 이를 UCC로 찍어 인터넷에 올리거나, 질투심에 의해 자신의 남자 친구를 시켜 피해학생을 성폭행하여 교사죄로 처벌받은 사례도 있다(조정실 · 차명호, 2012). 우발적이고 충동적인 남학생 폭력에 비해 여학생은 간접적이고 지능적이며, 정서적인 괴롭힘으로 피해자의 고통을 가중시키고 있다.

9) 성추행 · 성폭력의 점진적 증가

초 · 중 · 고교에서 발생하는 학교폭력 중 상당수가 피해학생에게 성적 수치심을 주는 성추행 · 성폭력이 점점 늘어가고 있다. 성폭력 수법도 집단 성폭행을 하고 자위행위를 강요하거나 수치스러운 사진이나 동영상을 촬영해 인터넷에 유포시키는 등 점점 악랄해지고 있다. 학생들이 인터넷에 떠도는 음란물 등 유해 환경에 노출되면서 성문제에 거리낌이 없어지고 있는 양상이다.

10) 피해학생의 신고가 적음

학교폭력의 심각성에도 불구하고 피해학생들은 자신의 피해사실을 적극적으로 알리지 못하는 경우가 많다. 폭력에 대한 사회적 민감성이 높아져 가는 현 상황에서도 피해학생의 신고가 매우 낮다는 것이 특징적이다. 학교폭력 피해경험이 있는 많은 학생들이 아무에게도 도움을 요청하지 않는 경우가 많고, 폭력을 보고도 못 본 체하는 경우가 적지 않다. 이렇게 피해사실을 적극적으로 알리지 않는 이유가 일이 커질 것 같고, 이야기해도 소용없을 것 같고, 보복당할 것 같다는 두려움으로 자신이 실제로 도움을 받을 수 있다는 확신이 부족하기 때문이다. 또한 방관자의 역할을 하는 학생의 경우 보복 등 자신이 또한 피해자의 위치에 놓일 수 있다는 두려움이 크고, 친구들의 관심이 부족하거나 도와줘도 소용이 없을 것 같은 무력감과 좌절감이 커서 적극적으로 방어하거나 신고하지 못하는 경우가 많다. 이렇게 낮은 신고율을 보이는 상태에서 학교폭력은 교사나 부모 등 중재 가능한 성인이 인식하지 못하는 가운데 은밀하고 지속적으로 이루어진다는 특징을 갖는다(김혜원, 2013).

11) 고소득 · 전문직 부모를 둔 학생들의 학교폭력 연루 사례 증가

과거에는 학교폭력 피해학생과 가해학생 가운데 저소득층이나 결손 가정의 자녀가 많았지만, 최근에는 오히려 고소득 · 전문직 부모를 둔 학생이 집단 괴롭힘을 당하거나 남을 괴롭히는 경우가 늘어나고 있다. 전문직 자녀들이 학교폭력 사건에 연루되는 가장 큰 이유는 부모가 일 때문에 바빠 자녀들과 함께 시간을 보낼 시간이 부족하기 때문이다. 자녀의 공부 성적이 크게 떨어지지만 않는다면 학교에서 자녀에게 어떤 일이 벌어지고 있는지 부모가 살피는 경우가 드문 것이다. 그러면서 평소 자녀에게 학업 스트레스를 많이 주는 것이 전문직 부모의 특징으로 지적되고 있다. 전문직 부모는 퇴근 후에도 컴퓨터 앞에 앉아 있거나 책을 펴들기 일쑤고, 아이는 부모와 대화하지 못한 채 혼자 시간을 보내는 경우가 많다. 이런 가정에서 자란 아이는 남과 공감하고 소통하는 법을 배우지 못해 학교생활에 적응하지 못하는 경우가 많다.

3. 학교폭력의 원인

학교폭력은 한 가지 원인에 의해서만 이루어지는 것이 아니라 여러 요인들이 복합적으로 작용하여 발생하는 사실을 알 수 있다. 인간의 행동은 개인과 환경간의 상호작용의 결과로 설명되므로 학교폭력의 원인도 개인과 환경간의 다양한 측면에서 살펴보고자 한다.

학교폭력은 그 정도나 양상이 갈수록 다양해지고 예측할 수 없는 상황에서 돌발적으로 발생하고 있는 경우가 많아 그 원인을 정확하게 밝혀 내기가 어렵다. 또한 앞에서 학교폭력의 원인에 대한 여러 이론적 관점을 살펴본 바와 같이 학교폭력은 한 가지 요인에 의해서 발생한다기보다는 여러 가지 요인이 복합적으로 작용하여 발생한다고 보아야 한다. 따라서 학교폭력을 예방하고 대처하기 위해서는 학교폭력에 영향을 미치는 다양한 요인을 통합적으로 염두에 두고 접근해야 한다. 여기서는 학교폭력에 영향을 미칠 수 있는 요인을 학교 요인, 개인 요인, 지역사회 요인으로 구분하여 이들 요인이 학교폭력을 유발하는 데 어떻게 관련이 있는지 선행연구를 통해 살펴보기로 한다(송재홍 외, 2016).

1) 학교 요인

학교는 또래집단을 사귀고 자신의 학문적 · 사회적 능력과 한계를 경험하는 장소이자 학생들이 가장 많은 시간을 보내는 곳이며, 또한 폭력이 발생하는 가장 위험한 장소이기도 하다. 학교폭력의 관련 요인에 대한 Benbenishty와 Astor의 생태학적 모형에서 개인보다 학교를 모형의 중앙에 위치시키고 있는 것은 학교폭력의 진원지가 바로 학교이기 때문이다.

먼저, 학교와 관련해서 교사와 학교 당국의 폭력에 대한 인식과 반응이 학교폭력 유발에 영향을 미치는 요인으로 지적되고 있다. Olweus(1991, 1993)는 폭력 문제에 대한 학교 전반의 인식 없이는 학교폭력 예방과 대책에 관한 개입 방법들이 대부분 효과가 없을 것이라고 말하고 있다. 학교폭력에 대한 중요한 비전이나 이데올로기의 부재는 학교를 폭력행동의 위험성에 빠지게 할 수 있다. 폭력 문제에 대한 지속적인 관심과 인식을 갖는 것이 폭력 예방의 중요한 열쇠가 된다.

그리고 교사들이 학교폭력의 유형과 그것이 미치는 장기적 효과에 대한 구체적인 인식이 없거나 연수를 받지 않는다면 계속해서 발생하는 학교폭력 문제에 대해서 아무런 대처를 하지 못하는 경향이 있으며, 학생들은 학교폭력에 대해 아무런 반응을 하지 않는 교사들의 영향을 많이 받는다. 예를 들어, 중학생과 고등학생의 상당수가 교사들이 개별 학생이나 전체 반 학생들에게 학교폭력에 대해 언급한 바가 거의 없다고 보고하였다. 85%의 학생들이 학교폭력 사건이 발생하였을 때 이에 대해 교사들이 거의 아무런 반응을 보이지 않았다고 말했다(Olweus, 1993).

또한 학교폭력 행동에 대한 또래집단의 부정적 반응과 피해학생에 대한 그들의 지원은 학교폭력 발생을 감소시키는 데에 중요하다는 것을 연구 결과들은 밝히고 있다(Olweus, 1993). 또래 학생들이 폭력적 행동을 조장하고 격려하느냐, 아니면 폭력적 행동에 대해 부정적 반응을 보이거나 말리려고 개입하느냐 하는 것은 서로 매우 다른 영향을 미칠 수 있다(Besag, 1989; Olweus, 1993). 이처럼 교사와 또래집단의 학교폭력에 대한 반응의 결여는 폭력행동을 지속시키는 위험 요인으로 확인되고 있다.

학교 관련 폭력의 위험 요인으로 학교풍토를 들 수 있는데 Astor 등(2002)은 학교폭력 문제에 대한 학생들의 판단은 학교풍토와 직접적으로 관계가 있고, 또한 학교폭력으로 인해 학교에 가는 것을 두려워하는 것은 학교풍토와 간접적으로 관계가 있다는 것을 발견하였다.

부정적인 학교풍토는 학교폭력에 기여하는 위험 요인으로 제시되어 왔다. 다른 학교에 비해 폭력 문제가 더 많이 발생하는 학교들은 전반적인 학교풍토가 부정적인 특징을 가지고 있는 경향이 있다(Rigby, 1996). 일반적으로 학교풍토가 부정적인 학교들은 학업적인 면에 초점을 덜 두는 경향이 있고, 이들 학교의 학생들은 학교생활에 대한 만족감이 덜하며, 교사들은 학교폭력 사건에 대한 그들의 역할이나 따라야 할 절차에 대해서 잘 모르는 경향이 있다(Plweus et al, 1999; Sullivan, 2000). 폭력에 대한 명확하고 일관되며, 공정한 규칙을 포함한 정책들을 갖고 있는 학교들은 폭력을 감소시킬 수 있고(Adams, 2000; Olweus, 1991; Smith & Sharp, 1994), 학생과 교사의 지지적인 관계는 학교에 대한 학생들의 소외 의식을 감소시키고, 학생들의 정서적 · 행동적 문제를 극복하도록 지원하고 상담하며 도와주는 성인들과의 긍정적 관계를 형성할 기회를 줄 수 있다(Dwyer, Osher, & Hoffman, 2000).

폭력에 대한 학교의 정책과 학생들에 대한 교사의 지원은 학교폭력 예방에 관한 개입 방안을 논의하거나 모색하는 과정에서 학생들을 참여시킨다면 매우 효과적일 수 있다. 이러한 참여는 학생들의 학교에 대한 연대 의식을 고양시킬 수 있고 평화로운 학교에 대한 관심을 증진시킬 수 있는 반면, 학교에 관여되지 않는 학생들은 학교에서 적절하게 행동하는 경우가 드물다(Flannery, 1997).

다음으로 학교폭력과 관련이 있는 학교 요인으로서 학교 규모와 학급의 학생 수를 들 수 있다. 교사들의 공통된 견해에 따르면, 학교폭력 문제는 학교 규모가 크고 학급당 학생 수가 많을수록 더 많이 발생한다는 것이다(Olweus, 1993). Bowen, Bowen 및 Richman(2000)은 개인적 안전감은 규모가 큰 학교일수록 낮고 규모가 작은 학교일수록 높다는 것을 발견하였다. Walker와 Greshman(1997)에 따르면, 규모가 큰 학교와 학생 수가 많은 학급일수록 보다 많은 문제와 도전에 직면하게 된다. 규모와 학생 수가 많은 학교와 학급의 교사들은 학생들, 특히 보다 많은 주의와 개입을 필요로 하는 위험군의 학생들과 의미 있는 관계를 형성하고 유지하는 데 어려움을 가진다. 교사 1인당 담당해야 할 학생 수가 많은 학교와 학급의 교사들은 학생들의 행동을 효과적으로 점검하기 어렵다. 따라서 학생들의 문제행동과 비행에 더 자주 직면하게 된다(Hellman & Beaton, 1986). 많은 학생이 모이는 장소에서 성인 감독의 부재는 괴롭힘, 싸움, 성희롱, 언어적 공격 등 여러 유형의 학교폭력과 밀접한 관계를 보이는 경향이 있다.

이 밖에 학교폭력을 유발하는 학교 관련 요인으로 또래집단을 들 수 있다. 학생들은 학교폭력의 행동을 옹호하고 지지하거나 촉진하는 학교의 또래집단 속에서 상호작용 할 수 있다. 학생들 중에는 또래집단에 어울리거나 적응하기 위한 노력으로 학교폭력의 행동을 하기도 한다. 학생들 사이에서 또래들과의 관계는 매우 중요하기 때문에 학생들은 또래들과 원만하게 생활하고 더 나은 지지를 얻기 위해 노력한다. 일반적으로 인기 있는 학생은 또래들로부터 수용되고 지지를 받지만, 인기가 없는 학생은 거부되고 배척되어 따돌림과 괴롭힘을 당하기 쉽다. 그리하여 학생들은 또래집단에 동조하려는 경향을 갖게 되고, 다른 학생들에 대해 힘을 과시하려고 노력하기도 한다. 이처럼 학생들은 또래집단으로부터 따돌림이나 괴롭힘을 당하지 않기 위해 동조하고자 학교폭력에 가담하기도 한다(정종진, 2012a).

또래관계를 형성하는 데 있어 품행에 문제가 있거나, 협동심이 부족하고 충동적인 행동을 스스로 통제하지 못하거나, 원만하지 않은 또래관계로 인해 학교생활을 좋아하지 않고 교사들에게도 인기가 없는 가해학생들과 가깝게 지내거나 어울릴 경우 학교폭력에 연루될 가능성이 높아진다. 또한 Fraser(1996)는 폭력조직에 가입했거나 폭력행동에 대해 긍정적 태도를 갖고 있는 또래와 친구관계를 형성하고 있으면 학교폭력 유발 위험 요인이 된다고 보았다. 그 이유는 정상적인 또래집단과 어울리지 못할 경우 갈등 상황에서 협동과 타협과 같은 바람직한 문제해결 방법을 학습할 기회를 갖지 못하고 폭력적인 방법으로 문제를 해결할 가능성이 높기 때문이다.

이상에서 살펴본 바와 같이 교사와 학교 당국의 폭력문제에 대한 관심과 인식 부족, 학교폭력에 대한 미온적 반응, 안전하고 평화롭지 못한 부정적인 학교풍토, 과밀한 학교와 학급의 학생 수, 폭력 가해 또래집단과의 접촉 등이 학교폭력을 유발할 수 있는 학교 위험 요인으로 확인되고 있다.

2) 개인 요인

학교폭력에 영향을 미칠 수 있는 개인 요인으로는 먼저 성별 원인을 들 수 있다. 우리나라에서 실시된 학교폭력 실태 조사(청소년폭력예방재단, 2011)에서도 학교폭력 피해와 가해를 모두 경험한 학생의 비율이 여학생(28.8%)보다 남학생(71.2%)이 더 높은 것으로 나타났다. 여학생들은 친밀성과 소속감에 기초한 밀착 집단(Close-knit Group)을 가지는 경향이 있기 때문에 집단 따돌림과 사회적 고립 형태의 학교폭력이 여학생들에게 지대한 영향을 미친다. 이에 비해 십대 남학생들은 보다 크고 보다 비조직적인 우정 집단을 형성하는 경향이 있기 때문에 집단 따돌림과 같은 간접적인 폭력 유형은 직접적인 공격 방법만큼 효과적이지는 않다(Owens & MacMillin, 1995).

공격행동과 같은 직접적인 폭력 유형(예컨대, 발로 차기, 주먹으로 때리기, 신체적 위협 등)은 간접적인 폭력 유형보다 훨씬 더 가시적이어서 확인하고 벌하기 쉽다. Olweus(1993)는 여학생들은 '전형적으로 눈에 띄지 않는 폭력을 사용하고 몰래 괴롭히는 방법으로' 폭력을 행사한다고 보고하였다. 폭력 피해학생들은 수치심이나 보복에 대한 두려움 때문에 이러한 간접적인 유형의 폭력을 보고하지 않을 수 있다(Baldry & Winkel, 2003). 그러나 보다 은밀하게 이루어지는 이러한 간접적인 유형의 공격성과 폭력은 피해학생들에게 지속적으로 부정적인 영향을 미칠 수 있다(Owens et al., 2000; Rigby & Slee, 1999).

학교폭력에 영향을 미칠 수 있는 또 다른 위험 요인으로 개인의 신체적 · 인지적 · 심리사회적인 특성을 들 수 있다. 동일한 연령의 학생들보다 키가 작고 체격이 작으며 힘이 약한 학생들이 학교폭력의 피해를 당하기 쉽다(Voss & Mulligan, 2000). 반면에, 동일연령의 학생들보다 키가 크고 힘이 강한 학생들이 학교폭력 가해를 보이는 경향이 있다(Olweus, 1993). 학생들이 또래들과 함께 잘 어울릴 수 있으려면 자신의 사회적 목표를 만족시킬 수 있는 현실적인 계획을 수립할 수 있고(수단-목적 사고), 대인관계 문제에 대해 몇 가지 가능한 해결책을 생각해 낼 수 있어야 하는데(대안적 해결 사고), 이러한 두 가지 인지적 대인 문제해결 기능이 부족한 학생은 타인보다 만족을 잘 지연할 수 없으며, 친구를 사귀는 것이 힘들고, 욕구가 좌절될 때 정서적으로 발끈 화를 내며, 고통스러워하는 타인에게 동정심이 적고, 언어적 · 신체적인 공격을 곧잘 드러낸다(Shure, 1999: Snowman & Biehler, 2003에서 재인용).

학교폭력 행동을 하는 학생들에게서 나타나는 심리사회적 특성 중 가장 많은 부분을 차지하는 것이 충동성과 공격성이다(김창군 · 임계령, 2010). 충동적이고 공격적인 학생들은 학교 질서나 규범을 고려하지 않고, 자기중심적으로 행동하는 경향이 있고, 스스로 분노를 조절하거나 화를 참는 능력이 부족하며, 자신이 처한 상황에 대한 해석과 인식에 있어서 일반 학생들보다 더 많은 스트레스를 경험하기 쉽다.

우리나라 학생들은 학업성적과 진로문제, 대인관계의 어려움 등으로 인하여 다양한 스트레스를 경험하게 되고, 이러한 스트레스가 학생들의 학교폭력 문제를 유발하는 주범으로 지적되고 있다(도기봉, 2008). 학업 관련 스트레스(시험, 숙제, 학원, 학습내용 등), 가정 관련 스트레스(지나친 간섭, 차별과 비교, 신체 · 언어적 학대, 형제 갈등, 가정의 경제적 문제 등), 대인 관련 스트레스(친구 사이의 소외, 질투, 의사소통 문제, 경쟁, 신체적 열등감 등)와 같은 과도한 스트레스로 인해 위축되어 괴롭힘을 당하거나 자기 스스로 통제할 수 없는 상황에 이르게 되어 스트레스를 해소할 대상을 찾게 되고, 자신보다 약한 학생을 대상으로 괴롭힘이나 폭력을 행사하게 된다.

학교폭력에 영향을 미칠 수 있는 또 다른 개인 요인으로 신체적 · 정신적 장애를 들 수 있다. 그 이유는 사회적으로 잘 기능하지 못하고 폭력에서 자신을 보호할 수 있는 능력이 부족하기 때문에 이들의 특이한 모습은 학교폭력의 표적이 될 수 있을 뿐만 아니라 자신이 갖고 있는 장애를 공격적인 방법으로 표출할 가능성이 있기 때문이다.

이상에서 살펴본 바와 같이 성별, 신장과 체격, 공격성과 충동성, 불안과 우울 및 자존감, 인지적 대인 문제해결 기능의 부족, 신체적 · 정신적 장애, 타인에 대한 공감 능력의 부족 등이 학교폭력을 유발할 수 있는 개인적 위험 요인으로 확인되고 있다.

3) 가정 요인

가정은 개인의 성격과 행동 유형을 형성하는 데 매우 중요한 영향을 미친다. 많은 연구는 부적절한 가정환경이 학교폭력을 유발할 수 있는 중요한 위험 요인이라고 지적하고 있다. 가정 요인은 사회 경제적 지위와 같은 가정의 구조적 특성과 부모의 자녀양육 방식 같은 기능적 특성으로 구분해 볼 수 있다.

과거 대가족 제도의 가족구조에서는 부모의 부재시에도 부모의 역할을 대신할 수 있는 가족관계를 형성하는 가운데 가족간 유대감 형성이 가능하였다. 사회의 빠른 변화와 가족구조의 변화는 가족구성원들의 결속과 부모와의 친밀감 경험 등의 결손으로 인하여 학교폭력에 노출될 우려가 있다. 또한 학교폭력의 경험이 있을 경우에도 가족간 유대감과 결속력 및 부모와의 친밀감은 학교폭력의 부정적인 경험이 내면화 되지 않고 제자리로 돌아가게 해 주는 중요한 요인이다.

또한 가정의 구조적 특성으로 가정의 빈곤은 학교폭력의 한 원인이 될 수 있다. Brownfield(1987)와 Guerra 등(1995)은 아버지가 오랫동안 실업 상태에 있는 남학생들이 아버지가 고용 상태에 있는 남학생들보다 폭력행동을 할 가능성이 더 크다는 것을 발견하였다. 그 이유는 이런 빈곤 가정의 자녀는 적절한 지지적 환경을 제공받지 못하며 범죄와 연관된 일에 관여할 가능성이 높기 때문이다(Catalano & Hawkins, 1996).

다음으로 학교폭력과 관련된 가정의 기능적 측면으로 부모의 자녀양육 방식을 들 수 있다. 학교폭력 가해행동은 흔히 부모가 권위주의적이고 공격적이며 거부적인 가정의 자녀에게서 많이 목격된다. 이러한 자녀의 부모는 문제해결 능력이 낮고 갈등해결의 방법으로 폭력을 선호한다(Ma, 2001). 이와 같은 가정환경은 다른 사람의 행동을 적대적이거나 공격적으로 보는 경향성인 적대적 귀인 편향(hostile attributional bias)이라는 결과를 낳는다. 부모의 자녀양육과 학교폭력 가해행동에 대한 연구문헌을 요약한 Olweus(1993)는 가해행동에 영향을 미치는 자녀양육 요인이 있음을 제안하고 있다.

첫째, 자녀를 온정적이고 관심어린 태도로 대하지 않는 부모는 자녀를 충동적이고 공격적으로 하게 할 위험성을 증진시킨다.

둘째, 어떤 행동이 수용되고 수용되지 않는지 명확한 규칙을 설정하지 않거나 자녀의 공격적 행동을 묵인하는 부모, 그리고 자주 체벌과 같은 물리적 방법을 사용하는 부모는 자녀가 학교폭력의 가해자가 되도록 할 위험성을 증진시킨다.

셋째, 다른 사람들과의 일상적 상호작용에서 공격적 행동을 나타내는 부모는 자녀가 학교폭력 가해자가 되도록 할 위험성을 증진시킨다.

이것은 '폭력이 폭력을 낳는다'는 주장과 같은 것으로, 자녀가 폭력에 노출됨으로써 폭력을 학습하게 된다는 것이다. Shields와 Cicchetti(2001)의 연구에서 부모가 권위주의적이고 강압적인 양육 방법을 사용하여 자녀를 통제하고 자녀를 거부하는 태도, 즉 가혹하고 처벌적인 태도로 자녀를 대할 때, 이러한 가정의 학생은 학교폭력을 가할 위험성이 높은 것으로 밝혀졌다.

학교폭력 피해학생은 과잉보호적인 가정에서 자란 경우가 많음을 연구는 지적하고 있다. 과잉보호적인 가정환경에서 자란 학생들은 그들을 덜 취약하게 만드는 자기주장적 기술을 발달시키지 못하는 경향이 있다(Bowers, Smith,

& Binney, 1994; Sullivan, 2000). 학교폭력 가해학생과 피해학생의 자녀양육 방식에 관한 한 가지 중요한 연구 결과는 이들 부모는 학교와 빈약하고 나쁜 관계를 갖고 있다는 점이다. 이들 부모는 자녀가 학교에서 학교폭력의 가해행동을 했다는 것을 알더라도 구체적으로 어떻게 해야 하는지 잘 모른다.

한편, 학교는 학교폭력 사건이 심한 신체적 손상의 결과를 가져온 것이 아니면 가해학생이나 피해학생의 부모와 접촉하지 않는 경향이 있다(Olweus, 1991, 1993). 그래서 시간이 지남에 따라 학교폭력 가해학생과 피해학생의 부모는 학교에 대해 부정적 견해를 갖게 되고, 학교는 이들 부모에 대해서 부정적인 견해를 갖게 되어 가정과 학교 간에 접촉이 결여되고 비협조적인 분위기를 형성하는 경향이 있다. 그리고 부모-자녀 관계에서 서로 개방적인 의사소통이 원활하지 못할 때 폭력의 위험성은 증가하게 된다는 연구결과(Bowers, Smith, & Binney, 1994)도 있다.

또한 학교의 학교폭력 가해행동과 관련된 가정 요인으로 부모의 지시와 감독 역할의 부재를 들 수 있다. 부모는 자녀가 어디에 있고, 누구와 있으며, 무엇을 하고 있는지 등을 알고 있어야 하며, 이에 대한 관심과 감독이 필요하다. 따라서 부모가 자녀 감독을 소홀히 하고 보살핌을 제공하지 않는 것은 폭력을 예측하는 중요한 요인으로 작용한다(Brendgen et al., 2001). 이 밖에도 가정 내에서 폭력을 모델링하며 생활한 자녀는 폭력행동을 할 가능성이 매우 높으며(Farrington, 1991), 부모나 가족구성원이 가지고 있는 반사회적인 가치나 규범은 자녀가 폭력행동을 일으키고 정당화하도록 만드는 요인이 된다(Brewer et al., 1995).

이상에서 살펴본 바와 같이 처벌적이고 권위주의적인 부모와 양육방식, 부모와 자녀간의 부정적 관계와 태도, 부모의 불화, 가족구성원 간의 불화, 위협적인 가정 분위기, 긍정적 변화를 유도하기 위한 방법에 관한 부모의 무지, 부모의 지시와 감독의 부재 등이 학교폭력을 유발할 수 있는 가정 위험 요인으로 확인되고 있다.

4) 지역사회 요인

"한 아이를 기르기 위해서는 온 마을이 필요하다"는 서양 속담이 있다. 이것은 지역사회적 요인이 아동과 청소년들의 성장과 발달에 긍정적 영향을 주어야 한다는 교훈을 준다. 반면 아동과 청소년들의 발달에 지역사회 요인이 부정적인 영향을 주게 될 경우는 폭력과의 관계에서 매우 중요한 영향을 미치는 요인이 될 수도 있다. 학교폭력을 유발하는 지역사회 요인으로 대중매체를 들 수 있다. 텔레비전, 만화, 컴퓨터 게임 등 다양한 경로를 통해 대중매체가 확대 · 보급되고 있어 학생들이 폭력 프로그램에 노출될 위험성이 더욱 커지고, 폭력에 대한 사춘기 학생들의 호기심과 모방심리는 자극받고 있다. 이러한 폭력에 대한 노출은 학생들이 문제를 해결하는 방법으로 폭력을 수용하도록 학습시키며, 대중매체를 통해 언어적이고 신체적인 폭력을 많이 경험한 학생일수록 학교폭력 가해 경험이 많은 것으로 나타났다(Murray, 1999).

대중매체와 함께 학생들 주변에 존재하는 유해환경이 학교폭력의 지역사회 위험 요인으로 작용할 수 있다. 유해환경에 접촉함으로써 규범의식이 약화되고 반규범적인 가치나 태도를 학습할 기회가 증가하기 때문에 비행과 반사회적 공격행동을 일으킬 가능성이 높아진다. 또한 학생들이 생활하고 있는 지역사회는 가정환경만큼이나 개인에게 미치는 영향이 크다고 할 수 있는데, 지역사회 내에서 폭력에 노출되는 것은 학생의 공격성과 학교폭력의 위험성을 증가시킨다.

학교폭력에 영향을 미칠 수 있는 또 다른 지역사회의 중요한 측면은 범죄율이다. Everett와 Price(1995)는 범죄율이 높은 지역의 학생들이 학교 안팎에서 발생하는 폭력행동의 피해자가 될 가능성이 매우 높다는 것을 밝혔다. 이외에도 성인들의 학교폭력에 대한 방관과 묵인, 지나친 경쟁위주의 사회적 풍토와 여가활동의 기회나 시설의 부족 등과 같은 지역사회의 문화 · 환경적 여건은 학교폭력을 유발하는 위험 요인이 될 수 있다.

이상에서 살펴본 바와 같이 대중매체에서의 폭력 노출, 유해환경, 빈곤과 범죄율, 폭력에 대한 성인의 방관, 경쟁적 사회풍토, 여가활동의 기회나 시설의 부족 등이 학교폭력을 유발할 수 있는 지역사회 위험 요인으로 확인되고 있다.

개인 요인에 대하여 송재홍 외(2016) 가해학생과 피해학생 및 목격학생의 삶과 행동을 참고하여 살펴보고자 한다.

학교에서 다른 학생들에게 폭력을 가하는 학생 중 상당수가 한때 선배나 동료 학생들로부터 피해를 당했던 학생이다. 따라서 가해학생과 피해학생을 엄격하게 구분하는 것이 쉽지 않으며, 어떤 면에서는 학교폭력 장면에서 순수한 가해자는 없고 관련 당사자들은 물론 그들의 부모와 교사, 그리고 학교폭력을 목격하는 학생들 모두가 피해자라고 볼 수 있다.

(1) 가해학생의 삶과 행동

학교폭력의 가해학생은 대개 일진과 같은 폭력서클에 가입하여 집단적으로 힘이 약한 후배나 동료 학생들을 괴롭힌다. 그들은 피해학생들에게 이유 없이 폭행을 가하고 부당한 심부름을 시키거나 상납을 요구하여 금품을 갈취하는 등 지속적으로 협박과 강요를 일삼는다. 또한 일진의 후배 학생들은 선배의 협박과 강요에 굴복하여 다른 학생들에게 똑같은 폭력을 가하는 대물림 현상이 발생하고 있다. 가해학생 중 상당수가 초등학교 5, 6학년 때 일진에 발을 들여놓고 중학생이 되면서 선배들의 강요와 협박으로 후배나 동료 학생들을 괴롭히는 경우가 많다. 이러한 대물림 현상은 학교폭력을 점점 가혹하고 잔인하게 만든다.

일부 학생은 일진에 가입한 것을 뒤늦게 후회하여 일진에서 탈퇴하려 하지만, 선배와 동료 학생들의 가혹한 보복이 뒤따르기 때문에 쉽지 않다. 결국 그들은 자신의 의지와는 상관없이 학교폭력의 가해자가 되고 점차 자신들의 행동에 대해 반성하기보다는 무감각해진다. 결국 학업에 소홀하여 성적이 저하되고 남을 배려하거나 규칙을 따르지 못해 행동 및 품행 장애를 드러낸다. 이처럼 가해학생은 피해학생들에게 아무런 죄의식을 느끼지 못한 채 도덕적 불감증을 드러내고 있다.

교육부(2014a)의 발표 자료에 따르면, 학교폭력 가해학생들은 가해 행동을 한 이유에 대해 장난삼아서(28.4%), 마음에 안들어서(21.1%), 상대방이 먼저 괴롭혀서(18.9%), 특별한 이유 없음(9.5%) 등으로 반응하였다. 여기서 심각하게 문제가 되는 것은 상당수 가해학생이 타인에게 피해를 입혔으면서도 죄의식을 느끼지 못해 자신의 가해 행동이 정당하다 생각하고 있다는 것이다.

더욱이 가해학생은 피해학생들에게 심리적 모멸감과 자괴감을 심어 주어 죽음으로 내몰고 자신도 모르게 피의자가 되어 경찰 조사를 받고 범죄자가 되기도 한다. 결국 성인이 되어서도 건전한 사회생활을 영위하지 못하고 실업, 범죄, 자살 등 사회적 부적응을 초래하기 쉽다(Tremblay, 2000). 이처럼 가해학생들은 자신들의 인생 목표를 설정하고 미래의 삶을 준비해야 할 중요한 시기에 갖가지 폭력의 유혹에서 헤어나지 못하고 자신은 물론 가족과 친구들의 삶을 불행하게 만든다.

(2) 피해학생의 삶과 행동

학교폭력으로부터 가장 깊은 상처를 받는 사람들은 피해학생들과 그들의 가족이다. 학교폭력의 피해학생들은 선배나 동년배의 가해학생들에게 부당하게 폭행과 협박을 당하고 금품 갈취와 심부름을 강요당하면서 자존감에 심각한 상처를 받고 폭력에 대한 불안에 떨면서도 보복의 두려움 때문에 아무런 도움을 청하지 못한 채 정신적으로 피폐한 삶을 살아간다. 결국 선배나 동료 학생의 지속적인 괴롭힘과 폭력에 시달리는 일부 학생은 자괴감과 무력감을 이기지 못하고 삶을 포기하거나 억눌린 분노를 가해학생에게 되갚아 주는 경우가 발생하며 자신은 물론 부모, 형제 등 가족들과 친구들에게 씻을 수 없는 깊은 상처를 남기게 된다.

앞에서 살펴본 바와 같이, 피해학생의 상당수는 2명 이상에게 집단적으로, 그리고 2회 이상 지속적으로 피해를 경험하는 것으로 나타났다. 또한 학교폭력의 피해학생은 신체적 폭행뿐만 아니라 언어적 폭력(욕설이나 모욕적인 말), 협박과 위협, 집단 괴롭힘과 따돌림, 성적 놀림과 사이버폭력 등 다양한 형태의 폭력으로부터 피해를 경험하고 있다. 특히 여학생은 남학생보다 상대적으로 언어적 · 정서적 폭력에 취약하여 피해의 심각성이 더욱 커지고 있다. 더욱이 문제가 되고 있는 것은 상당수 학생이 학교폭력의 피해를 경험하고도 보복이 두려워 피해 사실을 알리지 않고 혼자서 고통을 감내하고 있다는 것이다. 교육부(2014a)의 발표 자료에 따르면, 학교폭력 피해를 당하고도 알리지 않는 이유에 대해서 '별일이 아니라고 생각해서'(21.7%), '해결되지 않을 것 같아서'(20.0%), '스스로 해결하고자'(19.7%), '보복을 당할 것 같아서'(15.0%) 등이었다.

학교폭력의 피해학생 중 상당수는 심리적인 고통으로 정신치료를 받거나 자살을 선택한다. 학교폭력을 당한 피해학생은 처음에는 학교 가는 것을 꺼리고 식욕이 줄어들고 구기력증을 호소하는 경우가 많다(최태진 외, 2006; Cohen, 2001). 그러나 점점 폭력을 당하는 기간이 길어질수록 외상 후 스트레스 장애(PTSD)와 우울증, 불면증에 시달리게 되고, 또 가해학생들이 꿈에 나타나서 괴롭히는 악몽을 꾸거나 헛소리를 하며 머리, 배의 신체적 고통을 호소한다. 결국 잦은 결석과 집중력 저하로 학업성적이 떨어지고 대인기피 증상으로 사회적 적응이 쉽지 않게 된다(곽금주, 2006).

서울대 의대 김붕년 교수는 2012년 6월 5일 대한소아청소년정신의학회가 주최한 '학교폭력 근절을 위한 정신건강 대책 공청회'에서 "지속적인 학교폭력은 피해아동에게 우울증과 불면증, 학업 집중력 저하, 자살충동 및 공격 성향의 증대와 같이 장기적으로 정신적인 후유증을 안겨 주며, 뇌 발달에도 영향을 줄 수 있다."고 말했다(http://news.chosun.com/20120626).

특히 학교폭력으로 자살한 학생을 살펴보면, 가해학생의 지속적이고 반복적이며 의도적으로 계획된 교묘한 가해 행위로 인해 극단적 선택을 하여 사회적인 문제점으로 부각되었다.

청예단(2012)의 조사 결과에 따르면, 피해학생들은 피해 경험 이후 '고통스러웠다'(63.4%), '등교거부'(50.7%), '자살충동'(31.4%) 등 심리적 고통을 호소했으며. 특히 피해학생의 76.0%는 가해학생에게 복수하고 싶은 충동을 느꼈다고 응답하였다. 특히 자살 충동을 느낀 피해학생 중 1/3 정도는 '일주일에 한두 번' 또는 '지속적으로' 자살을 생각한다고 응답하였으며, 복수 충동을 느낀 피해학생의 절반 이상이 '일주일에 한두 번' 또는 '지속적으로' 복수 충동을 느낀다고 응답하여 심리적 상처가 심각한 수준에 이르고 있음을 시사하고 있다. 강원도 광역정신보건센터와 춘천국립병원 등이 2012년 도내 초· 중 · 고등학교 학생을 대상으로 정서 · 행동발달검사를 실시한 결과, 10명 중 1명이 정서불안, 자살충동, 폭력, 왕따 등으로 인해 치료가 필요하고 100명 중 1명은 증세가 심각한 '고위험군'인 것으로 나타났다(http://news.chosun.com/20120528).

반면에 학교폭력의 피해를 당하고도 피해학생의 절반 이상이 도움을 요청하지 않은 것으로 응답하여 보복에 대한 두려움이나 도움을 청해도 해결할 수 없다는 무기력을 드러내고 있다. 더욱이 피해를 경험한 후 자살을 생각하고도 도움을 요청하지 않은 경우가 적지 않고, 학교폭력의 피해를 당하고 도움을 요청하였지만 여전히 죽고 싶다는 생각을 하는 경우가 상당수에 달하고 있어 이들에 대한 위기개입이 시급한 것으로 지적되고 있다.

(3) 목격학생의 삶과 행동

2011년 12월 친구들의 괴롭힘 때문에 자살한 권모(14)군과 같은 중학교에 다닌 학생들에게서도 비슷한 현상이 나타났다. 대구광역시교육청이 2011년

12월 이 학교 전교생 982명의 심리를 조사한 결과, 약 12%인 116명이 불안 증세를 겪고 있는 것으로 나타났다(조선일보, 2012년 1월 18일자). 집단 괴롭힘을 목격한 학생들은 '혹시 나도 왕따를 당하지 않을까.' 하는 불안감을 느끼게 되고, 또 주변 친구가 고통을 받고 목숨을 끊은 소식을 접한 것 자체가 '트라우마(외상 후 스트레스 장애)'가 될 수 있다. 이들은 말이 없어지고 가슴이 두근거리며 구토와 소화 장애, 불면증, 우울증, 자살충동 등 이상 증세가 나타날 수 있으므로, 심리상담 등 신속한 조치가 필요하다.

학교폭력을 목격한 학생 중에는 피해학생의 편에 서서 교사나 경찰 등 주변의 도움을 요청하기도 하지만, 대부분은 폭력 장면을 모른 채 지나치거나 의도적으로 피하는 경우가 많다. 더욱이 일부 학생은 분위기에 동조하여 피해학생을 괴롭히는 일에 가담하기도 한다. 교육부(2014b)의 조사 결과에 따르면, 전국 초 · 중 · 고등학교 학생 중 학교폭력을 목격한 적이 있다고 응답한 학생의 비율은 2012년 17.5%에서 2014년 3.5%로 현저하게 감소했으나, 여전히 많은 학생들이 학교폭력을 목격한 이후 방관하는 것으로 나타났다. 또한 학교폭력을 목격하고도 모른척 하는 이유에 대해서는 '나와 관계없는 일이라서'(23.6%), '어떻게 해야 할지 몰라서'(22.5%), '같이 피해를 당할 것 같아서'(19.3%), '해결되지 않을 것 같아서'(15.8%) 등으로 응답하여 같은 공간에서 생활하는 또래의 학교폭력을 보고도 도른 척하고 있으며 '괴롭힘의 대상자가 자신만 아니면 된다'라는 생각으로 인한 개인화가 심각함을 알 수 있다. 그러므로 학교폭력을 모른 척하는 것 또한 제2의 학교폭력임을 교육하고 목격학생에 대해 보호할 수 있는 안전조치가 필요하다.

4. 학교폭력의 심리

학교폭력의 심리는 가해학생과 피해학생 그리고 목격학생에 이르기까지 개인 내적 요인과 환경 요인의 영향이 매우 크게 작용하는 것으로 본다. 특히 가정의 부모환경과 부모의 특성과 성격, 양육태도 등에 영향을 받게 된다. 여기서는 정종진 외(2016)의 학교폭력의 심리를 중심으로 청소년의 공격성, 가해자의 심리, 피해자의 심리, 목격자의 심리에 대하여 간략하게 살펴보고자 한다.

1) 청소년의 공격성

공격성이 강한 학생들은 폭력적이고 반사회적 행동특성을 가지며 자기의 욕망이나 감정에 따라 사회질서나 규범을 고려하지 않고 행동한다. 이들은 타인을 의식하지 않고 이기적인 행동을 하며, 문제를 해결하기 위해 합리적인 노력보다는 손쉬운 방법을 선택해 쉽게 폭력을 행사하는 경향이 있다(이창숙, 2012).

자연적 상황에서 동물 행동을 연구하고 있는 동물행동학자들은 싸움을 멈추고 상처를 피하는 사회적 신호들의 많은 예들을 보고하고 있다. 예컨대, 여우들의 세계에서 한 여우는 자신의 등을 땅 바닥에 대고 등을 보이는 복종적 동작(submissive gesture)을 함으로써 다른 힘센 여우(dominant wolf)의 공격을 멈추게 한다. 동물 세계에서 발견되는 지배적이고 복종적인 몸짓들은 공격성을 조절하고 통제하는 이미 프로그램화된 선천적인 생물학적 반응들이다.

(1) 생물학적 요인

생물학적 요인이 인간의 공격성에 영향을 미친다는 여러 증거들이 있다.

뇌의 신경전달물질 중에서 세로토닌과 도파민(dopamine)은 폭력성과 밀접한 관계가 있다. 세로토닌은 불안하고 우울한 기분과 상관이 있으며 공격성과 관련이 있어서 뇌 속의 세로토닌 수치가 높아지면 폭력적인 행동이 진정된다. 반면 도파민은 현실 인식에 크게 영향을 미치는 신경전달물질로 도파민이 부족하거나 지나치게 많이 분비되면 판단력이 떨어지고 충동적인 행동을 할 수 있다. 이렇듯 유전적 · 환경적인 요인에 의해 뇌에서 도파민과 세로토닌이 원활하게 분비되지 못할 경우 우울증이 생기기 쉽다. 즉, 세로토닌과 도파민은 폭력 또는 충동적 행동, 폭식 등의 극단적인 행동을 제어하는 뇌 호르몬이다. 즉 생물학적 요인이 공격적 행동에 관여한다는 것을 시사한다(Cadoret et al., 1997). 그러나 공격적 행동이 주로 생물학적 요인에 의해 통제되는 동물들과는 달리 인간의 공격성은 생물학적, 사회적, 환경적 요인들 간의 상호작용 결과라고 볼 수 있다.

(2) 개인적 · 심리적 요인

학교폭력 가해 청소년의 개인적 · 심리적 요인으로는 분노와 공격성, 충동성, 낮은 자존감, 다른 사람을 지배하려는 경향을 가지고 있다. 이와 같은 요인들 중 특히 공격성은 청소년의 학교폭력과 높은 상관이 있고, 학교폭력 가해자들은 동료 학생뿐만 아니라 교사, 부모 등 어른들에게도 공격적인 경우가 많은 것으로 나타났다(권현용 · 김현미, 2009). 학교폭력 청소년의 특징은 공격적이며, 일반학생에 비해 폭력과 폭력적 수단을 적극적으로 사용하고, 타인을 지배하려고 하며, 따돌림의 희생자에 대한 동정심이 거의 없다(양야기, 2009). 공격성이 강한 학생들은 폭력적이고 반사회적 행동특성을 가지며 자기의 욕망이나 감정에 따라 사회질서나 규범을 고려하지 않고 행동한다. 이들은 타인을 의식하지 않고 이기적인 행동을 하며, 문제를 해결하기 위해 합리적인 노력보다는 손쉬운 방법을 선택해 쉽게 폭력을 행사하는 경향이 있다(이창숙, 2012).

(3) 사회적 · 인지적 요인과 성격 요인

생물학적 요인이 인간을 공격적으로 기울이게 하는지는 모르지만, 인간이 실제로 공격적 행동에 관여하는지 아니면 관여하지 않는지는 학습경험과 성격 특질에 달려 있다. 인간이 어떻게 공격적 행동 수행을 배우게 되는지를 설명하는 하나의 이론은 반두라(Bandura, 1989)의 사회학습 이론이다. "사회학습 이론에 의하면, 공격적 행동을 포함하는 인간의 많은 행동은 관찰, 모방, 자기강화를 통해서 학습되고 유지된다."

실험연구와 자연적 상황 연구는 사회적 인지 이론을 지지한다. 반두라(1965)의 고전적 실험연구는 모델의 공격적 행동을 관찰한 아동이 후에 유사한 공격적 행동을 보였다는 것을 발견하였다. 보다 자연적인 상황 연구에서, 연구자들은 공격적인 부모 모델(예: 신체적 벌의 사용)에 노출된 아동이 후에 또래들에게 공격행동을 보다 많이 보였다고 보고하였다(Eron et al., 1987). 이 연구들은 공격적 · 폭력적으로 행동하기 쉬운 사람들은 성인 역할 모델의 관찰과 모방을 통해 학습해 온 사람들이라고 주장한다(Eron, 1990).

2) 가해학생의 심리

가해학생의 심리와 관련하여 다양한 특성 중에서 지금까지 밝혀진 가해학생의 심리적 · 행동적 특성을 제시하면 다음과 같다. 이 특성들은 학교폭력을 가하는 이유가 되기도 한다(정종진, 2012).

- 피해학생보다 나이가 많거나 힘이 세며, 활력이 넘친다.
- 타인에 대한 이해와 배려가 부족하다.
- 공격적이고 충동적이다.
- 힘이 세고, 거칠며, 자신감이 넘쳐 보인다. 또래 아이들은 이를 지도력으로 혼동하기도 한다.
- 피해학생에 대한 죄책감이나 수치심 및 공감을 거의 경험하지 못한다.
- 지배적이고 강한 남자(tough guy)의 이미지, 즉 '사나이다움'에 대해 동경하며, 사나이다운 것이라고 여겨지는 것을 잘 따른다.
- 남을 괴롭히고, 괴롭히는 수단에 대해 별로 개의치 않는다.

- 다른 사람의 기본적인 인권에 대한 존경심이 결여되어 있다.
- 폭력이 가져다 줄 결과에 대해 신경 쓰지 않고, 문제를 해결하기 위해 폭력에 의존하는 경우가 많다.
- 집에서 거의 시간을 보내지 않으며 가족과의 긍정적 상호작용이 적다.
- 학교 활동과 교직원에 대해 부정적인 태도를 보인다.
- 약한 학생의 고통과 불편함을 즐기고, 괴롭힐 수 있는 상황을 만든다.
- 또래들 사이에서 힘과 명예를 얻기 위해 힘자랑을 한다.
- 여학생의 경우에는 과장된 자랑, 고함지르기, 또래와 교직원에 대한 무례함과 거만함을 보이는 경향이 있다.

이러한 특성 외에도 학교폭력 피해를 많이 경험한 학생일수록 가해 경험을 많이 갖고, 다음과 같은 행동을 할 가능성이 높다.

- 자주 싸움을 건다.
- 싸움에서 상처를 입는다.
- 자산을 훔치고 파괴한다.
- 음주를 한다.
- 흡연을 한다.
- 학교를 무단결석하고 중퇴한다.
- 학업 성취도가 저조하다.
- 학교 풍토를 부정적으로 지각한다.
- 흉기를 소지한다.

3) 피해학생의 심리

가해자이면서 피해자인 청소년의 특성을 다룬 연구가 별로 없다. 가해학생들과 같이 가해 · 피해학생은 일반아동들에 비해 더 높은 수준의 언어적 · 신체적 공격성을 보인다(Craig, 1998). 피해경험이 없거나 단지 가해만을 한 청소년들과 비교했을 때 외현화 행동과 과잉행동 그리고 우울 증상 점수가 높은(Kumpulainen et al., 1998) 반면, 학업적 유능감(scholastic competence), 사회적 수용, 품행, 일반적 자기 가치 정도는 낮은 것으로 나타났다(Austin & Joseph, 1996).

Stephenson과 Smith(1989)는 따돌림의 가해자와 피해자 유형을 가해자, 불안한 가해자, 피해자, 도발적인 피해자, 가해-피해자의 5가지로 분류하였다(곽금주, 2006). 가해자는 강하고, 단호하며, 쉽게 흥분하고, 공격을 즐기며, 보통 정도의 인기와 안정성을 지닌다. 불안한 가해자는 불안정하며 학업성적이 낮으며, 인기가 낮은 집단이다. 피해자는 약하고 자신감이 낮고 인기도도 낮은 유형이다. 그러나 도발적 피해자는 활동적이며 강하고 쉽게 흥분하며 자신이 지목되는 것을 종종 불평하는 집단이다. 가해-피해집단은 강하고 단호하며 일반적으로 학급에서 가장 인기가 없으며 타인들을 가해하여 동시에 자신이 피해당하는 것을 불평하는 집단이다.

여기서 한 가지 더 주목할 부분은 단순 피해나 가해집단에 비해 가해-피해집단의 심리적 위험성이 가장 높다는 것이다. 단순 가해집단에 비해 가해-피해집단은 주관적인 심리적 불편감이 크고, 스스로에 대한 문제의식도 강한 것으로 나타났다. 또한 부모나 교사 모두 이들에 대해 비행, 공격성, 외현화 문제 등이 다른 집단에 비해 높다고 보고하여 가해-피해 집단이 학교 장면에서뿐만 아니라 가족과 같은 가정환경에서도 적응상의 문제들을 심각하게 겪고 있음을 알 수 있다(김영신, 2001; 곽금주, 2006. 재인용). 피해자이면서 가해자인 학생들의 경우, 자신의 열등감이나 피해의식에서 오는 좌절감을 약한 상대방에게 폭력을 행사함으로써 이를 상쇄하려는 심리상태를 가지고 있는 경우가 많다. 약한 자신이 폭력을 당한 것이 당연한 것처럼, 다른 약한 친구를 괴롭히는 자신의 행동을 당연하게 여기게 되는 것이다(김규태 외, 2013). 피해자이면서 가해자인 집단은 피해만을 경험하는 집단에 비해 자기효능감이 부족하고(이귀숙 · 정현희, 2005), 다른 사람들을 잘 믿지 못하고 의심하며 타인을 조종하려는 경향이 나타나게 되며(강은희 · 이은희 · 임은정, 2002), 솔직하게 자신의 속내를 털어놓고 친구를 사귀거나 관계를 유지하는 데 어려움을 보인다(이귀숙 · 정현희, 2005).

4) 목격학생의 심리

학교폭력은 단순히 가해자와 피해자를 중심으로 발생하는 것이 아니라 주변 또래들의 동조에 의해 강화되거나 유지되는 경향이 있기 때문에, 학교폭력에 대한 예방과 중재에 있어서 피해자나 가해자 개인에게 초점을 맞춘 개인적 차원의 접근만으로는 한계가 있다. 따라서 학교폭력이 발생하는 과정에서 다양한 역할을 하는 목격학생의 특성을 이해할 필요가 있다.

학교폭력 현상에서 가해자와 피해자 이외에 중요한 역할을 하는 집단이 있는데, 바로 방관자(bystander)들, 즉 목격학생들이다. 여러 폭력 연구들에서 이미 방관자의 중요성을 지적한 바 있다. 펠슨(Felson, 1982)에 의하면 상호 간의 분쟁이 발생하였을 때 제삼자의 존재는 단순한 언어적 분쟁이 신체적 싸움으로 발전된다는 실험결과를 얻었다. 또 폭력상황에서 제삼자는 갈등을 감소시키는 조정자가 될 수도 있으며, 폭력을 인정하는 선동적인 청중이 될 수도 있다(Oliver, 1994).

왕따에 참여하는 집단 구성원들은 집단 안에서 형성된 사회적 기대에 따라 다양한 역할을 하게 되는데, Salmivalli 등(1996)에 따르면, 참여자 역할은 가해자(bully), 가해 조력자(assistants of the bully), 가해 강화자(reinforcers of the bully), 방관자(bystanders), 피해 방어자(defenders of victim)로 구분된다(곽금주, 2006, 재인용). 가해 조력자란 누군가 왕따를 시작하면 그 상황에 열심히 참여하고 가해자를 도와주는 역할을 하는 사람이다. 가해 강화자는 적극적으로 피해자를 공격하지는 않지만, 주위에 서서 지켜본다거나 웃어 주는 등의 행위를 통해 가해자에게 긍정적인 피드백을 보인다. 이 두 집단은 가해자의 행동을 지지하고 동조하는 집단이라고 할 수 있다. 대다수 학생들은 상황에서 떨어져 거리를 유지하고 어느 편에도 가담하지 않으려 하는데, 이들 집단을 외부인이라 할 수 있다. 그들의 의도와는 상관없이, 이러한 침묵은 암묵적으로 왕따를 승인함으로써 왕따가 계속 유지되는 데 기여한다. 마지막으로 피해 방어자는 피해자 편에 서서 그들을 위로해 주고 또래들이 가해하지 못하도록 제재한다. 이렇듯 가해자나 피해자의 중간에 위치하는 다른 구성원들이 왕따 상황에서 어떠한 태도와 반응을 보이느냐에 따라 피해자와 가해자의 상황이 달라질 수 있으며, 왕따는 집단 구성원이 다수 참여하는 복잡한 과정을 통해 작동하게 된다.

왕따는 가해자와 피해자만의 문제가 아닌 다양한 사회 구성원이 참여하는 집단과정이라고 할 수 있다. 가해자는 피해자를 괴롭히는 과정에서 또래에게 사회적 지지를 받고 그것을 통해 집단을 조정하려는 의도를 가지고 있다. 이 과정에서 다수의 집단 구성원이 어떠한 태도를 취하느냐에 따라 가해자의 행동은 집단에서 지지받거나 반대로 비난받을 수 있다. 따라서 왕따에 대한 예방 및 중재에 있어서도 피해자와 가해자에 대한 개인적 차원의 접근뿐 아니라 구성원의 다양한 특성을 고려해야 하며 나아가 집단역동을 변화시킬 수 있어야 한다(곽금주, 2006). 구성원에게 왕따가 폭력적 · 비도덕적 행위라는 것을 분명히 인식시키고, 그러한 행위에 대한 동조의 압력을 거절할 수 있는 대처기술을 알려 줌으로써 왕따에 대한 집단규범 자체를 변화시키는 접근이 필요할 것이다. 또한 상황을 방관하거나 묵인하지 말고, 피해자를 지지해 주고 부모님이나 선생님 등 성인에게 알리는 등의 대처가 필요하다는 것을 인식시켜야 할 것이다.

5. 학교폭력의 유형

학교폭력법에는 학교폭력의 유형을 크게 신체폭력, 언어폭력, 금품갈취, 강요, 따돌림, 성폭력, 사이버폭력 등으로 구분하고 있다. 유형별 폭력 행위를 구체적으로 제시하면 다음과 같다(교육부 가이드북, 2014; 김희대의 2016에서 재인용).

1) 신체폭력

(1) 신체를 손발로 때리는 등 고통을 가하는 행위(상해, 폭행)

(2) 일정한 장소에서 쉽게 나오지 못하도록 하는 행위(감금)

(3) 강제(폭행, 협박)로 일정한 장소로 데리고 가는 행위(약취)

(4) 상대방을 속이거나 유혹해서 일정한 장소로 데리고 가는 행위(유인)

(5) 장난을 빙자한 꼬집기, 때리기, 힘껏 밀치기 등 상대학생이 폭력으로 인식하는 행위

2) 언어폭력

(1) 여러 사람 앞에서 상대방의 명예를 훼손하는 구체적인 말(성격, 능력, 배경 등)을 하거나 그런 내용의 글을 인터넷, SNS 등으로 퍼뜨리는 행위(명예훼손)

(2) 여러 사람 앞에서 모욕적인 용어(생김새에 대한 놀림, 병신, 바보들 상대방을 비하하는 내용)를 지속적으로 말하거나 그런 내용의 글을 인터넷, SNS 등으로 퍼뜨리는 행위(모독)

(3) 신체 등에 해를 끼칠듯한 언행(죽을래 등)과 문자메시지 등으로 겁을 주는 행위(협박)

3) 따돌림

(1) 집단적으로 상대방을 의도적이고 반복적으로 피하는 행위

(2) 지속적으로 싫어하는 말로 바보 취급 등 놀리기, 빈정거림, 면박주기, 겁주는 행동, 골탕 먹이기, 비웃기

(3) 다른 학생들과 어울리지 못하도록 하는 행위

4) 금품갈취

(1) 돌려줄 생각이 없으면서 돈을 요구하는 행위

(2) 옷, 문구류 등을 빌린다며 되돌려주지 않는 행위

(3) 일부러 물품을 망가뜨리는 행위

(4) 돈을 걷어오라고 하는 행위

5) 강요

(1) 속칭 빵 셔틀, 와이파이 셔틀, 과제 대행 게임, 심부름 강요 등 상대방 의사에 반하는 행동을 강요하는 행위(강제적 심부름)

(2) 폭행 또는 협박으로 상대방의 권리행사를 방해하거나 해야 할 의무가 없는 일을 하게 하는 행위(강요)

6) 성폭력

(1) 폭행 · 협박을 하여 성행위를 강제하거나 유사 성행위, 성기에 이물질을 삽입하는 등의 행위

(2) 상대방에게 폭행과 협박을 하면서 성적 모멸감을 느끼도록 신체적 접촉을 하는 행위

(3) 성적인 말과 행동을 함으로써 상대방의 성적 굴욕감, 수치심을 느끼도록 하는 행위

7) 사이버폭력

(1) 특정인에 대해 모욕적 언사나 욕설 등을 인터넷 게시판, 채팅, 까페 등에 올리는 행위, 특정인에 대한 저급한 글을 올리는 행위

(2) 특정인에 대한 허위 글이나 개인의 사생활에 관한 사실을 인터넷, SNS 등을 통해 불특성 다수에 공개하는 행위

(3) 성적 수치심을 주거나, 위협하는 내용, 조롱하는 글, 그림, 동영상 등을 정보 통신망을 통해 유포하는 행위

(4) 공포심이나 불안감을 유발하는 문자, 음향, 영상 등을 휴대폰 등 정보통신망을 통해 반복적으로 보내는 행위

2010년 이후 학생들의 스마트폰, 인터넷 등 정보통신기기의 사용이 일상화 되면서 사이버 따돌림이 학교폭력의 새로운 문제 유형으로 심각하게 인식되어 학교폭력법에 사이버 따돌림 조항을 추가하였다.

학교폭력법에서 제시한 학교폭력의 유형을 도식화하면 다음 그림과 같다.

학교폭력 유형에 제시된 행동들은 단일의 요소로 각각 독립적 행위로 나타나는 것이 아니며, 대개의 경우 몇 가지의 행동이 상호 결합된 복합적 형태로 나타나는 특징이 있다. 예를 들면 신체폭력을 하는 학생이 언어폭력이나 따돌림, 강요 등 다른 행동들을 함께 수반하기도 한다.

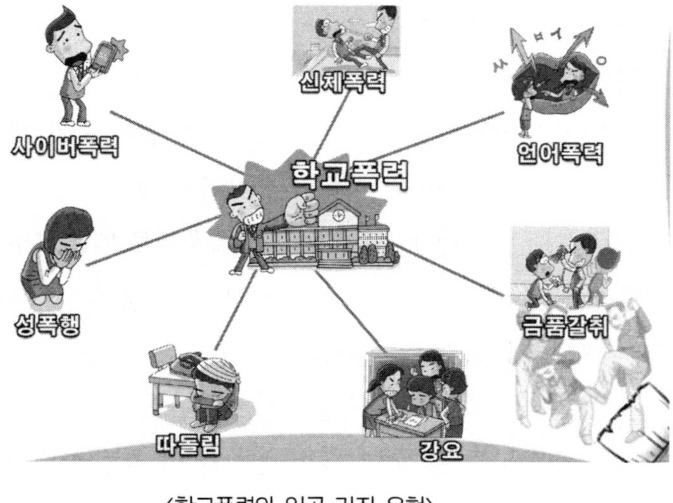

〈학교폭력의 일곱 가지 유형〉

한편, 학교폭력의 정의에서 이미 언급한 바와 같이 우리나라 학교폭력예방 및 대책에 관한 법률에서는 학교폭력을 학교 내외에서 학생을 대상으로 발생한 상해, 폭행, 감금, 협박, 약취 · 유인, 명예훼손 · 모욕, 공갈, 강요 · 강제적인 심부름 및 성폭력, 따돌림, 사이버 따돌림, 정보통신망을 이용한 음란 · 폭력 정보 등에 의하여 신체 · 정신 또는 재산상의 피해를 수반하는 행위로 정의하고 있다. 이 법률에 따라 학교폭력의 유형을 구분해 보면 다음과 같다(김용수, 2012; 조대훈 외, 2013).

- 상해: 생리적 기능의 훼손, 즉 건강침해로서 육체적 · 정신적인 병적 상태의 야기와 증가
- 폭행: 사람의 신체에 대한 유형력의 행사(유형력이란 광의의 물리력을 말하므로 무형력을 수단으로 하는 협박죄와는 구별됨)
- 감금: 사람을 일정한 장소 밖으로 나가지 못하게 하여 신체활동의 자유를 장소적으로 제한하는 것(감금된 사람이 감금되었는지를 인식하지 못했다고 하더라도 객관적으로 감금된 사람의 신체적 활동의 자유를 침해한 것으로 볼 수 있다면 감금죄가 성립함)
- 협박: 상대방의 반항을 불가능하게 하거나 현저히 곤란하게 할 정도는 아닐지라도 상대방이 현실적으로 공포심을 느낄 수 있을 정도의 해악을 고지하는 것
- 약취: 폭행 또는 협박으로 사람을 보호받는 상태 내지 자유로운 생활관계로부터 자기 또는 제3자의 실력적 지배하에 옮기는 것
- 유인: 허위의 사실을 가지고 상대방을 착오에 빠뜨리게 하거나 감언이설(甘言利說)로 상대방을 현혹시켜 판단을 바르게 할 수 없게 하여 사람을 보호받는 상태 내지 자유로운 생활관계로부터 자기 또는 제3자의 실력적 지배하에 옮기는 것
- 명예훼손: 특정 또는 불특정 다수가 인식할 수 있는 상태에서 사실 또는 허위의 사실을 적시하여 사람의 평판이나 사회적 가치를 떨어뜨리는 것

- 모욕: 공연히(불특정 또는 다수인이 인식할 수 있는 상태) 구체적 사실을 적시하지 아니하고 사람의 인격을 경멸하는 추상적 가치판단을 하거나 의사표시를 하는 것(죽일 놈, 망할 년)
- 공갈: 재물을 교부받거나 재산상의 이익을 취득하기 위하여 폭행 또는 협박으로 공포심을 일으키게 하는 것
- 강요: 폭행 또는 협박으로 사람의 권리행사를 방해하거나 의무 없는 일을 하게 하는 것
- 강제적인 심부름: 특정인에게 강제적으로 심부름을 시키는 것으로 학교폭력을 배경으로 탄생한 신조어인 셔틀(Shuttle)을 말함(셔틀은 중 · 고등학교에서 힘센 학생들의 강요에 의해 빵이나 담배 등을 대신 사다 주거나 와아파이 등을 제공하는 행위나 대리로 시험을 쳐 주는 행위 자체나 혹은 그 행위를 하는 사람을 뜻함)
- 성폭력: 성욕의 흥분, 자극 또는 만족을 목적으로 하는 행위로서 상대방에게 폭행과 협박을 하면서 신체적인 접촉을 하거나 성행위를 강제로 하는 것
- 따돌림: 학교 내외에서 2명 이상의 학생들이 특정인이나 특정집단의 학생들을 대상으로 지속적이거나 반복적으로 신체적 또는 심리적 공격을 가하여 상대방이 고통을 느끼도록 하는 일체의 행위(집단 따돌림이란 학급에서 복수의 학생들이 한 명 또는 소수의 학생들을 대상으로 의도와 적극성을 가지고 지속적으로 그리고 반복적으로 관계에서 소외시키거나 괴롭히는 일체의 행위)
- 사이버 따돌림: 인터넷, 휴대전화 등 정보통신기기를 이용하여 학생들이 특정 학생들을 대상으로 지속적, 반복적으로 심리적 공격을 가하거나, 특정 학생과 관련된 개인정보 또는 허위사실을 유포하여 상대방이 고통을 느끼도록 하는 일체의 행위
- 정보통신망을 이용한 음란 · 폭력 정보: 인터넷, 휴대전화 등 정보통신기기를 이용하여 음란 · 폭력 정보 등에 의하여 신체 · 정신 또는 재산상의 피해를 수반하는 행위

6. 학교폭력의 실태

청소년폭력예방재단의 2012년 전국학교 폭력실태조사 보고서에 따르면, 최근 1년간 학교폭력이 얼마나 자주 일어나는가에 대한 질문에 '일어난다' 26.9%, '자주 일어난다' 8.9%로 35.8%의 학생들이 학교폭력이 일어난다고 응답하였다. 2011년의 조사에서 나타난 24.4%와 비교해 보면 학생들은 2011년에 비해 2012년 학교폭력이 더 많이 발생한다고 인식하였다(정종진, 2016).

1) 피해경험시기

- 교육부 조사에서 초등학생 11.1%, 중학생 10.0%, 고등학생 4.2%가 피해경험이 있다고 응답하였다.
- 청예단 조사에서 재학 기간 중 학교폭력 경험이 있다고 응답한 학생들 중에서 학교폭력 피해를 처음 당한 시기가 초등학교 5학년 17.8%로 가장 높게 나타났다. 학교급별로 보면 피해를 처음 당한 시기가 초등학교 78.3%(저학년 30.5%, 고학년 47.8%), 중학교 19.8%, 고등학교 1.9%로 분석되었다.

따라서 초등학생의 학교폭력 피해가 더 심각함을 알 수 있으며, 학교폭력으로 인한 후유증이 장기화되어 지속적으로 학교생활 적응에 부정적인 영향을 끼칠 수 있기 때문에 초등학교 때부터 학교폭력 예방 및 대책이 시급하다는 것을 시사받을 수 있다.

2) 피해 유형

- 교육부 조사에서 학교폭력의 피해 유형으로 '심한 욕설이나 놀림'이 33.9%로 가장 많았고, 다음으로 '금품갈취'가 16.2%이었다. 2개 유형 이상 피해

응답 학생은 42.4%이며, '심한 욕설 등 언어폭력'은 57%가 다른 유형의 피해와 함께 발생하였다. 중 · 고등학생은 '강제적 심부름' 피해가 13% 이상으로 초등학생(8.6%)에 비해 높게 나타났으며, 여학생은 '집단 따돌림' 피해가 17.1%로 남학생(8.4%)에 비해 2배 이상 높은 것으로 나타났다.

- 청예단 조사에서는 '욕설이나 모욕적인 말을 들었다'가 27.3%로 가장 많았고, 다음으로 '맞았다'가 18%의 순으로 조사되었다. 그리고 '욕설이나 모욕적인 말을 들었다'와 함께 '말로 협박이나 위협을 당했다'는 응답이 전체의 41.2%로 나타났다.

따라서 최근 학생들 사이에 언어를 이용한 욕설과 모욕 등의 학교폭력이 심각함을 알 수 있으며, 신체폭력, 금품갈취, 집단 따돌림, 강제적 심부름 등의 드러난 학교폭력 뿐만 아니라 언어폭력과 같이 보이지 않는 학교폭력에 대한 경각심과 대책 마련이 필요한 실정이다.

3) 피해 정도

교육부 조사에서 학교폭력의 피해 빈도나 지속 정도가 심각한(1주일 1~2회 이상/4개월 이상) 피해가 19.6%에 달하는 것으로 나타났다.

4) 피해 장소 및 시간

- 교육부 조사에서 학교폭력이 발생한 장소는 학교 밖(20.2%)보다는 학교 안(61.6%)에서 주로 발생하는 것으로 나타났다. 학교 안에서 교실이 41.7%로 가장 많이 발생하는 장소이고, 그 뒤로 화장실 및 복도(7.6%), 운동장(3.4%), 기숙사(0.8%) 순이었다. 사이버 공간인 인터넷과 휴대전화 등을 통한 피해 발생도 5.5%로 나타났다.
- 청예단 조사에서도 학교폭력이 발생한 장소는 학교 밖(19.3%)보다는 학교 안(72.8%)에서 주로 발생하는 것으로 나타났다. 학교 안에서 교실이 50.7%

로 가장 많이 발생하는 장소이고, 그 뒤로 복도(11.1%), 화장실(6.1%), 운동장(5.1%) 순이었다. 사이버 공간인 인터넷과 휴대전화 등을 통한 피해 발생도 8.4%로 나타났다.

- 교육부 조사에서 학교폭력이 발생하는 시간은 학교 일과 시간 중이 53.3%로 가장 높게 나타났고, 그 중에서도 교사가 자리를 비우는 쉬는 시간이 37.6%로 가장 높았다. 그 다음으로 점심시간 8.7%, 수업시간 6.9%로 나타났다. 또한 등·하교 시간 7.1%, 학교 이후 17.5%로 보고되었다.

이상에서 알 수 있듯이 학교폭력은 학교 밖보다는 학교 안에서 일과 시간 중에 발생하고 있어 학교폭력에 대한 학교 자체의 적극적이고 실질적인 예방 및 대책 활동이 무엇보다 필요한 실정이며, 사이버폭력이 점차 증가하고 있기 때문에 이에 대한 대안도 마련되어야 할 것이다.

제 8 장

학교폭력의 예방

1. 학교폭력 예방을 위한 교사의 역할
2. 학교폭력 예방을 위한 인성교육
3. 학교폭력 예방을 위한 상담실제
4. 학교폭력 예방을 위한 대처방법

1. 학교폭력 예방을 위한 교사의 역할

학교폭력은 아이들이 경험하는 여타 형태의 겁박과 함께 우리 모두의 문제다. 비록 학교폭력이 완전히 방지되거나 종식될 수는 없지만 성인이 개입할수록 혹은 아이들 스스로 해결책을 찾을 수 있도록 하는 교과과정의 전략적 발생 건수가 줄어들 수는 있다. 결국 교육의 궁극적 목적은 학생에게 학생 자신의 판단에 의해 건전한 결정을 내리는 데 필요한 정보를 제공하는 것이라고 말할 수 있다. 학교폭력 문제를 경시할 때 발생하는 비싼 대가가 있음을 기억해야 할 것이다(손진희 역, 2015).

학교에서 발생하는 학교폭력은 교사의 역할과 인식이 무엇보다도 중요한 변수이다. 여기서는 학교폭력 예방을 위한 교사 역할의 중요성과 담임교사로서의 인식과 역할에 관하여 이규미 외 학교폭력 예방의 중요성을 중심으로 살펴보고자 한다(이규미 외, 2015, pp. 211-217).

1) 담임교사의 역할 및 중요성

어떠한 문제든 간에 가장 최선의 대책은 예방이다. 학교폭력도 예외일 수 없으며, 학교폭력이라는 문제가 발생하지 않도록 학교와 학급 분위기를 잘 조성하는 것이 가장 효과적인 학교폭력 예방책이 될 것이다. 따라서 교장 선생님을 비롯한 학교의 모든 교사들은 우리 학교에서 학교폭력은 절대 있을 수 없다는 단호한 방침을 세우고, 이를 시시각각으로 학생과 학부모들에게 알려야 할 필요가 있다. 특히 각 학년의 담임교사들은 1년 동안 자신이 맡은 학급의 분위기를 우호적이고 협동적으로 조성해야 할 책임이 있다. 담임교사의 학급 운영에 대한 철학과 방침이 학생과 학부모들에게 미치는 영향은 결코 단순하지 않으며, 학생들은 그 해에 어떤 담임교사를 만나는가에 따라 인성의 형성과 학업 성취도에 많은 영향을 받을 뿐 아니라, 학급에서 학교폭력과 같은 문제의 발생에도 영향을 받을 수 있다.

따라서 이 장에서는 먼저 학교폭력에 대한 교사의 인식 정도를 살펴보고, '집단'으로서의 학급의 특성과 학급을 운영하기 위한 담임교사의 역할에 대해 살펴보자고 한다.

2) 학교폭력에 대한 교사의 인식

2012년도에 이루어진 한국청소년정책연구원의 조사에 의하면 교사들은 전체적으로 학교폭력의 심각성에 대해 다소 심각하게 인식(5점 척도에서는 평균 3.38점)하고 있었으며, 중학교 교사가 가장 심각하게(3.39), 그 다음으로 고등학교 교사(3.40), 그리고 초등학교 교사의 순으로(3.19) 심각하게 인식하고 있는 것으로 드러났다. 지역별로는 대도시(3.45), 중 · 소도시(3.38), 읍 · 면지역(3.19)의 순으로 나타났다. 가장 심각하다고 생각하는 학교폭력의 유형으로 교사들은 언어폭력(29.4%)과 괴롭힘(심부름이나 건드리기, 28.4%)을 꼽았으며, 그 외에 집단 따돌림(19.0%), 신체폭행(11.2%)의 순으로 나타났다. 학교급별로는 초등학교에서는 언어폭력과 집단 따돌림이, 중학교와 고등학교에서는 괴롭힘과 언어폭력이 가장 심각하다고 교사들은 인식하고 있었다. 따라서 언어폭력은 초 · 중 · 고등학교 교사들 모두에게 심각한 학교폭력 유형으로 인식되고 있으며, 그 외에 초등학교에서는 비물리적인 유형이, 중 · 고등학교에서는 물리적인 유형의 학교폭력이 보다 우세하다고 교사들은 인식하고 있었다.

또한 학교폭력에 영향을 미치는 요인으로 교사들은 가정환경 및 부모의 무관심(39.4%)을 가장 크게 꼽고 있었으며, 그 다음으로 학생 개인의 심리적 · 정서적 문제(19.9%), 친구나 주변 선후배들의 영향(16.2%), 인터넷, 게임 등 유해매체의 영향(11.5%), 입시 스트레스 및 경쟁위주의 학교문화(11.5%)를 꼽고 있었다. 이러한 결과로 미뤄 볼 때 교사들은 학교폭력이 학생의 가정이나 개인적 요인보다 많이 기인하는 것으로 생각하고 있는 것을 알 수 있다. 학교폭력을 지도하는데 장애가 되는 요인에 대해 교사들은 행정업무 등으로 인한, 학생지도 시간의 부족(37.0%)과 학부모의 무관심 또는 비협조적 태도(23.0%)를 꼽았다. 이에 비해 학생과 소통 · 교감하는 능력 및 방법의 부족(8.0%), 전문상담교사의 부족(10.4%), 교사 상호 간의 일관성 없는 학생생활지도 방식(1.9%)에 대해서는 낮은 응답률을 보였다. 하지만 학교폭력을 심각하게 느끼는 교사들의 응답을 전체 교사들의 응답과 비교해 보면 학교폭력을 심각하게 인식할수록 학생지도 시간의 부족과 생활지도 능력 및 방법의 부족, 교사들 간의 일관성 있는 지도방식의 부족을 상대적으로 크게 지각하고 있었다. 학교폭력의 예방 및 대처를 위해 가장 필요한 것으로 교사들은 학생처벌 등 학생의 지도권 강화(28.3%), 전문상담 인력 배치(22.7%), 가정, 경찰 등 관련기관과의 연계지도 강화(17.8%), 입시와 경쟁위주의 교육정책 전환(15.1%)을 꼽았으며, 이에 비해 소통과 배려의 학교문화 정착에 대해서는 9.9%로 상대적으로 낮은 응답률을 보였다. 마지막으로 학교폭력을 줄이기 위한 바람직한 학교문화에 대해 교사들은 학생, 교사, 학부모가 상호협력하고 배려하는 공동체적 학교문화 조성(61.0%)을 가장 중요하게 생각하고 있으며, 그 외에 교사의 권위 및 전문성 중시(15.2%), 학생 인성 중시의 학교문화(10.6%)를 중요하게 생각하고 있는 것으로 나타났다. 그리고 교사들은 학생, 교사, 학부모의 소통이 원활해지고 관계가 개선되면 학교폭력이 줄어들 것(88.5%)으로 생각하여, 학교 구성원들 간의 관계 개선과 의사소통의 중요성을 절실히 인식하고 있는 것으로 나타났다(윤경철 · 강명숙, 1012).

또한 한국교원단체총연합회가 학교폭력 근절 종합대책 1주년을 평가하기 위해 교사들을 대상으로 실시한 설문조사 결과(2013)에서도 교사들은 지난 1년간 학교폭력 근절 종합대책을 추진하는 데 있어 가장 큰 어려움으로 학생생활지도의 어려움(35%)을 꼽았으며, 이 외에 학교행정업무 가중(23%), 전문인력 확보의 어려움(12%), 학부모 참여 및 인식 부족(12%), 학생상담 시간 부족(11%), 그리고 학생 참여 및 인식 부족(4%)을 꼽았다. 이러한 결과로 미뤄 볼 때, 교사들이 학생생활지도를 하는데 실질적으로 어려움과 한계를 많이 느끼고 있는 것으로 알 수 있다. 전국교직원노동조합(2013)에서 실시한 교사대상 설문조사에서도 역시 교사들은 학교폭력을 해결하기 위해서는 학생상담 시간과 공동체 활동 시간을 확보하는 것을 절대적으로 중요하게 꼽았으며, 이와 함께 지역사회 전문가나 전문상담사 등의 학교배치를 통해 학생상담과 위기학생 지원이 이뤄져야 함을 강조하였다.

한편, 송재홍 등(2012)은 학교폭력의 예방 및 대책에 관한 교대생과 초등교사의 인식을 비교하였는데, 그 결과에 따르면 초등(예비)교사들은 전반적으로 학교폭력이 상당히 심각하다고 인식하고 있었으며, 학교폭력 중에서도 언어폭력과 집단따돌림을 가장 심각한 학교폭력으로 인식하고 있었다. 학교폭력의 원인으로는 '가정의 붕괴와 자녀에 대한 부모의 관심 부족, 그리고 왜곡된 친구관계와 학교폭력 서클의 만연'을 가장 중요하게 인식하고 있었다. 이들은 정부가 2012년 2월에 발표한 학교폭력 근절 종합대책의 정책과제 중 '신고 및 조사체계 개선 및 가해 · 피해학생에 대한 조치, 가정 및 사회의 역할 강화, 학교장 및 교사의 역할 및 책임 강화를 중요한 과제로 인식'하고 있었으나, 이에 비해 '인성교육의 실천은 상대적으로 덜 중요하고 실효성도 가장 낮은 과제로 인식'하고 있었다. 또한 이들은 '교사양성기관에서 학교폭력의 예방 및 대책 교과목을 개설하는 것에 대체로 찬성'하고 이들의 중요성에 대해 인식하고 있으면서도, 이에 비해 이를 실천할 자기역량에 대해서는 비교적 낮게 인식하고 있었다(송재홍 등, 2012).

이와 같은 선행연구들을 종합해 볼 때 교사들은 현재 학생들 사이에서 일어나는 학교폭력에 대해 매우 심각하게 인식하고 있으며, 학교폭력의 원인으로는 학교의 구조나 환경, 혹은 가치나 인식의 문제라기보다는 학생의 가정이나 개인적 요인을 보다 중요하게 생각하고 있는 것으로 보인다. 또한 교사들은 학교폭력을 줄이기 위해 소통과 배려의 공동체적 학교문화를 조성하고, 인성교육이 필요하다는 데 인식을 하고 있으면서도 실제로 학교폭력의 예방 및 대처를 위해 가장 필요한 것으로 신고 및 조사체계의 개선 및 가해학생에 대한 처벌 등 학생 지도권 강화 등을 꼽아 교사들의 학교폭력에 대한 대응의 초점이 예방이나 보다 근본적인 교육에 있기보다는 학교폭력 발생 이후의 문제해결이나 사후처리에 맞춰져 있는 것으로 보인다. 한편, 교사들은 학생생활지도의 어려움을 많이 호소하고 있으며, 이를 실천할 수 있는 역량이 그리 높지 않다고 스스로 인식하고 있는 것으로 드러났다.

물론 학교폭력이 발생하게 되면 신고 및 조사, 그리고 이에 상응하는 조치 및 처벌과 같은 일련의 과정을 체계적으로 밟아 나가야 한다. 따라서 교사들은 학교폭력의 사후 대처과정에 대해서 평소에 인지하고 있어야 할 필요가 있다. 하지만 무엇보다도 학교폭력은 예방이 중요하고, 이러한 문제가 우리 학교에서 일어나지 않게 지도하는 것이 최선이다. 따라서 예방교육 활동은 학생들의 평소 학교생활 중에 의식적, 무의식적으로 학생들에게 지속적으로 전달되어야 하며, 교사들은 평소에 자신이 맡은 학급의 운영을 보다 세심하고 일관성 있게 하여야 할 필요가 있을 것이다.

3) 학급집단의 특성

학급은 '집단'의 형태를 유지하며, 하나의 작은 사회를 구성한다. 집단이란 '상호의존적인 관계에서 사회적 상호작용을 통해 서로 영향을 주고받는 2인 이상의 상호독립적인 개인들의 집합체'를 일컫는 말로서, 이러한 집합체가 의미를 지니기 위해서는 구성원들에게 집단이 심리적으로 의미가 있어야 하며, 구성원들 간의 직접적인 의사소통과 유의한 상호작용을 바탕으로 역동적 상호관계를 이뤄야 하고, 생산적인 방식으로 상호 의존해야 한다(강진령, 2011). Forsyth(2001)도 '집단'이 지녀야 할 속성으로 구성원들 간의 상호작용과 집단의 구조 및 정체성을 강조하였고, 집단은 응집성과 모종의 목표를 지녀야 함을 언급하였다. 이러한 관점에서 볼 때, 학급도 분명히 2인 이상의 상호작용을 통한 역동적인 집합체에 해당되며, 구성원들에게 의미와 목표를 지닌 '집단'임이 분명하다.

박성희(2005)는 학급이 지니고 있는 특징을 다음과 같이 열거하였다.

첫째, 학급에서는 의사소통을 바탕으로 다양한 상호작용이 일어나는데, 의사소통의 양이 많을수록, 양방향적일수록, 명료할수록, 하위집단이 적을수록 집단의 상호작용은 활발해진다.

둘째, 학급 구성원들 사이에도 다양한 지위와 역할이 존재하는데 이들은 성적, 외모, 운동실력, 성격, 학급임원 여부 등에 따라 지위와 역할이 달라지곤 한다.

셋째, 학급에는 구성원들이 지켜야 할 규칙과 가치가 존재한다. 이러한 규칙과 가치에는 명시적인 것과 암묵적인 것이 있으며, 구성원들이 이들을 정확히 인지하고 수용할 수 있어야 집단에서 느끼는 갈등이 줄어들고 만족도가 높아진다.

넷째, 학급은 목적을 지닌 공동체이며, 이러한 목적들이 분명하고 또 개인 간에 일치할 때 갈등이 적어진다.

다섯째, 학급 구성원 사이에는 정서적 유대감이 있어야 한다. 그래야 소위 '우리'라는 공동체 의식이 생기며, 소속감을 느끼게 되고, 응집성이 커지게 된다.

여섯째, 학급에는 분위기라는 것이 있으며, 학급 구성원들 간의 친밀한 관계를 바탕으로 서로 존중하고 배려하는 분위기가 형성되면 학생들은 자발적으로 학급활동에 참여하게 된다.

일곱째, 학급은 응집성을 지니며, 구성원들 간의 응집성이 강할수록 학급에 대한 애착이 커지고 집단목표의 달성도 수월해진다.

여덟째, 학급의 의사소통이 쌍방향적으로 일어날 때 구성원들은 보다 적극적으로 학급활동에 참여하게 된다. 마지막으로, 학급도 일종의 집단이므로 하위집단이 발생할 수 있다. 그러나 하위집단의 수가 너무 많거나 집단 간의 경계가 너무 뚜렷할 경우에는 학급 전체 간의 응집성이 약화될 소지가 있으며, 결과적으로 학급활동이 원활하게 이뤄지지 않을 가능성이 있다.

또한 Schmuck와 Schmuck(1992)도 학급집단에서 중요시하는 특성을 다음과 같이 열거하였다. 첫째, 학급집단은 교사와 학생, 학생과 학생 간의 상호작용이 무엇보다 중요하며, 학생들은 상호 간의 의존적 관계를 통해 학급과업을 수행한다. 둘째, 학급집단은 학생들 간의 긍정적인 상호작용으로 인해 좋은 학급 분위기를 형성할 수 있으므로, 교사는 학생들이 서로 좋은 관계를 형성할 수 있도록 관심을 기울여야 한다. 셋째, 학급집단은 공동목표를 수행하는 집단이므로, 학생의 개별적인 목표뿐 아니라 학급 공동의 목표가 추구될 수 있도록 노력하여야 한다. 마지막으로, 학급에서는 반복되는 상호작용을 통해 규범, 역할, 지위와 같은 사회적 구조가 형성된다. 이렇게 형성된 사회적 구조는 학생들에게 자연스럽게 전달됨으로써 학급집단이 효율적으로 움직이게 하는데 기여한다(박병량 · 주철안, 2012에서 재인용).

따라서 이러한 관점에서 볼 때, 학급집단이 원활하게 작동하기 위해서는 학급에 명확한 규칙과 목표가 존재함으로써 학급의 구조가 잡혀 있어야 하고, 교사와 학생, 그리고 학생과 학생 간에 의사소통과 상호작용이 활발해야 하며, 정서적으로도 구성원들 간에 친밀감과 유대감을 지녀야 한다. 교사는 이와 같은 학급집단의 분위기를 형성하게 함으로써 학생들의 학급에 대한 소속감과 응집성을 높여야 할 필요가 있을 것이다.

4) 학급집단 지도자로서 담임교사의 역할

앞에서 학급도 '집단'의 형태임을 밝힌 바 있다. 따라서 학급을 지도하는 담임교사는 '집단'을 이끌어 가는 집단지도자의 역할을 수행해야 한다. 이에 박성희(2005)는 집단지도자로서 지녀야 할 담임교사의 역할에 대해 다음과 같이 열거하고 있다.

첫째, 교사는 뚜렷한 목표의식을 가지고 학생들을 동기화시킬 필요가 있다. 이는 1년간 학급운영에 있어서도 마찬가지이고, 그때그때 발생하는 학급의 과업이나 행사 등을 이끌어감에 있어서도 마찬가지로 적용된다.

둘째, 교사는 학급의 일들에 대해 상세하고 다양한 정보를 가지고 있어야 한다. 물론 교사가 학급에서 일어나는 모든 일을 다 아는 것은 불가능하지만, 가능한 많이 알려는 노력을 기울여야 함을 강조한다.

셋째, 교사는 좋은 의사소통 기술을 지녀야 한다. 좋은 의사소통 기술이란 기본적으로 공감하고, 경청하는 자세와 명료한 말하기 능력을 포함한다.

넷째, 교사는 학급의 구조를 세울 필요가 있다. 학급은 사회의 축소판이므로 적절한 구조와 체계를 지닐 필요가 있다. 아울러 학급에서 지켜야 할 규칙과 이에 따른 상벌체계를 명확히 설정하여야 한다.

다섯째, 교사는 기본적으로 민주적 리더십을 지녀야 한다. 민주적 리더십은 집단 내 합리적이고 촉진적인 분위기를 형성함으로써 구성원들 스스로가 자율적으로 행동하고, 결과에 대한 책임도 공유하는 것을 말한다(강진령, 2011). 하지만 학생들이 스스로 결정하기 어려울 때나 위급한 상황과 같은 경우에는 권위주의적인 리더십을 발휘함으로써 유연성을 지닐 필요가 있다(박성희, 2005).

여섯째, 교사는 학급의 응집력을 향상시키기 위해 다각도로 노력하여야 한다. 마지막으로 교사는 학급에서 갈등이 발생할 경우, 이를 신속하고도 원만하게 관리할 수 있어야 한다.

또한 박병량, 주철안(2012)도 담임교사가 학급집단을 지도할 때 고려해야 할 일반적 지침으로 다음과 같은 네 가지를 열거하고 있다.

첫째, 학생들에게 학급집단의 목표를 확인시키고, 역할과 책임을 분담하도록 하며, 의사소통과 지휘체계를 수립한다.

둘째, 학급에서 지켜야 할 규칙과 규범을 세워서 학생들에게 주지시키고, 이를 행동의 준거로 삼게 함으로써 학급집단이 효율적으로 작동하도록 한다.

셋째, 학생과 교사, 학생과 학생 간에 자신의 의견이나 생각, 감정, 정보 등의 자유롭게 교환할 수 있도록 한다. 마지막으로, 구성원 모두가 참여할 수 있는 민주적, 자율적 형태로 학급집단이 운영되도록 한다.

2. 학교폭력 예방을 위한 인성교육

학교폭력의 예방을 위한 교육은 가해학생과 피해학생 그리고 목격학생 뿐만 아니라 모든 학생을 대상으로 이루어지는 것이 바람직하다고 본다. 특히 자신의 의견과 생각 그리고 분노를 표현하는 것이 부족한 청소년들에게 자신의 내면을 표현하는 연습은 자신과 타인을 이해하고 수용하는데 매우 필요한 교육이 될 것이다. 그러므로 학교폭력 예방을 위한 인성교육을 송재홍(2016)을 참고하여 설명하고자 한다.

1) 주장적 자기표현 기술

자기표현에는 소극적 자기표현과 공격적 자기표현 그리고 주장적 자기표현이 있다. 소극적 자기표현은 다른 사람의 권리나 의견을 자기 것보다 더 크게 생각하여 자신의 권리나 의견을 주장하지 않는 것을 말한다. 또한 공격적 자기표현이란 이와 반대로 자신의 권리나 의견을 다른 사람의 것보다 더 크게 생각하고 자기중심적으로 주장하는 것을 말한다. 그리고 주장적 자기표현이란 나의 권리와 의견을 주장하는 것을 말한다. 즉, 주장적 자기표현이란 타인과의 의사소통 과정에서 상대방의 권리를 침해하지 않으면서 나의 권리나 의견, 요구를 상대방에게 직접 표현하는 것이다. 소극적 자기표현이나 공격적 자기표현은 역기능적이고 주장적 자기표현이 순기능적이다.

Wolpe(1958)는 주장적 자기표현을 하지 못하는 이유를 대인관계에서 갖는 불안 때문이라고 하였다. 그리고 Rakos와 Schroeber(1980)는 주장적 자기표현을 하지 못하는 이유로 인지적 이유, 정서적 이유, 행동적 이유를 들고 있다. 그들에 의하면 비주장적 자기표현의 인지적 이유는 주장행동과 관련된 부정적이고 비합리적인 사고나 신념 때문이고, 정서적 이유는 주장행동과 관련된 불안이나 두려움 또는 적개심 때문이며, 행동적 이유는 주장행동과 관련된 기술 부족 때문이다.

주장적 자기표현을 신장하기 위해서는 앞에서 살펴본 비주장적 자기표현의 이유를 제거하여야 한다. Rakos와 Schoeber(1980)에 의하면 주장적 자기표현 훈련은 인지적 · 정서적 · 행동적 주장 훈련을 실시하거나 이 세 가지 측면을 통합한 프로그램을 실시한다. 인지적 주장적 자기표현 훈련에서는 Ellis나 Beck의 인지상담 이론에 근거하여 주장행동과 관련된 부정적이고 비합리적인 사고를 긍정적이고 합리적으로 바꾸는 것이다. 또한 정석적 · 주장적 자기표현 훈련에서는 근육이완법, 심상법, 자기진술과 자기지시 등을 통하여 주장행동과 관련된 불안과 두려움을 극복하도록 돕는다. 그리고 행동적 · 주장적 자기표현 훈련에서는 행동연습, 자기통제, 모방 등을 통하여 주장행동과 관련된 기술을 훈련한다.

대개 학교폭력의 가해자는 자기표현이 공격적이다. 그리고 학교폭력 피해자는 자기표현에 소극적인 경우가 많다. 이러한 역기능적인 자기표현이 학교폭력을 유발하고 악화시킨다. 따라서 이들에게 주장적 자기표현 기술을 훈련할 필요가 있다.

2) 대인관계 능력

학교폭력 가해자나 피해자 학생에게 필요한 대인관계 능력으로는 이타성,

공감 능력, 용서 능력, 갈등해결 능력 등이다. 학교폭력 가해자와 피해자 학생을 도와야 할 부모나 교사는 이러한 대인관계 능력에 대해 알고 있어야 하고, 또 학생들의 이러한 능력을 신장시켜야 한다.

가해학생들은 타인과 좋은 인간관계를 맺는 능력이 부족하다. 그러므로 가해학생들에게는 타인과 효과적인 인간관계를 맺는 기본 요건과 방법을 훈련하는 집단상담이 필요하다. 효과적인 인간관계를 위한 기본 요건으로는 인간에 대한 올바른 이해, 자기성장, 타인중심적 태도 등이 있을 수 있고, 방법으로는 효과적인 의사소통, 효과적인 갈등해결 그리고 효과적인 스트레스 관리 등이 있다. 이러한 기본 태도와 방법을 훈련할 집단상담 프로그램을 실시한다.

(1) 이타성 신장

이타성이란 자기 욕망을 억제하고 다른 사람의 행복과 복지를 위한 사심 없는 관심을 나타내며, 이 관심에 따라 기꺼이 행동하고자 하는 마음가짐을 말한다. 그리고 이타성이 행동으로 나타날 때에 이를 친사회적 행동이라고 한다.

(2) 이타성과 공격행동

이타성을 공격행동과 부적인 상관관계를 가지고 있다. 이타성의 하위변인인 공감 및 동정을 통하여 공격행동을 감소시킬 수 있는 것이다. 즉, 이타성을 증가시킴으로써 학생의 공격적인 행동을 감소시킬 수 있다는 것이다(이상희, 2008).

이타성이 높을수록 공격행동이 낮게 나타나는 이유는 타인을 위해서 도움을 주고자 하는 이타적인 학생의 공감을 통하여 타인의 정서를 더 많이 인지하고 이해할 수 있으며, 직접 도와주는 도움행동을 더 많이 하고, 동료와 지역사회에 더 많이 협력함으로써 다른 사람에게 해를 입히는 공격적인 행동을 보다 적게 하기 때문이다.

(3) 이타성 발달의 영향 요인

이타성 발달의 영향 요인으로는 친사회적 도덕추리, 공감, 부모의 양육태도, 자아개념, 문화적 영향 등이다(최경숙, 2006).

1 친사회적 도덕추리

친사회적 도덕추리란 자신의 희생을 요구하는 친사회적 행동을 할 것인지를 결정할 때 갈등에 부딪쳐 일어나는 사고과정을 말한다. 아동은 성장하면서 성숙한 친사회적 추리를 하게 되고, 이러한 친사회적 추리는 도움이 필요한 사람이 누구든지 간에 사람들의 행복을 위해 사심 없는 배려를 발달시킨다.

2 공감

다른 사람의 고통을 보고 동정적 공감 유발이 일어났을 때 이타행동을 하게 되기 때문에 공감 능력은 이타행동에서 중요한 매개역할을 한다. 즉, 공감 능력을 증진시킬 때에 이타성이 증가한다.

3 부모의 양육태도

부모의 양육태도 또한 아동의 이타성 발달에 영향을 미친다. 즉, 아동의 동정적 공감 유발은 아동이 그가 부모로부터 배워 온 이타적 학습, 예를 들어 "도움이 필요한 사람은 도와주어라"와 같은 사회적 책임 규준을 생각나게 하기 때문이다.

4 자아개념

자신을 이타적이라고 생각하는 아동은 그렇지 않은 아동들보다 친사회적으로 행동하는 경향이 높다. 즉, 강한 이타적 자아개념을 가진 아동이 이타적이라는 말이다. 따라서 아동에게 자신을 이타적이라고 생각하도록 도와주는 것이 이타적 행동을 증진시키는 하나의 방법이다.

5 문화적 영향

아동이 속한 사회에서 이타성을 얼마나 강조하느냐에 따라 아동의 이타성 발달은 달라진다. 경쟁을 강조하고 공동체 의식보다 개인을 강조하는 서구 사회에서 자란 아동은 이타성 수준이 낮았다. 반면, 공동생활을 하거나 집단을 위해 다른 사람과의 협동을 강조하는 이스라엘 키부츠나 멕시코, 미국 인디언 사회, 뉴기니에서 자란 아동은 보다 친사회적이었고, 이들이 서구 사회화된 학교로 전학을 한 뒤에는 이들의 이타성이 감소하였다.

(4) 이타성 증진 방법

아동의 이타성을 증진하기 위해서는 학생의 인성교육에 있어서 인지적인 측면뿐만 아니라 정서교육도 강화시켜 나가야 한다. 학생에게 올바른 가치관을 교육함은 물론 공감, 동정과 연민, 보살핌 등과 같은 정서를 함양시킬 때에 학교폭력을 예방할 수 있다는 말이다. 이타성을 증진하는 방법으로는 존경하고 좋아하는 사람에 의한 칭찬, 협동경험, 모델링, 귀납적 훈육법 등이 있다(최경숙, 2006).

1 존경하고 좋아하는 사람에 의한 칭찬

이타적인 행동을 한 아동에게 장난감이나 먹을 것을 주는 것은 단기적으로 이타적 행동을 증가시킨다. 그러나 이러한 물질적 강화가 더는 이루어지지 않을 경우엔 강화를 받아온 아동이 그러한 강화를 받지 않은 아동들보다 이타적 행동수행이 더 낮아질 가능성이 높다. 왜냐하면 물질적 강화를 받아온 아동은 자신의 이타적 행동을 상대방의 필요나 자신의 이타적 성향이 귀인하지 않고 강화물에 귀인하기 때문이다. 결국 물질적 강화는 아동의 이타적 동기를 훼손시킬 수 있다. 따라서 부모나 교사는 다른 사람에 대한 배려가 물질적 강화에 의해 쉽게 형성되는 것이 아니라는 것을 알아야 한다. 그러나 아동이 존경하고 좋아하는 사람에 의한 언어적 강화는 이타성을 증진시킬 수 있다. 왜냐하면 아동은 자신이 존경하고 좋아하는 사람이 제시한 도덕기준에 도달하고자 하는 바람이 있기 때문인데 그것이 그 사람의 언어적 칭찬과 인정으로 충족되기 때문이다.

2 협동 경험

아동들이 다른 아동과 협동하고 다른 아동을 도와주는 것이 자신에게 이익이 되는 협동 경험을 통하여 아동들의 이타성을 증진시킬 수 있다. 아동의 협동심을 가르치는 교육 프로그램은 협동심 뿐만 아니라 이타성도 증진시키게 된다.

3 모델링

성인이 모델이 되어 이타적 행동을 실천하고 동시에 아동들에게 언어적으로 사회적 책임규준을 내면화할 때 아동은 그 이타적 모델을 모방하게 되고 새로운 상황에까지 일반화하게 된다.

4 귀납적 훈육법

아동이 다른 사람에게 해를 가한 경우에 부모의 반응 또한 아동의 이타성 발달에 영향을 준다. 벌을 주거나 강압적인 부모에게 훈육을 받은 아동들은 이타성이 잘 발달하지 않았다. 이에 비해 공격 결과에 대한 개인적인 책임을 이야기하고 피해자에게 보상하도록 설득한 부모에게서 자란 아동은 이타성이 잘 발달되었다. 이와 같이 합리적이고 귀납적인 훈육법이 이타적 행동을 증진시키는 이유는 다음과 같다(최경숙, 2006)

첫째, 설명을 함으로써 다른 사람의 입장에서 생각할 수 있는 조망수용을 증진시켜 아동이 다른 사람의 고통을 간접 경험할 수 있도록 하였기 때문이다.

둘째, 아동에게 자기 자신과 다른 사람에게 도움을 주는 행동을 가르쳐 주기 때문이다.

셋째, 부모의 이러한 방법들은 나이 든 아동들에게 스스로 좋은 사람, 남에게 도움을 주는 사람이라는 확신을 갖게 하여 긍정적인 이타적 자아개념을 가질 수 있도록 하기 때문이다.

3) 공감 능력 신장

공감 능력은 다른 사람의 입장이 되어서 상대방의 기분, 감성과 생각을 충실하게 경험하고 수용하여 적절하게 표현하는 능력이다. 즉, 공감은 두 가지 측면이 있다(홍종관, 2002). 첫째는 상대방의 입장에 서서 상대방의 감정을 정확하게 파악하는 것이고, 둘째는 이렇게 파악한 상대방의 감정을 정확히 전달하는 것이다.

(1) 공감 능력과 학교폭력

가해학생들은 타인에 대한 공감적 이해 능력이 부족하다. 따라서 이들에게 자신의 비행이 타인에게 어떤 피해나 아픔을 주는지에 대해 공감하고 이해하는 능력을 증진해 주는 교육이 필요하다. 선행연구에 의하면 공감은 친사회적 행동이나 도덕성, 양심의 발달을 촉진할 뿐만 아니라 공격적이고 반사회적 행동을 억제한다고 한다. 일반적으로 학교폭력 가해자는 다른 사람의 마음을 공감하는 능력이 부족하다(박효정 외, 2007). 따라서 학교폭력을 예방하고 가해자를 치료하기 위해서 공감 능력을 증진하는 방안이 모색되어야 한다.

(2) 공감 능력 신장 방안

Weber(1994)는 학생이 공감을 잘하기 위해서는 다음과 같은 점에 유의해야 한다고 한다.

첫째, 자기 자신의 감정과 소망 그리고 가치관을 지각하고 언어화하는 것을 배워야 한다.
둘째, 상대방의 내적 경험의 세계를 반영해야 한다.
셋째, 공감을 전달할 때는 가능한 짧고 구체적이며 정확하게 자주 한다.
넷째, 지금-여기의 자신의 감정을 전달해야 한다.
다섯째, 상대방이 그때에 느끼고 경험하는 것에 집중해야 한다.

감수성 훈련이나 배려증진 집단상담을 통하여 그들에게 공감 능력을 향상시켜 줄 수 있다. 양미진 등(2008)의 연구에 의하면 '초등학생의 학교폭력 예방을 위한 배려증진 프로그램'이 초등학생 가해자의 배려 능력 신장에 효과적이었다고 한다.

4) 경청과 공감 잘하기

학생들 사이에서 경청과 공감이 무엇보다도 필요한 이유는 사람은 누군가가 자기의 감정을 이해해 주고 있다고 느끼면 그의 외로움과 상처가 다 사라지고 만다. 그래서 학생들은 이해심 있는 선생님과 친구들을 더욱더 따르게 된다. 특히 학교에서 선생님과 친구들의 깊은 경청과 공감은 학생들의 상처받은 마음을 달래 주는 정서적인 치료제 역할을 하기 때문이다.

(1) 경청

① 잘 말하는 방법은 상대방의 말을 잘 듣는 일에서 시작된다.

② 듣는 방법 가운데 가장 효과적인 방식은 적극적 경청(active listening)이다.

③ 적극적 경청을 위해 주로 사용해야 하는 말은 으흠, 아하, 그래 등이다.

④ 잘 듣기 위한 방법은 경청(敬聽)이라는 단어에 잘 나와 있다.

청(聽)자는 耳(귀, 이), 王(임금, 왕), 十(열, 십), 目(눈, 목), 一(한, 일), 心(마음, 심)으로 되어 있다. 이 뜻은 임금님의 귀처럼 귀를 크게 열고, 눈을 서로 마주 보며, 한 마음으로 존경을 다하여 듣는 것이다.

⑤ 적극적 경청을 잘하기 위해서는 경청의 3가지 요소를 적극 활용해야 한다.

적극적 경청의 3가지 요소	
B(body) 55%	· 눈의 위치(상대방의 표정 살핌) · 얼굴의 긴장이완 정도(부드러운, 안정된 표정) · 자세(앞으로 구부린, 옆으로 기댄) · 움직임(율동적인, 흔드는, 토닥이는)
M(mood) 38%	· 음정 및 음색(흥분된, 안정된) · 말의 속도 및 리듬 · 호흡(규칙적 또는 불규칙적)
W(word) 7%	· 상대방이 이야기하는 말의 내용 (심층적이고 구체적인 차원의 공감)

(2) 공감

공감은 상대방의 입장에서 이해하고 상대방의 감정을 이입하고 표현해 주는 것이다.

공감은 "~해서(상황) ~해요(감정)"를 반복해서 연습을 통하여 익숙해질 수 있다.

① 청자(듣는 사람)와 화자(말하는 사람)를 정한다

② 화자가 "~해서 ~해요" 라고 청자에게 말한다
③ 청자는 "~해서 ~하시군요"라고 반응하고
④ 청자는 자신의 감정을 그 다음 사람에게 "~해서 ~해요"라고 표현한다

5) 자아존중감 증진

(1) 자아존중감의 개념

아동은 성장하면서 자신에 대해 점차 이해하게 되고 자신이 가지고 있는 여러 특성을 평가할 수 있게 된다. 자아존중감이란 자아개념에 대한 평가적 측면을 말한다. 높은 자아존중감을 가진 아동은 자신의 장점을 인지하고 있으며, 또 약점도 알고 있다. 즉, 총체적으로 자신이 갖고 있는 능력과 특성에 대해 긍정적이다. 반면에 자아존중감이 낮은 아동은 그들이 가진 장점보다 그들의 단점에 더 주의를 기울이며 자신에 대해 만족하지 못한다.

유치원과 초등학교 1학년까지(4~7세)의 아동들은 어떤 활동에서든지 다른 아동보다 자신이 더 잘한다고 생각하는 경향이 있는데, 이는 다른 사람들이 자기를 좋아해 주기 바라는 욕망과 여러 활동에서 잘 했으면 하는 욕망이 표출되었기 때문이다. 8세 이상인 아동은 자기 평가에서 현실적이고 좀 더 정확해진다. 즉, 자신들의 행동을 다른 사람들이 어떻게 지각하고 수용하느냐를 수용하여 자기를 평가한다는 것이다.

또한 아동마다 그가 부여하는 중요성에 다라 영역별 자아존중감이 다르다. 즉, 어릴수록 자기가 중요하다고 생각하는 영역에 자기 평가를 높게 하는 경향이 있다. 일부 청소년의 경우 초등학교를 마치고 중학교에 들어갈 무렵에는 자아존중감이 떨어지는데, 이는 신체적으로 사춘기 변화가 나타나고, 이성교제가 시작되고, 이사를 가는 것과 같은 환경의 변화 등이 동시에 일어나 스트레스가 중복해서 나타날 때이기 때문이다. 그러나 대부분의 경우 11~14세 청소년부터 청년기가 끝날 때까지 점진적으로 자아존중감이 증가한다(최경숙, 2006).

(2) 자아존중감의 영향 요인

5~6세 어린 아동들도 다른 아동보다 더 잘한다 또는 더 못한다는 사회적 비교 정보를 접하게 됨으로써 자신에 대한 유능 정도나 매력 정도를 발견하게 된다. 이러한 사회적 비교는 연령과 함께 증가한다. 따라서 경쟁과 성취가 강조되는 환경과 문화는 아동의 자아존중감 형성에 중요한 영향을 미친다. 그리고 부모 또한 아동의 자아존중감 형성에 중요한 역할을 한다. 부모가 따듯하고 민주적인 양육태도로 자녀들이 자신의 의견을 말하도록 경청하고, 자녀가 어떤 결정에 참여하도록 허용할 때에 자녀는 자아존중감이 높아진다고 한다. "나는 네가 규칙을 지키고 올바른 판단을 할 수 있다고 믿으며, 너는 정말 좋은 아이다"라는 부모의 메시지가 자녀에게 지각될 때 무관심하거나 통제적인 양육태도를 지닌 부모의 자녀보다 현저히 자아존중감이 높았다(최경숙, 2006).

(3) 자아존중감과 학교폭력

긍정적 자아개념을 자아존중감이라고도 하는데, 자아개념은 학교폭력을 포함한 다양한 사회적 행동을 설명하는 주요한 변인이 된다. 학교폭력의 피해자들은 부정적인 자아개념을 가지고 있다. 자아존중감이 낮은 남아들이 또래로부터 가장 빈번하게 괴롭힘을 당했으며, 자아존중감이 낮은 여아들 역시 종종 괴롭힘을 당한다는 사실이 발견되었다. 또래로부터 괴롭힘을 많이 당하면서, 아동은 자기 비난의 내면화 과정을 거치게 되는데, 이를 통해 자신을 부정적으로 지각하게 되는 것이다. 자아존중감이 없으므로 다른 사람의 조그만 부정적인 말에도 금방 기가죽고 민감하게 반응하게 되는 것이다. 그리고 학교폭력 가해자들도 이미 결손가정이나 폭력가정에서, 그리고 성과 위주의 학교환경 속에서 자라 오면서 충분한 사랑과 인정을 받지 못하고 자랐기 때문에 부정적인 자아개념을 가지고 있는 경우가 많다. 그들은 지지와 인정에 목말라 있어,

폭력조직에 가입하여 소속감과 인정을 받고자 하는 유혹에 빠지기 쉽다.

(4) 자아존중감 증진을 통한 학교폭력 예방

학교폭력 가해자의 경우 결손가정이거나 유복한 가정이 아닌 경우가 많은데 이로 인해 부모의 충분한 사랑과 보살핌을 받지 못하고 자란 경우가 많다. 이러한 사랑과 보살핌의 결핍은 아동들에게 열등감을 갖게 한다. 이러한 낮은 자아존중감으로 인해 가해자는 조그만 말과 행동에도 상처를 받고 분노를 표출한다. 그리고 학교폭력의 피해자의 경우도 친구들로부터 따돌림을 당하고, 폭력을 당하게 되면서 자아존중감이 떨어지게 된다. 따라서 학교폭력을 예방하기 위해서 자아존중감 증진 방안이 모색되어야 한다. 인간주의 심리학에서도 범죄자들의 특징 중 하나를 낮은 자아존중감이라고 본다. 따라서 이들을 교정한다는 것은 이들의 자아존중감을 높여 주는 것에 초점을 두어야 한다고 보았다.

아동의 자아존중감을 높이기 위해서는 분화적 자아개념을 갖도록 도와준다. 분화적 자아개념이란 자신의 장점에 대해서 긍지를 갖고 자신의 단점에 대해서는 필요하면 노력한다고 생각하는 것이다. 분화적 자아개념과 대비되는 자아개념은 총체적 자아개념인데 아동이 모든 것을 다 잘해야 자신에 대해 긍정적으로 생각하는 것을 말한다. 인간은 모든 것을 잘하기 어렵고 불가능하다. 따라서 아동에게 그의 약점을 자꾸 지적하고 고치려 하기보다는 그의 대표적인 강점을 발견하도록 도와주고, 그 발견한 대표 강점을 계발하도록 하며, 이 대표 강점을 적극 활용하는 삶을 살도록 도와주는 것이 필요하다. 1등만을 강조하는 입시위주의 한국 학교환경은 공부를 못하는 아동들에게 큰 좌절을 경험하게 한다. 그리고 이 좌절은 공격성을 낳는다. 특히 다른 재능을 많이 가진 아이의 경우라 할지라도 단지 공부를 못한다는 이유 때문에 학교에서 실패자로 낙인찍힌다. 이로 인해 열등감을 갖게 되고 이렇게 형성된 부정적 자아개념은 분노라는 정서를 발생시키고, 분노는 결국 학교폭력이라는 행동으로 표출되는 것이다. 따라서 학생들에게 자신의 대표 강점을 지지하고 인정해 줌으로써 자아존중감을 높여 주는 것은 학교폭력을 예방하는데 중요하다.

한정윤(2009)의 연구에 의하면 '사랑증진 집단상담'이 비행청소년의 자아존중감 증진에 효과적이었다고 한다. 허연희(2011)도 초등학생이 긍정적 자아개념을 가질 경우 학교폭력 경험이 감소한다고 그의 연구에서 밝혔다. 즉, 자아존중감 증진이 학교폭력행동을 감소시킬 수 있다는 것이다.

6) 스트레스 및 불안 관리 능력 증진

학교폭력 가해자나 피해자 모두 학교폭력으로 인해 많은 스트레스와 불안에 시달리게 된다. 따라서 이들에게 스트레스와 불안을 관리할 수 있는 능력을 신장할 수 있는 방안이 필요하다.

(1) 스트레스 및 불안이란

스트레스란 개인에게 일어나는 일과 요구에 대한 개인의 주관적인 내적 반응이다. 학생들은 자신이 겪게 되는 스트레스의 원인을 외부적인 요구나 사건에서만 찾으려는 경향이 있다. 과중한 학습량, 획일화된 교육과정, 입시 위주의 학교환경, 괴롭히는 친구들 등이 스트레스와 불안을 준다고 생각한다. 그러나 많은 경우 이와 같은 외적 요구 그 자체보다도 학생 개인이 그 외적 요구와 사건을 어떻게 받아 들이냐에 따라 각 개인이 받는 스트레스나 불안의 정도가 달라진다. 즉, 똑같은 가족환경과 학교환경 속에 살아가면서도 학생마다 받는 스트레스와 불안의 정도가 다르고, 그에 따라 학교적응 수준이 달라진다.

(2) 스트레스 및 불안 관리

학교에 잘 적응하는 학생들이 그들의 스트레스와 불안을 어떻게 잘 관리하는지 살펴볼 필요가 있다. 스트레스나 불안은 세 가지 측면에서 관리할 수 있다. 즉, 자기관리, 과제관리, 환경관리가 그것이다(김정희 역, 1988)

1 자기관리

학생이 겪게 되는 스트레스나 불안을 성공적으로 관리하기 위해서는 먼저 '스트레스 항목표 만들기', '스트레스를 인생의 일부로 인정하기', '성장을 위해 스트레스를 이용하기'등과 같은 방법을 통하여 스트레스에 대한 태도를 긍정적으로 바꾸어야 한다. 학생이 이러한 방법을 통하여 그에게 일어나는 스트레스나 불안 사건을 긍정적으로 보기 시작하였다면, 다음으로 스트레스나 불안을 감소시킬 수 있는 구체적인 방법을 알아보아야 한다. 즉, 자신을 돌보기, 인지적 재구성들이 그것이다. 자신을 돌보기는 자신의 신체적, 정신적 건강상태를 위해 영양식을 하며, 운동을 하고 참쉼을 갖는 것을 말한다. 그리고 스트레스를 주는 사건을 다른 관점에서 보는 재정의가 필요하다.

2 과제관리

스트레스나 불안을 효과적으로 관리하기 위해서 과제와 사건에 대한 개인의 내적 반응을 수정하는 것도 중요하지만, 다음과 같은 방법으로 과제 그 자체를 효과적으로 수행함으로써 스트레스와 불안을 감소시킬 수 있다. 즉, 요구를 감소시키기, 불확실성을 감소시키기, 갈등을 해소하기 등이 그것이다.

3 환경관리

자기관리 그리고 과제관리와 함께 환경관리를 통해 학생은 자신의 스트레스와 불안을 더 효과적으로 관리할 수 있다. 환경관리란 학생이 스트레스나 불안을 주는 사건에 대한 그의 경험과 느낌을 다른 사람과 나누고, 그들의 정서적 지지와 조언을 얻는 것이다. 정서적 지지를 얻을 때 누군가가 학생 자신의 편이며, 자신은 혼자가 아니라는 것을 알게 해 준다. 불행하게도 학교폭력으로 스트레스나 불안을 겪는 많은 학생들이 혼자 침묵 속에 고통을 겪고 결국 그 고통을 이기지 못하고 극단적인 행동을 하게 되는 것이다. 그들은 다른 사람, 특히 부모나 교사에게 자신의 두려움, 불안, 죄의식, 스트레스에 대해 말하지 않으며, 이 침묵은 그들의 문제를 더욱 악화시킨다. 학생은 이 세상에서 혼자가 아니며 누군가가 그를 배려하고, 이해하고, 도움을 주려 하는 것을 알아야 한다. 또한 학생은 자신의 스트레스와 불안을 어떤 조직이나 단체 그리고 전문기관으로부터 정보나 도움을 적극적으로 얻음으로써 그의 스트레스나 불안을 관리할 수 있다. 학생은 지지를 얻기 위해 다음과 같이 한다. 즉, 기탄없이 이야기하거나 조언과 교육을 청하며, 자원을 활용한다. 그리고 지지체계가 없는 곳에는 지지체계를 만든다.

(3) 스트레스 및 불안 관리와 학교폭력

학교폭력의 피해학생의 경우 학교폭력으로 인해 많은 스트레스를 받고 불안해한다. 그리고 가해학생들 또한 이미 결손가정이거나 성인들의 폭력으로 상처받아 정서적으로 불안한 상태가 된다. 그리고 그들은 그들의 폭력행동으로 인해 친구나 부모, 교사로부터 배척당한다. 따라서 이로 인한 스트레스가 크다. 이러한 스트레스는 또다시 그들의 폭력행동에 영향을 준다. 따라서 교사는 학교폭력 피해학생이나 가해학생에게 스트레스 및 불안을 효과적으로 관리할 수 있는 방법과 기술을 교육하고 훈련하여 스트레스와 불안을 관리할 수 있는 능력을 길러 주어야 한다.

7) 자아탄력성 증진

(1) 자아탄력성의 개념

탄력성(resilience)이란 역경을 겪으면서 개인 자신의 힘과 능력을 잃었지만 이전의 적응 수준으로 돌아오고 회복할 수 있는 능력을 의미한다(Rutter, 1987). Block과 Block(1980)은 일시적이고 적응이 필요한 스트레스의 영향으로부터 다시 이전의 자아통제 수준으로 변화시킬 수 있는 역동적인 능력을 탄력성과 구별하여 자아탄력성(Ego-resilience)이라 하였다. 국내의 연구에서는 자아탄력성이라는 용어와 더불어 '탄력성', '유연성', '회복력', '회복탄력성', '심리적 건강성' 등 아직 통일되지 못한 다양한 용어로 사용되고 있다.

(2) 회복 능력으로서의 탄력성

똑같은 문제에 부딪혔을 때, 왜 어떤 학생은 쉽게 포기하고, 어떤 학생은 적극적으로 해결할까? 바로 그 학생이 가진 회복탄력성의 차이 때문이다. 부모나 교사는 학생에게 학교폭력을 예방하고 해결하기 위한 자산으로 학생의 자아탄력성을 키워 주어야 한다. 따라서 학교폭력과 관련하여 볼 때 탄력성을 회복탄력성이라는 의미로 보는 것이 특별한 의미가 있을 것이다. 왜냐하면 어떤 시련이라도 의연히 견디고 곧바로 자신을 회복해서 정상 상태로 돌아갈 수 있는 능력이 바로 회복탄력성이기 때문이다.

회복탄력성이 아동에게 얼마나 큰 긍정적인 힘이 되는지에 대한 연구가 있다. 미국의 하와이에 카우아이라는 섬이 있는데, 이 섬에서 Emmy Werener 교수가 1955년에 태어난 아이(전체가 약 700명 정도) 중, 가정환경이 가장 열악한 아이 201명을 30년 동안 집중적으로 추적하여 연구를 했다. 불우한 가정에서 태어나고 자란 아이들이 어떤 모습의 청소년과 어른으로 성장해 가는지를 살펴보고자 한 것이다. 그 연구 결과 201명 중 약 2/3는 사회적 부적응자가 되어 소년원 출입도 많았고, 범죄자, 중독자가 되었다. 그런데 나머지 1/3에 해당하는 72명은 달랐다. 그들은 신체적으로나 정신적으로 아주 건강했으며, 학업성적도 중간 이상으로 장래가 촉망되는 정상적인 청년으로 자랐다. 그 중 일부 아이들은 뛰어난 학업성적과 능력을 보이기까지 했다. 그들은 가정환경의 열악함과 아무 상관없이 훌륭하게 성장한 것이다. 그 이유를 Emmy

Werener 교수는 바로 이 72명이 회복탄력성이 높았기 때문이라는 것이다(문용린, 2012).

(3) 자아탄력성의 구성요소

Klohnen(1996)은 자아탄력성의 구성요소로 자신감 있는 낙관성, 자율성과 생산적인 활동, 대인관계에서의 통찰력과 온정, 기술적인 표현 방법을 든다. 박은희(1996)가 개발한 자아탄력성 측정도구에서는 대인관계, 활력성, 감정통제, 호기심, 낙관성을 자아탄력성의 하위요인으로 보았다. 한국아동인성검사(김승태 외, 1997)의 자아탄력성 척도에서는 또래관계 및 자신감, 자기수용 및 낙관성, 가족관계의 세 요인이 자아탄력성의 구성요소로 산출되었다. 진애선(2007)은 중학생의 탄력성 요인과 학교적응 간 관계 연구를 하였는데, 연구결과 학교적응에 영향을 미치는 탄력성 하위요인은 학교 차원(교사의 관심과 지지, 학교 활동에의 상호작용)이 가장 큰 영향을 미치며, 다음으로는 또래 차원(또래와의 긍정적 상호작용, 또래의 친사회적 기대), 가정 차원, 지역사회 차원, 정서적 차원 순으로 정적인 영향력을 미치는 것으로 나타났다.

(4) 자아탄력성 증진 방안

학교폭력은 학생이 자아실현을 하지 못한 좌절과 비행의 결과다. 따라서 이들에게 아직도 열망하는 자아실현을 도와주는 인간중심 집단상담이나 긍정심리적 집단상담이 도움이 될 것이다.

문용린(2012)은 아이의 회복탄력성을 향상시키기 위해서는 부모나 교사가 아이의 감정과 사회성을 주목하라고 하면서 다음과 같은 점을 도와주라고 하였다.

첫째, 아이의 감정 표현을 도와주라. 부모는 아이가 자신의 감정을 표현하고

자 할 때에 올바른 단어를 선택할 수 있도록 도와주라고 한다. 아이는 자신의 감정을 표현함으로써 정확히 인지할 수 있기 때문이다. 또한 아이가 느낀 감정에 대해 다른 사람과 말하는 것은 감정을 조절하는 기본 방법이 되기 때문이다.

둘째, 긍정적 생각을 스스로 이끌어 내도록 도와주라. 아이가 자신의 삶에 만족하고 행복함을 느끼기 위해서는 자신의 감정을 정확히 인식하는 것도 중요하지만, 이와 동시에 스스로 긍정적인 감정을 유도하고 개발할 수 있어야 하는데, 그러기 위해서는 부모나 다른 사람에게 인정받는 등 긍정적인 경험을 많이 해 보아야 한다. 아이에게 꿈과 목표를 가지도록 하고 그것을 이루도록 노력하는 자세를 길러 주고 도전하도록 힘이 되어 주라는 것이다.

셋째, 다른 사람을 있는 그대로 받아들이도록 도와주라. 설령, 다른 사람이 자신에게 나쁜 행동을 했을지라도 자신과 똑같은 인격을 가진 사람으로 인식하고 수용하도록 도와주라는 말이다.

넷째, 괴롭히는 친구에게 대응하도록 도와주라. 아이는 감정 표현을 통해 자기 자신을 드러낸다. 만약 아이가 친구의 괴롭힘과 놀림으로 괴로워한다면 이 감정을 표현하도록 해야 한다. 친구에 대해 아이가 느끼는 괴로움과 두려움에 공감해 주라. 그리고 아이에게 자신을 괴롭히는 아이의 특징을 설명해 주며 아이가 무의식적으로 자신의 가치를 폄하하지 않도록 주의를 기울여야 한다. 아이가 자신의 한 가지 단점에만 집중하지 않고 자신의 장점을 찾아보도록 해야 한다.

(5) 자아탄력성과 학교폭력

박은희(1996)의 자아탄력성과 학업성취와의 상관관계 연구에 의하면 자아탄력성이 높은 학생이 지적인 과목뿐만 아니라 정서적 과목에서도 학업성취도가 일반학생보다 더 높았다.

이상을 종합하여 볼 때, 자아탄력성의 증진은 학교폭력 가해학생이나 피해

학생이 가지는 학교적응 문제를 해결하는 데 결정적인 역할을 하고 있음을 알 수 있다. 따라서 자아탄력성 증진은 학교폭력의 근본적인 예방과 해결에 매우 필요하다.

3. 학교폭력 예방을 위한 상담실제

학교폭력 예방을 위한 상담실제는 송재홍(2016) 외 학교폭력의 예방과 상담을 참고하여 설명하고자 한다(송재홍 외, 2016, pp. 232-236).

1) 학교폭력 상담의 필요성

학교폭력의 특징에서 볼 수 있듯이, 학교폭력의 피해자와 가해자는 모두 폭력에 노출되어 있다는 점에는 동등하다. 학교폭력이 발생하기 전에 미리 예방하여 학생들이 건강한 관계 속에서 살아갈 수 있는 학교공간을 제공할 수 있으면 가장 효과적일 것이다. 학교폭력은 관련된 사람들에게 지울 수 없는 심신의 상처와 경우에 따라서는 회복할 수 없는 문제를 야기하기 때문에 교육기관에서 예방적 차원의 대처는 더욱 중요하다. 그러나 이미 발생했거나 발생하여 진행 중에 있다면, 학교폭력의 영향을 최소화하고 관련된 사람들의 건강한 발달을 위해서 노력을 해야 한다. 어떤 심리학자들은 사람들이 마음의 상처를 크게 입으면 화나 분노로 표출되어 공격성으로 나타나는데, 공격성이 외부를 향하게 되면 폭력이나 절도 등의 범죄가 되고, 자기 내부로 향하게 되면 자살이 된다고 하였다(정종진, 2012). 또한 교사들은 학교폭력 관련자들 못지않게 상담개입 과정에서 부정적인 경험을 하게 되고 이로 인해 교사로서의 역할과 자존감에 심한 상처를 받게 된다. 교사들은 학교폭력 사건을 복불복이라고 여기며, 사건처리 과정에서 학부모, 학교관계자에게 존중받지 못한 것이 가장 큰 상처였으며, 사건처리로 인해 다른 업무들 처리할 시간이 부족한 것과 사건이 가족에게 미치는 영향으로 스트레스를 받게 된다고 하였다(방기연, 2011). 이 장에서는 학교 폭력이 발생하고 난 후에 교사들이 어떻게 상담을 해야 하는지에 초점을 두고 있다.

학교폭력에 대처하는 방법은 처벌 등의 여러 가지가 있을 수 있지만, 그 중에서도 상담이 학교의 교육기관으로서 역할과 기능을 고려할 때 가장 효과적인 대처방안으로 인식되고 있으며, 따라서 이를 위한 여러 가지 방안을 마련하고 있다. 상담이 학교폭력에 효과적으로 대처할 수 있는 근거는 다음과 같다(이규미, 2006).

첫째, 학교폭력은 여러 가지의 구체적인 관련 변인과 사람들이 포함되며 이들에게는 개개인에게 맞는 직접적이고 심리적인 지지를 포함하는 종합적인 도움이 필요하다. 상담은 바로 이러한 것을 목적으로 하는 종합적인 지원 및 개입 방법이다.

둘째, 학교폭력 예방과 해결에는 일반적인 방법과는 다른 전문적인 개입이 필요하며, 상담은 여러 가지 방법 중에서 가장 전문화된 이론과 기법을 통하여 개입하는 방법이다.

셋째, 상담은 학교폭력 문제의 징후를 발견하고 더욱 심각해지는 것을 예방하는 데 가장 효과적인 활동을 할 수 있다.

넷째, 상담은 개인과 함께 문제가 발생하고 있는 주변 환경, 학교, 가정, 지역사회 등 환경적 요소를 사전에 파악하여 학교폭력을 예방하고 문제해결에 초점을 두고 있다.

다섯째, 상담은 학교폭력 예방이나 해결을 중요시하지만 이와 함께 학생들의 새로운 출발과 발전을 위한 여러 가지 특성을 개발하는 데 도움을 줄 수 있다.

학교폭력은 학생들 간에 발생할 수 있는 여러 가지 문제 중에서도 가장 부정적이고 파괴적인 영향을 미치는 문제행동이다. 학교는 그 문제를 가능한 한 빨리 해결하고 후유증을 최소화하여 학생들이 안전하고 건강한 적응과 발달을 할 수 있도록 도와야 한다.

2) 학교폭력 상담의 기본 원리

학교폭력이 발생했을 때 학교현장, 사회 혹은 범 정부적 차원에서 많은 대책을 수립하고 실행을 하지만 학교폭력과 관련된 사건들은 계속 일어나고 있으며, 우리 사회에 많은 논란을 일으키고 있다. 이것은 학교폭력과 관련된 사람들이 도움을 요청했을 때 어떻게 도움을 주어야 하는지에 대한 검증된 상담 방법이 없기 때문이며(임재연, 2012), 설령 하나의 상담 방법이 마련되었다 하더라도 학교폭력 상담 사례의 복잡한 특성 때문에 모든 사례에 적응할 수 있는 상담개입 방법이 되지 못하기 때문이다. 따라서 여기에 제시되는 학교폭력 상담의 기본원리 또한 상담 사례의 특성을 고려하여 수정 · 보완하여 적응할 필요가 있다.

학교폭력 상담을 할 때 기본적인 원리를 제시하면 다음과 같다.

(1) 학교폭력 상담은 '인간은 기본적인 가치와 존엄성을 인정받아야 한다'는 기본적인 가정에서 출발한다.

(2) 학교폭력 상담의 목표는 사건 처리가 아닌 근본적인 해결방안 혹은 피해자와 가해자 등 관련된 사람 간의 관계회복과 발전을 모색하는 것이다.

(3) 학교폭력이 발생한 후 이루어지는 상담도 문제의 확대 혹은 재발을 방지하기 위한 예방적인 측면의 상담이 동시에 이루어져야 한다.

(4) 학교폭력 상담은 그 원인, 종류와 특성, 상황적 조건 등 여러 가지 요소를 고려하여 종합적으로 파악하고 개별적인 상담이 이루어져야 한다.

(5) 학교폭력의 경우 신속하게 대처해야 하고, 중립적이며, 지속적인 상담이

요구되고, 가능한 한 구체적으로 자료화하여 위기상담 및 대처에서 객관적인 근거로 활용할 수 있어야 한다.

(6) 아무리 사소한 폭력도 단기적 혹은 장기적인 상담이 필요하다.

(7) 학교폭력 상담은 가해자와 피해자, 그리고 부모와 교사, 동조자와 방관자를 비롯한 모든 주변 사람을 대상으로 이루어져야 한다.

(8) 유치원, 초등학교, 중학교 등 학교 급 간 연계하여 상담을 하여야 한다. 학교폭력 사례들은 대부분이 학교 내에서 이루어지지만 경우에 따라서는 중학생이 초등학생에게, 고등학생이 중학생에게 폭력을 행사하는 경우가 많으며, 간혹 하급학생이 상급 학생들에게 폭력을 가하는 경우도 발생한다.

3) 학교폭력 상담과정

학교폭력 상담을 진행하는 것은 학교폭력의 종류와 특징 만큼이나 매우 다양한 요소를 고려하여 진행해야 한다. 또한 학교폭력 상담은 예고 없이 발생할 수도 있기 때문에 사전에 필요한 여러 가지 보고 자료와 양식, 기본적인 상담 관련 서적, 심리진단 도구 등을 미리 준비하고 있어야 한다. 특히 아무런 준비 없이 학교폭력 위기 상담을 진행하는 것은 매우 어렵고 상담과정에서 실수를 하여 충분히 예방할 수 있는 2차 · 3차 피해를 예방하지 못해 더욱 심각한 피해가 생기기도 하고 문제해결을 더욱 어렵게 만들기도 한다.

학교폭력은 학생들에게는 이미 폭력이 발생하여 문제가 진행되고 있어도 교사가 이를 알지 못하고 대처하지 못하는 경우도 있을 수 있다. 이런 경우에 학교폭력이 일어난 징후를 보고 교사가 적극 개입하여 대처해야 한다. 학교폭력은 아무런 이유 없이 갑작스럽게 발생하는 경우는 극히 드물다. 아주 사소한 이유부터 이전에 발생했던 아주 심각한 보복적 폭력까지 매우 다양하다. 이것은 학교폭력의 종류나 특징을 생각해 보면 이해할 수 있다. 학교폭력은 나름대로의 이유와 함께 사전적인 징후가 있으나 학부모나 교사들은 이를 주의 깊게 보지 못하고 사소한 말싸움이나 놀리는 정도의 문제가 집단 괴롭힘이나 폭력, 자살 등으로 매우 심각해져서 표출되고나 사회문제화되었을 때 아는 경우가 많다. 따라서 상담교사가 학교폭력의 징후를 알아차리고 대처할 수 있는 상담을 할 수 있다면 더욱 효과적일 것이다.

학교폭력이 발생하고 교사가 이를 알아차린 후에 이를 어떻게 대처할 것인가에 초점을 두고 학교폭력 상담과정을 다루고자 한다. 여기에서는 일반적인 상담과정을 중심으로 하는 학교폭력 상담과정과 교육부에서 제시한 학교 구성원, 즉 학교장과 교사의 역할을 중심으로 하는 학교폭력 처리 절차를 제시한다.

4) 일반적인 상담과정

학교폭력 상담은 일반적인 상담과 마찬가지로 모든 사례에 똑같이 적용할 수는 없지만 공통적인 상담 단계를 거쳐서 이루어진다. 임재연(2012)은 학교폭력 상담의 전체적인 진행 과정 요소와 구체적으로 해야 할 내용을 상담의 시작, 문제에 관한 정보 수집, 해결방안을 위한 실마리 찾기, 해결을 위한 상담자의 방안 공유 및 제시, 상담 종결로 제시하였으며, 구체적인 내용은 다음과 같다.

(1) 상담의 시작

- 래포(rapport) 형성하기: 정서적 지지를 통해 내담자에게 신뢰감과 안정감을 주도록 한다.
- 위기상황에 있는 학생의 경우 안전을 우선 확보하기: 신체적 고통 치료 및 정신적 충격에 대한 안정 조치 여부를 확인한다.

(2) 문제에 관한 정보 수집

- 피해학생에 대해 파악하기: 학년, 성별, 친구관계, 특이사항, 가족관계

- 피해 상황 파악하기: 피해 유형(신체폭행, 금품갈취, 집단폭행 여부 등), 피해 정도(외상이나 충격 등), 사건이 일어난 원인과 정황 등
- 가해학생에 대해 파악하기: 학교, 학년, 성별 등 기본적인 인적 사항과 정보, 가해학생 수, 가해 동기, 다른 피해자 및 유사 사건의 유무, 가정적 특이 사항 등
- 학교폭력 발생의 정확한 사실 파악하기: 좀 더 주체적인 원인, 1회성 혹은 지속적 사건인지의 여부, 지속적 사건인 경우 구체적인 피해 내용, 기간, 진행 상황 등

(3) 해결방안을 위한 실마리 찾기

- 학교폭력의 발생에 관한 증거자료 확보하기(사진, 일기장, 진술서, 목격자 등), 필요시 증거자료 만들기(육하원칙에 의거)
- 내담자의 상담 및 해결 방향이나 원함 파악하기(사과, 처벌, 치료비, 재발 방지 등)
- 피해학생의 현 상태에 대한 이해(대처 능력, 적응 능력 파악)
- 피해학생(보호자)의 현재까지의 대처 상황 확인
- 가해학생 측의 대응 방법에 대한 파악

(4) 해결을 위한 상담자의 방안 공유 및 제시

- 학생의 상황에 맞는 해결방안을 제시한다.
- 피해자 본인에게는 당당한 마음과 자기주장 훈련으로 대처하도록 한다.
- 가해자 측과 학교에 공식적인 문제제기: 피해자가 원하지 않을 경우를 제외하고 일단 학교에 알려 공식적으로 해결할 수 있도록 한다. 이 때에는 구체적인 사실과 증거자료를 가지고 객관적 · 공식적으로 제기하는 것이 중요하다.

- 경찰에 신고 및 법적 소송 적절성 검토 및 처리

(5) 상담 종결

- 정리 및 사후관리를 위한 연속 상담의 가능성 열어 놓기
- 피해자의 실제 대처 및 문제해결 실현에 관해 검증하기
- 연락처 등 신상 파악을 위한 질문지 기록하기
- 지속 상담, 면접 상담, 집단 프로그램 등으로 연결하기
- 지원할 수 있는 전문기관 연계 및 지원 요청하기
- 재발 가능성이 있을 경우 신변보호 요청하기 등

5) 학교폭력 처리 절차

학교폭력이 발생하면 담임교사는 주어진 절차에 따라서 사안을 처리해야 한다. 담임교사가 어떻게 신속하고 효과적으로 대처하느냐에 따라서 그 후유증을 최소화하고, 상담이 효과적으로 진행되기도 한다. 교육부(2012, 2013, 2014)는 2012년도에 학교폭력 근절 종합대책을 발표하고, 2013년에는 현장중심 학교폭력 대책을 발표하였다. 2014년도에는 그 동안에 나타난 문제점을 보완하는 3차 학교폭력 예방 및 대책 기본 계획을 제시하였다.

기본적인 처리지침은 다음과 같다.

첫째, 학교폭력이 발생하면 담임교사는 기본적으로 학교폭력 양상에 따라 대응 수준을 정하여 신속하게 조치해야 하며, 인지한 모든 학교폭력은 '학교폭력 전담기구'에 반드시 신고하여야 한다. 신고가 되면 학교장은 가해학생에 대하여 반드시 즉시 출석을 정지해야 하며, 그 경우는 다음과 같다.

2명 이상의 학생이 고의적 · 지속적인 폭력을 행사한 경우, 폭력을 행사하여 전치 2주 이상의 상해를 입힌 경우, 학교폭력에 대한 신고, 진술, 자료 제공

등에 대한 보복을 목적으로 폭력을 행사한 경우다.

둘째, 가해학생과 피해학생을 즉시 격리하고, 신고한 학생이 있는 경우 신변보호 조치를 신속하게 실시하며, 가해학생, 피해학생, 신고한 학생의 보호자에게 학교 폭력 발생 사실을 즉시 통보해야 한다. 학교폭력 전담기구는 신고받은 후 7일 이내에 학교폭력대책자치위원회를 개최하여 조치 결정을 하고 학교장에게 통보해야 한다.

셋째, 담임교사는 자체적으로 해결할 수 있는 사안들에 대하여 조처를 취해야 한다. 자체적으로 해결할 사안의 판단 기준은 가해행위로 인해 피해학생에게 신체 · 정신 또는 재산상의 피해가 있었다고 볼 객관적인 증거가 없고, 가해학생이 즉시 잘못을 인정하여 피해학생에게 화해를 요청하고, 이에 대해 피해학생이 화해에 응하는 경우에 해당하는 사안이다. 이러한 사안에 대하여는 또래상담, 또래중재, 학생자치법정, 학급총회 등 학생들이 스스로 문제를 해결할 수 있는 또래 프로그램을 활용하고, 담임교사가 자체 해결한 사안인 경우에도 사안 발생 사실과 담임교사의 조치 사항에 대해 학교폭력 전담기구에 알리고 사건을 종료하며, 담임교사가 사안 인지 후 3일 이내에 해결하지 못하는 경우에는 일반적인 절차를 거쳐야 하는 사안으로 처리한다.

넷째, 일반적인 절차를 거쳐서 처리해야 하는 사안은 가해학생에 대한 즉시 출석조치 대상이 아닌 폭력 사안과 담임교사가 자체 해결할 수 없는 폭력사안이 있으며, 이에 대해서는 출석 정지를 하고 전담기구에 신고하는 등 일반적인 절차를 거쳐서 처리해야 한다.

4. 학교폭력 예방을 위한 대처방법

1) 학교폭력 예방의 중요성

모든 일이 일어나기 전에 예방을 원칙으로 하는 것이 최선일 것이다. 학교폭력도 예외는 아니다. 이규미 외(2015)는 학교폭력의 예방의 중요성을 다음과 같이 정리하고 있다.

일찍이 Erasmus는 "예방은 치료보다 낫다."라고 말하였다. 이 말은 어떠한 문제든 발생하고 난 이후에 개입하는 것보다는 발생하기 이전에 개입하여 문제의 발생을 최소화하는 것이 최선임을 강조한 말일 것이다. Conyne(2004)은 문제가 발생하기 이전에 사람들에게 각자 필요한 능력들을 키워 주고 이와 함께 환경 개선책을 마련해 주는 것이 필요함을 역설하였으며, 이는 일부 특성 사람들에게만 국한되는 것이 아니라 모든 사람들에게 해당된다고 하였다. 또한 전문적인 도움을 줄 수 있는 사람들의 수가 도움을 필요로 하는 사람들보다 적기 때문에 모든 사람들을 대상으로 집단적으로 접근하는 예방적 관점을 취하하는 것이 가장 최선의 대안이라고 주장하였다(이규미 · 지승희, 2010에서 재인용).

학교폭력의 경우에도 이러한 원칙은 적용되는데, 왜냐하면 학교는 학교폭력과 같은 문제 발생 이전에 모든 학생들을 대상으로 예방교육을 실시하기에 가장 적합한 장소이며, 또 적은 전문인력으로 많은 학생을 감당하기에는 예방적 관점을 취하는 것이 상대적으로 효율적이기 때문이다. 또한 학교폭력이 이미 발생하고 난 후에는 가해자와 피해자가 엄연히 존재하게 되고, 이들은 모두 쉽게 치유되기 어려운 심각한 고통에 직면하게 된다. 피해학생은 말할 것도 없이 여러 가지 심각한 심리정서적 부적응과 어려움들을 겪게 되며, 학교에서의 적응에도 상당한 수준의 갈등과 고통을 겪는다. 가해학생 또한 그들의 잘못된 행동에 대한 처벌로 여러 가지 징계를 받게 되고, 이로 인해 학교생활을 지속하는 데 심각한 어려움이 따르게 된다. 이러한 상처는 피해학생과 가해학생 모두에게 상당 기간 지속되며, 심각한 경우에는 자살과 같은 극단적인 행동으로 까지 이어지기도 한다. Conyne(2004)은 문제의 발생과 확대를 막기 위해서는 보다 적극적으로 예방적 개입을 취해야 함을 주장하였다(이규미 · 지승희, 2010에서 재인용). 이러한 관점에서 학교와 교사는 학생들에게 학교폭력이 발생하기 이전에 학교와 학급의 환경을 반폭력 혹은 비폭력적으로 조성하도록 노력하고, 학생 개개인에게 평소의 학교생활을 통해 공감과 배려, 자기주장과 용기, 분노 및 충동조절 능력과 같은 품성을 길러 줌으로써 학교폭력의 발생을 최소화시키도록 적극적으로 노력해야 하며, 이것이 바로 최선의 학교폭력 예방 대책이 될 수 있을 것이다.

학교폭력 발생 이후의 대처보다 발생을 막기 위한 예방적 노력이 더 중요한 또 다른 이유는 도움을 필요로 하는 수요와 도움을 제공해 줄 수 있는 공급 간에 괴리가 존재하기 때문이다. 현재 우리나라 학교현장에서는 상담이나 생활지도를 담당하는 전문인력들이 절대적으로 부족하다. 게다가 이들은 기존의 전통적인 개별적 치료모형에 입각하여 교육을 받은 것이 대부분이다. 따라서 이들은 주로 문제가 발생한 학생들을 개별적으로 만나 상담하는 데 상당 시간을 할애하고 있다. 이러다 보니 대다수의 학생들을 대상으로 예방적 상담활동을 실시하는 데는 상대적으로 소홀할 수밖에 없으며, 결과적으로 대다수 학생들은 상담적 도움의 사각지대에 놓여 있다고 해도 과언이 아닐 것이다. 학교폭력이라는 문제에 있어서도 문제가 발생한 이후에 가해학생과 피해학생을 대상으로 개입하는 것은 시간도 많이 걸릴 뿐 아니라, 그 효과도 제한적일 수밖에 없다. 따라서 이보다는 학교폭력 문제가 발생하기 이전에 전체 학생들을 대상으로 예방적인 개입을 하여 학교폭력 문제의 발생을 최소화하는 것이 보다 더 효율적이고 적극적인 대책이 될 수 있을 것이다.

여기서는 학교폭력의 대처방안을 김희대(2016)를 중심으로 신체폭력, 언어폭력, 집단 따돌림, 성폭력, 사이버 폭력을 대상으로 용어 정의, 원인, 대처방법 등을 유형별로 접근하여 제시한다.

2) 신체폭력에 대한 대처방법

신체폭력은 '신체적으로 해를 가하거나 재산상의 손실을 가져오는 행동'으로 때리기, 발걸기, 밀기, 차기, 찌르기, 침뱉기, 가혹행위, 옷/물건 망가뜨리기 등이 포함되는 일체의 행위를 말한다.

신체폭력을 당하기 쉬운 청소년의 특징은 남학생은 고학년으로 올라갈수록 체격에 의해 어울리는 또래들이 달라지는데 신체적으로 왜소한 학생의 경우 신체폭력 대상자가 될 가능성이 높다.

신체폭력의 원인은 청소년기의 특성에서 비롯되는데 청소년기는 제2의 변성기로 성호르몬에 의해 공격적 성향을 갖게 되고 이로 인해 폭력성도 두드러지게 나타난다. 또한 자기중심성이 강해지는 시기로 이로 인해 문제의 원인을 외부로 돌리거나 다른 사람의 감정 파악에도 미숙하여 잦은 마찰을 일으키게 되고 이는 신체폭력으로 이어지는 원인이 되기도 한다.

신체폭력의 대처방법으로 자신을 폭력에서 방어할 수 있게 운동을 통해 체력을 기르고 호신술을 연마하는 것도 방법이 된다. 또한 소극적이고 내성적인 학생들이 신체폭력의 대상자가 되기 쉽다. 폭력에 대해 거부 반응을 단호하게 표시하거나 폭력신고 등을 하지 않으면 더 큰 폭력의 피해를 받게 된다. 따라서 자신의 의사를 분명히 표현할 수 있는 자기주장 훈련이 상담과정에서 다루어져야 한다.

3) 언어폭력에 대한 대처방법

언어폭력은 말하는 사람의 의도적, 비의도적 언어행위를 통해, 듣는 사람이 압도되거나 강요되는 상황에 처함으로 심리적 고통이 야기되는 것을 말한다. 언어폭력에는 일상적 학교생활에서 겪게 되는 언어폭력 뿐 아니라 사이버상에서 경험하게 되는 언어폭력도 해당된다. 피해자를 놀리거나, 거친 욕을 사용하여 위협 인신공격을 하는 것이다.

언어폭력을 당하기 쉬운 청소년의 특성으로는 신체적으로 약하거나 놀림을 당하기 쉬운 특성이 있거나, 폭력을 당하는 경우 자주 울거나 쉽게 위축되며, 자신감이 없고 또래 간에 인기가 없고, 겁이 많고 예민하거나, 자기비하 경향이 강하다.

비언어폭력도 언어폭력에 속하는데 사이버폭력의 범주 중 인터넷상에서 특정인에 대하여 모욕적인 언사나 욕설을 행하는 사이버 모욕, 특정인에 대한 허위의 글이나 명예에 관한 사실을 인터넷에 제시하여 불특정 다수인에게 공개하는 사이버 명예훼손이 포함된다. 언어폭력은 가해자가 증거를 남기지 않고 지속적으로 오래도록 피해자를 괴롭힐 수 있다는 측면에서 신체폭력도 상처와 후유증이 오래간다. 언어폭력을 통해 들은 부정적 말들이 내재화하여 자아존중감이 낮아지고 불안감과 적대감을 갖게 되며 대인관계의 문제가 발생할 가능성이 크다(홍경선, 133).

언어폭력의 원인은 개인 차원에서는 공감능력의 부족으로 언어폭력 가해학생은 자신의 폭력적 언어 사용이 상대방이 어떻게 느끼고 받아들일 수 있는지에 대한 공감능력이 브족하고 가정적 차원에서는 부모의 양육태도로 부모의 공격적, 폭력적 언어 및 행동이 자녀에게 대물림된다. 또래 차원에서 또래문화의 영향으로 폭력적 게임이나 욕을 사용하는 언어습관 등이 영향을 준다.

언어폭력의 대처방법을 제시하면 다음과 같다.

첫째, 피해학생의 마음을 공감하면서 문제 상황을 냉정하게 판단한다. 즉, 언어폭력의 빈도, 강도 등 현상을 파악하고 문제의 원인을 객관적으로 진단하다.

둘째, 자기주장 훈련을 통해 언어폭력을 당할 때 자신의 생각을 전달할 수 있는 기술을 훈련한다.

셋째, 언어폭력이 심한 경우 기록을 남겨서 신고에 대비한다. 법적 대응의 경우 언어폭력으로 피해를 입었다는 사실을 증명할 수 있는 객관적 증거를 확보한다.

넷째, 언어폭력에 대처할 수 있는 다양한 방법을 모색한다. 언어폭력에 민감하게 반응하는 행동이 가해학생들의 행동을 강화할 수 있어 상황에 따라 유머러스하게 대처하는 기술이 필요하다. 다섯째, 피해학생에게 현재상황이 극복

될 수 있다는 희망과 긍정적 자아상을 가지도록 한다.

4) 집단 따돌림에 대한 대처방법

집단 따돌림은 가해자가 다수가 되어 집단적으로 상대방을 의도적으로 반복적으로 피하는 행위로 피해학생이 다른 학생들과 어울리지 못하도록 하는 행위를 말한다.

집단 따돌림의 특성이 예전처럼 따돌림을 당한 아이와 어울려 주지 않는 수준을 넘어 인터넷을 통한 비방과 언어폭력 등이 동반되는 경향이 높아지고 있다. 한번 따돌림의 피해자가 되면 학교를 졸업할 때까지 따돌림에서 벗어나기 어렵고 자신의 힘으로 상황을 극복하기 어렵다. 피해학생은 이러한 현실에서 무력감과 자존감 상실이 동반되고 이는 또 다른 문제인 가출, 등교거부, 자살 등의 주요원인 중의 하나가 된다. 집단 따돌림 문제가 발생한 경우 교사는 가해학생들과 피해학생을 파악하고 그 어떤 편에도 속하지 않는 중립적 자세를 취해야 한다.

집단 따돌림의 원인은 개인적 요인으로는 집단이 따돌림을 행함에 따른 심리적 책임감 분산 효과로부터 부담감의 감소 등이 있고, 학교 요인으로는 타인의 고통이나 어려움에 대한 공감 프로그램의 부재 등에서 찾을 수 있다.

집단 따돌림에 대한 대처방법을 제시하면 다음과 같다.

첫째, 학생이 집단 따돌림 피해에 대한 이야기를 할 때, 진지한 태도로 받아준다.

둘째, 피해학생을 성급히 노출하는 것은 더 심한 따돌림 피해를 당하게 할 수 있으므로 주의한다. 누구 한 명을 지칭하는 것보다는 반 전체를 대상으로 따돌림에 대한 피해를 설명하고 따돌림은 학급에서 절대 일어나서는 안 된다는 강력한 의지를 표명한다.

셋째, 학급회의 시간 및 특활시간에 따돌림에 대한 토론 및 역할극 등을 실시해, 피해학생의 고통을 가해학생들이 느껴 볼 수 있게 한다.

넷째, 가해학생들이 행동을 교정하지 않고 계속해서 따돌림을 할 경우, 그에 따른 적절한 벌을 주어 다른 학생들로 하여금 따돌림을 하면 안 된다는 인식을 갖도록 한다.

다섯째, 피해학생의 부모가 따돌림으로 인해 상담을 요청할 경우 피해학생 부모의 입장에서 이야기를 들어야 한다.

여섯째, 항상 피해학생의 피해 내용을 먼저 확인한 후 가해학생들을 상담한다.

일곱째, 가해학생들의 부모에게 피해학생의 피해내용을 확인시키고 사과와 반성을 하도록 한다.

여덟째, 가해학생들의 가정을 방문 상담하여 자신의 행동으로 인해 교사가 집까지 방문하는 관심을 가지고 있다는 것을 보여 준다.

아홉째, 가해학생들이 좋아하는 선배나 교사와 결연시켜 지도할 수 있도록 한다.

열 번째, 교사의 힘이 부족할 경우에는 전문가에게 도움을 청해 속히 문제를 해결하도록 해야 한다.

5) 성폭력에 대한 대처방법

성폭력은 성을 매개로 상대방의 동의 없이 가해지는 모든 신체적, 언어적, 정신적 폭력으로 성과 관련된 모든 행위를 말한다. 성폭력에는 폭행 · 협박을 하여 성행위를 강제하거나, 유사 성행위 또는 성기에 이물질을 삽입하는 행위, 상대방에게 폭행과 협박을 하면서 성적 모멸감을 느끼도록 신체적 접촉을 하는 행위, 성적인 말과 행동을 함으로써 상대방이 성적 굴욕감, 수치감을 느끼도록 하는 행위(성폭력범죄의 처벌 등에 관한 특례법 제2조 1항) 등이 포함된다.

성폭력의 유형에는 강간, 성희롱, 성추행 등이 있다. 강간은 상대방의 의사와 무관하게 폭행, 협박, 무력 등을 통해 강제적 성관계를 갖는 행위이며, 성희롱은 대체로 눈짓(위아래를 훑어 보거나 뚫어지게 보기), 음란전화, 음란성 그림이나 동영상

보기, 성을 암시하는 몸짓이나 표정 또는 소리, 데이트 강요, 성적 농담이나 음담패설 등 성적 굴욕감을 유발하는 언어나 행동이며 성추행은 성욕의 자극, 흥분, 만족을 목적으로 성적 수치심이나 혐오감을 느끼게 하는 행위이다.

성폭력의 발생 원인은 개인적 원인과 사회 · 환경적 원인으로 나눌 수 있다. 개인적 원인은 미성숙한 성에 대한 의식과 개인적 성 충동에 대한 자제력 부족, 그리고 순간적 충동의 저변에 딸려 있는 복합적인 개인의 감정 상태 등이다. 사회 · 환경적 원인은 세계화, 정보화, 개성화에 따른 성윤리 약화, 동성애, 혼전성교, 포르노그라피, 성 매매 등 다양한 성 문화의 범람, 학교의 성교육과 인성교육의 부재, 대중매체의 상업성, 선정성과 폭력적 내용 등의 난무 등을 들 수 있다.

성폭력에 대한 대처방법을 제시하면 다음과 같다.

첫째, 1차적으로 성폭력 예방교육과 상담이 중요하다. 학교에서 내실 있는 성 교육과 성폭력 예방교육과 상담이 이루어져야 한다.

둘째, 성폭력이 발생했을 때, 성폭력 사건을 인지한 경우 반드시 수사기관에 신고해야 하고, 교장에게도 보고한다. 보호자에게도 사실을 알려 함께 대처방안을 논의하고 전문상담기관을 통해 도움받을 수 있도록 한다.

셋째, 성폭력 사건에 대한 조사는 전담기구 또는 교장의 요청으로부터 요청받은 교직원이 하는데, 이 과정에서 피해학생의 인권과 학습권 및 개인정보는 보호되어야 한다.

넷째, 피해학생의 상담은 가급적 동성교사가 한다.

다섯째, 성폭력 또한 학교폭력에 해당하므로, 절차에 따라 자치위원회에서의 심의를 통해 가해자 징계 및 피해자 보호 조치가 이루어지도록 한다.

여섯째, 가해자 징계 및 피해자 보호조치 심의 시 조치의 효과를 높이기 위해 필요할 경우 수사기관 또는 관련 전문기관의 도움을 받는 것이 효과적이다.

일곱째, 사건처리 후에도 피해학생이 신체적 질병이나 고통을 호소할 때 해바라기 아동센터, One-STOP지원센터 등 전문 의료기관이나 성폭력상담소의 도움을 받도록 한다. 성폭력 가해학생에 대해 지속적으로 관찰은 하되, 관심을 갖고 다양한 방법의 상담, 치료, 교육 등을 통하여 문제행동을 교정할 수 있도록 돕는다.

6) 사이버폭력에 대한 대처방법

사이버폭력은 정의가 명확하게 정립되어 있지 않으나 "상대방에게 정신적, 심리적 피해를 유발할 수 있는 가상공간에서의 욕설, 비난, 위협, 유언비어, 따돌림과 괴롭힘 등과 같은 행위로 개념화할 수 있다(손민지, 2013). 즉, 정보통신망을 통해 부호·문헌·음향·화상 또는 영상을 이용하여 타인의 사생활 침해 또는 명예훼손 등의 권리를 침해하는 행위이다. 법률적으로는 '사이버폭력'이 언급되어 있지 않으나, 유사한 개념으로 '사이버 따돌림은 인터넷, 휴대전화 등 정보통신기기를 이용하여 학생들이 특정 학생들을 대상으로 지속적, 반복적으로 심리적 공격을 가하거나, 특정 학생과 관련된 개인정보 또는 허위사실을 유포하여 상대방이 고통을 느끼도록 하는 일체의 행위'로 정의하고 있다(학교폭력법 제2조의 3).

사이버폭력의 대표적 유형으로는 사이버 명예훼손, 사이버모욕, 사이버스토킹, 사이버성폭력 등이 있다. 사이버 명예훼손은 '사람을 비방할 목적으로 정보통신망을 통하여 공연히 사실을 적시하여 타인의 명예를 훼손하는 행위를 함으로써 사이버 공간에서 행해지는 명예훼손'을 말한다. 사이버모욕은 사이버상의 언어폭력으로 사이버 공간에서 게시판, 대화방, 또는 이메일이나 쪽지 등을 이용하여 상스러운 욕설을 하거나 인격을 모독하는 글 혹은 허위·비방하는 행위를 말한다. 사이버 스토킹은 전화, 이동통신, 대화방, 게시판 또는 이메일 등의 정보통신망을 이용하여 공포심이나 불안감을 유발하는 부호·문언·음향 · 화상 또는 영상을 지속적 · 반복적으로 상대방에게 도달하게 하는 행위를 말한다. 사이버성폭력은 사이버 공간에서 상대방의 의사에 반하여 원하지 않는 성적 접근을 하여 불쾌감이나 위압감 등의 정서적 피해를 유발하는 것을 말한다. 상대방에게 성적 수치심이나 혐오감을 일으키는 말이나 정보를 전달하거나 상대방의 의사에 반해 상대방의 신체를 촬영한 경우 등이 포함된다.

(1) 사이버폭력의 원인

첫째, 인터넷의 환경적 특성에서 비롯된다. 사이버 공간에서 일어나는 폭력행위의 대표적 원인이 익명성과 비대면성이다. 익명성은 사이버 공간에서 자아와 현실세계의 자아를 분리 · 인식하여 통제력을 약화시켜 죄책감이나 처벌에 대한 두려움 없이 폭력을 행사하게 하고, 비대면성은 가해자로 하여금 피해행위가 체감되지 않고, 피해자의 감정을 직접 확인할 수 없게 하여 가해행위에 대한 죄책감을 약화시키고 가해행위를 하고 있다는 인식조차 하기 어려워 폭력성을 점차 강화시킨다.

둘째, 사회문화적 요인이다. 사이버폭력은 현실 사회의 문제와 밀접한 관련이 있다. 인터넷의 역기능인 사이버폭력이 용인되는 분위기 속에서 폭력을 거부감 없이 당연한 것으로 받아들여 자연스럽게 폭력행위를 하게 된다.

셋째, 개인 심리적 요인이다. 개인에게 있어 일상의 좌절, 긴장으로 인한 화 · 분노, 우울감 등 부정적 감정이 우발적 충동, 일탈행위로 이어지는데 그 방식으로 사이버 공간이 선택된다(손민지, 13).

(2) 사이버폭력의 대처방안

첫째, 사이버폭력에 대한 예방교육을 개발하고 강화한다. 학생수준에 맞게 유형별 · 사례별 · 상황별로 다양한 사이버폭력 매뉴얼을 개발하여 적용한다.

둘째, 교사와 학부모의 사이버 공간에 대한 학습을 통해 이해할 수 있는 능력을 기른다. 사이버 공간의 이해를 통해 학생과 자녀가 왜 사이버 공간에 탐닉을 하는지, 흥미 요소는 무엇인지, 부정적 요소는 무엇인지, 어떻게 지도해야 하는지 등에 대한 방법을 구안할 수 있어야 한다.

셋째, 사이버폭력의 예방의 효과성을 발휘하기 위해 교사와 학부모의 상호 정보를 교환하는 협조가 필요하다. 교사와 학부모가 학생의 사이버 활동 정보를 교환하면 시기적절한 예방과 대처가 가능하다.

넷째, 사이버 공간에서 사용하는 게임 종류나 대인관계나 또래관계를 파악한다. 폭력적인 게임이나 선정적 음란물의 사용이 학교폭력이나 성폭력의 위험요인으로 작용할 수 있다.

다섯째, 사이버 공간에서 윤리의식 교육 확대 협조가 필요하다(이규미 외, 282-283).

사이버폭력 행위를 사전에 예방하기 위해서 이용자 대상의 교육과 홍보활동이 필수적이다. 특히 유아 및 청소년 대상의 교육은 바람직하고 건전한 인터넷 이용윤리를 습득한 인터넷 이용자를 지속적으로 배출한다는 측면에서 장기적으로 인터넷의 건전성을 키우는 토대가 될 것이다.

학교폭력은 사후처리보다 사전의 예방을 원칙으로 할 때 예방을 위한 시스템 구축은 매우 중요한 변인이라 할 수 있다. 여기서는 정종진(2016)의 학교폭력 예방을 위한 시스템구축을 중심으로 살펴보고자 한다.

7) 학교폭력 신고 및 상담 시스템

학교라는 집단생활 속에서 많은 학생들이 함께 생활하다 보면 크고 작은 다툼이 발생할 수 있다. 문제는 그 갈등을 사전에 예방하려는 노력과 함께 일단 발생하더라도 최소화하려는 노력이 필요할 것이다. 따라서 학교폭력이 발생하지 않게 억지력을 가질 수 있도록 하는 시스템을 갖출 필요가 있고,

일단 유사시 발생한 폭력사태를 즉각 신고하여 그 해결책을 찾을 수 있도록 하는 시스템이 필요하다.

(1) 학생들 사이의 신뢰와 협조 분위기 구축

학교폭력을 미연에 방지하려면 학생들이 서로 좋은 관계 속에서 도우면서 지낼 수 있는 분위기를 만들어 주어야 한다. 이런 분위기를 만들기 위해서는 여러 가지가 필요하겠지만, 우선 학생들의 자치활동을 통한 자율적인 분위기를 만들어 줄 필요가 있다.

학교폭력을 예방하기 위해 활용할 수 있는 프로그램들은 매우 많다. 그들 중 몇 가지를 소개함으로써 학교폭력 예방을 위한 학교에서의 프로그램들의 특성을 파악하고 더욱 다양한 프로그램으로 확산시키고 활용할 수 있기를 바란다.

(2) 교과와 연계한 학교폭력 예방 프로그램

1 인성중심 수업 등 수업내용을 통한 폭력예방

모든 교과에서 프로젝트형 인성수업과 같이 소집단별로 프로젝트를 제시하여 함께 머리를 맞대고 고민하고 토론하도록 함으로써 바른 인성을 함양하게 하는 수업방식을 활용한다면 학교폭력 예방에도 크게 보탬이 될 것이다.

2 협동학습 등 수업방법을 통한 폭력예방

이질집단이든 동질집단이든 학생들을 모둠으로 조직화하여 공통 주제를 가지고 서로 토론하게 한다거나, 학습의 결과물을 공통의 성과로 인정하여 모둠별로 일정비율은 동일점수를 부과하는 방식 등을 활용한다면 학생들은 구성원 서로서로를 배려하고 존중하게 될 것이다.

(3) 상담프로그램을 활용한 학교폭력 예방

1 OFF-LINE 상담프로그램

① 담임교사 상담활동

모든 담임교사가 담임반 전체 학생을 월 1회 이상 개별상담을 실시하도록 하고, 별도로 제작된 상담기록장(생활지도 도움카드)에 기록을 남기도록 한다. 모든 교사가 하루에 3회 이상 담임반 학생들을 만날 수 있도록 1일 3방을 생활화하도록 계획하여 실천할 필요가 있다.

② Wee 클래스를 통한 상담활동

대부분 학교가 Wee 클래스를 구축하고 전문상담교사를 배치받아 Wee 클래스를 운영해 오고 있다. Wee 클래스는 학교 건물 중 가장 접근이 용이한 위치에 마련하는 것이 바람직하며, 실내환경도 최대한 아늑하게 꾸며 놓고 편안한 가운데 상담활동이 이뤄지도록 하는 것이 좋겠다.

Wee 클래스에서는 전문상담교사의 상담활동을 중심으로 운영하는데, 전문상담교사가 학급별로 연 1회 이상의 집단상담을 실시하고, 희망하는 학생과 담임교사가 의뢰한 학생에 대한 개별상담을 실시한다. 다음은 어느 학교 Wee 클래스의 운영 계획이다.

2 ON-LINE 상담프로그램

① '예스폰'을 활용한 상담활동

학교폭력 예방 상담 및 신고 전용 스마트폰인 예스폰을 활용하여 언제 어디서나 문자, 전화, 메신저(카카오톡)로 유비쿼터스 상담을 실시할 수 있다.

② 학교홈페이지나 학급 카페를 활용한 상담활동

학교홈페이지에 마련된 상담 창구를 전문상담교사가 관리하면서 학생들의 상담 신청에 응하도록 할 수 있다. 이 때 자신의 이름을 밝히지 않은 무기명

상담 신청에 대하여도 신원을 파악하려 하지 않고 성실히 상담에 응하는 자세가 필요하다.

담임교사들도 학급별 카페나 개인카페를 통하여 학생들의 상담에 적극적으로 응하도록 한다. 뿐만 아니라 담임교사나 교과담당교사들도 자신의 카페를 활용하여 학생들이나 학부모들과 활발한 상담활동이 이뤄질 수 있도록 하여야 한다. 이때 익명성이 보장될 수 있도록 상담활동을 전개하는 것이 바람직하다.

(4) 예술 · 체육활동을 통한 학교폭력 예방

학교 스포츠 리그는 학생들의 체력증진과 바른 인성 함양을 통해 활기찬 학교 분위기를 형성하여 학교폭력 없는 행복한 학교를 만들기 위한 목적으로 준비된다. 전교생을 대상으로 학기 초인 3월에 시작하여 학기 말인 7월 중에 마치는 일정으로 점심시간을 이용하여 남학생은 풋살을 여학생은 피구 종목을 운영하는 식으로 종목을 정하여 학급대항으로 운영한다. 모든 학생이 참여하여 선수들은 선의의 경쟁을 벌이도록 하고 선수가 아닌 학생들은 응원을 펼치도록 지도한다. 결과에는 승복하고 승리한 팀에게는 박수를 패배한 팀에게는 격려와 위로를 할 줄 아는 스포츠 정신을 기를 수 있도록 노력한다. 승리한 팀에게는 학교장 명의의 표창장과 함께 부상(자장면 쿠폰 등)을 수여하여 학생들의 참여 동기를 높이는 노력이 필요하다.

학교 스포츠 리그나 스포츠 클럽활동 이외에도 학생들이 럭비나 유도와 같이 엄격한 규칙을 중시하는 스포츠 활동을 통해 땀을 흘리며 체력을 단련한다면 바른 인성이 함양되는 것과 동시에 학교폭력이 예방될 수 있을 것이다.

(5) 독서교육을 통한 학교폭력 예방교육

[1] 도서관으로 등교하는 날 운영

매일 아침 아침 8시 20분까지 학급별 순번제로 도서관으로 등교하여 독서를 하다가 8시 40분에 아침 조회를 하고 1교시 수업이 있는 교실로 이동하는 방식으로 학생들은 월 1회 이상 도서관으로 등교하여 독서를 하도록 한다.

고전읽기를 비롯하여 위인전 독서 등 독서를 통한 인성교육의 효과는 이미 여러 학자들에 의해 검증된 바 있기 때문에 교육과정 계획에 '바른인성 함양을 위한 독서교육 운영 계획'으로 포함시켜 독서교육을 통한 인성교육을 강화한다면 학교폭력 예방에 크게 기여하게 될 것이다.

2 독서치유반 운영

독서를 통하여 학생들의 스트레스를 힐링할 수 있다는 생각에서 매주 화요일 오후 시간을 활용해 교내 도서관에서 전문가를 초청해 희망학생을 대상으로 독서치유 시간을 운영한다. 이 시간에는 학생들이 책을 읽고 책 속의 사물들의 특성이나 이야기를 통하여 자신의 감정을 표현하고 의견을 나눔으로써 잘못된 생각을 털어 내고 마음을 가다듬는 시간을 가짐으로써 심리적인 치유가 되도록 한다.

인근 대학이나 평생교육기관 등 유관기관의 협조를 받는다면 독서치유 전문가를 얼마든지 교육기부 형태로 초빙할 수도 있다. 특히 학교폭력의 가해 · 피해학생 등 힐링이 필요하다고 판단되는 학생을 추천하여 프로그램에 참여하도록 한다면 해당학생들에게 큰 만족을 줄 수 있다.

3 도서상품제와 도서기부제 운영을 통한 인성교육

도서상품제와 도서기부제를 운영하여 독서하는 분위기를 조성하고 책을 서로 나누며 함께 독서를 권장하는 분위기를 만들어 나간다. 도서상품제는 모든 시상에서 상품은 학생수준에 맞는 도서로 수여하고, 학생이 읽고 책을 학교에 기증하거나 소정의 양식으로 독후감을 제출하면 인센티브(자장면 쿠폰)를 수여하는 방식으로 운영해 볼 만하다.

도서기부제는 학생들은 물론 교직원, 학부모, 지역사회 주민들이 자신이 읽은 책들을 학교도서관에 기증을 하면 책표지에 기증사실을 표시하는 것은 물론 도서관 앞에 기증자 명단과 도서명을 표시하여 두고 많은 학생들이 함께 읽을 수 있도록 한다.

그 밖에도 학급별 학급문고를 비치하고 아침독서 30분 운동을 전개하고, 교내 독서골든벨, 시가 외우기, 독서 포트폴리오 등의 프로그램을 운영하며, 미디어센터 등에 다양한 책과 함께 신문, 잡지 등을 비치하여 두고 언제 어디서나 읽을거리를 접할 수 있도록 할 필요가 있다.

[4] 급식시간 고사성어 학습카드 독서

급식시간에 줄을 서서 기다리는 자투리 시간을 활용해 고사성어를 공부할 수 있도록 지도한다. 질서도 지키고 한문공부는 물론 인성교육에도 도움이 될 것으로 판단된다.

학생 수로 보아 급식시간에는 어느 정도의 대기시간이 필요해 이 시간을 지루하게 여긴 일부 학생들이 친구들과 장난을 치거나 지나치게 떠드는 사례가 있어 왔는데, 이를 개선하기 위하여 고사성어를 정리한 학습카드를 만들어 급식실 입구에서 한 장씩 손에 들고 읽으면서 급식대 앞까지 가게 한 뒤 급식대에서는 정해진 상자에 반납하고 배식판을 받아서 식사를 하도록 지도한다.

(6) 봉사활동 프로그램 운영

[1] 봉사활동단 조직 운영

봉사활동이야말로 다른 사람에 대한 배려와 나눔의 정신에서 출발하는 것이기에 봉사의 소중함을 알고 활동하는 학생이라면 학교폭력을 예방하는데 앞장서게 될 것이다. 따라서 학교폭력을 예방하기 위해서라도 봉사활동 프로그램을 잘 기획하여 학생들에게 봉사활동을 통해 배려와 나눔의 생활태도를 길러주는 것이 필요하다.

2 복지시설기관 내 봉사활동

복지시설과 결연된 봉사단이라면 먼저 복지시설 내의 봉사활동을 실시할 수 있을 것이다. 학교의 예사랑봉사단의 경우 매월 3개 기관에 각 두 차례씩 방문하여 봉사활동을 실시한다고 한다. 2, 4주 토요일엔 부대동 예 · 충효교실인 북일경로당을 찾아 경로당 주변의 환경정화 활동과 함께 어르신들에게 말벗과 안마를 해 드리고 때로는 음식도 나누면서 친손자 · 손녀처럼 행복한 시간을 선물하는 봉사활동을 전개한다.

3 복지시설 밖 봉사활동

예사랑봉사단은 연중 몇 차례 복지시설 식구들의 시설 밖 활동을 지원하기도 한다. 알밤줍기 체험 봉사활동이나, 고구마 캐기 체험 봉사활동, 치즈와 피자만들기 체험 봉사활동 등이 여기에 속한다.

몸이 불편한 중증장애인들이나 노인 어르신들을 1대 1로 짝꿍이 되어 그들의 차량 승하차를 돕고 체험활동을 옆에서 보조하는 활동을 하게 된다.

참고문헌

강진령(2011). 집단상담의 실제. 서울: 학지사.

교육부(2012). 학교폭력 사안처리 가이드북. 서울: 교육과학기술부.

교육부(2014b). 학교폭력 사안처리 가이드북(개정판). 서울: 교육과학기술부.

곽금주(2006). 학교폭력과 왕따의 구조적 특징. 문용린 외, 학교폭력 예방과 상담(pp.69-90). 서울: 학지사.

권현용, 김현미(2009). 학교폭력 가해청소년의 심리사회적 요인에 관한 질적 분석. 한국동서정신과학회, 12(1), 1-12.

김규태, 방경곤, 이병환, 윤혜영, 우원재, 김태연, 이용진(2013). 학교폭력의 예방 및 대책. 파주: 양서원.

김종운(2013). 학교폭력의 예방과 대책. 서울 : 학지사.

김혜원(2013). 청소년 학교폭력: 이해 · 예방 · 개입을 위한 지침서. 서울: 학지사.

김희대(2016). 학교폭력 예방의 이론과 실제. 서울: 박영사.

도기봉(2008). 학교폭력에 영향을 미치는 공격성과 생태체계요인의 상호작용효과. 청소년복지연구, 10(2), 73-92.

문용린(2012). 아이의 회복탄력성 가이드북. 서울: 글담출판사.

박병량, 주철안(2012). 교육행정 및 교육경영: 학교, 학급경영 중심. 서울: 학지사.

박성희(2005). 담임이 이끌어가는 학급상담. 서울: 학지사.

박은희(1996). 자아탄력성, 지능 및 학업성취도와의 연구. 연세대학교 박사학위논문.

손민지(2013). 국내 사이버폭력 현황 및 대응방안 연구, 한국인터넷 진흥원. Internet & Security Focus.

박효정, 정미경, 박종효(2007). 학교폭력 예방 프로그램 개발 연구. 서울: 한국교육개발원.

손진희 역(2015). 학부모와 함께 풀어가는 학교폭력(Walter B. Robert 저). 서울: 학지사.

손충기, 류재수(2015). 학교폭력의 예방과 대처. 서울: 태영출판사.

송재홍, 김광수, 박성희, 안이환, 오익수, 은혁기, 정종진, 조붕환, 홍종관, 황매향 (2012). 학교폭력의 예방 및 대책에 관한 교대생과 초등교사의 인식 비교. 초등상담연구, 11(3), 485-504.

송재홍 외(2016). 학교폭력의 예방과 상담. 서울: 학지사.
양야기(2009). 학교폭력 예방프로그램이 중학생의 학교폭력 태도, 분노 및 공격성에 미치는 효과. 박사학위논문. 전남대학교 대학원.
양미진, 김은영, 이상희(2008). 초등학생의 학교폭력 예방을 위한 배려증진 프로그램 개발. 청소년상담연구. 서울: 한국청소년상담원.
이규미 외(2015). 학교폭력 예방의 이론과 실제. 서울: 학지사
임재연(2012). 학교폭력 상담메뉴얼. 문용린 외. 학교폭력 예방과 상담. 서울: 학지사
윤경철, 강명숙(2012). 교사설문조사결과분석. 학교폭력 및 학교문화에 대한 학부모-교 사인식조사연구. 서울: 한국청소년정책연구원. 35-64.
이상희(2008). 청소년의 스트레스 및 이타성과 공격행동의 관계. 충북대학교 석사학위논문.
이창숙(2012). 학교폭력 예방프로그램이 학교폭력 태도, 공격성 및 자기존중감에 미치는 효과. 박사학위논문. 경상대학교 대학원.
정종진(2012 a). 제대로 알고 대처하는 학교폭력상담. 서울: 학지사.
정종진(2013). 학교폭력의 개념. 한국초등상담교육학회 편, 학교폭력의 예방 및 대책 (pp. 51-86). 서울: 학지사.
정종진 외(2016). 학교폭력의 예방과 대책. 서울: 태영출판사.
조정실, 차명호(2012). 교사 · 학부모를 위한 학교폭력상담. 서울: 학지사.
진애선(2007). 중학생의 탄력성 요인과 학교적응 간 관계 연구. 아주대학교
석사학위논문.
최경숙(2006). 아동발달심리학. 서울: 교문사.
한정윤(2009). 사랑증진집단상담 프로그램이 비행청소년의 자아개념 및 공감 능력에 미치는 영향. 대구카톨릭대학교 석사학위논문.
홍경선(2014). 학교폭력의 예방과 대책. 경기: 공동체.

Adams, T. A.(2000). The status of school discipline and violence, *Annuals of American Academy of Political and Social Science*, 567, 140-156.
Astor, R. A., Behre, W. J., Fravil, K., & Wallace, J. M.(1997). Perceptions of school violence as a problem and reports of violent events: A national survey of school social workers. *Social Work*, *42*(1), 55-68.
Austin, S., & Joseph, S.(1996). Assessment of bully/victim problems in 8 to 11 year-olds. *British Journal of Educational Psychology, 66*, 447-456.
Baldry, A. C., & Winkel, F. W.(2003). Direct and vicarious victimization at school

and at home as risk factors for suicidal cognition among Italian adolescents. Journal of Adolescence, 26, 703-716.

Bandura, A.(1989). *Social Foundations of thought and action:* A Social cignitive theory. Upper Saddle Riv, NJ: Prentice-Hall.

Besag, V.(1989) *Bullies and vidtims in schoolsa; A guide to understanding and management.* Philadelphia: Open University Press.

Bowen, G. L., Bowen, N. K., & Richman,. J. M.(2000). School size and middle School students´ perceptions of the School environment. *Social Work in Education, 22, 69-82.*

Bowers, L., Smith, P. K., & Binney, V.(1994). Cohesion and power in the families of children involved in bully/victim problem at school. *Journal of Family Therapy, 14,* 371-387.

Coloroso, B.(2003). *The bully, the bullied, and the bystander.* New York: Harper Collins.

Conyne, R. K.(2004).예방상담학(이규미, 지승희)역, 서울: 시그마프레스.(원전은 2004년에 출간)

Eron, L. D.(1990). Understanding aggression. *Bulletin of the International Society for Research on Aggression, 12,* 5-9.

Forsyth, D. R.(2001). 집단역학(서울대학교사회심리학연구실 역). 서울: 시그마프레 스(원전은 1998년에 출간)

Oliver, W.(1994). *The violent social world of black men.* New York: Lexington.

Olweus, D.(1991). Bully/victim problems among schoolchildren: Basic facts and effects of a school-based intervention problem. In D. J. Pepler & K. H. Rubin(Eds.), *The development and treatment of chilldhood aggression*(pp. 411-448). Hillsdale, NJ: Lawrence Erlbaum.

Olweus, D.(1993). *Bullying at school: What we know and what we can do.* Oxford: Blackwell Publishers.

Schmuck, R, A., & Schmuck, P. A.(1992). Group process in the classroom(6th ed). Dubuque, I. A. : Browen & Benchmark.

Shields, A., & Cicchetti, D.(2001). Parental, maltreatment and dysregulation as risk factors for bullying and victimization in middle childhood. *Journal of Clinical Child Psychology, 30,* Sullivan, K.(2000). The anti-bullying handbook, New

Work: Oxford University Press. 349-363.

Voss, L. D., & Mulligan, J.(2000). Bullying in school: Are short pupils at risk? Questionnaire study in cohort. *British Medical Journal, 320(7235)*, 610-613.

Walker, H. M., & Gresham, F. M.(1997). Making school safer and violence-free. *Intervention in School and Clinic*, 32, 199-204.

Weber, W.(1994). *Wege zum behilfende Gespraech*, Muenchen

Wolpe, J.(1958). *psychotherapy by reciprocal inhibition*, California: Stanford University Press.

부 록

1. 자기진단: 학교폭력 개념 및 유형의 이해 정도
2. 개인상담 상담기록지

1. 자가진단: 학교폭력 개념 및 유형의 이해 정도

(1) 자가진단: 학교폭력 개념의 이해 정도

다음 자가진단표는 법에 근거한 학교폭력 개념을 교사가 어느 정도 이해하고 있는지 살펴보기 위한 것입니다. 내용을 읽어 보시고 학교폭력이라고 생각하면 Y(yes)에, 아니면 No(no)에 체크해 주세요.

	내용	Y	N
1	A와 B가 싸움을 한 후 B가 겉으로 보기에는 멀쩡했으나 정신을 잃음		
2	복도를 걸어가고 있는 학생의 얼굴에 일부러 침을 뱉음		
3	싫다고 하는데도 강제로 손이나 옷을 잡아당김		
4	학생들이 보는 앞에서 단순한 욕('지랄' '재수 없어' '깝치지 마' 등)을 함		
5	동아리 선배가 후배들에게 기합을 준 다음 동아리방의 문을 잠그고 밤 10시까지 나오지 못하게 함		
6	학생들이 보는 앞에서 아무 이유 없이 장난으로 '바보' '생긴 게 역겨워'라고 계속 놀림		
7	A가 B를 툭 치다가 팔에 멍이 살짝 듦		
8	동성에게 포르노 비디오를 보여주면서, 움직이지 못하게 한 후 일부러 손을 만지작거려서 상대방이 창피하다는 생각과 짜증 난다는 기분을 경험하게 함		
9	학생들이 보는 앞에서 '미친년' '개새끼' '병신새끼' '또라이 같은 년'이라고 욕을 함		
10	A가 B에게 돈을 빼앗는 것을 보고 C가 A에게 그 돈을 요구함		
11	30분 동안 기합을 줌		
12	하의를 벗기고 성기를 노출하게 한 후 핸드폰으로 사진을 찍어서 다른 친구들에게 전송함		
13	남학생이 좋아하는 여학생에게 '뽀뽀해 줘'라고 문자를 보내 여학생이 불쾌감을 느낌		
14	화장실로 끌고 가서 때림		
15	친구들끼리 한 학생을 때리기로 한 후, 친구들이 때릴 때 옆에서 망을 봄		
16	집단으로 타 학교 학생들과 싸움을 함		
17	방과 후 같은 반 학생이 노래방에 같이 가자고 해서 갔는데, 다른 학교 학생들이 같이 있었고 노래방에서 폭행을 당함		
18	돈을 요구하고 심부름을 시켜서 하지 않으면 때림		
19	A는 B를 때릴 생각이 없었는데, C가 A에게 'B를 때라지 않으면 너를 죽여		

	내용	Y	N
	버릴 거야.'라는 말을 하여 A가 B에 대하여 폭력을 행사함		
20	A학생이 자신들의 험담을 했다며 4명 중 3명이 A학생에게 동시에 말을 안 함		

문항	1	2	3	4	5	6	7	8	9	10	11	12	13	14	15	16	17	18	19	20
정답	Y	Y	Y	Y	Y	Y	Y	Y	Y	Y	Y	Y	Y	Y	Y	Y	Y	Y	Y	Y

* 출처: 교육과학기술부(2012b: 38)

(2) 자가진단: 학교폭력 유형의 이해 정도

다음 자가진단표는 학교폭력 유형을 교사가 어느 정도 이해하고 있는지 살펴보기 위한 것입니다. 내용을 읽어 보시고, 선택한 학교폭력 유형의 번호를 적어 주세요.

① 신체폭력 ② 언어폭력 ③ 금품갈취 ④ 강요 ⑤ 따돌림 ⑥ 성폭력 ⑦ 사이버폭력

1	목을 졸라 기절시키고 깨어나면 때리고 다시 기절시키는 행동 반복	
2	아무 이유 없이 자나가면서 머리를 하루에도 몇 번씩 때림	
3	'5만 원 가지고 놀이터로 오지 않으면 죽어.'라고 문자를 보냄	
4	싸움 잘하는 학생이 약한 학생에게 자신의 청소를 대신 시킴	
5	말을 듣지 않으면 끌고 가서 때리겠다고 함	
6	돈을 갚을 확실한 약속 없이 자꾸 빌려 달라고 하고 갚지 않는 경우	
7	'나는 네가 너무 재수 없어.'라는 말을 상대방 학생을 볼 때마다 함	
8	종이에 '죽여 버리겠다.' '몸조심해.'라는 말을 적어 보냄	
9	뒷담화를 했다며, 가서 다짜고짜 때림	
10	'넌 얼굴이 너무 환자같이 생겨서 기분 나빠.'라고 말함	
11	학교 짱이 학생들에게 2천 원씩 일괄적으로 걷어 오라고 시킴	
12	마주칠 때마다 '뻐큐(fuck you)'를 하며, 주먹을 쥐고 무서운 표정을 지음	
13	사이버상에서 자신의 게임 아이템을 상대방에게 대신 키우도록 협박	
14	야한 동영상을 캡처하여 자신이 싫어하는 학생에게 이메일로 보냄	
15	싫은 학생의 운동화에 락스를 부음	
16	지나갈 때마다 부딪히는 척하면서 가슴을 만지는 행동을 2~3번 반복함	
17	조별 숙제를 하면서 같은 반 학생들이 한 학생을 의도적으로 배제시킴	
18	선배가 자신의 생일이라고 비싼 선물을 달라고 해서 운동화를 사 줌	
19	싫어하는 학생의 가방에 여러 번 뱀 모양의 모형을 넣어 두어서 놀라게 함	

20	여러 명이 한 명의 학생이랑 놀지 말자면서 인사도 받지 않음	
21	'걔네 집은 가난해서 놀이공원도 가지 못할 거야.'라고 소문을 냄	
22	수업 시간에 바로 뒷자리에서 샤프나 볼펜으로 계속 찌름	
23	학교 화장실에서 일진 신고식을 한다며 학생들 뺨을 때림	
24	일부러 소문을 내서 다른 학생들이 피해학생을 싫어하도록 조장함	
25	게임 아이템을 주지 않으면 '가만 두지 않겠다.'고 협박하여 빼앗음	

문항	1	2	3	4	5	6	7	8	9	10	11	12	13
정답	①	①	⑦	④	②	③	②	②	①	②	③	②	④
문항	14	15	16	17	18	19	20	21	22	23	24	25	
정답	①	③	⑥	⑤	③	⑤	⑤	②	①	①	⑤	③	

* 출처: 교육과학기술부(2012b: 40)

2. 개인상담 상담기록지

사례번호 (내부번호)		상담자		상담일자	
상담자수		위기상담		상담시간	
상담방법	□ 내방 □ 이동 □ 전화 □ 팩스 □ E-mail			상담대상	□ 본인 □ 가족 □ 교사 □ 친구

(1) 학생

이름		성별		생년월일	
소속/학교				학년/반	
집전화				휴대전화	
주소				전자우편	

(2) 상담내용

상담내용	
상담원 의 견	
상담계획	
개입내용	□ 특별교육 □ 개인상담(내방) □ 개인상담(이동) □ 학부모상담 □ 지원(치료) □ 지원(사회) □ 지원(경제) □ 학습 □ 진로

〈개인상담 상담기록지(한국교육개발원)〉

기대목표	· 래포와 신뢰감 형성 · 호소문제 및 원인파악 · 사례개념화 및 상담목표 수립

과정	실행내용		체크
관계형성	· 래포 및 신뢰감 형성, 편안하고 허용적인 분위기 형성		
관계형성	· 상담에 대한 기대감 형성		
상담에 대한 자발성 정도 확인	자발적	· 명확한 비밀보장의 한계 제시	
상담에 대한 자발성 정도 확인	비자발적	· 내담자와의 래포 형성과 신뢰형성을 우선으로 함	
상담에 대한 자발성 정도 확인	비자발적	· 내담자의 불편한 마음을 수용, 표현할 기회를 제공	
상담에 대한 자발성 정도 확인	비자발적	· 비밀유지 한계 결정 및 의뢰자에게 정보제공 고려	
상담에 대한 자발성 정도 확인	비자발적	· 교사, 학생부, 학부모가 의뢰한 이유에 대해 밝힘	
상담 구조화	상담	· 상담의 의미 설명 및 내담자의 상담의 의미 살핌	
상담 구조화	상담	· 상담시간, 빈도, 회기 등에 대해 설명	
상담 구조화	상담관계	· 상담자의 역할 설명	
상담 구조화	상담관계	· 내담자의 상담자에 대한 기대 살피기	
상담 구조화	비밀보장	· 비밀보장 및 예외상황에 대한 설명	
문제이해 및 평가	· 내담자에 대한 이해(신체, 인지, 적성, 학업, 사회적 기능 등)		
문제이해 및 평가	· 자아와 자기의 평가(현실검증기능, 판단기능, 현실감, 사고, 대상관계, 충동통제, 적응적 퇴행, 방어기능, 자극장벽, 자율기능, 종합과 통합기능, 숙달감- 유능감)		
문제이해 및 평가	· 담임교사, 교과 담당교사, 학부모 등의 행동관찰정보		
문제이해 및 평가	· 문제해결에 도움이 되는 개인 내적과 환경특성		
문제이해 및 평가	· 문제를 유지시키고 해결에 방해가 되는 환경특성		
사례 개념화	· 상담자가 파악한 내담자 문제의 성격은 무엇인가?		
사례 개념화	· 문제가 생기게 된 경로나 원인은 무엇인가?		
사례 개념화	· 문제를 지속시키는 내적, 외적 역동은 무엇인가?		
사례 개념화	· 문제를 해결을 위하여 내담자에게 필요한 것은 무엇인가?		
사례 개념화	· 그래서 상담자인 나는 상담 장면에서 무엇을 할 것인가?		
상담목표 설정	· 1단계 : 목표설정의 목적과 필요성에 대해 설명		
상담목표 설정	· 2단계 : 내담자와 함께 목표 설정		
상담목표 설정	· 3단계 : 목표달성이 가져다 줄 이점과 손실검토		
상담목표 설정	· 4단계 : 목표 달성에 장애가 될 수 있는 요인 파악		
상담목표 설정	· 5단계 : 필요한 경우 상담과정 중 수정하여 새로운 목표 설정		

유의사항	· 의뢰되어 온 경우 의뢰자의 의견보다는 내담자의 생각과 감정이 중요하고 관심있음을 표현함 · 사례개념화시 내담자에게 반복적으로 나타나는 주제와 역기능적인 측면뿐만 아니라 기능적인 측면도 파악하고 내담자의 환경적 특성(가족, 대인관계 등)에 대한 정보를 수집하고 활용

〈초기상담 체크리스트(한국교육개발원)(정종진, 2016년에서 재인용)〉

저자 소개

✍ 권형자

교육학 박사

가톨릭관동대학교 명예교수

홍익심리상담연구소 자문교수

✍ 정정애

교육학박사

가톨릭관동대학교 학생상담센터 상담교수

누리심리상담연구소장

✍ 김미란

교육학 박사

조선대학교 초빙객원교수

김미란심리상담센터장

✍ 정선영

교육학 박사

경동대학교메디칼캠퍼스교직센터 주임교수

✍ 김숙자

교육학 박사

가톨릭관동대학교 강사

해인심리상담연구소장

생활지도 및 상담

초판인쇄 2017년 2월 20일
재판발행 2018년 8월 25일

저 자 권형자 · 정정애 · 김미란 · 정선영 · 김숙자
발행인 김현태
발행처 태영출판사

2018. 8.

주 소 (08301) 서울 구로구 구로동 104-10 동남오피스텔 201호
전 화 02 · 839-3757, 839-3752
팩 스 02 · 837-3754
등 록 2005년 5월 30일 제12-421호
http://www.taeyeongbook.co.kr
E-mail tys2005@hanmail.net
ISBN 978-89-6302-207-9 93370
정 가 18,000원

NAVER 태영출판사

* 잘못 만들어진 책은 교환해 드립니다.